suhrkamp taschenbuch
wissenschaft 1967

»Man muß die Gesellschaft verändern!« – Diese Parole aus alter Zeit ist nach wie vor aktuell, denn die heutige Gesellschaft ist voller Härte und Zumutungen. Um diese Veränderung zu ermöglichen, sollte man aber vielleicht erst einmal versuchen, den *Begriff* »Gesellschaft« zu verändern und den Riß zwischen der Praxis der Soziologie, der Theorie der Politik und des Glaubens an die Idee der Gesellschaft zu schließen. Um einen Ausweg aus dieser Krise zu finden, sollte – so die provokative These dieses Buchs – diese Spannung bis zum äußersten ausgereizt werden.
Bruno Latour, der die etablierten Grenzen zwischen Wissenschaft, Kultur, Technik und Natur eingerissen hat, unterscheidet zwei unterschiedliche Konzepte von Gesellschaft. Das eine betrachtet »Gesellschaft« als eine unveränderliche abstrakte Entität, die ihren Schatten auf andere Bereiche wirft: auf die Wirtschaft, das Recht, die Wissenschaft etc. Für das andere ist »Gesellschaft« notwendig instabil: eine unerwartete Verbindung von ganz unterschiedlichen Akteuren, die die Gewißheit, einer gemeinsamen Welt anzugehören, in Frage stellen. Die Analyse dieser Verbindung ist nach Bruno Latour Aufgabe der Soziologie.

Bruno Latour ist Professor an den Sciences Po und am Centre de Sociologie des Organisations in Paris. Im Suhrkamp Verlag erschienen zuletzt: *Die Ökonomie als Wissenschaft der leidenschaftlichen Interessen* (2010, zus. mit Vincent Lépinay), *Jubilieren. Über religiöse Rede* (2011) sowie *Existenzweisen. Eine Anthropologie der Modernen* (2014).

Bruno Latour

Eine neue Soziologie für eine neue Gesellschaft

Einführung in
die Akteur-Netzwerk-Theorie

Aus dem Englischen
von Gustav Roßler

Suhrkamp

6. Auflage 2022

Erste Auflage 2010
suhrkamp taschenbuch wissenschaft 1967

Umschlag nach Entwürfen
von Willy Fleckhaus und Rolf Staudt
Druck und Bindung: C. H. Beck, Nördlingen
Printed in Germany
ISBN 978-3-518-29567-0

www.suhrkamp.de

Inhalt

Den Doktoranden,
die ich bei manchen ihrer Arbeitsmühen begleiten durfte

Einleitung: Wie kann man die Aufgabe wiederaufnehmen, den Spuren der Assoziationen zu folgen?

Der Grundgedanke dieses Buches läßt sich sehr einfach zusammenfassen: Wenn Sozialwissenschaftler das Adjektiv »sozial« zu einem Phänomen hinzufügen, bezeichnen sie damit einen stabilisierten Sachverhalt, ein Bündel von Bindungen, die später wieder herangezogen werden können, um ein anderes Phänomen zu erklären.[1] An dieser Verwendungs-

1 In den Anmerkungen wird eine abgekürzte Zitierweise verwendet; die vollständige Bibliographie findet sich am Ende des Buches. Dieses irgendwie strenge Buch läßt sich parallel lesen mit dem sehr viel heitereren Bruno Latour und Emilie Hermant (1998), *Paris ville invisible*, das in etwa dasselbe Terrain mittels einer Reihe photographischer Essays zu behandeln versucht. Es ist online sowohl auf englisch (*Paris the Invisible City*) als auch auf französisch verfügbar unter ⟨http://www.bruno-latour.fr⟩.
[Die Übersetzung folgt dem englischen Original *Reassembling the Social. An Introduction to Actor-Network-Theory*, das 2005 bei Oxford University Press erschienen ist. Inzwischen liegt eine vom Autor durchgesehene und revidierte französische Übersetzung vor: *Changer de société – Refaire de la sociologie*, Paris: La Découverte, 2006. In Absprache mit Bruno Latour wurde in Zweifelsfällen die französische Übersetzung herangezogen und ihre Variante übernommen, wenn Verständlichkeit und Klarheit dadurch gewannen; das gilt auch für (relativ wenige) kleinere Umstellungen von Passagen. Der französischen Übersetzung gefolgt wurde (ebenfalls in Absprache mit Bruno Latour) in folgenden Punkten:
a) bei der aktualisierten (und auf Veröffentlichungen in französischer Sprache umgestellten) Bibliographie;
b) bei zwei zusätzlichen Exkursen (zu Callons Arbeit über die Muscheln, zu Tardes Kritik am sozialen Milieu);
c) bei der Numerierung der verschiedenen Bedeutungen des Sozialen als Soziales Nr. 1, 2, 3 und 4, was die Verständlichkeit erleichtert;
d) bei den Anmerkungen wurde den französischen Varianten gefolgt, ohne die dortigen Streichungen ganzer Anmerkungen zu übernehmen; die aus der französischen Ausgabe übernommenen Anmerkungen wurden mit * markiert.
Bei der Terminologie der »unübersetzbaren« Begriffe *agency* und *matters of fact/matters of concern* habe ich mich ebenfalls an den französischen Va-

weise des Wortes ist nichts auszusetzen, solange man damit das *bereits* Versammelte bezeichnet, ohne eine überflüssige Hypothese über die *Natur* des Versammelten aufzustellen. Probleme entstehen jedoch, sobald »sozial« eine Art von Material bezeichnet, als wäre das Adjektiv mehr oder weniger vergleichbar mit anderen Ausdrücken wie »hölzern«, »stählern«, »biologisch«, »ökonomisch«, »mental«, »organisatorisch« oder »sprachlich«. An diesem Punkt löst sich die Bedeutung des Wortes auf, denn nun bezeichnet es zwei vollkommen verschiedene Dinge: erstens eine Bewegung während eines Prozesses des Versammelns und zweitens eine spezifische Art von Ingredienz, von der man annimmt, daß sie sich von anderen Materialien unterscheidet.

Im vorliegenden Werk will ich aufzeigen, wieso das Soziale nicht als eine Art von Material oder Sphäre aufgefaßt werden kann, und bestreiten, daß sich eine »soziale Erklärung« irgendeines anderen Sachverhalts liefern läßt. Auch wenn das Projekt einer solchen Erklärung in der Vergangenheit produktiv und wahrscheinlich notwendig war, ist es dies kaum noch, teilweise sogar aufgrund des Erfolgs der Sozialwissenschaften. Auf deren gegenwärtigem Entwicklungsstand ist es nicht länger möglich, die genauen Zutaten zu prüfen, die in die Zusammensetzung des sozialen Bereichs eingehen. Daher will ich den Begriff des Sozialen neu definieren, indem ich auf seine ursprüngliche Bedeutung zurückgreife und ihn wieder befähige, Verbindungen nachzuzeichnen (*to trace, tracer*). Damit wird es möglich sein, das traditionelle Ziel der Sozialwissenschaften wiederaufzugreifen, allerdings mit Werkzeugen, die der Aufgabe besser entsprechen. Nachdem ich umfassend über die »Versammlungen« der Natur gearbeitet habe, halte ich es für notwendig, eingehender zu prüfen, was unter dem Dach der Gesellschaft »versammelt«

rianten orientiert, da die Übersetzung dieser Ausdrücke ins Deutsche analoge Schwierigkeiten aufweist. Diese werde ich beim erstmaligen Vorkommen in einer Anmerkung jeweils genauer erläutern. A. d. Ü.]

wird. Das scheint mir der einzige Weg zu sein, den alten Pflichten der Soziologie, der »Wissenschaft vom Zusammenleben«,[2] treu zu bleiben.

Zu einem solchen Projekt gehört jedoch eine Neudefinition dessen, was gemeinhin unter dieser Disziplin verstanden wird. Aus dem Lateinischen und Griechischen übersetzt, bedeutet »Sozio-logie« soviel wie die »Wissenschaft vom Sozialen«. Der Ausdruck wäre ausgezeichnet, hätte er nicht zwei Nachteile: das Wort »sozial« und das Wort »Wissenschaft«. Die Tugenden, die wir heute wissenschaftlichen und technischen Unternehmungen bereit sind zuzugestehen, haben nur noch wenig mit dem gemein, was die Gründer der Sozialwissenschaften im Sinn hatten, als sie ihre Disziplinen erfanden. Damals, als die Modernisierung in vollem Gange war, bildete die »Wissenschaft« einen ziemlich mächtigen Antrieb, der sich unbegrenzt in die Zukunft hinein verlängern ließ, und zwar ohne irgendwelche Befürchtungen, daß ihr Fortschritt eines Tages vielleicht gebremst werden könnte. Man hatte keine Vorstellung davon, daß die Ausbreitung der Wissenschaft diese eines Tages nahezu koextensiv mit dem Rest des gesellschaftlichen Verkehrs machen könnte. Und was die Gründer der Sozialwissenschaften unter »Gesellschaft« verstanden, hat einen mindestens ebenso radikalen Wandel erfahren, der vor allem auf die Verbreitung der Produkte von Wissenschaft und Technik zurückgeht. Es ist nicht länger klar, ob es Beziehungen gibt, die spezifisch genug sind, um sie als »soziale« zu bezeichnen, und die sich zusammen gruppieren las-

2 Dieser Ausdruck stammt von Laurent Thévenot (2004), »Une science de la vie ensemble dans le monde« (Eine Wissenschaft vom Zusammenleben in der Welt). Diese logische Ordnung – zuerst die Versammlungen der Natur, dann die der Gesellschaft – kehrt die Reihenfolge um, wie ich dazu kam, darüber nachzudenken. Die beiden Zwillingsbücher *Die Hoffnung der Pandora. Untersuchungen zur Wirklichkeit der Wissenschaft* (2000) und *Das Parlament der Dinge. Für eine politische Ökologie* (2001a) wurden von mir geschrieben, lange nachdem meine Kollegen und ich eine alternative Sozialtheorie entwickelt hatten, um mit unseren Ergebnissen aus den ersten Feldstudien in der Wissenschafts- und Technikforschung umzugehen.

sen, um eine besondere Sphäre namens »Gesellschaft« zu bilden. Das Soziale scheint sich überallhin verflüchtigt zu haben und doch nirgendwohin im besonderen. Weder Wissenschaft noch Gesellschaft sind stabil genug geblieben, um die Versprechen einer strengen »Sozio-logie« einlösen zu können.
Aus dieser doppelten Metamorphose haben nur wenige Sozialwissenschaftler den extremen Schluß gezogen, daß sowohl Gegenstand als auch Methode der Sozialwissenschaften verändert werden sollten. Trotz vieler Enttäuschungen hoffen sie immer noch, eines Tages in das gelobte Land einer wahren Wissenschaft der wirklichen sozialen Welt zu gelangen. Niemand ist sich dieses quälenden Zögerns bewußter als jene Forscher, die, wie ich, viele Jahre damit verbracht haben, »Wissenschaftssoziologie« zu betreiben – wahrhaftig ein Oxymoron. Aufgrund der vielen Paradoxien, zu denen dieses lebendige und perverse Fachgebiet geführt hat, sowie der zahlreichen Veränderungen in der Bedeutung von »Wissenschaft« denke ich, daß der Zeitpunkt gekommen ist zu modifizieren, was unter »sozial« zu verstehen ist. Daher möchte ich eine alternative Definition für »Soziologie« entwickeln, dabei dieses nützliche Etikett gleichwohl beibehalten und, wie ich hoffe, der traditionellen Berufung dieser Disziplin treu bleiben.

Was ist eine Gesellschaft? Was bedeutet das Wort »sozial«? Wieso spricht man manchen Aktivitäten eine »soziale Dimension« zu? Wie kann man nachweisen, daß »soziale Faktoren« am Werk sind? Wann ist eine Untersuchung der Gesellschaft oder anderer sozialer Aggregate eine gute Untersuchung? Wie läßt sich der Entwicklungsgang einer Gesellschaft verändern? Um diese Fragen zu beantworten, wurden zwei sehr unterschiedliche Herangehensweisen gewählt. Die eine von ihnen ist zum Common sense geworden – die andere ist Gegenstand der vorliegenden Arbeit.
Die erste Lösung bestand darin, die Existenz eines spezifischen Typs von Phänomenen zu postulieren, die abwechselnd

als »Gesellschaft«, »Gesellschaftsordnung«, »gesellschaftliche Praxis«, »gesellschaftliche Dimension« oder »gesellschaftliche Struktur« bezeichnet wurden. Im Laufe des letzten Jahrhunderts, als diese Theorien entwickelt wurden, erschien es wichtig, diesen Realitätsbereich von anderen Bereichen wie etwa Ökonomie, Geographie, Biologie, Psychologie, Recht, Wissenschaft und Politik zu unterscheiden. Ein bestimmtes Phänomen wurde als »sozial« oder zur »Gesellschaft« gehörig bezeichnet, wenn es spezifische Eigenschaften aufwies, manche davon negativ – es durfte nicht »rein« biologisch, sprachlich, ökonomisch, natürlich sein – und manche positiv – es mußte die Gesellschaftsordnung hervorbringen, verstärken, ausdrücken, aufrechterhalten, reproduzieren oder umstürzen. Sobald diese soziale Sphäre einmal, wie vage auch immer, definiert war, ließ sich mit ihrer Hilfe Licht auf spezifisch soziale Phänomene werfen – das Soziale konnte das Soziale erklären – und konnte ein bestimmter Typ von Erklärung für etwas bereitgestellt werden, das die anderen Bereiche nicht erklären konnten – mit der Berufung auf »soziale Faktoren« ließen sich die »sozialen Aspekte« nichtsozialer Phänomene erklären.

So wird zwar anerkannt, daß das Recht seine eigene Strenge besitzt, doch einige seiner Aspekte ließen sich besser verstehen, wenn man ihm eine »soziale Dimension« hinzufügen würde; obwohl ökonomische Kräfte ihrer eigenen Logik gehorchen, gibt es ebenso soziale Elemente, die das leicht erratische Verhalten kalkulierender ökonomischer Agenten erklären könnten; auch wenn sich die Psychologie ihren eigenen Antrieben entsprechend entwickelt, könnten einige ihrer rätselhafteren Aspekte auf »sozialen Einfluß« zurückgeführt werden; die Wissenschaft mag zwar ihrem eigenen Impetus folgen, doch ihr Streben ist in mancher Hinsicht notwendigerweise durch die »sozialen Rahmenbedingungen« der Wissenschaftler »eingeengt«, die in den »sozialen Kontext ihrer Zeit« eingebettet sind; auch wenn die Kunst weitgehend »autonom« ist, wird sie ebenso durch soziale und politische

»Rücksichten« »beeinflußt«, welche für einige Aspekte ihrer berühmtesten Meisterwerke verantwortlich sein könnten; und obwohl die Wissenschaft des Managements ihren eigenen Regeln folgt, könnte es ratsam sein, auch »soziale, kulturelle und politische Aspekte« zu berücksichtigen, die vielleicht erklären, wieso einige solide Organisationsprinzipien nie in die Praxis umgesetzt werden.

Es lassen sich leicht viele weitere Beispiele finden, denn diese Version der Sozialtheorie ist zur Standardeinstellung unserer mentalen Software geworden, die von folgenden Überlegungen ausgeht: Es gibt einen sozialen »Kontext«, in dem nichtsoziale Aktivitäten stattfinden; dieser ist ein bestimmter Bereich der Wirklichkeit; er kann als ein spezifischer Kausalitätstyp verstanden werden, um residuale Aspekte zu erklären, denen andere Gebiete (Psychologie, Recht, Ökonomie usw.) nicht vollkommen gewachsen sind; er wird von spezialisierten Forschern untersucht, die Soziologen genannt werden oder Sozial-(x) – wobei (x) als Platzhalter für die verschiedensten Disziplinen dient; da gewöhnliche Handelnde sich stets »in« einer sie umfassenden sozialen Welt befinden, können sie bestenfalls »Informanten« für diese Welt und schlimmstenfalls für deren Existenz blind sein, die ohnehin in ihrer vollen Auswirkung nur für den Sozialwissenschaftler mit seinem disziplinierteren Blick sichtbar ist; wie schwierig solche Untersuchungen auch durchzuführen sind, Sozialwissenschaftler können in etwa die Erfolge der Naturwissenschaften nachahmen und dank quantitativer Instrumente so objektiv wie andere Wissenschaftler sein; wenn nicht, dann müssen alternative Methoden entwickelt werden, um die »menschlichen«, »intentionalen« oder »hermeneutischen« Aspekte dieser Bereiche zu berücksichtigen, ohne das Ethos der Wissenschaft aufzugeben; und wenn Sozialwissenschaftler als Experten in *Social engineering* herangezogen werden oder, um sozialen Wandel zu begleiten, so kann sich eine politische Relevanz aus diesen Forschungen ergeben, allerdings nur, nachdem genügend Wissen angesammelt worden ist.

Diese Standardeinstellung ist nicht nur zum Common sense der Sozialwissenschaftler, sondern auch zu dem der gewöhnlichen Akteure geworden – auf dem Weg über Zeitungen, Hochschulbildung, Parteipolitik, Small talk, Liebesbeziehungen, Modemagazine usw.[3] Die Sozialwissenschaften haben ihre Definition von Gesellschaft so effektiv verbreitet wie Versorgungsunternehmen Elektrizität und Telefondienste. Die unvermeidliche »soziale Dimension« unseres Tuns und Treibens »in der Gesellschaft« zu kommentieren ist so vertraut geworden, wie ein Handy zu benutzen, ein Bier zu bestellen oder vom Ödipuskomplex zu reden – zumindest in der industrialisierten Welt.

Es gibt aber einen zweiten Ansatz, der die Grundannahmen des ersten nicht für selbstverständlich hält. Er behauptet, daß es nichts Spezifisches gibt, was die Gesellschaftsordnung auszeichnet; daß es keine »soziale Dimension« irgendeiner Art gibt, keinen »sozialen Kontext«, keinen eigenen Bereich der Wirklichkeit, dem das Etikett »sozial« oder »Gesellschaft« angeheftet werden könnte; daß keine »sozialen Kräfte« zur Verfügung stehen, um die residualen Eigenschaften anderer Bereiche zu »erklären«; daß Gesellschaftsmitglieder sehr genau wissen, was sie tun, auch wenn sie es nicht zur Zufriedenheit der Beobachter artikulieren können; daß Akteure niemals in einen sozialen Kontext eingebettet sind und daher stets mehr sind als »bloße Informanten«; daß es demnach nicht sinnvoll ist, wenn man »soziale Faktoren« zu anderen wissenschaftlichen Spezialgebieten hinzuaddiert; daß die durch eine »Wissenschaft von der Gesellschaft« gewonnene politische Relevanz nicht notwendigerweise wünschenswert ist; und daß »Gesellschaft«, weit davon entfernt, den Kontext oder Rahmen zu bilden, »in dem« sich alles abspielt, eher als eines der vielen verknüpfenden Elemente be-

3 Schon die Verbreitung des Worts »Akteur«, das ich erst später genauer definieren will – siehe S. 81 – und bis dahin unbestimmt verwende, ist eines der vielen Kennzeichen dieses Einflusses.

trachtet werden sollte, die innerhalb sehr dünner Leitungen zirkulieren. Etwas provokativ könnte diese zweite Denkrichtung das als Slogan verwenden, was Mrs. Thatcher einst ausrief (wenn auch aus ganz anderen Gründen!): »So etwas wie Gesellschaft gibt es nicht.«

Wenn beide Herangehensweisen so verschieden sind, wie können sie dann beide beanspruchen, die Wissenschaft des Sozialen zu sein, und danach streben, dieselbe Bezeichnung »Soziologie« zu verwenden? Auf den ersten Blick sollten sie ganz einfach unvereinbar sein, denn die zweite Position sieht das wichtigste zu lösende Rätsel darin, was die erste als seine Lösung betrachtet, nämlich die Existenz spezifisch sozialer Bindungen, welche die verborgene Präsenz spezifisch sozialer Kräfte offenbaren. In der alternativen Sichtweise ist das »Soziale« kein Klebstoff, mit dem sich alles Mögliche verbinden ließe – auch dort noch, wo andere Klebstoffe versagen; sondern *das, was* durch viele andere Arten von Bindegliedern verbunden wird. Während die Soziologen (oder Sozioökonomen, Soziolinguisten, Sozialpsychologen etc.) soziale Aggregate als gegeben betrachten und davon ausgehen, daß sie einiges Licht auf residuale Aspekte von Ökonomie, Linguistik, Psychologie, Recht, Management und so fort werfen können, betrachten diese anderen Forscher gerade die sozialen Aggregate als das, was durch die spezifischen *Assoziationen*, wie sie Ökonomie, Linguistik, Psychologie, Recht, Management etc. bereitstellen, zu erklären wäre.[4]

Die Ähnlichkeit zwischen den beiden Ansätzen erscheint allerdings größer, wenn man die Etymologie des Wortes »sozial« im Sinn behält. Obwohl die meisten Sozialwissen-

4 Ich verwende den Ausdruck »Gesellschaft oder andere soziale Aggregate«, um das Spektrum von Lösungen für das anzudeuten, was ich weiter unten »die erste Quelle der Unbestimmtheit« nennen will und mit der Natur sozialer Gruppen zu tun hat. Ich bin hier nicht speziell auf »holistische« Definitionen aus, denn, wie wir noch sehen werden, die »individualistischen« oder »biologischen« Definitionen sind auch nicht stichhaltiger. Siehe S. 62.

schaftler es vorziehen würden, ein homogenes Ding »sozial« zu nennen, ist es vollkommen akzeptabel, mit diesem Wort *Assoziationen* zwischen heterogenen Bestandteilen zu bezeichnen. Da das Wort in beiden Fällen denselben Ursprung bewahrt – die lateinische Wurzel *socius* –, kann man den ursprünglichen Intuitionen der Sozialwissenschaften treu bleiben, wenn man Soziologie nicht als »Wissenschaft vom Sozialen« begreift, was ich als Soziales Nr. 1 bezeichnen will, sondern neu definiert als das *Nachzeichnen von Assoziationen*, oder Soziales Nr. 2.* In dieser Bedeutung des Adjektivs bezeichnet »sozial« kein Ding unter anderen Dingen, wie etwa ein schwarzes Schaf unter weißen Schafen, sondern einen *Verknüpfungstyp* zwischen Dingen, die selbst nicht sozial sind.

Auf den ersten Blick scheint diese Definition unsinnig zu sein, da sie Gefahr läuft, die Soziologie so sehr zu verwässern, daß diese nun jeden Typ von Aggregat betrifft, von chemischen Bindungen bis zu rechtlichen Banden, von atomaren Kräften bis zu wirtschaftlichen Unternehmen, von physiologischen bis zu politischen Versammlungen. Doch gerade darum geht es in dieser alternativen Sozialtheorie, denn alle diese heterogenen Elemente *könnten* sich bei irgendeiner Gelegenheit neu versammeln. Das ist beileibe keine extravagante Hypothese, sondern im Gegenteil die allergewöhnlichste Erfahrung, die wir machen, wenn wir dem rätselhaften Gesicht des Sozialen begegnen: Ein neues Impfmittel kommt auf den Markt, ein neues Tätigkeitsprofil taucht auf dem Arbeitsmarkt auf, eine neue politische Bewegung wird geschaffen, ein neues Planetensystem wird entdeckt, ein neues Gesetz wird verabschiedet, eine neue Katastrophe ereignet sich. In all diesen Fällen müssen wir unsere Konzeptionen von dem, was miteinander assoziiert werden kann, umkrempeln, denn

* Zu diesen beiden Bedeutungen werde ich später (S. 112) eine Bedeutung Nr. 3 hinzufügen, die grundlegenden sozialen Fertigkeiten, und schließlich, S. 419, noch eine Nr. 4, um das »Plasma« zu bezeichnen.

die frühere Definition ist in irgendeiner Hinsicht irrelevant geworden. Wir sind nicht länger sicher, was »wir« bedeutet; wir scheinen von »Bindungen« gefesselt, die den üblichen sozialen Bindungen nicht länger gleichen.

Wie die Bedeutung von »sozial« zunehmend geschrumpft ist

Es gibt einen klaren etymologischen Trend in den aufeinanderfolgenden Variationen der Wortfamilie »sozial« (Strum und Latour 1987). Er verläuft vom Allgemeinsten zum Oberflächlichsten. Die Etymologie des Wortes »sozial« ist ebenfalls aufschlußreich. Der Stamm lautet seq-, sequi, und die erste Bedeutung ist »folgen«. Der lateinische *socius* bezeichnet einen Gefährten, einen Gesellschafter (*associate*). In den verschiedenen Sprachen zeigt die historische Genealogie des Wortes »sozial« die folgenden Bedeutungen: erstens jemandem folgen, dann anwerben, sich verbünden und schließlich etwas gemeinsam haben. Eine weitere Bedeutung von sozial besagt, einen Anteil in einem gemeinsamen Unternehmen haben. »Sozial« im Sinne des Sozialvertrags ist eine Erfindung Rousseaus. »Sozial« im Sinne sozialer Probleme und der sozialen Frage ist eine Neuerung des 19. Jahrhunderts. Verwandte Wörter wie »soziabel« beziehen sich auf die Fertigkeiten, mit denen Individuen verträglich in der Gesellschaft leben können. Wie man an der Drift des Wortes sieht, schrumpft die Bedeutung von »sozial« im Laufe der Zeit. Es beginnt mit einer Definition, die *koextensiv* mit allen Assoziationen ist, doch inzwischen haben wir im allgemeinen Sprachgebrauch eine Verwendungsweise, die auf das begrenzt ist, was übrigbleibt, *nachdem* Politik, Biologie, Ökonomie, Recht, Psychologie, Management, Technologie etc. ihren jeweiligen Anteil aus den Assoziationen herausgezogen haben.

Aufgrund dieser fortwährenden Bedeutungsschrumpfung (Sozialvertrag, soziale Frage, Sozialarbeiter) begrenzen wir das Soziale auf Menschen und moderne Gesellschaften und vergessen, daß der Bereich des Sozialen sehr viel umfassender ist. De Candolle war der Erfinder der Szientometrie – der Verwendung statistischer Verfahren, um die wissenschaftliche Aktivität zu messen – und, wie sein Vater, ein *Pflanzen*soziologe (Candolle 1987 [1873]). Für ihn sind Korallen, Paviane, Bäume, Bienen, Ameisen und Wale ebenfalls sozial. Diese erweiterte Bedeutung von sozial hat die Soziobiologie gut erkannt (Wilson 1975). Leider hat dieses Unternehmen nur die schlimmsten Befürchtungen der Sozialwissenschaftler hinsichtlich der Bedeutungserweiterung von »sozial« bestätigt. Es ist jedoch durchaus möglich, die Erweiterung beizubehalten, ohne von der äußerst eingeschränkten Definition der Handlungsfähigkeit, wie man sie Organismen in vielen soziobiologischen Panoramen zuschreibt, besonders überzeugt zu sein.

So schwebt der Zweifel über dem, was wir angeblich zusammen tun. Der Sinn für Zugehörigkeit ist in eine Krise geraten. Doch um dieses Gefühl der Krise zu registrieren und diesen neuen Verbindungen zu folgen, muß ein anderer Begriff des Sozialen entwickelt werden – das Soziale in der Bedeutung Nr. 2. Dieser Begriff muß *sehr viel umfassender* sein als das gewöhnlich unter dieser Bezeichnung Verstandene, doch gleichzeitig sollte er *streng begrenzt* bleiben auf das Verfolgen neuer Assoziationen und das Aufzeichnen ihrer Gefüge, ihrer Assemblagen. Aus diesem Grund werde ich das Soziale nicht als einen speziellen Bereich, eine bestimmte Sphäre oder eine besondere Art von Ding definieren, sondern nur als eine sehr eigentümliche Bewegung des Wiederversammelns und erneuten Assoziierens.

In einer solchen Sichtweise sollte man das Recht beispielsweise nicht als etwas betrachten, was sich zusätzlich zu seiner inneren Logik durch eine »soziale Struktur« erklären ließe; im Gegenteil, seine innere Logik könnte einige Merkmale erklären, durch die eine Assoziation länger besteht und sich weiter ausdehnt. Ohne das Vermögen juristischer Präzedenzfälle, Verbindungen zwischen einem besonderen Fall und einer allgemeinen Regel herzustellen, wie wüßten wir, was es heißt, eine Sache »in einen größeren Kontext« zu stellen?[5] Ebenso sollte Wissenschaft nicht durch ihren »sozialen Kontext« ersetzt werden, weil ihre Objekte selbst jeden gegebenen Kontext verschieben, indem sie neue Elemente einführen, die von den Forschungslaboratorien auf unvorhersehbare Weise miteinander assoziiert werden. Die wegen des SARS-Virus unter Quarantäne gestellten Menschen lernten auf schmerzliche Weise, daß sie sich nicht länger auf dieselbe Weise mit ihren Verwandten und Partnern »assoziieren« konnten, und zwar aufgrund der Mutation dieses kleinen Biests, dessen Existenz durch die riesige Institution der Epidemiologie und Virologie offenbart worden war.[6] Die Religion muß nicht durch soziale Kräfte »erklärt werden«, denn bereits in ihrer Definition – ja, bereits in ihrem Namen – verbindet sie Entitäten, die nicht Teil der Gesellschaftsordnung sind. Seit den Tagen der Antigone weiß jeder, was es heißt, durch Befehle von Göttern bewegt zu werden, die jenen von Politikern wie Kreon nicht entsprechen. Organisationen müssen nicht in einen »größeren sozialen Rahmen« gestellt werden, da sie dem, was es bedeutet, in einem »größeren Zusammenhang« von Angelegenheiten zu stehen, bereits eine sehr praktische Bedeutung verleihen.* Und schließlich: Wel-

5 Vgl. Patricia Ewick und Susan S. Silbey (1998), *The Common Place of Law* sowie Silbeys Beitrag in Bruno Latour und Peter Weibel (2005), *Making Things Public: Atmospheres of Democracy.* Siehe auch Bruno Latour (2002b), *La fabrique du droit.*

6 B. Latour (1984), *Les microbes, guerre et paix, suivi de irreductions.* Auch wenn die Forschungen zur wissenschaftlichen Praxis den hauptsächlichen Impetus für diese alternative Definition des Sozialen geliefert haben, werde ich sie erst später behandeln, und zwar nachdem die vierte Unbestimmtheit definiert ist, siehe S. 151.

* François Cooren (2001), *The Organizing Property of Communication.*

cher Flugzeugpassagier wüßte, zu welchem Flugsteig er gehen muß, wenn er nicht wiederholt ängstlich auf die Nummer auf seiner Bordkarte blicken würde, die eine Mitarbeiterin der Fluggesellschaft rot umrandet hat? Es könnte müßig sein, »dunkle und verborgene gesellschaftliche Kräfte« zu enthüllen, die hinter den oberflächlichen Politikerreden am Werk sind, denn ohne diese Reden würde ein Großteil dessen, was wir unter Zugehörigkeit zu einer sozialen Gruppe verstehen, ganz einfach verschwinden. Ohne die widersprüchlichen Darstellungen, die die kriegführenden Parteien im Irak vom Geschehen geben – wer könnte im »besetzten« oder »befreiten« Bagdad Freund von Feind unterscheiden?

Und für alle anderen Bereiche gilt dasselbe.[7] Während in der ersten Version von Soziologie jede Aktivität – Recht, Wissenschaft, Technik, Religion, Organisation, Politik, Management etc. – durch dieselben sozialen Aggregate *hinter* all diesen Aktivitäten erklärt werden konnte, gibt es im zweiten Ansatz *nichts* hinter ihnen, auch wenn sie auf eine Weise verknüpft sein können, die eine Gesellschaft entstehen läßt – *oder aber auch nicht.* Das ist die wirkliche Divergenz dieser beiden Soziologie-Varianten. Sozial zu sein ist nicht länger eine sichere und unproblematische Eigenschaft, sondern eine Bewegung, die dabei scheitern kann, eine neue Verbindung vorzuzeichnen und eine *wohlgebildete* Assemblage neu zu formen. Wie wir in diesem Buch immer wieder lernen werden, ist die sogenannte »soziale Erklärung« kontraproduktiv geworden – nachdem sie früher manch nützlichen Dienst geleistet hat –, denn sie *unterbricht* die Bewegung der Assoziation, anstatt sie zu verfolgen.

Vom zweiten Ansatz her gesehen, haben die Anhänger des ersten ganz einfach das zu Erklärende mit der Erklärung ver-

7 Wir werden erst in Teil II, S. 409 sehen, wie dieser Gegensatz auf subtilere Weise umzuformulieren ist als durch eine bloße Umkehrung von Ursache und Wirkung.

wechselt. Sie begannen mit der Gesellschaft oder anderen sozialen Aggregaten, während man mit ihnen enden sollte. Sie glaubten, das Soziale bestünde im wesentlichen aus sozialen Bindungen, während Assoziationen aus Bindungen bestehen, die selbst nicht-sozial sind. Sie stellten sich vor, Soziologie sei auf einen spezifischen Bereich begrenzt, während Soziologen sich überall dorthin begeben sollten, wo heterogene Assoziationen hergestellt werden. Sie glaubten, über das Soziale ließe sich immer verfügen, während das Soziale eben gerade keine Art von Ding ist, weder ein sichtbares noch ein zu postulierendes. Sie bestanden darauf, daß wir bereits von der Kraft irgendeiner Gesellschaft zusammengehalten werden, während unsere politische Zukunft in der Aufgabe liegt zu entscheiden, was uns alle miteinander verbindet. Sichtbar ist das Soziale aber nur in den *Spuren*, die es hinterläßt (im Verlauf von Erprobungen, Versuchen), wenn eine *neue* Assoziation zwischen Elementen hervorgebracht wird, die selbst keineswegs »sozial« sind. Kurzum, die zweite Denkrichtung beansprucht, die Arbeit der Verknüpfung und Sammlung *neu aufzunehmen*, die von der ersten abrupt unterbrochen wurde. Dieses Buch wurde geschrieben, um den interessierten Forschern zu helfen, das Soziale wieder zusammenzusetzen, *wieder zu versammeln* (*reassembling the social*).

Im Verlauf des Buches werden wir lernen, von der Standardsoziologie des Sozialen noch eine radikalere Unterfamilie zu unterscheiden, die ich als *kritische Soziologie* bezeichnen will.[8] Diese werde ich durch die folgenden drei Merkmale definieren: Sie *beschränkt* sich nicht auf das Soziale, sondern

8 Zur Unterscheidung zwischen kritischer Soziologie und Soziologie der Kritik siehe Luc Boltanski und Laurent Thévenot (1991), *De la justification. Les économies de la grandeur*; Luc Boltanski und Laurent Thévenot (1999), »The Sociology of Critical Capacity«; und insbesondere Luc Boltanski (1990), *L'amour et la justice comme compétences*. Wenn ich es auch notwendig finden werde, eine gewisse Kontinuität mit der Soziologie des Sozialen herzustellen, muß ich mich von der kritischen Soziologie und ihrer »Illusion einer Illusion« deutlicher absetzen.

ersetzt das zu untersuchende Objekt durch einen anderen Stoff, der *aus* sozialen Beziehungen besteht; sie behauptet, daß diese Ersetzung für die sozialen Akteure unerträglich sei, da sie die Illusion *bräuchten*, daß hier etwas »anderes« vorliegt als Soziales; und sie geht davon aus, daß die Einwände der Akteure gegen die Erklärungen der kritischen Soziologie geradezu einen *Beweis* dafür darstellen, daß diese Erklärungen richtig seien.

Aus Gründen der Klarheit werde ich den ersten Ansatz als »Soziologie des Sozialen« bezeichnen – auf das Soziale Nr. 1 gerichtet – und den zweiten als »Soziologie der Assoziationen« – auf das Soziale Nr. 2 gerichtet – (ich wünschte, ich könnte »Assoziologie« verwenden). Ich weiß, daß dies angesichts der vielen Nuancen der so zusammengeworfenen Sozialwissenschaften sehr unfair ist, doch es ist vielleicht akzeptabel für eine Einführung, die sehr präzise sein muß, wo es um neu zu beschreibende ungewohnte Argumente geht, während sie das bekannte Terrain in groben Zügen skizzieren darf. Diese Grobheit wird man mir vielleicht um so eher verzeihen, als es viele ausgezeichnete Einführungen in die Soziologie des Sozialen gibt, während meines Wissens keine einzige für das kleine Untergebiet existiert,[9] das – ach ja, wo wir gerade dabei sind, wie wollen wir es überhaupt nennen? Oh weh! Die historische Bezeichnung lautet »Akteur-Netzwerk-Theorie«, ein Name, der so ungeschickt, verwirrend und unsinnig ist, daß er beibehalten zu werden verdient. Zum Beispiel ist der Autor eines Reiseführers ja darin frei, neue Kommentare über das Land abzugeben, das er vorstellen will, doch nicht darin, den gebräuchlichsten Namen dieses Landes zu ändern – der einfachste Wegweiser ist der be-

9 Ein neuerer Überblick findet sich in John Law (2004), *After Method: Mess in Social Science Research*. Als gute Einführung siehe Andrew Barry (2001), *Political Machines. Governing a Technological Society* und Anne-Marie Mol (2003), *The Body Multiple: Ontology in Medical Practice (Science and Cultural Theory)*, wie auch Bruno Latour (1992), *Aramis, ou l'amour des techniques*.

ste; schließlich ist der Ursprung des Wortes »Amerika« noch mißlicher. Ich wollte schon die Bezeichnung »Akteur-Netzwerk-Theorie« durch reflektiertere ersetzen, wie etwa »Soziologie der Übersetzung«, »Aktant-Rhizom-Ontologie«, »Soziologie der Innovation« und so weiter, als jemand mir darlegte, daß das Akronym ANT vollkommen geeignet sei für einen blinden, kurzsichtigen, arbeitssüchtigen, die Spur erschnüffelnden, kollektiven Reisenden. Eine Ameise (*ant*), die für andere Ameisen schreibt, das paßt sehr gut zu meinem Projekt![10] Eigentlich wäre es am besten, das Wort »Soziologie« zu benützen, aber es kann nicht verwendet werden, solange nicht seine beiden Bestandteile – was ist sozial und was ist eine Wissenschaft – wieder etwas erneuert worden sind. Im Laufe dieses Buches werde ich es dennoch mehr und mehr verwenden, und den Ausdruck »Soziologie des Sozialen« für das Repertoire reservieren, auf das sich die anderen Sozialwissenschaftler in meinen Augen allzu bereitwillig beschränken.

Wie man sich in der Literatur zur Akteur-Netzwerk-Theorie (Actor-Network-Theory) zurechtfindet

Ein Großteil der relevanten Bibliographie findet sich auf der ausgezeichneten Website »Actor Network Resource«, die John Law unterhält, sowie selbstverständlich auf der Website des *Centre de sociologie de l'innovation*.[11] Der Ursprung dieses Ansatzes läßt sich in dem dringenden Bedürfnis nach einer neuen Sozialtheorie sehen, die der

10 Ich muß mich entschuldigen, daß ich hier genau die entgegengesetzte Position vertrete wie in Bruno Latour (2006 [1999]), »Über den Rückruf der ANT«. Während ich damals alle Bestandteile dieses schrecklichen Ausdrucks kritisierte, einschließlich der Bindestriche, werde ich sie nun alle verteidigen, *einschließlich* der Bindestriche!

11 Für erstere siehe ⟨http://www.lancs.ac.uk/fass/centres/css/ant/antres.htm⟩, für letztere ⟨http://www.csi.ensmp.fr⟩ sowie ⟨http://www.bruno-latour.fr⟩.

Wissenschafts- und Technikforschung angemessen sein sollte (Callon und Latour 1981). Doch ernsthaft angefangen hat er mit drei Dokumenten (Latour 1988b; Callon 1986; Law 1986b). Hier präsentierten sich nicht-menschliche Wesen – wie Mikroben, Muscheln, Felsen und Schiffe – der Sozialtheorie auf eine neue Weise. Wie ich auf S. 150 erklären werde, wenn ich mich der vierten Unbestimmtheit zuwende, war das für mich das erste Mal, daß die Objekte von Wissenschaft und Technik sozusagen sozial kompatibel wurden. Die philosophische Begründung für dieses Argument wurde in *Irréductions* gegeben (dem zweiten Teil von Latour 1984), wenn auch in einer etwas schwierigen Form.

Seitdem hat sich dieser Ansatz in viele Richtungen entwickelt und wurde in vielen Artikeln besprochen und kritisiert, die auf Laws Website aufgelistet sind. Auch wenn es keinen klaren Lackmus-Test für die ANT-Mitgliedschaft gibt, lassen sich provisorisch und ad hoc einige ersinnen. Überflüssig zu erwähnen, daß diese Interpretation der ANT nur meine Sichtweise darstellt. Dieses Buch zielt nicht auf eine umfassende Darstellung der ANT ab, sondern auf eine systematische. Es folgen einige Tests, die ich am nützlichsten gefunden habe.

Der erste besteht in der genauen Rolle, die nicht-menschlichen Wesen zugestanden wird. Sie müssen *Akteure* sein (siehe die Definition auf S. 111) und nicht bloß die glücklosen Träger symbolischer Projektion. Ihre Aktivität sollte nicht dem Typ von Wirksamkeit entsprechen, den man bislang mit Tatsachen oder Naturdingen verknüpft hat. Wenn dementsprechend eine Erklärung auf eine symbolische oder naturalistische Kausalität zurückgreift, gibt es keinen Grund, sie in den ANT-Korpus aufzunehmen, selbst wenn sie diesen Anspruch erheben sollte. Umgekehrt kann jede Studie, die den nicht-menschlichen Wesen eine variationsreichere Form von Präsenz gibt als die traditionelle Naturkausalität – aber eine effizientere als die symbolische –, Teil unseres Korpus sein, selbst wenn einige solche Autoren keineswegs mit diesem Ansatz in Verbindung gebracht werden möchten. So könnte zum Beispiel ein Biologiebuch (Kupiec und Sonigo 2000) zur ANT gehören, und zwar aufgrund der neuen aktiven Rolle, die dem Gen gegeben wird.

Ein anderer Test besteht darin zu überprüfen, in welche Richtung die Erklärung geht. Umfaßt die Liste dessen, was sozial ist, am Ende dasselbe begrenzte Repertoire, das verwendet wurde, um die meisten Elemente (weg)zuerklären? Wenn das Soziale stabil bleibt und verwendet wird, um einen bestimmten Sachverhalt zu erklären, haben wir es nicht mit der ANT zu tun. Die von Wiebe Bijker entwickelte Techniksoziologie etwa (Bijker 1995), wie erhellend sie auch für uns alle war, würde nicht zum Korpus gehören, da das Soziale hier durchgehend stabil gehalten wird und seinerseits die Form des technischen Wandels erklärt. McNeill (1976) dagegen könnte in den Korpus aufgenommen werden, auch wenn er keineswegs ein ANT-Autor ist, denn das zu Assoziierende wird durch die Einbeziehung von Ratten, Viren und Mikroben in die Definition dessen, was alles in einem Imperium zu »versammeln« ist, modifiziert. Auch ein Buch wie das von Cronon (1991) kann dementsprechend gewiß als ein methodisches Meisterwerk der ANT gelten, weil keine soziale Kraft hinzugefügt wird, um die fortschreitende Zusammensetzung der Metropole zu erklären. Dasselbe gilt für die Arbeit von Hutchins zur verteilten Kognition (Hutchins 1995). Aus diesem Grund war auch vieles aus der Wissenschafts- und Technikgeschichte für unser Programm wichtig, und auch die Soziologie der Kunst war ein ständiger Begleiter, insbesondere durch den Einfluß von Hennion (1993).

Ein dritter und schwieriger Test könnte darin bestehen herauszufinden, ob eine Studie darauf abzielt, das Soziale wieder zu versammeln, oder immer noch auf seiner Zersplitterung und Dekonstruktion beharrt. Die ANT wurde mit einer postmodernen Betonung der Kritik an »Großen Erzählungen« und an einem »eurozentrischen« oder »hegemonialen« Standpunkt verwechselt. Diese Sichtweise ist jedoch sehr irreführend. Zersplitterung, Destruktion und Dekonstruktion sind nicht das, was zu erreichen, sondern was zu überwinden ist. Wichtiger ist es herauszufinden, welches die neuen Institutionen, Verfahren und Konzepte sind, um das Soziale zu sammeln und wieder zu verknüpfen (Callon, Lascoumes und Barthe 2001; Latour 2001a).

Es stimmt allerdings, daß in den meisten Situationen der Rückgriff auf die Soziologie des Sozialen nicht nur vernünftig, sondern auch unerläßlich ist, da er eine bequeme Abkürzung bietet, um all die Ingredienzien zu bezeichnen, die im kollektiven Bereich bereits *akzeptiert* sind. Es wäre töricht und pedantisch, sich der Verwendung von Begriffen zu enthalten wie »IBM«, »Frankreich«, »Maori-Kultur«, »Aufstiegsmöglichkeiten«, »Totalitarismus«, »Sozialisation«, »untere Mittelklasse«, »politischer Kontext«, »soziales Kapital«, »Stellenabbau«, »soziale Konstruktion«, »individueller Handlungsträger«, »unbewußte Motivationen«, »Milieudruck« etc. Doch in Situationen, wo Innovationen wuchern, Gruppengrenzen unsicher sind und das Spektrum der zu berücksichtigenden Entitäten fluktuiert, ist die Soziologie des Sozialen nicht länger imstande, die neuen Assoziationen der Akteure zu verfolgen. An diesem Punkt wäre es das Schlimmste, wenn man Gestalt, Größe, Heterogenität und Kombination der Assoziationen – das Soziale Nr. 2 – von vorneherein einschränken wollte. Vielmehr muß hier die bequeme Kurzschrift der Soziologie des Sozialen ersetzt werden durch die mühsame und aufwendige Langschrift der Assoziationen. Entsprechend verändern sich die Pflichten des Sozialwissenschaftlers: Es genügt nicht länger, Akteure auf die Rolle von Informanten zu beschränken, die als Fälle einiger gut bekannter Typen dienen. Den Akteuren muß die Fähigkeit zurückgegeben werden, ihre eigenen Theorien darüber aufzustellen, woraus das Soziale besteht. Die Aufgabe besteht nicht länger darin, Ordnung zu schaffen, das Spektrum akzeptierbarer Entitäten zu beschränken, den Akteuren beizubringen, wer sie sind, oder in ihre blinde Praxis ein wenig Reflexivität hineinzubringen. Mit einem Slogan der ANT könnte man sagen, daß man »den Akteuren folgen« muß, das heißt versuchen sollte, ihren manchmal wilden Innovationen hinterherzukommen; dadurch könnte man von ihnen lernen, was in ihren Händen aus der kollektiven Existenz geworden ist, welche Methoden sie entwickelt haben, um diese Existenz aufrechtzuhalten, und schließlich welche Darstellungen (*accounts*) die neuen Assoziationen am besten definieren könnten, die sie gezwungenermaßen eingegangen sind. Zwar funktioniert die Soziologie des Sozialen gut bei dem, was bereits *versammelt* ist, jedoch nicht so gut, wenn sie die Teilnehmer an dem, was nicht – *noch nicht* – ein sozialer Bereich ist, neu versammeln soll.

Beide Schulen lassen sich noch extremer zueinander in Beziehung setzen, wenn man eine etwas heikle Parallele aus der Geschichte der Physik aufgreift und die Soziologie des Sozialen als »prärelativistisch« bezeichnet, während unsere Soziologie als vollständig »relativistisch« verstanden werden muß.* In den meisten gewöhnlichen Fällen, beispielsweise bei Situationen, die sich nur langsam ändern, ist der prärelativistische Rahmen vollkommen angemessen, und ein festgelegter Bezugsrahmen kann eine Aktion ohne allzu viel Verzerrung registrieren. Doch wenn die Dinge sich beschleunigen, die Innovationen sich vermehren und die Entitäten sich vervielfältigen, man aber trotzdem darauf beharrt, einen absoluten Bezugsrahmen beizubehalten, erhält man sehr schnell Daten, die hoffnungslos verworren sind. Hier muß eine relativistische Lösung entwickelt werden, um sich

* M. Callon, B. Latour (1983), »Pour une sociologie relativement exacte«.

zwischen verschiedenen Bezugsrahmen hin und her zu bewegen und eine Art von Kommensurabilität zwischen Spuren aus verschiedenen Bezugsrahmen zu gewährleisten, die sich mit ganz unterschiedlicher Geschwindigkeit und Beschleunigung bewegen. Da die Relativitätstheorie ein wohlbekanntes Beispiel eines grundlegenden Wandels in unserem mentalen Apparat ist, der von sehr einfachen Fragen ausgelöst wurde, eignet sie sich gut als Parallele dafür, wie die Soziologie der Assoziationen die Soziologie des Sozialen umstürzt und verallgemeinert. Die Frage läßt sich dann auf folgende Weise formulieren: Wenn die Physiker zu Beginn des vorigen Jahrhunderts imstande waren, mit dem Common sense eines absolut rigiden und gleichwohl unbegrenzt plastischen Äther zu brechen, könnten die Soziologen nicht vielleicht auch neue Fortbewegungsmöglichkeiten von einem Bezugsrahmen zum anderen entdecken, wenn sie die Vorstellung einer sozialen Substanz als »überflüssige Hypothese« verabschieden?

Im folgenden geht es mir nicht um Widerlegung – darum zu beweisen, daß die anderen Sozialtheorien falsch sind –, sondern um einen Vorschlag. Wie weit kann man gehen, wenn man die Hypothese des Common sense suspendiert, daß die Existenz eines sozialen Bereichs einen legitimen Bezugsrahmen für die Sozialwissenschaften darstellt?[12] Diese Position ist so marginal, ihre Erfolgschance so gering, daß ich keinen Grund sehe, fair und gründlich mit den vollkommen vernünftigen Alternativen umzugehen, die sie an jedem Punkt zertrümmern könnten. Ich werde daher eigensinnig und oft

12 Wenn meine Behandlung der Soziologie des Sozialen hart erscheint und ich gegenüber der kritischen Soziologie wirklich unangenehm werde, so ist dies nur eine provisorische Haltung. Zu gegebener Zeit werden wir erfahren, wie wir das retten können, was an ihren ursprünglichen Intuitionen richtig war. Mit Hilfe des Schlüsselbegriffs »Standard« (Teil II, S. 382) werden wir der Soziologie des Sozialen Gerechtigkeit widerfahren lassen, die kritische Soziologie muß dagegen leider bis zum Schlußkapitel warten, da ich erst dort die Frage der politischen Relevanz angehen werde.

parteiisch sein, um den Kontrast zwischen den beiden Gesichtspunkten deutlich zu demonstrieren. Zum Ausgleich für diese mangelnde Fairneß will ich jedoch versuchen, so kohärent wie möglich zu sein, wenn ich die extremsten Schlußfolgerungen aus der Position entwickle, mit der ich vorhabe zu experimentieren. Mein Test wird darin bestehen zu überprüfen, wie viele neue Fragen ans Licht gebracht werden können, wenn ich standhaft, sogar blindlings all den Pflichten nachkomme, die dieser neue Ausgangspunkt uns auferlegt. Am Ende des Buches wird als abschließender Test die Frage stehen, ob die Soziologie der Assoziationen die Soziologie des Sozialen ablösen konnte, indem sie verschiedene Typen neuer und aktiverer Verknüpfungen verfolgt hat, und ob sie imstande war, alles zu erben, was in der Ambition einer Wissenschaft vom Sozialen legitim war. Ob dieser Test erfolgreich ausfällt oder nicht, wird, wie üblich, vom Leser abhängen.

Für jene, die es lieben, eine Disziplin auf einen ehrbaren Ahnen zurückzuführen, sollte noch angemerkt werden, daß dieser Unterschied zwischen zwei kontrastierenden Formen, die Pflichten der Sozialwissenschaft zu verstehen, nicht neu ist. Es gab ihn bereits in den Anfangstagen dieser Disziplin (zumindest in Frankreich), und zwar im frühen Disput zwischen dem älteren Gabriel Tarde und Émile Durkheim, aus dem letzterer als Gewinner hervorging.[13] Tarde bemängelte

13 Trotz der wegbereitenden Arbeiten von J. Milet (1970), *Gabriel Tarde et la philosophie de l'histoire*, und den Vorworten von D. Reynié und B. Karsenti kann man erst seit kurzem, dank der Neuausgabe bei den *Empêcheurs de penser en rond*, die Bedeutung von Tarde einschätzen; es wurde in diesem Zusammenhang sogar schon von »Tardomanie« gesprochen. Auf englisch gibt es die ausgezeichnete, von T.C. Clark besorgte, Zusammenstellung: Gabriel Tarde (1969), *On Communication and Social Influence.* Eine ältere Übersetzung von Gabriel Tarde (2000), *Social Laws: An Outline of Sociology*, ist online verfügbar. Als jüngeren Beitrag siehe Bruno Latour (2001b), »Gabriel Tarde und das Ende des Sozialen«. [Auf deutsch liegen von Tarde vor: die – längst vergriffene – Ausgabe der *Sozialen Gesetze* von 1904 sowie Tarde (2003), *Die Gesetze der Nachahmung*; A.d.Ü.].

stets, daß Durkheim es aufgegeben habe, die Gesellschaft zu erklären; denn er habe Ursache und Wirkung verwechselt, als er das Verständnis des sozialen Bandes durch ein politisches Projekt ersetzte, das auf *Social engineering* abzielte. Gegen seinen jüngeren Herausforderer hielt Tarde nachdrücklich daran fest, daß das Soziale kein spezieller Bereich der Realität sei, sondern ein Verbindungsprinzip; daß es keinen Grund gebe, »das Soziale« von anderen Assoziationen wie biologischen Organismen oder gar Atomen zu trennen; daß kein Bruch mit der Philosophie und insbesondere der Metaphysik erforderlich sei, um zu einer Sozialwissenschaft zu gelangen; daß Soziologie tatsächlich eine Art von Inter-Psychologie sei;[14] daß das Studium der Innovation, und insbesondere von Wissenschaft und Technik, die Wachstumsbranche der Sozialtheorie sei; und daß die Wirtschaftswissenschaft von Grund auf neu aufgebaut werden müßte, anstatt als vage Metapher zu dienen, um das Kalkül von Interessen zu beschreiben. Aber vor allem betrachtete er das Soziale als etwas Fluides, das zirkuliert und das mit neuen Methoden zu verfolgen sei, und nicht als einen spezifischen Typ von Organismus. Wir müssen nicht alle Eigenheiten Tardes akzeptieren – und sie sind zahlreich –, doch in der Gallerie der Porträts von berühmten Vorläufern ist er zusammen mit Harold Garfinkel und John Dewey einer der sehr wenigen, die glaubten, Soziologie könne eine Wissenschaft sein, die erklärt, wie Gesellschaft zusammengehalten wird, anstatt die Gesellschaft zu verwenden, um etwas anderes zu erklären oder um eine der politischen Fragen der Zeit zu lösen. Daß Tarde von den Soziologen des Sozialen hart bekämpft wurde und ein Jahrhundert lang auf eine geisterhafte Existenz reduziert war, beweist nicht, daß er unrecht hatte. Im Gegenteil, es macht dieses Buch sogar noch notwendiger. Ich bin davon überzeugt, daß die Soziologie, wenn sie

14 Im Gegensatz zur *Intra*-Psychologie, über die er fast kein Wort verlor. Siehe Gabriel Tarde (1999 [1895]), *Monadologie et sociologie*.

mehr von Tarde geerbt hätte (und außerdem von Comte, Marx, Durkheim und Weber), eine sogar noch relevantere Disziplin hätte werden können. Wie wir am Ende dieses Buches sehen werden, hat sie immer noch die Ressourcen dazu. Die beiden Traditionen lassen sich leicht versöhnen, denn die zweite ist einfach die Wiederaufnahme der Aufgabe, welche die erste zu schnell für bereits erledigt gehalten hat. Die in der Vergangenheit unter dem Etikett eines »sozialen Bereichs« zusammengetragenen Faktoren sind einfach einige der Elemente, die in der Zukunft in dem zu versammeln sind, was ich nicht eine Gesellschaft, sondern ein *Kollektiv* nennen werde.

Gabriel Tarde. Ein alternativer Vorläufer für eine alternative Sozialtheorie

Gabriel Tarde (1843-1904) war Richter, bevor er sich als Autodidakt in die Kriminologie einarbeitete und schließlich ins Collège de France aufgenommen wurde, wo er der Vorgänger Bergsons war.

Einige Zitate werden eine Vorstellung vom deutlichen Kontrast zwischen den beiden Denkrichtungen geben. Hier ist Tardes Definition von Gesellschaft:

Doch dies setzt zunächst voraus, daß jedes Ding eine Gesellschaft ist und jedes Phänomen eine soziale Tatsache. Es ist bemerkenswert, daß die Wissenschaft dazu neigt, durch eine logische Konsequenz ihrer früheren Tendenzen, den Gesellschaftsbegriff auf ungewohnte Weise zu verallgemeinern. Sie spricht von tierischen Gesellschaften, von Zellengesellschaften, warum nicht auch von atomaren Gesellschaften? Fast vergaß ich die Sternengesellschaften, die stellaren und solaren Systeme. Alle Wissenschaften scheinen dazu bestimmt zu sein, zu Zweigen der Soziologie zu werden. (Tarde 1999 [1895], S. 58)

Interessanterweise war Tarde für viele Jahre Leiter eines Statistikinstituts und setzte immer gleichzeitig auf

Monographien und quantitative Daten, doch er stimmte nicht mit Durkheim überein, welchen Typ von *Quantum* die Soziologie verfolgen solle.

In einer Verallgemeinerung von Leibniz' Monaden, allerdings ohne einen Gott, dreht Tardes Projekt die Verbindung zwischen Mikro und Makro um:

Jedoch tritt auch hier derselbe Irrtum, in vervielfältigter Form und mit geringeren Dimensionen, wieder zutage, nämlich die Annahme, daß man, um nach und nach Regelmäßigkeit, Ordnung und logischen Gang in den sozialen Tatsachen erscheinen zu sehen, sich über ihre Einzelheiten, welche wesentlich unregelmäßig sind, erheben und sich soweit emporschwingen müsse, bis man über weite Gesamtbilder einen panoramischen Überblick erreiche; daß das Prinzip und die Quelle aller sozialen Koordination in einigen sehr allgemeinen Tatsachen beruhe, von wo sie allmählich bis zu den Einzeltatsachen herabsteige, nicht ohne sich seltsamerweise abzuschwächen, und daß im Grunde genommen, der Mensch sich zwar bewege, aber durch ein Entwicklungsgesetz geleitet werde. Ich glaube ziemlich das Gegenteil. (Tarde 1908, S. 80f.)

Dies erklärt den radikalen Gegensatz zu Durkheim, dem um eine Generation jüngeren Konkurrenten:*

Diese Auffassung ist, im ganzen genommen, fast das Gegenteil von derjenigen der Verfechter der geradlinigen Entwicklung [...] und von derjenigen Durkheims: anstatt alles durch die vermeintliche Geltung eines Entwicklungsgesetzes zu erklären, das die Gesamterscheinungen zwingen würde, sich zu reproduzieren, sich unverändert in einer bestimmten Ordnung zu wiederholen, anstatt so das Kleine durch das Große, das Einzelne durch das Ganze zu erklären, erkläre

* Über diesen wichtigen Disput siehe Bruno Karsenti (2002), »L'imitation: Retour sur le débat entre Durkheim et Tarde« und Eduardo Vargas (2006), »La polémique Tarde vs. Durkheim«.

ich die Gesamtgleichheiten durch die Anhäufung kleiner elementarer Tatsachen, also das Große durch das Kleine, das Ganze durch das Einzelne. Diese Anschauungsweise soll in der Soziologie dieselbe Umwandlung bewirken, die die Einführung der Infinitesimalrechnung in der Mathematik bewirkt hat. (Ebd., S. 24)

Als ein früher Ahne der ANT kann Tarde deshalb gelten, weil sein bestes Beispiel für eine soziale Verbindung stets die Wissenschaftsgeschichte und -soziologie ist:

Was das Monument der Wissenschaft angeht, vielleicht das gewaltigste aller menschlichen Monumente, so herrscht hier kein Zweifel. Dies Denkmal erwuchs im hellen Lichte der Geschichte, und wir verfolgten seine Entwicklung beinahe seit seinen Anfängen bis auf unsere Tage. [...] Alles ist hier von individuellem Ursprung, nicht nur das Stoffliche, sondern auch die Ideen, der Entwurf im Einzeln und der Entwurf des Ganzen. Alles, selbst das, was jetzt in allen gebildeten Köpfen verbreitet wird, was in der Elementarschule gelehrt wird, alles war am Anfang nichts weiter als das Geheimnis eines einzelnen Gehirnes, aus dem heraus dieses kleine flackernde, schüchterne Licht geleuchet hat, unter Pein und Mühsal in eine enge Sphäre hinein, durch Widerspruch hindurch, bis daß es, stärker geworden, je weiter es drang, eine blendende Leuchte geworden ist.

Wenn es indessen einleuchtend ist, daß die Wissenschaft sich auf diese Weise aufgebaut hat, so ist es nicht weniger sicher, daß die Struktur eines Dogmas, eines Gesetzkörpers, einer Regierungsform, eines ökonomischen Systems in gleicher Weise zustande gekommen ist. Und wenn bezüglich der Sprache und der Moral ein Zweifel möglich ist, da die Verborgenheit ihres Ursprungs und die Langsamkeit ihrer Transformationen den größten Teil ihrer Entwicklung unseren Augen entzieht, so ist immerhin doch höchst wahrscheinlich, daß ihre Entwicklung den gleichen Weg gegangen ist. (Ebd., S. 94 f.)

Die Entitäten, mit denen Tarde sich beschäftigt, sind nicht Menschen, sondern Innovationen, Veränderungsquanten mit einem Eigenleben.

Jedes mehr oder weniger ausgeprägte soziale Werk – ein Industrieprodukt, ein Vers, eine Formel, eine politische Idee –, das eines Tages irgendwo in der Ecke eines Gehirns aufgetaucht ist, träumt daher wie Alexander von der Eroberung der Welt, sucht sich in Tausenden und Millionen Exemplaren überall zu verbreiten, wo es Menschen gibt, und hält auf seinem Weg nur inne, wenn es mit einem nicht weniger ehrgeizigen Rivalen zusammenstößt. (Tarde 1999[1895], S. 96)

Für die ANT am nützlichsten ist, daß für Tarde die Sozialwissenschaft nicht von der Philosophie oder selbst der Metaphysik zu trennen ist:

Existieren heißt differieren, die Differenz ist gewissermaßen die substantielle Seite der Dinge, sie ist dasjenige, was sie gleichzeitig als eigenstes und als gemeinsamstes haben. Davon muß man ausgehen und sich davor hüten, sie zu erklären, vor allem durch die Identität, von der fälschlicherweise so oft ausgegangen wird. Denn Identität ist nur ein Minimum und folglich nur eine Art und eine unendlich rare Art von Differenz, ähnlich wie die Ruhe nur ein Sonderfall der Bewegung ist und der Kreis nur eine Sonderform der Ellipse. Von einer primordialen Identität auszugehen heißt, am Ursprung eine äußerst unwahrscheinliche Singularität anzunehmen, eine unmögliche Koinzidenz mehrerer Wesen, die gleichzeitig verschieden und ähnlich wären, oder aber das unerklärliche Mysterium eines einzigen sehr einfachen Wesens, das sich später teilen müßte, ohne daß man wüßte wieso. (Ebd., S. 73)

Dieses Buch handelt davon, wie die ANT zu verwenden ist, um soziale Verbindungen neu zu versammeln, und ist in drei Teile gegliedert, entsprechend den drei Pflichten, die von der

Soziologie des Sozialen aus nicht länger gerechtfertigten Gründen vermengt worden sind:

Wie lassen sich die vielen Kontroversen über Assoziationen *entfalten*, ohne das Soziale von vorneherein auf einen spezifischen Bereich zu beschränken?

Wie lassen sich die Mittel, durch welche die Akteure diese Kontroversen *stabilisieren*, vollständig nachzeichnen?

Durch welche *Verfahren* ist es möglich, das Soziale nicht in einer Gesellschaft, sondern in einem Kollektiv neu zu versammeln?

Im ersten Teil werde ich zeigen, wieso wir nicht im vorhinein die Arten von Wesen begrenzen sollten, von denen die soziale Welt bevölkert ist. Die Sozialwissenschaften sind um einiges zu ängstlich geworden, die schiere Komplexität der Assoziationen zu entfalten, auf die sie gestoßen sind.[15] Ich werde argumentieren, daß es möglich ist, von Kontroversen gewissermaßen zu zehren und zu lernen, wie wir gute Relativisten werden können – sicherlich eine unerläßliche Vorbereitung, um uns in ein neues Gebiet hineinzuwagen. Im zweiten Teil werde ich zeigen, wie es möglich ist, soziale Verbindungen nachzuzeichnen, indem man die Arbeit verfolgt, die unternommen wird, um die im ersten Teil behandelten Kontroversen zu stabilisieren. Mit einer aus der Kartographie entlehnten Metapher könnte ich sagen, daß die ANT versucht hat, die soziale Welt so *flach* wie möglich zu halten, damit die Herstellung jeder neuen Verknüpfung deutlich sichtbar bleibt.* Und zuletzt will ich zeigen, wieso die Aufgabe, das Kollektiv zu versammeln, es wert ist, verfolgt zu werden; doch dazu muß erst die Abkürzung über die Gesellschaft und die »soziale Erklärung« aufgegeben werden.

15 Die Frage der quantitativen Soziologie habe ich in diesem Buch außer acht gelassen, nicht weil ich an die Überlegenheit qualitativer Daten glaube, sondern weil ja gerade die Bestimmung, welches *Quantum* zu zählen ist, in den verschiedenen Definitionen des sozialen Trägers, denen ich hier folgen werde, auf dem Spiel steht.

* Siehe den zweiten Teil für die Definition dieser gewollten »Flachheit«...

Wenn es stimmt, daß die von den Soziologen des Sozialen gelieferten Bilder von der Gesellschaft hauptsächlich dazu dienten, den inneren Frieden zu gewährleisten, als die Modernisierung in vollem Gange war,[16] welche Art von kollektivem Leben und welche Art von Wissen wird dann von der Soziologie der Assoziationen versammelt werden, nachdem die Modernisierung in Zweifel steht, während die Aufgabe, Wege des Zusammenlebens zu finden, wichtiger ist denn je?

In gewisser Weise gleicht dieses Buch einem Reiseführer durch ein Gebiet, das gleichzeitig völlig banal – es ist nur die gewohnte soziale Welt – und vollkommen exotisch ist – wir werden lernen müssen, jeden einzelnen Schritt zu verlangsamen. Sollten seriöse Forscher es unwürdig finden, die Einführung in eine Wissenschaft mit einem Reiseführer zu vergleichen, so möchte ich sie freundlicherweise daran erinnern, daß die Fragen »Wohin soll man reisen?« und »Was gibt es dort Sehenswertes?« nur eine andere Ausdrucksweise für das sind, was sonst mit dem pompösen griechischen Namen »Methode« oder, schlimmer noch, »Methodologie« bezeichnet wird. Gegenüber einem »Diskurs der Methode« hat der Ansatz eines Reiseführers den Vorteil, daß er nicht mit dem Territorium verwechselt werden kann, zu dem er seine Stimme aus dem Off hinzufügt. Ein Reiseführer kann verwendet oder auch vergessen werden, er kann in einen Rucksack gesteckt, mit Fett- und Kaffeeflecken versehen, vollgekritzelt werden, oder seine Seiten können herausgerissen werden, um ein Feuer unter einem Grill anzufachen. Kurz, er

16 Das erste Auftreten des Wortes »Sozialwissenschaft« findet sich in der ersten Ausgabe des berühmten Textes von Emmanuel Sieyès: »Qu'est-ce que le Tiers-État?«. Sieyès (und nicht Comte) ist ebenfalls der Erfinder des Wortes »Soziologie«. Über die Sozialwissenschaft als »Wissenschaft der sozialen Organisation« siehe F. Audren (2006), *Les juristes et les mondes de la science sociale en France*. Siehe eine ausführliche Erörterung in Bruno Karsenti (2006), *Politiques de l'esprit. Auguste Comte et la naissance de la science sociale.*

bietet Anregungen, ohne sich dem Leser aufzudrängen. Gleichwohl ist er kein *coffee table book*, das Landschaften auf Hochglanzpapier für Leser darbietet, die zu faul zum Reisen sind. Er richtet sich als ein praktischer Ratgeber an die Praktiker und hilft ihnen, sich zu orientieren, *wenn* sie *bereits* im Gelände unterwegs sind. Für die anderen, fürchte ich, wird er vollkommen unzugänglich bleiben, denn die sozialen Bindungen, die nachgezeichnet werden sollen, werden niemals denen gleichen, denen nachzugehen sie gelernt haben.

Teil I
Die Entfaltung von Kontroversen über die soziale Welt

Einführung in Teil I: Was sich aus Kontroversen lernen läßt

Wie alle Wissenschaften beginnt die Soziologie mit Staunen. Die Überraschung kann auf verschiedene Weise ausgelöst werden, doch stets ist da die paradoxe Präsenz von etwas zugleich Unsichtbarem, doch Handgreiflichem, etwas Selbstverständlichem, doch Überraschendem, etwas Banalem, doch verblüffend Subtilem, die zu dem leidenschaftlichen Versuch führt, das wilde Biest des Sozialen zu zähmen. »Wir leben in Gruppen, die dauerhaft eingerichtet erscheinen, doch wieso wandeln sie sich dann so rasch?« »Unser Handeln wird bestimmt von Entitäten, über die wir keine Kontrolle haben und die doch ziemlich unscheinbar und banal sind.« »Es gibt etwas Unsichtbares, das auf uns allen lastet, undurchdringlicher als Stahl und doch unglaublich labil.« »Es gibt Kräfte, die den von den Naturwissenschaftlern untersuchten merkwürdig gleichen und die doch ganz anderen Gesetzen gehorchen.« »Diese rätselhafte Mischung aus hartnäckiger Widerständigkeit und perverser Komplexität scheint der Untersuchung weit offenzustehen, und doch trotzt sie jeder Untersuchung.« Kaum ein Sozialwissenschaftler, der nicht von einer oder mehreren dieser verwirrenden Aussagen erschüttert wird. Sind diese Rätsel nicht die Quelle unserer *libido sciendi*? Ist es nicht der Versuch ihrer Lösung, auf den wir so viel Energie verwenden?

Und doch gibt es eine zunehmende Entfernung zwischen dem, was diese verschiedenen Erschütterungen auslöst, und den zu ihrer Erklärung ersonnenen Lösungen. In diesem ersten Teil will ich zeigen, daß die Intuitionen der Soziologie richtig sein mögen, die Lösungen jedoch, die ausgehend von einer zunehmend schrumpfenden Definition des Sozialen gegeben worden sind, auf verschiedene Weise verfälscht haben, was daran produktiv und wissenschaftlich war. Daher will ich jede dieser Fragen nacheinander genauer betrachten, so daß wir unsere Definition von der Gesellschaft erneuern können.

Anstatt dem üblichen Vorgehen der Soziologielehrbücher zu folgen und den sozialen Bereich in eine Liste von Akteuren, Methoden und Bereichen aufzuteilen, die *bereits* als vollwertige Mitglieder des Sozialen verstanden werden, habe ich – relativistischen Prinzipien getreu – den ersten Teil dieser Arbeit in verschiedene Typen von Kontroversen unterteilt, die sich darum drehen, *woraus* dieses Universum besteht. Ich denke, daß es möglich ist, sich auf die prinzipiellen Intuitionen der Sozialwissenschaften zu stützen, indem man fünf wichtige Unbestimmtheiten untersucht:[1]

1. die Natur von Gruppen: Es gibt viele widersprüchliche Formen, wie Akteuren eine Identität gegeben werden kann;
2. die Natur von Handlungen: In jeden Handlungsverlauf scheint eine große Mannigfaltigkeit von Wesen einzugreifen und die ursprünglichen Ziele zu verschieben;
3. die Natur von Objekten: Die Liste von Entitäten, die an sozialen Interaktionen beteiligt sind, scheint sehr viel offener zu sein, als gemeinhin angenommen;
4. die Natur von Tatsachen: Es vermehren sich die Kontroversen über die Natur der Naturwissenschaften und ihre Verbindungen mit dem Rest der Gesellschaft;

1 Ich habe den Ausdruck »Unbestimmtheiten« (*uncertainties*) gewählt, um damit vage auf das »Unbestimmtheitsprinzip« anzuspielen (*uncertainty principle*; zu dt. auch: Unschärferelation); denn es ist unmöglich zu entscheiden, ob die Unbestimmtheit im Beobachter liegt oder im beobachteten Phänomen. Wie wir sehen werden, verhält es sich niemals so, daß der Analytiker weiß, was die Akteure nicht wissen, noch so, daß die Akteure wissen, was der Beobachter nicht weiß. Aus diesem Grund ist es auch notwendig, das Soziale neu zu versammeln. [*Uncertainty* ließe sich auch mit »Ungewißheit« übersetzen. Dafür spräche, daß *certainty* oder »Gewißheit« philosophisch das cartesianische Erkenntnisideal kennzeichnet. Dennoch folge ich diesem Hinweis Bruno Latours auf das Unbestimmheitsprinzip und die nicht eindeutige Lokalisierbarkeit (im Beobachteten, im Beobachter) und übersetze es dementsprechend mit Unbestimmtheit. A. d. Ü.].

5. und schließlich den Typus von Untersuchungen, die man als sozialwissenschaftliche bezeichnet, denn es ist nie recht klar, in welchem Sinne die Sozialwissenschaften als empirisch zu betrachten sind.

Daß so viel gegen die ANT zu sprechen scheint, hat auch damit zu tun, daß vor jedem weiteren Schritt diese fünf Unbestimmtheiten erst einmal alle berücksichtigt werden müssen, wobei jede die vorhergehende noch rätselhafter macht, bevor zuletzt wieder etwas Common sense gewonnen werden kann – allerdings erst ganz zuletzt. Die meisten Nutzer der ANT hatten bislang zu wenig Geduld, um hierauf zu warten, und ich kann sie nicht tadeln; denn der Leser wird im folgenden eine Reihe komplizierter Anleitungen entdecken, die die Fortbewegung mühseliger und aufwendiger machen ...[2] Der Grund dafür ist, daß ich mit der Gewohnheit brechen will, die Begriffe »Gesellschaft«, »sozialer Faktor« und »soziale Erklärung« mit einer plötzlichen *Beschleunigung* in der Beschreibung zu verknüpfen. Wenn Soziologen des Sozialen die Worte »Gesellschaft«, »Macht«, »Struktur« oder »Kontext« aussprechen, machen sie oft einen gewaltigen Sprung: Sie verbinden riesige Lebens- und Geschichtsbereiche miteinander, mobilisieren gewaltige Kräfte und entdecken in den jeweils untersuchten Fällen typische Beispiele für verborgene Strukturen. Nicht daß sie völlig unrecht hätten, denn die älteren sozialen Beziehungen sind tatsächlich auf eine Weise zusammengesetzt, daß sie anscheinend eine fertige Erklärung für viele Rätsel liefern. Doch nun ist der Zeitpunkt gekommen, sich die derart versammelten Aggregate und die Art ihrer Verbindungen genauer anzuschauen.
Wenn man die unerwarteten neuen Akteure entdecken will, die erst vor kurzem aufgetaucht sind und die noch keine

2 Für die Leser, die sich vor allem für die *science studies* interessieren, dürfte es sinnvoller sein, Kapitel 4 – S. 150 – zuerst zu lesen und sich dann die anderen Quellen der Unbestimmtheit nacheinander vorzunehmen. Man kann auch mit dem leichteren Zwischenspiel auf S. 244 beginnen.

bona fide Mitglieder der »Gesellschaft« sind, muß man woandershin reisen und mit ganz anderem Gefährt. Wie wir sehen werden, gibt es zwischen den beiden Verwendungsweisen des Wortes »sozial« einen ebenso großen Unterschied wie zwischen dem Versuch, auf einer für den Verkehr freigegebenen Straße fahren zu lernen, und dem Versuch, zum ersten Mal ein holperiges Gelände zu erkunden, durch das eine Straße erst geplant ist und das auch noch gegen den Willen vieler lokaler Anwohner.[3] Es ist keine Frage, daß die ANT es vorzieht, langsam zu reisen, auf kleinen Wegen, zu Fuß und indem sie die vollen Kosten für jede Fortbewegung aus eigener Tasche zahlt.

Der Grund dafür, die Geschwindigkeit zu drosseln, ist folgender: Anstatt eine vernünftige Position einzunehmen und zunächst etwas Ordnung zu schaffen, erhebt die ANT den Anspruch, Ordnung sehr viel besser anschließend finden zu können, *nachdem* sie den Akteuren gestattet hat, das volle Spektrum der Kontroversen zu entfalten, in die sie verstrickt sind. Es ist, als würden wir zu den Akteuren sagen: »Wir wollen nicht versuchen, euch zu disziplinieren, euch in unsere Kategorien zu stecken; wir werden euch eure eigenen Welten entfalten lassen und euch erst später bitten zu erklä-

3 Eine Leserin, die fragte, in welchem Sinn unsere Theorie der sozialen Welt mit der »konventionellen« Soziologie versöhnt werden könnte, brachte als Einwand die Form, wie Aids-Patienten sich als Gruppe mobilisiert haben. Mit Blick auf traditionelle »soziale Bewegungen« schien es ihr offensichtlich, daß Patientenorganisationen recht »konventionellen« Definitionen des Sozialen entsprächen – allerdings nur, weil sie vollkommen vergessen hatte, wie innovativ es war, daß Patienten aus Retroviren Politik machten. Für uns dagegen sind Aids-Aktivismus und, allgemeiner, von Patienten ausgehende Organisationen genau der Typ von Innovation, der vollkommen neue Definitonen des Sozialen erfordert. Siehe Steven Epstein (1996), *Impure Science. Aids, Activism and the Politics of Knowledge*; Michel Callon und Vololona Rabeharisoa (1999), *Le pouvoir des malades*; sowie Nicolas Dodier (2003), *Leçons politiques de l'épidémie de sida*. Dieses Beispiel zeigt, wie schnell die Menschen die neuen Assoziationen vergessen und sie in ihre »konventionelle« Definition dessen einschließen, was eine Gesellschaft ist.

ren, wie ihr es angestellt habt, sie zu festigen.« Die Aufgabe, das Soziale zu definieren und zu ordnen, sollte den Akteuren selbst überlassen bleiben und nicht vom Analytiker übernommen werden. Um etwas Ordnung zurückzugewinnen, besteht daher die beste Lösung darin, Verbindungen *zwischen* den Kontroversen zu ziehen, anstatt zu versuchen zu entscheiden, wie eine bestehende Kontroverse zu klären wäre.[4] Die Suche nach Ordnung, Strenge und Struktur wird damit keineswegs aufgegeben. Sie wird nur einen Schritt weiter in die Abstraktion verlagert, so daß den Akteuren gestattet wird, ihren eigenen differenten Kosmos zu entfalten, ganz gleich wie kontraintuitiv sie dabei erscheinen mögen.[5]

Diese erhöhte Stufe von Abstraktion in der Sozialtheorie erklärt, wieso die ANT zunächst so schwer zu fassen ist. Man könnte diese Verschiebung mit dem Versuch vergleichen, den Umriß einer fremden Küste auf ein Blatt Papier zu zeichnen. Die Kartographin bemüht sich etwa, die verschiedenen von den Forschern eingesandten Berichte in ein vor-

4 Ein eindrucksvolles Beispiel für den Reichtum dieses Ansatzes wird in Boltanski und Thévenot (1991), *De la justification* geliefert. In diesem grundlegenden Werk haben die Autoren gezeigt, daß es möglich ist, eine sehr viel solidere Ordnung zu finden, wenn man davon ausgeht, daß gewöhnliche Personen in Frankreich in Streitfällen, in denen sie ihre Position rechtfertigen müssen, nicht nur auf ein einziges, sondern auf sechs komplette Rechtfertigungsprinzipien zurückgreifen können (die *Cités*, das heißt die verschiedenen Formen der Polis oder Wertordnungen: Markt, Industrie, Staatsbürgerlichkeit, Haushalt, Inspiration, Meinung); später ergänzten die Autoren diese noch um eine mögliche »grüne« Rechtfertigung (siehe Lafaye und Thévenot [1993], »Une justification écologique? Conflits dans l'aménagement de la nature«) und noch später um eine »projektbasierte Polis« (Boltanski und Chiapello [2003 (1999)], *Der neue Geist des Kapitalismus*). Auch wenn diese Prinzipien inkommensurabel sind, konnten die Soziologen sie vergleichbar machen, indem sie einen Schritt weiter in die Abstraktion hineingingen. Diesem wunderbaren Beispiel für die Macht der Relativität versuche ich hier nachzueifern.

5 Erst im zweiten Teil werden wir uns mit der zusätzlichen Frage nach der Stabilisierung der Kontroversen befassen. Aus Gründen, die erst später klar werden, waren Soziologen des Sozialen nicht in der Lage, die beiden Schritte voneinander zu trennen.

handenes geometrisches Format einzupassen – sie könnte beispielsweise Buchten als Kreise zu erfassen versuchen, Kaps als Dreiecke, Kontinente als Quadrate. Doch wenn sie das hoffnungslose Durcheinander bemerkt, das diese Form der Erhebung anrichtet – denn kein Bericht paßt genau in die vorgegebenen Umrisse –, dürfte sie freudig den Vorschlag akzeptieren, die Suche nach geometrischer Strenge durch ein vollkommen abstraktes kartesisches Koordinatensystem zu ersetzen. Dieses leere Raster wird sie dann verwenden, um die Küstenlinie geduldig aufzuzeichnen, wobei diese genau so verschlungen verlaufen darf, wie sie aus der geologischen Geschichte hervorgegangen ist. Es mag vielleicht stumpfsinnig erscheinen, jeden Punkt, von dem berichtet wird, nur nach Länge und Breite aufzuzeichnen, doch es wäre noch stumpfsinniger, darauf zu beharren, daß nur Daten verwendet werden sollten, die in einen vorher festgelegten geometrischen Umriß hineinpassen. Ähnlich behauptet die ANT, daß es möglich ist, mehr stabile Beziehungen nachzuzeichnen und mehr aussagekräftige Muster zu entdecken, wenn man einen Weg findet, die Verbindungsglieder zwischen sich verlagernden und instabilen Bezugsrahmen zu registrieren, als wenn man versucht, einen einzigen Bezugsrahmen stabil zu halten. Die Gesellschaft besteht »grob gesehen« genausowenig aus »Individuen«, »Kulturen«, »Nationalstaaten«, wie Afrika »grob gesehen« ein Kreis, Frankreich ein Sechseck oder Cornwall ein Dreieck ist. Darin liegt nichts Überraschendes, denn jede wissenschaftliche Disziplin lernt nach und nach, die richtige Art von Relativismus für die jeweils vorliegenden Daten zu finden. Wieso sollte es allein der Soziologie untersagt sein, ihren eigenen Weg zu finden, und sie statt dessen gezwungen sein, beim Offensichtlichen stehenzubleiben? Nachdem die Geologen die Vorstellung akzeptiert haben, daß kalte und starre Kontinentalplatten frei beweglich auf dem heißen, geschmolzenen Meeresgrund treiben, der aus tiefen ozeanischen Rissen sickert, stehen sie da nicht, gewissermaßen, auf »festerem Boden«? Ähnlich behauptet die ANT, daß wir einen sehr viel wissenschaftlicheren Weg finden werden, die soziale Welt aufzubauen, wenn wir davon absehen, die Flut der Kontroversen zu unterbrechen. Auch wir sollten unseren festen Grund finden: auf Treibsand. Anders als oft gesagt wird, besteht der Relativismus darin, auf Daten zu schwimmen, nicht in ihnen zu ertrinken.

Aus der Kartographie oder der Physik entlehnte Metaphern erweisen sich jedoch sehr bald als unzulänglich, wenn sich das ganze Spektrum der Unbestimmtheiten entfaltet, das von den Soziologen der Assoziationen verarbeitet werden muß. In manchen extremen Situationen scheinen die Akteure über eine unheimliche Fähigkeit zu verfügen, alles abzulehnen, was Soziologen angeblich für selbstverständlich halten, um überhaupt mit ihrer Arbeit beginnen zu können. Den feststehenden Bezugsrahmen eines Äthers aufzugeben, wie es die Physiker taten, erscheint im Rückblick als eine eher einfache Sache, verglichen mit dem, was wir aufzugeben haben, wenn wir die Akteure frei die volle Inkommensurabilität ihrer eigenen welterzeugenden Aktivitäten entfalten lassen wollen.[6] Man muß bereit sein, Handlungsträger, Struktur, Psyche, Zeit und Raum fallenzulassen, zusammen mit jeder anderen philosophischen und anthropologischen Kategorie, ganz gleich wie tief sie im Common sense verwurzelt zu sein scheinen.

Um unser Beispiel der Kartographin noch einmal aufzugreifen: Es ist so, als hätte sie es nicht nur mit zahlreichen Berichten zu tun, die von vielen verschiedenen Reisenden stammen, sondern ebenso mit vielfältigen Projektionsrastern, auf de-

6 »Welterzeugung« wäre ein schönes Wort – siehe N. Goodman (1990), *Weisen der Welterzeugung* –, wäre da nicht die damit einhergehende Vorstellung der »Erzeugung« sowie die Definition der »einen Welt«. Dieser Ausdruck wird somit als provisorischer Platzhalter verstanden, bis wir den Konstruktivismus neu definieren können – siehe S. 152 – und dann sehr viel später wissen werden, was es bedeutet, »eine gemeinsame Welt« zusammenzusetzen – S. 424.

nen jeder Punkt seine eigenen Ad hoc-Koordinaten verlangt. Bei einer solchen Konfusion kann man entweder versuchen, das Spektrum der Kontroversen zu begrenzen, oder sie sich alle entfalten lassen. Die erste, prärelativistische Lösung der Begrenzung funktioniert zwar gut, doch sie läuft Gefahr, die Soziologie auf kalte, ruhige Routinesituationen zu beschränken. Die zweite, relativistische, Lösung beschäftigt sich mit heißen, aktiven und extremen Situationen, doch dann muß man die Kontroversen sich von Anfang bis Ende entfalten lassen. Ein Kompromiß zwischen den beiden Positionen wäre völlig absurd, denn Kontroversen sind nicht einfach ein Ärgernis, das man in Schach halten muß, sondern sie ermöglichen dem Sozialen, sich zu etablieren, und den verschiedenen Sozialwissenschaften, an seinem Aufbau mitzuwirken. Viele der Schwierigkeiten, diese Disziplinen zu entwickeln, rühren von der Weigerung her, theoretisch genug zu sein, sowie von einem deplazierten Versuch, sich an den Common sense zu klammern, der mit einer zur falschen Zeit auftauchenden Sehnsucht nach politischer Relevanz gemischt ist. Ich dagegen will die Extremposition ausprobieren und so lange wie möglich durchhalten. Der Nachteil ist, daß die Leser sich bei ihren Reisen auf eine befremdliche Diät beschränken müssen: Zehren können sie nur von Kontroversen darüber, woraus das Soziale besteht.

Mit der ANT zu reisen wird sich demnach leider als äußerst langsame Fortbewegungsart erweisen. Ständig wird die Bewegung unterbrochen, gestört, auseinandergerissen und verschoben von den fünf Typen der Unbestimmtheit. In der Welt, die die ANT zu durchreisen versucht, scheint keine Fortbewegung ohne aufwendige und mühsame Übersetzungen möglich. Soziologen des Sozialen scheinen dagegen wie Engel zu schweben, sie transportieren Macht und Verbindungen überallhin, nahezu immateriell, während der ANT-Forscher sich wie eine Ameise abmühen muß, um noch die allerwinzigste Verbindung herzustellen. Am Ende dieses ersten Teils werden wir versuchen zusammenzufassen, was einen guten ANT-Bericht von einem schlechten unterscheidet – eine äußerst wichtige Qualitätsprüfung –, indem wir drei Fragen formulieren: Sind alle Schwierigkeiten der Reise erkannt worden? Sind die vollen Reisekosten von einer Verbindung zur nächsten bezahlt worden? Hat der Reisende nicht geschwindelt, indem er einfach bei einer bereits existierenden »Gesellschaftsordnung« heimlich mitgefahren ist? Damit bleibt mir nur noch der Ratschlag, so wenig Gepäck wie möglich mitzunehmen, nicht zu vergessen, das Reiseticket zu bezahlen, und mit Verspätungen zu rechnen.

Erste Quelle der Unbestimmtheit: Keine Gruppen, nur Gruppenbildungen

Wo sollen wir anfangen? Wie immer ist es am besten, inmitten der Dinge zu beginnen, *in medias res*. Eignet sich die Zeitungslektüre? Sie ist ein ebensoguter Ausgangspunkt wie jeder andere. Sobald man die Zeitung aufschlägt, prasselt es auf einen ein, vergleichbar mit einer Überschwemmung, einer Epidemie, einer Plage. Alle zwei Zeilen findet sich die Spur von irgendeiner Gruppe, die sich gerade gebildet oder aufgelöst hat. So klagt etwa die Generaldirektorin eines großen Unternehmens, daß fünf Jahre nach der Fusionierung die verschiedenen Unternehmenszweige immer noch nicht vollständig integriert sind. Sie fragt sich, wie sich »eine gemeinsame Unternehmenskultur fördern« ließe. Ein paar Zeilen weiter erklärt ein Ethnologe, daß es keinen »ethnischen« Unterschied zwischen Hutus und Tutsis in Ruanda gebe, sondern daß es sich um einen »Klassenunterschied« handele, der von den Kolonialisten »instrumentalisiert« und dann als »kultureller« Unterschied »naturalisiert« worden sei. Im Feuilleton erinnert ein Schotte seine Leser an die »Glorreiche Allianz« zwischen Frankreich und Maria, Königin von Schottland, und erklärt damit, wieso Schottland nicht die aufgebrachte Europhobie der Engländer teilen sollte. Eine Korrespondentin aus Frankreich versucht zu erklären, warum algerienstämmige Mädchen der zweiten Generation, die mit einem islamischen Schleier in der Schule erscheinen, von ihren Lehrern als »Fanatikerinnen« betrachtet werden, die sich selbst aus der französischen Republik »ausschließen«. Auf den Europaseiten der Zeitung ist die Rede davon, daß EU-Funktionäre mehr und mehr »wie Europäer« denken und »nicht länger loyal« gegenüber ihren Nationalitäten sind. In der Musikrubrik wird über einen heftigen Streit zwischen Barockensembles berichtet, der sich um die Frequenz ihrer Stimmgabeln dreht, wobei man sich gegenseitig mit

Vorwürfen wie »modernistisch«, »Verrat an der Tradition!« und »akademisch« belegt. Auf den Computerseiten macht sich der Schreiber über die Bindung von Macintosh-Nutzern an ihre äußerst marginalen Maschinen lustig und wagt eine »kulturelle Interpretation« für das, was er als eine Form von »Technofanatismus« ansieht. Weiter unten sagt ein Kommentator voraus, daß der Irak, auch wenn seine Grenzen noch gar nicht so alt sind, als eine Nation existieren und sich nicht entlang älteren Trennungslinien von Religion und historischen »Einflußbereichen« aufspalten wird. Eine andere Kolumne mokiert sich über den Vorwurf, die Gegner des Kriegs im Irak seien »antiamerikanisch«. Es nimmt kein Ende.

Sich auf die eine oder andere Gruppe zu beziehen ist ein Prozeß, der permanent stattfindet und der auf ungewisse, fragile, kontroverse und sich ständig verlagernde Bindungen zurückgreift. Ist es nicht seltsam? Wenn wir den Hinweisen in der Zeitung folgen, müßte die Haupteinsicht der Soziologie darin bestehen, daß Akteure zu jedem beliebigen Zeitpunkt *dazu gebracht werden*, einer bestimmten Gruppe anzugehören – oft zu mehr als einer. Und doch scheint es, wenn man Sozialtheoretiker liest, die hauptsächliche, die entscheidende, die vordringlichste Frage zu sein, welcher Gruppierung *der Vorzug* zu geben sei, um mit einer sozialen Untersuchung überhaupt beginnen zu dürfen. Sollen soziale Aggregate aus »Individuen« bestehen, aus »Organisationen«, »Klassen«, »Rollen«, »Verlaufskurven«, »Diskursfeldern«, »egoistischen Genen«, »Lebensformen« oder »sozialen Netzwerken«? Soziologen scheinen nicht müde zu werden, die eine Entität als wirklich, solide, bewährt oder tiefverwurzelt zu bezeichnen, die andere dagegen als künstlich, imaginär, transitorisch, illusorisch, abstrakt, unpersönlich oder bedeutungslos abzutun. Sollen wir uns auf die Mikroebene von Interaktionen konzentrieren oder die Makroebene für relevanter halten? Ist es besser, in Märkten, in Organisationen oder in Netzwerken die wesentlichen Bestandteile unseres kollektiven Lebens zu sehen?

Während unsere allergewöhnlichste Erfahrung mit der sozialen Welt darin besteht, daß wir gleichzeitig von mehreren möglichen und widersprüchlichen Aufrufen zur Umgruppierung ereilt werden, scheint es das wichtigste für einen anständigen Sozialwissenschaftler zu sein, zunächst zu entscheiden, welche Bestandteile bereits in der Gesellschaft vorhanden sind. Während es ziemlich offensichtlich ist, daß wir von einer Gruppe durch eine Reihe von Interventionen *angeworben* werden, bei denen sichtbar ist, wer für die Relevanz der einen Gruppierung und die Irrelevanz der anderen argumentiert, sieht alles so aus, als müßten Sozialwissenschaftler behaupten, daß es »da draußen« einen Gruppierungstyp gäbe, der real ist, gegenüber dem alle anderen sich als unauthentisch, obsolet, irrelevant oder künstlich erweisen. Während uns vollkommen bewußt ist, daß das erste Merkmal der sozialen Welt in diesem beständigen Ziehen von Grenzen durch Menschen um irgendwelche andere Menschen besteht, gehen die Soziologen des Sozialen davon aus, das Hauptmerkmal dieser Welt bestünde in der fraglosen Existenz von Grenzen, unabhängig davon, wer sie mit Hilfe welcher Werkzeuge zieht. Noch befremdlicher ist es, daß einerseits Sozialwissenschaftler, Ökonomen, Historiker, Psychologen und Politologen in Zeitungsbeiträgen, Lehrveranstaltungen, Demonstrationen, Berichten, Erhebungen, Kommissionen und Statistiken dabei helfen, Gruppen zu definieren und umzudefinieren, andererseits Sozialtheorien immer noch den Eindruck vermitteln, als bestünde die Existenz der relevanten Akteure völlig unabhängig von diesem massiven Arbeitsaufwand von Fachleuten, oder schlimmer noch, als könnte dieser unausweichliche reflexive Zirkel die Soziologie daran hindern, jemals zur Wissenschaft zu werden. Und doch: Wer würde wissen, wie man das »Unbewußte« wachzurufen hätte, ohne Freud? Wer wäre imstande, die Entfremdung anzuprangern, ohne Marx? Wer könnte sich als »Mittelschicht« bezeichnen, ohne Sozialstatistik? Wer könnte lernen, sich »als Europäer zu empfinden«, ohne die Kommentare der liberalen Presse?

Um es zusammenzufassen: Während für Soziologen das vordringliche Problem darin zu bestehen scheint, sich auf eine privilegierte Form der Gruppierung zu einigen, erzählt uns unsere allergewöhnlichste Erfahrung, wenn wir auf sie hören, daß es viele widersprüchliche Gruppenbildungen, Gruppenmobilisierungen gibt – eine Aktivität, zu der Sozialwissenschaftler offensichtlich entscheidend beitragen. Die Alternative ist demnach klar: Entweder wir folgen den Sozialtheoretikern und beginnen unsere Reise damit, daß wir am Ausgangspunkt klarmachen, auf welche Art von Gruppe und welche Ebene der Analyse wir uns festlegen, oder wir folgen den Wegen der Akteure und beginnen unsere Reise mit den Spuren, die ihre Aktivität der Gruppenbildung und -auflösung hinterläßt.

Die erste Quelle der Unbestimmtheit, von der wir lernen könnten, ist demnach, daß es keine relevante Gruppe gibt, von der man sagen könnte, nur sie bilde soziale Aggregate, keinen feststehenden Bestandteil, der als unbestreitbarer Ausgangspunkt dienen könnte.[1] Viele soziologische Untersuchungen beginnen, indem sie einen – oder mehrere – Typen von Gruppierungen festlegen, bevor sie sich wortreich für diese irgendwie willkürliche Grenzziehung entschuldigen, die, wie es oft heißt, durch die »Verpflichtung, die Untersuchung zu begrenzen«, oder »das Recht eines Wissenschaftlers, seinen Gegenstand zu definieren«, notwendig werde. Doch mit solchen Festlegungen, Verpflichtungen, Entschuldigungen wollen Soziologen der Assoziationen gerade nicht beginnen. Sie sehen ihre Pflicht nicht darin, die Li-

1 Die Ethnomethoden Grafinkels nehmen denselben Ausgangspunkt, indem sie mit banalen Berichten anstatt mit Kontroversen beginnen, oder durch die kluge Idee des »breaching«, die sogar schlichte Begegnungen in Kontroversen verwandelt. Siehe Harold Garfinkel (1967), *Studies in Ethnomethodology.* In beiden Fällen ist der Punkt derselbe: Es ist nicht die Pflicht des Soziologen, im vorhinein und anstelle des Teilnehmers zu entscheiden, woraus die soziale Welt besteht – eine sehr gewöhnliche Idee für Chemiker, Physiker und Naturforscher, doch eine, die in den Sozialwissenschaften immer noch als provokativ gilt.

ste der Gruppierungen zu stabilisieren, aus denen das Soziale besteht – ob aus Gründen der Klarheit, der Bequemlichkeit oder um vernünftig zu erscheinen. Im Gegenteil: Ihr Ausgangspunkt besteht gerade in den Kontroversen darüber, zu welcher Gruppierung man gehört, einschließlich selbstverständlich der Kontroversen unter Sozialwissenschaftlern darüber, woraus die soziale Welt besteht.

Wenn jemand mir aufzeigte, daß Wörter wie »Gruppe«, »Gruppierung« und »Akteur« bedeutungslos seien, würde ich ihm antworten: »Gewiß.« Das Wort »Gruppe« ist so leer, daß es weder Größe noch Inhalt festlegt. Es läßt sich genausogut auf einen Planeten wie auf ein Individuum anwenden; auf Microsoft wie auf meine Familie; auf Pflanzen wie auf Paviane. Aus diesem Grund habe ich es auch gewählt.

Dies gilt für das Vokabular der ANT ganz allgemein, und ich will den Leser auf dieser frühen Stufe mit diesem Vokabular vertraut machen, damit er die Sprache dieses Buchs nicht mit der Landschaft verwechselt, die wir bereisen werden. Ich finde es am besten, das allgemeinste, das banalste, ja sogar das vulgärste Repertoire zu verwenden, damit keine Gefahr besteht, es mit den eigenen reichen Idiomen der Akteure zu verwechseln. Soziologen des Sozialen tun in der Regel genau das Gegenteil. Sie sind eifrig darum bemüht, präzise, gut gewählte, ausgeklügelte Begriffe zu produzieren, um mit ihnen zu sagen, was die Akteure sagen. Doch damit gehen sie das Risiko ein, die beiden Metasprachen durcheinanderzubringen – denn auch die Akteure haben ihre eigene elaborierte und vollkommen reflexive Metasprache. Sind diese Soziologen mit kritischer Soziologie befaßt, dann ist die Gefahr sogar noch größer, die Akteure völlig zum Verstummen zu bringen. Die ANT zieht es dagegen vor, eine, wie man es nennen könnte, *Infrasprache* zu verwenden, die strikt bedeutungslos bleibt, sofern sie nicht die Fortbewegung von einem Bezugsrahmen zum nächsten erlaubt. Nach meiner Erfahrung ist dies ein besserer Weg, um das Vokabular der Akteure laut und deutlich vernehmbar zu machen – und es stört mich nicht besonders, wenn dabei der Jargon der Sozialwissenschaftler degradiert wird.* Hätte ich eine Checkliste aufzustellen, woran man einen guten ANT-Bericht erkennt – dies wird sich als wichtiger Indikator für Qualität erweisen –, so würde sie lauten: Ist es den Konzepten der Akteure erlaubt, *stärker* als die der Analytiker zu sein, oder ist es der Analytiker, der die ganze Zeit redet? Sofern das Schreiben von Berichten betroffen ist, bedeutet dies eine präzise, aber schwierige Bewährungsprobe: Ist der Text, der die verschiedenen Zitate und Dokumente kommentiert, interessanter, weniger interessant oder genauso interessant wie die eigenen Ausdrücke und Verhaltensweisen der Akteure? Wer glaubt, dieser Test sei einfach zu bestehen, für den ist ANT nichts.

Eine Liste der Spuren von Gruppenbildungen

Aus den vielen Disputen unter Sozialtheoretikern und den Akteuren selbst, worin denn die Grundbausteine der Gesellschaft bestehen, läßt sich keineswegs der Schluß ziehen, wir müßten an der Sozialwissenschaft verzweifeln. Die ANT behauptet weder, daß wir jemals wissen werden, ob die Gesellschaft »wirklich« aus kleinen individuellen kalkulierenden Agenten oder aus riesigen Makroakteuren besteht; noch behauptet sie, daß alles möglich sei und man sich ganz nach Laune einen Kandidaten als Favoriten herausgreifen könne. Im Gegenteil, sie zieht den relativistischen, das heißt wissenschaftlichen Schluß, daß diese Kontroversen den Analytikern eine wichtige Ressource liefern, um die sozialen Verbindungen nachzeichnen zu können. Die ANT sagt einfach, daß wir, sobald wir an diese vielen, sich verschiebenden Bezugsrahmen gewöhnt sind, ein besseres Verständnis dafür gewinnen, wie das Soziale hervorgebracht wird, da eine relativisti-

* Aus dem gleichen Grund wie J. Rancière in (1983), *Le philosophe et ses pauvres*.

sche Verknüpfung zwischen Bezugsrahmen eher ein objektives Urteil verbürgt als die absoluten (das heißt willkürlichen) Koordinaten, die der Common sense nahelegt. Aus diesem Grund ist es so wichtig, *nicht* mit einer Verkündigung zu beginnen wie: »Soziale Aggregate bestehen hauptsächlich aus (x).« Wobei es keinen Unterschied macht, ob (x) für »individueller Agent« steht oder für »Organisationen«, »Rassen«, »kleine Banden«, »Personen«, »Mitglieder«, »Willenskraft«, »Libido«, »Biographien«, »Felder« etc. Die ANT sieht es einfach nicht als ihre Aufgabe an, das Soziale an Stelle der Leute zu stabilisieren, die sie untersucht; eine solche Pflicht muß vollständig »den Akteuren selbst« überlassen bleiben* – ein oft verleumdetes Klischee, das wir zu gegebener Zeit genauer betrachten werden.

Während es auf den ersten Blick für Soziologen leichter scheinen könnte, sich im vorhinein auf eine Gruppe festzulegen, anstatt die Kontroversen über Gruppenbildung zu kartographieren, ist genau das Gegenteil der Fall, und zwar aus einem guten empirischen Grund. Gruppenbildungen hinterlassen sehr viel mehr Spuren als bereits etablierte Verbindungen, die, definitionsgemäß, stumm und unsichtbar bleiben. Wenn eine gegebene Gruppierung einfach nur gegeben ist, dann ist sie unsichtbar, und es läßt sich nichts über sie sagen. Sie generiert keine Spuren und produziert keinerlei wie auch immer geartete Information; ist sie sichtbar, dann weil sie gerade gebildet oder aufgelöst wird, und folglich wird sie neue und interessante Daten hervorbringen. Die Lösung besteht darin, eine Auflistung der sozialen Aggregate – eine unmögliche Aufgabe – durch eine Liste der Elemente zu ersetzen, die in *Kontroversen* über Gruppen stets präsent sind – eine sehr viel einfachere Aufgabe. Diese zweite Liste ist gewiß abstrakter, da sie mit der Arbeit zu tun hat, die erforderlich ist,

* Wie wir in der Einleitung gesehen haben, sind die Aufgaben der Stabilisierung ebenso wichtig; sie können jedoch erst untersucht werden, nachdem sie sorgfältig von der Entfaltung der Kontroversen unterschieden worden sind.

um jegliche Gruppierung abzugrenzen, doch sie erzeugt auch sehr viel mehr Daten, denn jedesmal, wenn eine neue Gruppierung erwähnt wird, wird der Fabrikationsmechanismus sichtbar und damit verfolgbar, der notwendig ist, um sie am Leben zu erhalten. Während die Soziologen nach einhundertfünfzig Jahren noch immer darüber uneins sind, welches die »richtigen« sozialen Aggregate sind,[2] ist es eine sehr viel einfachere Aufgabe, sich darauf zu einigen, daß in jeder Kontroverse über Gruppenbildung – wozu selbstverständlich auch akademische Dispute gehören – einige Elemente stets präsent sind: Gruppen werden zum Sprechen gebracht; Gegengruppen werden identifiziert; um die Gruppengrenzen dauerhafter zu machen, greift man auf neue Ressourcen zurück; und es werden Fachleute mitsamt ihrer statistischen und intellektuellen Ausrüstung mobilisiert.

Beginnen wir mit dem ersten Merkmal: Um eine Gruppe abzugrenzen, ganz gleich ob sie ganz neu geschaffen oder bloß erneuert wird, braucht man Sprecher, die für die Existenz der Gruppe »sprechen« – und die manchmal sehr geschwätzig sind, wie anhand des Zeitungsbeispiels deutlich geworden sein dürfte. Welches Beispiel man auch wählt, die feministischen Hundebesitzerinnen in Kalifornien, Kosovaren im früheren Serbien, die »*Chevaliers du Tastevin*« in meinem heimatlichen Burgund, die Achuar am Amazonas, Buchhalter, Globalisierungsgegner, Wissenschaftssoziologen, Egos, Trotzkisten, Arbeiterklasse, Marktkräfte, Verschwörungen etc., alle brauchen sie einige Leute, die definieren, was sie sind, was sie sein sollten und was sie gewesen sind. Diese Leute sind ständig am Werk, rechtfertigen die Existenz der Gruppe, berufen sich auf Regeln und Vorläufer und messen

2 Diese Ungewißheit über den Ausgangspunkt – Individuum, Strukturen, Felder, Verlaufskurven etc. – verdankt sich dem Glauben, daß die Gesellschaft nach Größenordnungen gestaffelt sei, die vom ganz Kleinen zum ganz Großen reichen. Der Ursprung dieses Mißverständnisses und die Möglichkeiten, es zu beheben, werden erst im zweiten Teil dieses Buches angegangen – siehe S. 302.

jede Definition an allen möglichen anderen. Gruppen sind keine stummen Dinge, sondern eher das provisorische Produkt eines ständigen Lärms von Millionen widersprüchlicher Stimmen, die zum Ausdruck bringen, was eine Gruppe ist und wer zu ihr gehört. Man denke nur an die Masse von Reden und Schriften, die in die Abgrenzung jenes außergewöhnlichen Ensembles eingegangen sind, das sich *homo oeconomicus* nennt.[3] Es gibt keine Gruppe ohne irgendeine Art von Rekrutierungsoffizier. Keine Schafherde ohne Schäfer – und seinen Hund, seinen Stock, seine Stapel von Impfbescheinigungen, seinen Berg von Papieren für EU-Beihilfen. Wer immer noch glaubt, Gruppierungen existierten »von sich aus«, z. B. »das Individuum«, sollte versuchen, sich daran zu erinnern, wieviel Arbeit geleistet werden mußte, bevor es »sein Leben in die eigenen Hände nehmen« konnte. Wie viele Ermahnungen der Eltern, Lehrer, Chefs, Partner und Kollegen, bevor wir lernten, daß wir besser unsere eigene Gruppe bilden sollten (das Ich)? Und wie rasch wir diese Lektion wieder vergessen haben![4] Auch wenn Gruppen bereits vollständig ausgerüstet erscheinen, kann für die ANT keine von ihnen ohne ein Gefolge von Gruppierern, Gruppensprechern und Gruppenzusammenhaltern existieren.

Zweitens: Wann immer Arbeit erforderlich ist, um die

3 Gabriel Tarde (1902), *Psychologie économique*. Das Hauptwerk bleibt Karl Polanyi (1995 [1944]), *The Great Transformation. Politische und ökonomische Ursprünge von Gesellschaften und Wirtschaftssystemen*; siehe ebenso Albert Otto Hirschman (1987), *Leidenschaften und Interessen. Politische Begründungen des Kapitalismus vor seinem Sieg* sowie Michel Callon (1998b), *The Laws of the Markets*, wie auch die Forschungsfelder von Anthropologie und Ökonomie. Als jüngere empirische Untersuchungen aus einer ANT-Perspektive siehe Fabian Muniesa (2004), *Des marchés comme algorithmes. Sociologie de la cotation électronique à la Bourse de Paris* sowie Vincent Lépinay (2003), *Les formules du marché. Ethno-Economie d'une innovation financière: les produits à capital garanti.*

4 Eine große Leistung von Tardes Inter-Psychologie besteht darin, daß er die Menge der Einflüsse mit der Zunahme der Individualisierung verknüpft; siehe Gabriel Tarde (1901[1989]), *L'opinion et la foule* und Tarde (1969), *On Communication and Social Influence*.

Grenze einer Gruppe zu ziehen oder neu zu ziehen, werden andere Gruppierungen als leer, archaisch, gefährlich, veraltet etc. bezeichnet. Wenn irgendeine Bindung betont wird, so erfolgt stets ein Vergleich mit anderen konkurrierenden Bindungen. Für jede zu definierende Gruppe wird dementsprechend eine Liste von *Anti-Gruppen* aufgestellt. Das ist recht angenehm für Beobachter, denn es bedeutet, daß die Akteure ständig mit der Kartographierung des »sozialen Kontexts« beschäftigt sind, in den sie gestellt sind, und sie so dem Analytiker eine ausgewachsene Theorie darüber anbieten, mit welcher Art von Soziologie sie zu behandeln seien.[5] Daher ist es so wichtig, *nicht* im vorhinein zu definieren, welche sozialen Aggregate den Kontext für all diese Kartographierungen bereitstellen sollen. Gruppenabgrenzungen sind nicht nur eine Beschäftigung für Sozialwissenschaftler, sondern ebenso die ständige Aufgabe der Akteure selbst. Akteure erledigen die Soziologie für die Soziologen, und Soziologen lernen von den Akteuren, woraus ihre Assoziationen bestehen.

Das sollte offensichtlich sein, allerdings widerspricht es der Grundweisheit der kritischen Soziologen. Für sie sehen die Akteure nicht das ganze Bild, sondern sind bloß »Informanten«. Daher muß man sie *lehren*, welches der Kontext ist, »in dem« sie situiert sind und »von dem« sie nur einen winzigen Teil sehen, während der Sozialwissenschaftler, über allem schwebend, »das Ganze« sieht. Die Rechtfertigung für einen solchen Blick aus der Vogelperspektive ist üblicherweise, daß die Wissenschaftler »reflexiv« tun, was die Informanten nur »unwissentlich« tun. Doch sogar das ist zweifelhaft. Das bißchen Bewußtsein, was die Sozialwissenschaftler möglicherweise ansammeln, ist aus dem reflexiven Gruppenbildungsprozeß derer extrahiert, die von ihnen an diesem Punkt ihrer

5 Niemand hat dies so gründlich entwickelt wie Garfinkel. Siehe den berühmten Fall von Agnes' ungewisser Geschlechtszugehörigkeit und seine Kritik in Norman K. Denzin (1990), »Harold and Agnes: A Feminist Narrative Undoing«.

Untersuchung bloß parasitär verwendet werden. Im allgemeinen ist das, was in den meisten Sozialwissenschaften als Reflexivität durchgeht, die schiere Irrelevanz der Fragen, die der Analytiker in bezug auf die wirklichen Anliegen der Akteure aufwirft.[6] Als Regel, als Standardeinstellung ließe sich hier festhalten, daß der Untersucher stets eine reflexive Schleife denen *hinterher* ist, die er untersucht.

Drittens: Wenn Gruppen gebildet oder umverteilt werden, suchen ihre Sprecher ziemlich verzweifelt nach Wegen, sie zu *de-finieren*, das heißt abzugrenzen. Die Gruppengrenzen werden markiert, vorgezeichnet und fest und dauerhaft gemacht. Jede Gruppe, wie klein oder groß auch immer, braucht einen *limes* wie den mythischen, den Romulus um das entstehende Rom zog. Für den Analytiker ist das sehr bequem, da bei jeder Gruppenbildung ein ganzes Spektrum von Merkmalen ausgegraben und mobilisiert wird, um die Gruppengrenze gegen den Druck der verschiedenen konkurrierenden Anti-Gruppen zu verstärken, die jene aufzulösen drohen. Es gibt unendlich viele Wege, um die Gruppendefinition zu einer festen und sicheren Sache zu machen, so fest und sicher, daß sie schließlich so unbestreitbar erscheint wie ein Tisch oder ein Krug. Man kann sich auf die Tradition oder auf das Recht berufen. Man kann seltsame Hybriden erfinden wie »strategischer Essentialismus« oder die Grenze in der »Natur« verwurzeln. Man kann sogar eine »genetische Grundlage« suchen, sie mit »Blut und Boden« verknüpfen, aus der Gruppendefinition eine »Volkstradition« machen oder sie in Sitten und Gebräuchen verankern. Oder man kann die Gruppe im Gegensatz dazu mit Freiheit, Emanzi-

6 Reflexivität ist ein heikler Begriff, der eine interessante Bedeutung hat, wenn er auf Akteure und Objekte bezogen wird, und eine schädliche, wenn er als epistemologische Tugend betrachtet wird, die die Soziologen vor einer Verletzung der Objektivität schützen soll. Siehe A. Hennion (2004), »Pragmatics of Taste«. Hennion schlägt des öfteren vor, als Beispiel für Reflexivität eher jene wunderbare Reflexivform der französischen Grammatik zu nehmen: »*il s'avère*«, »*il s'agit*« (es zeigt sich, es handelt sich).

pation, Artefakt, Mode oder Geschichte verknüpfen. Zuletzt wird sie so fraglos und selbstverständlich geworden sein, daß sie nicht länger irgendeine Spur, Fährte oder Information produziert. Das neue Ensemble befindet sich nun gänzlich *außerhalb* des Sozialen – in der zweiten, ANT-Bedeutung –, auch wenn es im gewöhnlichen, ersten Sinne ein vollwertiges Mitglied des Sozialen geworden ist.

Viertens gehören zu den vielen Sprechern, welche die dauerhafte Definition von Gruppen ermöglichen, ebenfalls Sozialwissenschaftler, Sozialwissenschaften, Sozialstatistiken und Journalismus. Hierin liegt einer der wesentlichen Unterschiede zwischen den beiden soziologischen Denkrichtungen. Für die Soziologen des Sozialen soll die Soziologie danach streben, eine Wissenschaft im traditionellen Sinne zu werden: Sie soll einen unvoreingenommenen Blick auf eine äußere Wirklichkeit werfen und so eine Beschreibung ermöglichen, die irgendwie unabhängig von den Gruppen ist, denen die Akteure Gestalt geben. Für die Soziologen der Assoziationen ist jegliche Untersuchung jeglicher Gruppe durch jeglichen Sozialwissenschaftler Teil und Posten dessen, was die Gruppe existieren, dauern, zerfallen oder verschwinden läßt. In der entwickelten Welt gibt es keine Gruppe, an der nicht mindestens ein sozialwissenschaftliches Instrument hängt. Dies ist keine »inhärente Beschränkung« der Disziplin, die der Tatsache geschuldet wäre, daß Soziologen ebenfalls »Gesellschaftsmitglieder« sind und Schwierigkeiten damit haben, sich von den »Fesseln« ihrer eigenen »sozialen Kategorien« zu befreien. Es liegt einfach daran, daß sie mit den von ihnen Erforschten auf gleicher Ebene stehen, daß sie genau dieselbe Arbeit tun und an denselben Aufgaben beteiligt sind, nämlich soziale Bindungen nach-(oder vor-)zuzeichnen, selbst wenn sie andere Instrumente verwenden und andere berufliche Pflichten haben. Während in der ersten Denkrichtung Akteure und Forscher in zwei verschiedenen Booten sitzen, sitzen sie in der zweiten die ganze Zeit im selben Boot und haben dieselbe Funktion, nämlich

Gruppenbildung. Wenn das Soziale versammelt werden muß, wird jede Hand gebraucht. Erst am Ende werden wir die Konsequenz aus dieser grundlegenden Gleichheit ziehen.

Ganz gleich, wie grob und vorläufig meine Liste erscheint, ist es anhand ihrer bereits möglich zu lernen, viele soziale Bindungen nachzuzeichnen, anstatt sich permanent in der unlösbaren Aufgabe zu verzetteln, ein für allemal zu entscheiden, welchen Teil der Analyse die Soziologie als den richtigen auswählen sollte, um sich auf ihn zu konzentrieren. Allerdings ist dies nur teilweise ein Vorteil für die ANT. Auf der einen Seite sind wir zwar von einer unmöglichen Aufgabe befreit, die uns verlangsamt hätte. Aber auf der anderen Seite müssen wir nun mehr widersprüchliche Kartographien des Sozialen berücksichtigen, als wir uns gewünscht hätten – und *das* wird uns sogar noch mehr verlangsamen.

Ohne Arbeit keine Gruppe

Wie wir gesehen haben, besteht die Wahl nicht zwischen Gewißheit und Durcheinander, zwischen der Willkürlichkeit irgendeiner a priori zu treffenden Entscheidung und dem Morast endloser Unterschiede. Was wir verloren haben – eine feststehende Liste von Gruppen –, haben wir anderswo wieder hinzugewonnen, denn Gruppierungen müssen ständig gebildet oder neu gebildet werden, und während dieser Schöpfung oder Neuschöpfung hinterlassen die Gruppenbildner viele Spuren, die der Analytiker als Daten verwenden kann. Dieser Unterschied läßt sich beispielsweise dadurch kennzeichnen, daß soziale Aggregate nicht Gegenstand einer *ostensiven* Definition sind – wie Tassen und Katzen und Stühle, auf die wir mit dem Zeigefinger deuten können –, sondern nur einer *performativen* Definition. Sie werden auf die vielfältigen Arten und Weisen geschaffen, in denen man von ihnen sagt, daß sie existieren. Dieser Unterschied birgt jedoch viele delikate sprachliche und metaphysische Schwierigkeiten. Ich will nämlich nicht sagen, daß Gruppen durch *fiat* oder, schlimmer noch, durch Sprechakte und bloße Konvention geschaffen werden,[7] sondern bloß den Unterschied hervorheben zwischen Gruppen, die mit irgendeiner Trägheit versehen sind, und Gruppierungen, die ständig durch eine Anstrengung des Gruppenbildens aufrechterhalten werden müssen. Soziologen des Sozialen berufen sich gerne auf »soziale Trägheit«, so als gäbe es irgendwo ein Kapital an sozialen Verknüpfungen, das nur über einen sehr langen Zeitraum abgetragen werden kann. Für die ANT verhält es sich anders: Sobald man aufhört, Gruppen zu bilden und umzubilden, gibt es keine Gruppen mehr. Kein Reservoir an »sozialen Kräften« kann hier helfen. Für Soziologen des Sozialen ist Ordnung die Regel, während Wandel, Verfall oder Schöpfung die Ausnahme bilden. Für Soziologen der Assoziationen ist die Regel Performanz, und das zu Erklärende, die erstaunlichen Ausnahmen, besteht in jeglicher Art von Stabilität über einen längeren Zeitraum hinweg und in einem größeren Maßstab. Als wären in beiden Denkrichtungen Hintergrund und Vordergrund vertauscht.

Die Konsequenzen dieser Umkehrung sind enorm. Wenn Trägheit, Dauer, Reichweite, Festigkeit, Verpflichtung, Loyalität, Zusammenhalt etc. zu erklären sind, so muß man nach Trägern, Werkzeugen, Instrumenten und Materialien Ausschau halten, die eine solche Stabilität gewährleisten kön-

7 Also nicht im Sinne von John Searle ([1997], *Die Konstruktion der gesellschaftlichen Wirklichkeit. Zur Ontologie sozialer Tatsachen*) auf die Sozialwissenschaft angewandt, sondern von Ian Hacking ([1992], »The Self-Vindication of the Laboratory Sciences«) vorgeschlagen, um den Erfolg der Naturwissenschaft zu erklären. Um den Naturalismus zu retten, definiert Searle die soziale Welt durch Selbsterzeugung (*bootstrapping*) und macht so den Abgrund zwischen Tatsachen und sozialem Gesetz noch größer. Eine Minute Forschung zerstört diese Unterscheidung allerdings, denn es wäre unmöglich, so etwas wie Geld – Searles Lieblingsbeispiel – ohne irgendwelche Materialien aufrechtzuerhalten, und keine einzige Tatsache kann definiert werden ohne Kategorien, Formeln, Konvention und Übersetzung, angefangen beim Messen. Siehe S. 189.

nen – siehe die dritte und vierte Unbestimmtheit. Sich auf die Gesellschaft zu berufen hat für die Soziologen des Sozialen den großen Vorteil, diese lange währende Stabilität fix und fertig und gratis geliefert zu bekommen; unsere Schule versucht dagegen, Stabilität als das zu sehen, was erklärt werden muß, indem man kostspielige und anspruchsvolle *Mittel* heranzieht. Und diese Instrumente sollten definitionsgemäß eine andere Qualität haben, als »sozial« zu sein, denn sie müssen dafür sorgen, daß die Gruppierung ein wenig länger *hält* und ein wenig weiter *reicht*. Das Problem bei jeder ostensiven Definition des Sozialen ist, daß anscheinend keine zusätzliche Anstrengung nötig ist, um die Gruppen in Existenz zu halten, und der Einfluß des Analytikers unerheblich bleibt – oder bloß als störender Faktor gilt, der zu minimieren ist. Der große Nutzen einer performativen Definition liegt darin, daß sie in die entgegengesetzte Richtung weist: Sie lenkt die Aufmerksamkeit auf die erforderlichen Mittel, um die Gruppen unablässig aufrechtzuerhalten, und auf den entscheidenden Beitrag, der durch die spezifischen Ressourcen des Analytikers geliefert wird. Die Soziologie der Assoziationen muß auf Heller und Pfennig den Preis für das zahlen, was die Soziologie des Sozialen anscheinend in ihren Regalen unbegrenzt auf Vorrat hat.

Wenn wir auf die praktischen Mittel hinweisen, die notwendig sind, um Gruppen abzugrenzen und in Existenz zu halten, begegnen wir einem Konflikt zwischen zwei verschiedenen Vorgehensweisen, einer deutlichen Divergenz – und nicht der letzten! – zwischen den Autobahnen der Soziologen des Sozialen und den schmalen Pfaden jener Regionen, die wir kartographieren wollen. Alles hängt davon ab, was man unter »Mitteln« versteht. Die Forscher der einen Denkrichtung erklären: »Gewiß müssen wir irgendwo beginnen, und warum dann nicht damit anfangen, die Gesellschaft als aus (x) bestehend zu definieren?« Die anderen rufen genauso energisch aus: »Lassen wir die Akteure die Arbeit für uns tun. Definieren wir nicht an ihrer Stelle, woraus das Soziale besteht!« Dieser Unterschied in der Vorgehensweise rührt daher, daß für die erste Gruppe die Wahl eines Ausgangspunktes nicht absolut entscheidend ist, da die soziale Welt bereits existiert. Ob man »Klassen« anstelle von »Individuen« hervorhebt, »Nationen« anstelle von »Klassen«, »Lebensbahnen« anstelle von »sozialen Rollen« oder schließlich »soziale Netzwerke« anstelle von »Organisationen« – für die erste Forschergruppe werden alle diese verschiedenen Wege letztlich zusammenfinden; denn sie sind nur verschiedene Weisen, dasselbe große Tier abzugrenzen – so wie man den sprichwörtlichen Elefanten abwechselnd durch das Bein, das Ohr, den Rüssel, den Stoßzahn erfaßt. Für die ANT ist die Situation jedoch eine vollkommen andere, denn weder Gesellschaft noch Soziales existieren von vorneherein. Sie müssen durch subtile Veränderungen beim Verbinden nicht-sozialer Ressourcen entworfen werden. Daher führt jede Wahl eines Ausgangspunktes zum Nachzeichnen eines vollkommen unterschiedlichen Tieres, das mit den anderen völlig inkompatibel ist. Für die erste Denkrichtung ist die Gesellschaft immer da und steht mit ihrem ganzen Gewicht hinter ihrem jeweiligen möglichen Träger; für den zweiten Ansatz müssen dagegen soziale Verknüpfungen *durch die Zirkulation* von verschiedenen Trägern skizziert werden, die nicht gegenseitig austauschbar sind.

Wenn beispielsweise eine Informantin sagt, sie lebe »in einer von Gott bestimmten Welt«, so unterscheidet sich diese Aussage nicht wirklich von der eines anderen Informanten, der sagt, daß er »von Marktkräften beherrscht« wird, denn beide Ausdrücke – »Gott« und »Markt« – sind bloße »Ausdrücke« *derselben* sozialen Welt. Doch für den ANT-Soziologen macht es einen riesigen, unüberwindlichen, inkommensurablen Unterschied. Eine Assoziation mit Gott ist *nicht* durch irgendeine andere Assoziation substituierbar, sie ist äußerst spezifisch und kann nicht mit einer anderen versöhnt werden, die aus Marktkräften besteht, welche wiederum ein Schema zeichnet, das völlig verschieden ist von dem von rechtlichen Bindungen. Soziologen des Sozialen verfügen stets über einen stabilen und absoluten dritten Term, in den sie alle Vokabularien der Informanten übersetzen können, ein Schlüsselvokabular, eine Art Verrechnungsstelle, aus der sich augenblicklich Erklärungen entnehmen lassen, die alle dieselbe homogene Qualität teilen – nämlich sozial zu sein. ANT-Soziologen besitzen dagegen keine solche gemeinsame Währung. Das Wort »sozial« – in der Bedeutung Nr. 2 – kann nicht irgend etwas ersetzen, kann nicht irgend etwas besser ausdrücken, kann nicht – in welcher Form und Verkleidung auch immer – an die Stelle von etwas anderem treten. Es ist nicht das gemeinsame Maß aller Dinge, nicht eine überall akzeptierte Kreditkarte. Es ist nur eine Bewegung, die einzig indirekt erfaßt werden kann, wenn es einen Wandel, wie winzig auch immer, in einer älteren Assoziation gibt, die in eine etwas neuere oder andere mutiert. Weit davon entfernt, ein stabiles Ding zu sein, ist das Soziale in dieser Bedeutung nicht mehr als eine gelegentliche Spur, die durch die Verschiebung, Erschütterung, geringfügige Bewegung anderer nicht-sozialer Phänomene hervorgebracht wird. Bedeutet dies, daß wir die realen und manchmal ausgesprochen kleinen Unterschiede zwischen den verschiedenen Formen, wie die Leute »das Soziale zustande bringen«, ernst nehmen müssen? Ich fürchte, ja.

Mittler versus Zwischenglieder

Es wäre möglich, die Unterschiede zwischen den beiden Denkrichtungen abzumildern, indem man sagte, daß »natürlich« alle Sozialwissenschaftler darin übereinstimmen, daß Gruppen durch irgendwelche anderen nicht-sozialen Mittel gebildet und wieder neu gebildet werden müssen und daß es nie eine Gruppierung gibt, die ohne Instandhaltung ihre Existenz aufrechterhalten kann. So würde man ohne weiteres zustimmen, daß beispielsweise populäre Feste nötig sind, um

»soziale Bindungen aufzufrischen«, daß Propaganda notwendig ist, um die mit den »nationalen Identitäten« verknüpften Leidenschaften »anzuheizen«; daß Traditionen »erfunden« sind; daß es für eine Firma gut ist, eine Zeitschrift zu verteilen und so »Loyalität aufzubauen«; daß es ohne Preisschilder und Bar Codes schwierig wäre, einen Preis zu »kalkulieren«; daß für die Entwicklung von »Verantwortlichkeit« bei einem Kind ein Klaps auf den Hintern nicht schaden kann; daß es ohne Totem schwierig wäre, sich als »Mitglieder« desselben Clans zu erkennen. Derartige Ausdrücke fließen ohne viel Überlegung aus unseren Tastaturen. Doch ihre Wirkung hängt davon ab, wie wir die Redensarten genau verstehen, die auf das »Bilden« von Gruppen anspielen. Für Soziologen des Sozialen bezeichnen solche Ausdrücke die vielen Verkörperungen, die *dieselbe* Gesellschaftsordnung annehmen kann, oder die mannigfachen Werkzeuge, in denen sie sich »repräsentiert« oder durch die sie »reproduziert« wird.[8] Nach ihrer Ansicht sind »soziale Kräfte« im Hintergrund stets vorhanden, so daß die genauen Mittel, um ihre Präsenz zu erreichen, zwar sehr wichtig, aber nicht entscheidend sind.

Für Soziologen der Assoziationen machen sie dagegen allen Unterschied in der Welt aus, denn zunächst einmal gibt es keine Gesellschaft, kein Reservoir von Bindungen, keinen großen Topf mit Klebstoff, um alle diese Gruppen zusammenzuhalten. Wenn man das Fest nicht jetzt durchführt oder die Zeitung nicht heute druckt, so verliert man ganz einfach die Gruppierung, die kein zu restaurierendes Gebäude ist, sondern eine fortzusetzende Bewegung. Wenn ein Tänzer aufhört zu tanzen, ist der Tanz beendet. Keine Trägheit setzt

8 Das so oft in Ausdrücken wie »gesellschaftliche Reproduktion« verwendete Wort »Reproduktion« nimmt zwei vollkommen verschiedene Bedeutungen an, je nach der Beziehung zwischen dem »Reproduzierer« und dem Produkt. Meist wird das Produkt als vollständig vorhersehbar durch den Vorgänger angesehen. So wird durch die »Re«-Produktion nichts hinzugefügt, sie wird nur als eine Kette von notwendigen, doch weitgehend passiven Zwischengliedern betrachtet.

das Schauspiel fort. Daher war es notwendig, den Unterschied zwischen ostentativ und performativ einzuführen: Der Gegenstand der ostensiven Definition bleibt da, ganz gleich was mit dem Zeigefinger des Zuschauers geschieht. Doch der Gegenstand einer performativen Definition löst sich auf, wenn er nicht länger zur Darstellung gebracht wird – oder, wenn er trotzdem bleibt, dann bedeutet dies, daß *andere* Akteure die Aufgabe übernommen haben. Und dieses Übernehmen kann definitionsgemäß nicht durch »die soziale Welt« geschehen, denn es ist gerade diese soziale Welt, die dringend eine Ablösung braucht.

Durkheim in einem Tardeschen Moment

Wie die folgenden Zitate aus Durkheims berühmter Passage über die Rolle der Totems bei der Gruppenbildung zeigen, ist der Unterschied zwischen Mittler und Zwischenglied äußerst subtil. Drückt das Totem die Gruppe aus, erleichtert es ihren Zusammenhalt oder ist es das, was der Gruppe erlaubt, als Gruppe zu existieren? Gerade das Zögern Durkheims erinnert an Tarde:

Daß ein Wappen für jede beliebige Gruppe ein nützliches Erkennungszeichen ist, braucht nicht bewiesen zu werden. Drückt man die soziale Einheit in einer materiellen Form aus, so wird sie für alle fühlbar, und darum allein schon hat sich der Gebrauch von Wappensymbolen sicher rasch verbreitet, als einmal die Idee dazu geboren war. Außerdem mußte diese Idee spontan aus den Bedingungen des gemeinsamen Lebens entspringen. Denn das Wappen ist nicht nur ein bequemes Mittel, um das Gefühl zu verdeutlichen, das die Gesellschaft von sich hat; es dient auch dazu, um dieses Gefühl hervorzurufen: es ist dessen konstitutives Element. (Durkheim 1994 [1915], S. 315)

Im übrigen hätten die sozialen Gefühle ohne Symbole nur eine ungewisse Existenz [...] Aber wenn die Bewegungen,

> *durch die sich diese Gefühle ausgedrückt haben, mit Dingen verbunden sind, die dauern, dann werden sie selber dauerhaft. Diese Dinge graben diese Gefühle unablässig ins Gedächtnis ein und halten sie ständig wach; es ist, als ob die ursprüngliche Ursache, die sie hervorgerufen hat, weiterwirkte. So ist die Verwendung von Emblemen, die zur Ausbildung dieser Selbstbesinnung der Gesellschaft notwendig war, nicht weniger unentbehrlich, um die Fortdauer dieses Bewußtseins zu sichern.*
> *Man muß sich also davor hüten, in diesen Symbolen einfache Kunstgriffe zu sehen, eine Art Anhänger, die fertigen Vorstellungen angehängt werden, um sie handlicher zu machen: Sie sind vielmehr deren integraler Teil.* (Ebd., S. 316)
>
> *Die Einheit der Gruppe ist also nur aufgrund des gemeinsamen Namens erfaßbar, den alle Mitglieder tragen, und des ebenfalls gemeinsamen Wappens, das das bezeichnete Ding durch seinen Namen wiedergibt. Ein Klan ist im wesentlichen eine Vereinigung von Individuen, die den gleichen Namen tragen und die sich um das gleiche Zeichen versammeln. Nimmt man den Namen und das Zeichen weg, das ihn materialisiert, dann ist der Klan nicht mehr vorstellbar.* (Ebd., S. 319)

Um zwei der sehr wenigen technischen Ausdrücke einzuführen, die ich in diesem Einführungsbuch brauchen werde: Es macht einen gewaltigen Unterschied, ob die Mittel, um das Soziale zu produzieren, als *Zwischenglieder* oder als *Mittler* verstanden werden. Zunächst scheint die Gabelung winzig zu sein, doch später wird sie uns in verschiedene Territorien führen. Allerdings wird diese Nuance erst am Ende dieses Buches voll sichtbar sein – wenn der Leser geduldig genug ist, uns bis dorthin zu folgen! Doch wir sollten versuchen, mit dieser Bedeutungsdifferenz so früh wie möglich vertraut zu werden, denn sie wird auf dem ganzen Weg unser Schibboleth sein.

Ein *Zwischenglied* ist in meinem Vokabular etwas, das Bedeutung oder Kraft ohne Transformation transportiert: Mit seinem Input ist auch sein Output definiert. Für alle praktischen Belange kann ein Zwischenglied nicht nur als Black Box verstanden werden, sondern ebenfalls als eine Black Box, die als eine Einheit zählt, selbst wenn sie im Innern aus vielen Teilen besteht. *Mittler* andererseits zählen nicht automatisch als eine Einheit; bei ihnen ist vielmehr jeweils offen, ob sie überhaupt nicht, als eine Einheit, als mehrere oder als unendlich viele zählen. Aus ihrem Input läßt sich ihr Output nie richtig vorhersagen; stets muß ihre Spezifität berücksichtigt werden.[9] Mittler übersetzen, entstellen, modifizieren und transformieren die Bedeutung oder die Elemente, die sie übermitteln sollen. Ganz gleich, wie *kompliziert* ein Zwischenglied ist, für alle praktischen Belange, kann es als eines zählen – oder sogar überhaupt nicht, denn es kann leicht vergessen werden. Ganz gleich wie einfach ein Mittler aussehen mag, er kann *komplex* werden; er kann in verschiedene Richtungen führen, und jede von ihnen wird die seiner Rolle zugeschriebenen widersprüchlichen Erklärungen modifizieren. Ein ordnungsgemäß funktionierender Computer wäre ein gutes Beispiel für ein kompliziertes Zwischenglied, während ein banales Gespräch zu einer furchtbar komplizierten Kette von Mittlern werden kann, in der Einstellungen, Meinungen und Leidenschaften sich an jeder Wendung verzweigen. Doch wenn der Computer versagt, kann er sich in einen äußerst komplexen Mittler verwandeln, während eine subtile Gesprächsrunde auf einer akademischen Konferenz zu ei-

9 Daß die Beziehungen zwischen Ursachen und Wirkungen verändert werden müssen, verlangt nichts Außerordentliches. Bevor die Lilie nicht gelernt hatte, Sonnenenergie durch Photosynthese zu extrahieren, war die Sonne nicht »Ursache« der Lilie; bevor Venedig nicht gelernt hatte, aus dem Wasser zu entstehen, war die Lagune nicht einer der Gründe für seine Entwicklung. Ursachen und Wirkungen sind nur eine retrospektive Interpretationsweise von *Ereignissen*. Das gilt sowohl für »soziale« wie für »natürliche« Ereignisse. Zu dieser Philosophie der Kausalität siehe Isabelle Stengers (2002), *Penser avec Whitehead*.

nem vollkommen voraussagbaren und ereignislosen Zwischenglied werden kann, das zu weiter nichts taugt, als eine anderswo getroffene Entscheidung abzusegnen.[10] Wie wir allmählich entdecken werden, ist diese fortwährende Unbestimmtheit hinsichtlich der inneren Natur der Entitäten – verhalten sie sich als Zwischenglieder oder Mittler? – die Quelle all der anderen Unbestimmtheiten, die wir verfolgen wollen.

Sobald diese Definition vorgenommen ist, sehen wir, daß es nicht ausreicht, wenn Soziologen anerkennen, daß eine Gruppe durch viele Mittel gemacht, »reproduziert« oder »konstruiert« und durch viele Werkzeuge ausgedrückt wird. Wenn man sich einmal anschaut, was die meisten Soziologen als Konstruktion bezeichnen, so ist man tatsächlich nicht sicher, ob sie je etwas so einfaches wie eine Baracke gebaut haben, ganz zu schweigen von einer »Gesellschaft« (mehr dazu später, siehe S. 152). Der wirkliche Unterschied zwischen den beiden Richtungen wird sichtbar, sobald die »Mittel« oder »Werkzeuge«, die bei der »Konstruktion« verwendet werden, als Mittler behandelt werden und nicht als bloße Zwischenglieder. Wenn dies wie Haarspalterei aussieht, nun gut: Es ist Haarspalterei, doch nur, weil die winzige Differenz zwischen den Richtungen, die die beiden Soziologien eingeschlagen haben, nicht größer ist als eine Haaresbreite. Wenn die Physiker letztlich den Äther loswerden konnten, so nur dank einer Menge Haarspalterei.

Die Nuance mag rein akademisch erscheinen, doch ihre Auswirkungen sind drastisch. Wenn beispielsweise ein sozialer Unterschied »ausgedrückt wird in« einem oder »projiziert wird auf« ein Detail der Mode, dieses Detail jedoch – sagen wir Seiden- anstatt Nylonglanz – als ein Zwischenglied verstanden wird, das eine soziale Bedeutung getreu transpor-

10 Zu einer Verwendung dieser Unterscheidung zwischen Komplexität und Komplikation siehe Shirley Strum und Bruno Latour (1987), »The Meanings of Social: from Baboons to Humans«.

tiert – »Seide ist für die herrschenden Klassen«, »Nylon für die Unterdrückten« –, dann hat man das Detail des Stoffes vergeblich herbeibemüht. Es wurde zu rein illustrativen Zwecken mobilisiert. Sogar ohne chemische Differenz zwischen Seide und Nylon hatte der soziale Unterschied zwischen Herrschenden und Beherrschten irgendwie existiert; er wurde bloß von einem Stück Stoff »repräsentiert« oder »reflektiert«, das vollkommen indifferent bei der Bildung des Unterschieds blieb. Wenn dagegen die chemischen Unterschiede und die der Herstellung als ebenso viele Mittler behandelt werden, dann könnte es sein, daß *ohne* die vielen materiellen Nuancen zwischen dem Berühren, dem Anfühlen, der Farbe, dem Glanz von Seide und Nylon *diese* soziale Differenz überhaupt nicht existiert hätte.[11] Es ist die infinitesimale Unterscheidung zwischen Mittlern und Zwischengliedern, die am Ende all die Differenzen hervorbringen wird, die wir brauchen, um zwischen den beiden Typen von Soziologie zu unterscheiden. Um den Kontrast in groben Zügen zusammenzufassen: Die Soziologen des Sozialen glauben an *einen* Typ sozialer Aggregate, an *wenige* Mittler und *viele* Zwischenglieder; für die ANT gibt es *keinen* bevorzugten Typ sozialer Aggregate, eine *endlose* Zahl von Mittlern, und wenn diese in getreue Zwischenglieder verwandelt werden, so bildet das nicht die Regel, sondern eine *seltene* Ausnahme, die durch irgendeine zusätzliche Arbeit erklärt werden muß – gewöhnlich durch die Mobilisierung von noch mehr Mittlern![12] Man könnte sich keine zwei Ansichten ein und desselben Gegenstands vorstellen, die verschiedener wären!

Es ist merkwürdig, daß eine solche Grundeinsicht nicht von

11 Zur soziochemischen Geschichte von Nylon siehe Susannah Handley (2000), *Nylon: The Story of a Fashion Revolution. A Celebration of Design from Art Silk to Nylon and Thinking Fibres*. Siehe ebenso die Coco Chanel-Biographie von Axel Madsen (1991), *Chanel: A Woman of Her Own*.

12 Die Stabilisierung von Kontroversen durch die Schlüsselbegriffe von Formen und Standards wird in Teil II behandelt.

der Mainstream-Soziologie geteilt wird, auch wenn ich früher schon geltend gemacht habe, daß die ANT nichts weiter als die Neufassung zentraler Hoffnungen der Sozialwissenschaft ist. Daß die wesentliche Parität zwischen Akteuren und Sozialwissenschaftlern nicht früher erkannt wurde – beide nehmen an Kontroversen über Gruppen teil –, liegt möglicherweise daran, daß die Soziologie schon sehr früh mit *Social engineering* beschäftigt war. Von Anfang an gab es hier eine Art Interessenkonflikt. Weil sie ihre Arbeit darin sahen zu definieren, woraus die soziale Welt besteht, haben die Soziologen in der Mitte des 19. Jahrhunderts damit begonnen, die Politik als ihre Aufgabe zu betrachten.[13] Wenn Politik, wie wir später sehen werden, sich als schrittweise Zusammensetzung des kollektiven Lebens definieren läßt, so fanden einige Soziologen – der revolutionären Zeiten müde – einen Weg, um den langsamen und mühseligen Prozeß der Zusammensetzung abzukürzen: Sie dekretierten selber, was die relevantesten Einheiten der Gesellschaft seien. Der einfachste Weg war es, die äußerst extravaganten und unvorhersehbaren Definitionen loszuwerden, mit denen die Akteure selbst ihren eigenen »sozialen Kontext« definierten. Sozialtheoretiker begannen, den Gesetzgeber zu spielen, in dieser Bestrebung bestärkt durch den Staat, der mit der unbarmherzigen Aufgabe der Modernisierung befaßt war.[14] Außerdem konnte diese Geste als Beweis für wissenschaftliche Kreativität durchgehen, denn die Wissenschaftler mußten seit Kant »ihren eigenen Gegenstand konstruieren«. Menschliche Ak-

13 Über den Platz der Sozialwissenschaften unter den Staatswissenschaften siehe Paolo Napoli (2003), *Naissance de la police moderne: Pouvoirs, normes, société*, Audren (2006), *Les juristes et les mondes de la science sociale en France*, Karsenti (2006), *Politique de l'esprit* und selbstverständlich Michel Foucault (2004), *Die Geburt der Biopolitik. Geschichte der Gouvernementalität II.*

14 Ich verwende hier ein Argument, das am klarsten in Zygmunt Bauman (1995), *Ansichten der Postmoderne,* vorgebracht wird, wo er zwischen »Gesetzgebern« und »Interpreten« unterscheidet. Tarde ist genau deswegen interessant, weil er, wie Garfinkel später, der gesetzgeberischen Rolle entkam.

teure wurden auf bloße Informanten reduziert, die die Fragen des Soziologen *qua* Richter zu beantworten hatten, womit angeblich eine Disziplin hervorgebracht wurde, die so wissenschaftlich war wie die Chemie oder die Physik.[15] Ohne diese starke Verpflichtung, die Gesetzgeberrolle zu spielen, hätten die Soziologen nicht die erste Quelle der Unbestimmtheit derart eingedämmt und alle Verbindungen zur expliziten und reflexiven Arbeit der Methoden der Akteure abgeschnitten. Mehr Glück hatten die Anthropologen, die sich mit den Vormodernen beschäftigten, denn von ihnen wurde nicht so sehr verlangt, die Naturwissenschaften zu imitieren; daher durften ihre Akteure eine sehr viel reichhaltigere Welt entfalten. In vielerlei Hinsicht ist die ANT einfach ein Versuch, den Mitgliedern der zeitgenössischen Gesellschaft ebensoviel Spielraum zu lassen, sich selbst zu definieren, wie ihn die Ethnographen gewähren. Wenn, wie ich behaupte, »wir nie modern gewesen sind«, könnte die Soziologie schließlich genau so gut werden wie die Anthropologie.[16]

Ich glaube, daß wir mit der äußerst leichten Ausrüstung, wie

15 Die Epistemologie der Sozialwissenschaften ist von diesem Thema besessen gewesen, nämlich dem Recht des Beobachters, den Typ von Entitäten zu definieren, mit denen man zu tun hatte; dieses Thema ist eine merkwürdige Wissenschaftsphilosophie, die – in Frankreich zumindest – von Gaston Bachelards Interpretation der Physik entlehnt worden ist. Vgl. das Buch von Pierre Bourdieu, Jean-Claude Chamboredon und Jean-Claude Passeron (1991), *Soziologie als Beruf. Wissenschaftstheoretische Voraussetzungen soziologischer Erkenntnis*, das nahezu ausschließlich auf Bachelards Wissenschaftsphilosophie aufbaut. Es ist klar, daß jede Veränderung in der Konzeption der Wissenschaft die Ansprüche und Pflichten der *Sozial*wissenschaft ebenfalls verändern wird.

16 Auch wenn ich über diese Frage des Modernismus geschrieben habe – wie er zu definieren, zu untersuchen und zu überwinden ist – in Bruno Latour (1995), *Wir sind nie modern gewesen. Versuch einer symmetrischen Anthropologie*, so habe ich sie hier beiseite gelassen, um mich auf eine Sozialtheorie zu konzentrieren, die für eine Alternative zum Modernismus brauchbar wäre – wozu als weiteres Erfordernis ein paralleler Wandel in der Konzeption der Natur gehört, wie ich ihn dargelegt habe in Latour (2001a), *Das Parlament der Dinge.*

sie oben definiert ist, nun dafür vorbereitet sind, von der ersten Quelle der Unbestimmtheit zu profitieren. Die Leser können jetzt damit anfangen, die vielen widersprüchlichen Weisen zu kartographieren, wie soziale Aggregate immer wieder beschworen, durchgestrichen, verteilt und umverteilt werden. Aus wissenschaftlichen, politischen und sogar moralischen Gründen ist es wichtig, daß die Forscher nicht im vorhinein und *anstelle* der Akteure definieren, aus welcher Art von Bausteinen die soziale Welt besteht. Die Lektion ist natürlich nur negativ, dennoch bedeutet sie eine wirkungsvolle Umkehrung des politischen Drangs, der so viele kritische Soziologen umtreibt. Vielleicht ist es an der Zeit, das berühmte Zitat von Marx auf die Füße zu stellen und zu sagen: »Die Sozialwissenschaftler haben die Welt nur verschieden *verändert*; es kommt darauf an, sie zu *interpretieren*.« Um jedoch zu interpretieren, müssen wir die merkwürdige Idee aufgeben, alle Sprachen seien in das bereits feststehende Idiom des Sozialen übersetzbar. Ein solches vorbereitendes Training ist wichtig, denn, wie wir im nächsten Kapitel sehen werden, soziale Aggregate bestehen nicht zwangsläufig aus *menschlichen* Bindungen.

Zweite Quelle der Unbestimmtheit: Handeln wird aufgehoben

In den meisten Situationen verwenden wir »sozial«, um das zu bezeichnen, was bereits versammelt ist und als Ganzes agiert, ohne allzu wählerisch hinsichtlich der genauen Natur dessen zu sein, was versammelt, gebündelt und zusammengepackt worden ist. Wenn wir sagen, daß etwas »sozial ist« oder »eine soziale Dimension hat«, mobilisieren wir eine Reihe von Merkmalen, die sozusagen im Gleichschritt marschieren, auch wenn dieses Ensemble aus radikal unterschiedlichen Typen von Entitäten zusammengesetzt ist. Diese unproblematische Verwendung des Wortes ist so lange vollkommen akzeptabel, wie wir nicht den Satz »sozial ist, was zusammenhält« mit einem anderen verwechseln, der lautet: »sozial ist eine besondere Art von Stoff«. Mit ersterem meinen wir einfach, daß wir es mit einem zur Routine gewordenen Sachverhalt zu tun haben, bei dem *Bindung* der entscheidende Aspekt ist, während der zweite Satz eine Art von Substanz bezeichnet, deren Hauptmerkmal in ihren *Unterschieden* zu anderen Typen von Materialien liegt. Wir geben zu verstehen, daß einige Zusammensetzungen aus sozialem Stoff gebildet werden *statt* aus physischen, biologischen oder ökonomischen Bausteinen, ähnlich wie die Häuser der drei kleinen Schweinchen im Märchen aus Stroh, Holz und Stein gebaut sind. Um die Verwechslung zwischen den beiden Bedeutungen des Sozialen zu vermeiden, müssen wir eine zweite Quelle der Unbestimmtheit angehen, diesmal eine, die mit der heterogenen Natur der Bestandteile zu tun hat, aus denen soziale Bindungen bestehen – von uns als Soziales Nr. 2 bezeichnet.

Wenn wir handeln, wer handelt außerdem noch? Wie viele Handlungsträger sind außer uns noch präsent? Wie kommt es, daß wir nie tun, was wir wollen? Wieso werden wir alle von Kräften gehalten, die wir nicht selber gemacht haben? Dies ist die älteste und legitimste Intuition der Sozialwissenschaften, und die faszinierendste seit jener Zeit, in der die Menge, die Massen, statistische Mittelwerte, unsichtbare Hände und unbewußte Triebe begannen, die Leidenschaften und Gründe zu ersetzen, ganz zu schweigen von den Engeln und Dämonen, die bis dahin unsere armen Seelen getrieben und gezogen hatten. Im vorigen Kapitel haben wir gelernt, wie wir soziale Verbindungen nachzeichnen, indem wir die unerwarteten Spuren verwenden, die von den Kontroversen über Gruppenbildung hinterlassen werden. Sozialwissenschaftler und Akteure waren ebenbürtig, und beide warfen im wesentlichen dieselbe Art von Frage auf: Wie wissen wir, woraus die soziale Welt besteht? Wir müssen nun lernen, wie wir eine zweite Quelle der Unbestimmtheit nutzen können, eine, die sogar noch grundlegender und zentral für alle Sozialwissenschaften ist: Handeln ist nicht transparent, es steht nicht unter der vollen Kontrolle des Bewußtseins. Diese altehrwürdige Quelle der Unbestimmtheit ist es, die wir mit dem seltsamen Ausdruck Akteur-Netzwerk wieder lebendig machen wollten: Handeln ist ein Knoten, eine Schlinge, ein Konglomerat aus vielen überraschenden Handlungsquellen, die man eine nach der anderen zu entwirren lernen muß.

Daß wir nie allein sind, wenn wir eine Handlung ausführen, verlangt nur einige wenige Beispiele. So hat sich mancher durch einen Hochschulabschluß so von den eigenen Eltern entfremdet, daß er sich dafür schämt, wie dumm sie sind. Bei der Lektüre kritischer Soziologen wird er sich darüber bewußt, daß dies die übliche Erfahrung einer ganzen Generation von »aufgestiegenen« Kindern aus »unteren Klassen« ist, denen »kulturelles Kapital« fehlt. Und dies ist der Punkt, wo man sich zu wundern beginnt, *wer* einen von der eigenen Familie entfremdet hat, wer die eigene Stimme, Verhaltensweisen, das eigene Gesicht modelliert hat, daß sie nun so anders sind als ihre? Vielleicht ein merkwürdiges Biest, daß niemandem im besonderen gehört und in niemandes Verantwortung steht. Eine Kraft, gewiß, vielleicht ein *Habitus*. Zweitens, manch eine denkt, daß sie ihren zukünftigen Partner liebt. Sie liest eine statistische Untersuchung von Heiratsmustern, in der sein Alter, seine Körpergröße, sein Einkommen, sein akademischer Grad, die Entfernung zwischen seiner Stadt und der ihren innerhalb einer sehr kleinen Fehlermarge im Durchschnitt dessen liegt, worin Tausende anderer junger Mädchen fast genau zur selben Zeit verliebt sind. Wer ist also verliebt? *Andere*, selbstverständlich, eine befremdliche fremde Existenzform, die einem nicht gleicht, die keine Augen, keinen Mund, keine Ohren hat, die aber nichtsdestoweniger handelt. Doch wie genau?

Die Dörfer im Bourbonnais scheinen zufällig in der Landschaft verstreut zu sein, bis ein Archäologe die alten Straßennetze freilegt und ihm klar wird, daß alle Siedlungen entlang einiger alter römischer Straßen liegen und voneinander ziemlich genau durch einen durchschnittlichen Tagesmarsch der römischen Legionen getrennt sind. Wer hat also die Siedlungen dort geschaffen? Welche Kraft wurde ausgeübt? Wie sollte es möglich sein, daß Caesar noch immer durch die heutige Landschaft hindurch agiert? Gibt es eine fremde Kraft, ein *Alien*, versehen mit einer lange anhaltenden unterirdischen Macht, um die Siedler dazu zu bringen, den ihnen zugewiesenen Ort »frei zu wählen«? Auch hier wieder wundert man sich, und man wundert sich noch mehr, wenn man eines Morgens den Aktienmarkt beobachtet und entdeckt, daß zehn Millionen Mitaktionäre dieselbe Aktie an diesem Tag ebenfalls verkauft haben, als wäre das eigene kollektive Bewußtsein von der unsichtbaren Hand irgendeines unsichtbaren Riesen beeinflußt worden. Und bei einem Elternabend in der Schule stellt man überrascht fest, daß alle Eltern merkwürdig ähnlich aussehen: die gleichen Kleider, der gleiche Schmuck, die gleiche Artikulationsweise, der gleiche Ehrgeiz für ihre Kinder! Was bringt uns alle dazu, das gleiche zur gleichen Zeit zu tun? Um die Komplexität, Diversität und Heterogenität jeder Handlung zu erklären, haben Sozialwissenschaftler, Soziologen, Historiker, Geographen, Sprachwissenschaftler, Psychologen und Ökonomen – wie ihre

Kollegen in den Naturwissenschaften – in der langen und wechselvollen Geschichte ihrer Disziplinen die »*Existenzformen*« – wie man sie nennen könnte, um das unübersetzbare englische *agency* zu übersetzen[1] – vervielfältigt. Jede dieser Wissenschaften mußte einen Weg finden, um die vielen *Aliens* zu zähmen, die als ungebetene Gäste sich in alles einmischen, was wir zu tun scheinen.

Die ANT will nichts weiter, als diese Tradition und diese Intuition zu beerben. Das Handeln wird *aufgehoben* (*overtaken*), oder, wie ein schwedischer Freund diesen gefährlichen Hegelschen Ausdruck übersetzte, wird von anderen aufgehoben, anders aufgenommen (*other-taken*)! Es wird von anderen aufgenommen und mit den Massen geteilt. Es wird rätselhafterweise gleichzeitig ausgeführt und an andere verteilt. Wir sind nicht allein in der Welt. »Wir«, wie auch »ich«, ist ein Wespennest; wie der Dichter Rimbaud schrieb: »*Je est un autre*.«[2]

Und doch klafft ein riesiger, ein unüberwindlicher, ein ab-

1 [Das Wort *agency* ist in der Tat auch ins Deutsche nicht adäquat durch einen einzigen Begriff zu übertragen. Während es klassischerweise als »Handeln« und »Handlung« übersetzt wird (aber auch mit »Kraft«, »Wirkmächtigkeit« oder »Wirksamkeit«), geht die neuere wichtige Nuance des verteilbaren Handlungspotentials und verschiedener, auch nicht-menschlicher Handlungsträger dabei verloren. Dementsprechend habe ich mich von einer einheitlichen Übersetzung gelöst, darin bestärkt von der französischen Fassung, in der *agency* ebenfalls unterschiedlich übersetzt ist, ohne daß ich die entsprechenden Begriffe in jedem Fall übernehme. Dort finden wir etwa *forme d'existence* (Existenzform), *mode d'existence* (Existenzweise, -modus, Seinsweise, Existenzform), *entité* (Entität), *actant* (Aktant), *agent* (Agent, Handlungsträger), *agence* (Agentur, als Pendant zu *agency*), wobei *forme d'existence* am häufigsten vorkommt. Neben der von dort entlehnten »Existenzform« habe ich »Handlungsträger« bevorzugt verwendet, sofern möglich, da sich »Handlungsträgerschaft« nicht nur wegen seiner Schwerfälligkeit verbietet. A. d. Ü.]

2 »Bis zur Vollführung einer furchtbarn Tat / Vom ersten Antrieb ist die Zwischenzeit / Wie ein Phantom, ein grauenvoller Traum. / Der Genius und die sterblichen Organe / Sind dann im Rat vereint; und die Verfassung / Des Menschen, wie ein kleines Königreich / Erleidet dann den Zustand der Empörung.« (Brutus in Shakespeare, Julius Caesar, Akt II, 1. Szene).

grundtiefer Graben zwischen dieser Einsicht – die Handlung wird aufgehoben – und der üblichen Schlußfolgerung, daß es eine soziale Kraft sei, die sie bestimmt. Während die ANT die erste Intuition beerben will, will sie den zweiten Schritt verhindern; sie will zeigen, daß zwischen Prämisse und Schlußfolgerung ein Abgrund liegt, ein komplettes *non sequitur*, ein Trugschluß. Damit die Sozialwissenschaften ihre anfängliche Energie wiedergewinnen, ist es entscheidend, gerade *nicht* die verschiedenen Existenzformen, die das Handeln tragen, in eine Art von allgemeinem Handlungsträger zusammenzuschmelzen – »Gesellschaft«, »Kultur«, »Struktur«, »Felder«, »Individuen« oder welchen Namen auch immer man ihm gibt –, der *selbst* sozial wäre. Handeln sollte eine Überraschung bleiben, eine Vermittlung, ein Ereignis. Daher sollten wir auch hier wieder nicht von der »Determination des Handelns durch die Gesellschaft«, den »kalkulierenden Fähigkeiten der Individuen« oder der »Macht des Unbewußten« ausgehen, wie wir es üblicherweise tun, sondern davon, daß das Handeln *unterdeterminiert* ist, daß es Unbestimmtheiten und Kontroversen darüber gibt, wer und was handelt, wenn »wir« handeln – und daß es selbstverständlich keine Möglichkeit gibt zu entscheiden, ob die Quelle der Unbestimmtheit im Analytiker oder im Akteur liegt. Auch wenn wir die zentrale Intuition der Sozialwissenschaften bereitwillig akzeptieren – ansonsten gäbe es keinen Grund, sich einen »Sozial«-Wissenschaftler zu nennen –, sollten wir uns sehr langsam bewegen, um das Gift aufzuspüren, das ausgeschieden wird, sobald diese Intuition in »etwas Soziales« verwandelt wird, das die Handlung *ausführt*. Im Gegensatz zu dem, was so viele »soziale Erklärungen« zu implizieren scheinen, folgen die beiden Argumente nicht nur nicht auseinander, sie stehen vielmehr zueinander im Widerspruch. Da das, was uns handeln macht, *nicht* aus sozialem Stoff besteht, kann es auf verschiedene Weisen neu *assoziiert* werden.[3]

3 Dies ist das genaue Gegenteil der mit viel gesundem Menschenverstand vorgeschlagenen Einschränkung von Max Weber: »›Soziales Handeln‹ aber

Akteur ist, wer von vielen anderen *zum Handeln gebracht* wird

Ein »Akteur« in dem Bindestrich-Ausdruck Akteur-Netzwerk ist nicht der Ursprung einer Handlung, sondern das bewegliche Ziel eines riesigen Aufgebots von Entitäten, die zu ihm hin strömen. Damit er seine Mannigfaltigkeit wiedergewinnt, ist es am einfachsten, die Metaphern zu reaktivieren, die im Wort *Akteur* enthalten sind, das ich bislang als unproblematischen Platzhalter verwendet habe.

Nicht zufällig stammt dieser Ausdruck, wie auch der der »Person«, aus der Bühnenwelt. Weit davon entfernt, einen reinen und unproblematischen Handlungsursprung anzuzeigen, führen beide zu Rätseln, die so alt sind wie die Institution des Theaters selbst – gut illustriert durch Sartres berühmtes Porträt des *Kellners*, der nicht mehr den Unterschied zwischen seinem »authentischen« Selbst und seiner »sozialen Rolle« kennt.[4] Das Wort »Akteur« zu verwenden bedeutet, daß nie klar ist, wer und was handelt, wenn wir handeln, denn kein Akteur auf der Bühne handelt allein. Das Schauspiel versetzt uns sofort in ein dichtes Imbroglio, wo die Frage, wer die Handlung durchführt, unergründlich wird. Sobald das Spiel beginnt, ist, wie Erving Goffman so oft gezeigt hat, nichts sicher: Ist es wirklich? Ist es vorgetäuscht?[5] Zählt die Reaktion des Publikums? Wie steht es mit der Beleuchtung? Was machen die Mitarbeiter in den Kulissen? Wird die Aussage des Stücks getreu wiedergegeben oder hoffnungslos verhunzt? Wird die Rolle gut wiedergegeben?

soll ein solches Handeln heißen, welches seinem von dem oder den Handelnden gemeinten Sinn nach auf das Verhalten *anderer* bezogen wird und daran in seinem Ablauf orientiert ist.« (Max Weber [1985], *Wirtschaft und Gesellschaft. Grundriß der verstehenden Soziologie*, S. 1).

4 Das berühmte Beispiel stammt aus Jean-Paul Sartre (1990), *Das Sein und das Nichts*.

5 Siehe die zahlreichen Beispiele in Erving Goffman (1969), *Wir alle spielen Theater*.

Und wenn, wodurch? Was tun die Partner? Wo ist der Souffleur? Wenn wir es akzeptieren, diese Metapher zu entfalten, lenkt schon das Wort Akteur unsere Aufmerksamkeit auf eine komplette Verlagerung der Handlung und warnt uns, daß diese keine kohärente, kontrollierte, abgerundete und sauber abgegrenzte Sache ist. Handeln ist definitionsgemäß nicht lokalisierbar, sondern stets verlagert, verschoben, *dislokal.*[6] Handeln wird entlehnt, verteilt, suggeriert, beeinflußt, dominiert, verraten, übersetzt. Wenn es von einem Akteur heißt, er sei ein *Akteur*-Netzwerk, unterstreicht dies vor allem, daß er die Hauptquelle der Unbestimmtheit über den Ursprung der Handlung darstellt – das zweite Wort Netzwerk werden wir zu gegebener Zeit erläutern. Wie Jesus am Kreuz sollte man von Akteuren stets sagen: »Vater, vergib ihnen, denn sie wissen nicht, was sie tun.«

Doch diese Unklarheit über den Ursprung des Handelns bedeutet nicht, daß wir uns beeilen müßten zu sagen, wo er liegt, indem wir beispielsweise die »globalen Kräfte der Gesellschaft« anführen oder die »durchsichtigen Berechnungen des Ich«, die »inneren Leidenschaften des Herzens«, die »Intentionalität der Person«, die »nagenden Zweifel des moralischen Bewußtseins«, die »durch soziale Erwartungen übertragenen Rollen« oder »die Unaufrichtigkeit«. Die Unbestimmtheit sollte durchweg unbestimmt bleiben, denn wir wollen nicht vorschnell behaupten, die Akteure wüßten vielleicht nicht, was sie tun, wir Sozialwissenschaftler jedoch wüßten, daß es eine soziale Kraft gibt, »die sie dazu bringt«, Dinge unwissentlich zu tun. Würde man einen verborgenen sozialen Trieb, ein Unbewußtes erfinden, so wäre dies ein sicherer Weg, jenen Äther des Sozialen wiederzubeleben, ohne den wir gerade auskommen wollten. Das bedeutet aber nun nicht, die Akteure wüßten, was sie tun, und die Sozialwissenschaftler wüßten es nicht. Vielmehr müssen beide über die Identität

6 »*Dislocal*« wie vorgeschlagen in François Cooren (2001), *The Organizing Property of Communication.*

der an jedem Handlungsverlauf Beteiligten verwundert bleiben, wenn sie diese wieder zusammenbringen wollen.

Gerade weil das Soziale noch nicht gemacht ist, sollten die Soziologen der Assoziationen als ihr kostbarstes Gut all jene Spuren ansehen, in denen die Unschlüssigkeiten der Akteure hinsichtlich der sie zum Handeln bringenden »Antriebe« zum Ausdruck kommen. Nur so läßt sich die zentrale Intuition der Sozialwissenschaften wieder produktiv machen – bevor sie zu einem Argument über die Handlung *von* irgendeinem sozialen Stoff sterilisiert wird. Wir sollten daher paradoxerweise alle Unbestimmtheiten, Unschlüssigkeiten, Verschiebungen, Verlagerungen, Verwirrungen als unsere Grundlage betrachten. Ebenso wie die Akteure ständig von anderen Akteuren zur Gruppenbildung und -auflösung angehalten werden (die erste Unbestimmtheit), sind sie ständig damit beschäftigt, kontroverse Erklärungen für ihr eigenes Handeln und das anderer zu geben. Auch hier finden sich wieder unzählige Spuren, sobald man sich entschlossen hat, in dieser Richtung vorzugehen, und keine Studie wird je daran scheitern, daß es ihr an Informationen über solche Kontroversen mangelt. Jedes einzelne Interview, jede Erzählung und jeder Kommentar, ganz gleich, wie trivial sie erscheinen mögen, werden den Analytiker mit einem verwirrenden Aufgebot an Erklärungen über das Wie und Warum jeder Handlung versorgen. Sozialwissenschaftler werden erschöpft in Schlaf sinken, lange bevor die Akteure damit aufhören, sie mit Daten zu versorgen.

Wir müssen lernen, den Fehler zu vermeiden, den verwickelten Hervorbringungen der Akteure nur zerstreut zuzuhören und ihre schrägen, verschnörkelten und idiosynkratischen Begriffe zu *ignorieren*, während wir *allein* jene verfolgen, die in der Hinterwelt des Sozialen hoch im Kurs stehen. Aber ach, dieser Fehler wird so häufig begangen, daß er als gute wissenschaftliche Methode durchgeht und für die meisten Artefakte sozialer Erklärungen verantwortlich ist. Wenn eine Kriminelle sagt: »Es war nicht mein Fehler, ich hatte schlechte Eltern«, sollen wir dann sagen, daß »die Gesellschaft sie zu einer Kriminellen gemacht hat« oder daß »sie versucht, ihrer eigenen persönlichen Schuld auszuweichen, indem sie die Schuld auf die Anonymität der Gesellschaft schiebt« – wie Mrs. Thatcher dies gewiß kommentiert hätte? Doch die Kriminelle sagte nichts dergleichen. Sie sagte einfach, »ich hatte schlechte Eltern«. Schlechte Elternschaft, wenn wir es ernst nehmen, ist nicht automatisch in etwas anderes übersetzbar und sicherlich nicht in »Gesellschaft« – und sie sagte ebenfalls nicht »kastrierende Mutter«. Wir müssen dem Gedanken widerstehen, daß irgendwo ein Wörterbuch existiert, mit dessen Hilfe sich all die mannigfaltigen Wörter der Akteure in die wenigen Wörter eines sozialen Vokabulars übersetzen ließen.[7] Werden wir den Mut haben, *davon Abstand zu nehmen*, einen unbekannten Ausdruck durch einen bekannten zu ersetzen? Hierin liegt der in moralischer, politischer und wissenschaftlicher Hinsicht relevanteste Unterschied zwischen den beiden Soziologien.

Noch schwieriger wird es, wenn ein Pilger sagt: »Ich kam in dieses Kloster, weil mich die Jungfrau Maria rief.« Wie lange soll die Forscherin sich zurückhalten, bevor sie blasiert lächelt und die Jungfrau Maria durch die »offenkundige« Selbsttäuschung eines Akteurs ersetzt, der eine religiöse Ikone »zum Vorwand« nimmt, um seine eigene Entscheidung zu »verschleiern«? Soziologen werden antworten: »So lange, wie es die Höflichkeit erfordert«, denn es zeugt von schlechten Manieren, in Anwesenheit des Informanten höhnisch zu grinsen, selbst für kritische Soziologen ... Ein Soziologe der Assoziationen dagegen muß lernen zu sagen: »So lange wie möglich, um die vom Pilger angebotene Chance zu

7 Ein äußerst treffendes Beispiel für diese Nuance wird von Drogenabhängigen geliefert, wenn sie aufhören, »Patienten« oder »Delinquenten« zu sein, und zu »Drogenbenutzern« werden. Siehe dazu Emilie Gomart (1999), *Surprised by Methadone*, Emilie Gomart (2002), »Methadone: Six Effects in Search of a Substance«, wie auch die Argumentation in Isabelle Stengers (1991), *Drogues, le défi hollandais*.

ergreifen, die Diversität von Entitäten zu sondieren, die gleichzeitig in der Welt am Werk sind.« Wenn es möglich ist, heute zu entdecken, daß »die Jungfrau Maria« in der Lage ist, Pilger dazu zu bringen, gegen all die Bedenken, die sie zu Hause halten, einen Zug zu besteigen, so ist das in der Tat ein Wunder.[8] Wenn eine berühmte Sopranistin sagt: »Meine Stimme sagt mir, wann ich aufhören muß und wann ich beginnen soll«,[9] wie rasch darf dann der Soziologe zur Schlußfolgerung eilen, daß die Sängerin hier einen »typischen Fall« von »falschem Bewußtsein« präsentiert, da die Künstler ja immer gerne das, was ihrem eigenen Tun entspringt, für einen Fetisch halten, der sie Dinge tun läßt? Ist es nicht sonnenklar, daß man auf diese Sängerin nicht hören darf, sondern sie »von ihrer Selbsttäuschung befreien« sollte, indem man ihr mutig ihren Selbstbetrug darlegt? Nieder mit den Musen und anderen undokumentierten Aliens! Und doch sagte die Sängerin, daß sie ihr Leben mit ihrer Stimme teilt und daß die Stimme *sie dazu bringt*, bestimmte Dinge *zu tun*. Sind wir in der Lage, diese merkwürdige Redeweise zu respektieren oder nicht? Denn sie ist sehr präzise, sehr aufschlußreich, sehr eindrucksvoll und außerdem sehr bewegend. Ist berührt, bewegt zu werden, das heißt, von unseren Informanten *in Bewegung gesetzt* zu werden, nicht genau das, was man unter einer Untersuchung verstehen sollte?*
Die schwierige Lektion, die wir lernen müssen, ist das genaue Gegenteil dessen, was immer noch überall auf der Welt unter dem Namen »soziale Erklärung« gelehrt wird; denn wir dürfen gerade nicht eine überraschende, aber präzise Ausdrucksform durch das wohlbekannte Repertoire des Sozia-

8 Ich folge hier der meisterlichen Lektion in unparteiischer Methode, erteilt in Elizabeth Claverie (2003), *Les Guerres de la Vierge. Une anthropologie des apparitions*. Siehe ebenfalls Patricia de Aquino (1998), »La mort défaite: Rites funéraires du candomblé«.

9 Julia Varady in Bruno Monsaingeons Film (1998), *Le chant possédé*.

* Ein grundlegendes methodisches Prinzip, das wir aus dem wichtigen Buch von J. Favret-Saada (1977), *Les mots, la mort, le sort* gelernt haben.

len ersetzen, das sich angeblich hinter ihm verbirgt. Wir müssen der Meinung widerstehen, die Akteure hätten nur eine Sprache, während der Analytiker über die *Meta*sprache verfügte, in die erstere »eingebettet« wäre. Wie ich bereits sagte, dürfen Analytiker nur eine Infrasprache verwenden, die ihnen dabei helfen soll, für die voll entwickelte Metasprache der Akteure aufmerksam zu werden, für ihre eigene reflexive Erklärung für das, was sie tun. In den meisten Fällen sind soziale Erklärungen einfach nur ein überflüssiger Zusatz, der – anstatt die Kräfte hinter dem Gesagten zu enthüllen – verbirgt, was gesagt worden ist (wie Garfinkel unentwegt gezeigt hat[10]). Und es bringt hier auch nichts zu behaupten, Naturwissenschaftler fügten ebenfalls verborgene Entitäten hinzu, damit bestimmte Phänomene Sinn ergeben. Wenn die Naturwissenschaftler unsichtbare Entitäten heranziehen, so geschieht dies, um die kniffligsten Details der zur Frage stehenden Angelegenheit zu erklären, nicht, um von einer störenden Information wegzuschauen und hin zu einer weniger widerspenstigen!

Natürlich gibt es vollkommen respektable Gründe für diese Unklarheit, wie ich bereits kurz angedeutet habe: Die politische Agenda vieler Sozialtheoretiker hat die Kontrolle über ihre *libido sciendi* übernommen. Sie dachten, ihre wahre Pflicht bestünde weniger darin, aktive Existenzformen in der Welt zu inventarisieren, als unter den vielen Kräften aufzuräumen, die in ihren Augen die Welt verunstalten und die Menschen in einem Zustand der Entfremdung halten – wobei »Fetische« und »heilige Jungfrauen« zu den schlimmsten Missetätern gehören. Die Aufgabe der Emanzipation, der sie sich verschrieben haben, erfordert in ihren Augen, die Anzahl akzeptabler Entitäten zu reduzieren. Sie definieren Rechte und Pflichten des Sozialwissenschaftlers neu und ent-

10 Eine Ethnomethode ist die Entdeckung, daß die Gesellschaftsmitglieder ein vollständiges Vokabular und eine vollständige Sozialtheorie besitzen, um ihr Verhalten zu verstehen. Siehe unten S. 99 f.

scheiden an Stelle der Akteure: Anstatt die vielen verschiedenen Welten nachzuzeichnen, die die Akteure füreinander entwickeln, entscheiden sie, worin die akzeptable Liste von Entitäten für die soziale Welt besteht. Und all dies im Namen einer emanzipatorischen Politik! Man sieht nicht so recht die Tugend eines Projekts, das sich die Arbeit der Zusammensetzung erspart, indem es die meisten der zu berücksichtigenden Entitäten aus der Welt schafft.
Noch gefährlicher wird die übereilte Akzeptanz von verborgenen Variablen, wenn man von der Soziologie des Sozialen zur kritischen Soziologie übergeht.[11] Sie ist die einzige Disziplin, die sich für wissenschaftlich hält, wenn sie nicht nur Daten ignoriert und sie durch unkontroverse Daten von bereits versammelten sozialen Kräften *ersetzt*, sondern darüber hinaus noch in den empörten Reaktionen derer, die auf diese Weise »erklärt« werden, den *Beweis* für die unerträgliche Wahrheit ihrer kritischen Interpretationen erblickt. An diesem Punkt hört die Soziologie auf, empirisch zu sein und wird »vampirisch«. Es ist die große Tragödie der Sozialwissenschaften, daß man diese Lektion nicht verstanden hat und die kritischen Soziologen immer noch das als ihr höchstes Gut betrachten, für das sie sich eher schämen sollten: Sie verwechseln das, was Daten vernebelt, mit dem, was diese offenbaren. Würde irgend jemand eine Disziplin als »wissenschaftlich« betrachten, die auf die eine Seite die von der Feldforschung gelieferte präzise Information stellt und diese dann durch Instanzen von *anderen* Dingen ersetzt, die *unsichtbar* sind und die *nicht* gesagt wurden, sondern vielmehr

11 Diese beginnt zu existieren, wenn die akzeptablen Grenzen der Sozialtheorie bis zu einem Punkt übertrieben werden, an dem die Existenz der Gesellschaft als stärker betrachtet wird als die Existenz von allem übrigen, einschließlich Recht, Religion, Ökonomie, Wissenschaft und Technik, womit die Reihenfolge der Erklärung umgekehrt wird und alle Akteure in ebenso viele Opfer von Illusionen verwandelt werden. An diesem Punkt wird die kritische Soziologie ununterscheidbar von einer Verschwörungstheorie, das heißt einem Hybriden aus äußerstem Skeptizismus und äußerster Naivität.

von den Befragten ausdrücklich geleugnet werden? An diesem Punkt sind es ausnahmsweise einmal die Soziologen der Assoziationen, die dem Common sense folgen. Für sie müssen Kontroversen über das, was uns zum Handeln bringt, voll entfaltet werden, ganz gleich, wie schwierig es erscheint, so daß die Aufgabe, das Kollektiv zu versammeln, nicht im voraus vereinfacht wird.

Das bedeutet nicht, daß wir für immer davon Abstand nehmen müßten, auf verborgene Variablen hinzuweisen, oder glauben müßten, die Akteure lebten in der unverdorbenen Klarheit eines *ego cogito* und besäßen die volle Kontrolle über ihre Handlungen. Im Gegenteil, gerade haben wir als stärkste Einsicht der Sozialwissenschaften erkannt, daß andere Entitäten, über die wir keine Kontrolle haben, uns dazu bringen, Dinge zu tun. Im nächsten Kapitel werden wir viele Gelegenheiten haben zu sehen, wie Handeln unter verschiedenen Handlungsträgern verteilt wird, von denen nur die wenigsten den Menschen gleichen.[12] Vor jeder sozialen Erklärung auf der Hut sein müssen wir deshalb, weil die verborgenen Variablen darin derart verpackt sind, daß es kein Kontrollfenster gibt, um den Inhalt zu inspizieren. Erklärungen mittels einer »Instant-Soziologie« sind zu einem Kinderspiel geworden, ähnlich wie die »Instant-Psychoanalyse«. Solche Erklärungen lassen sich genausowenig überprüfen und verbessern wie ein als Black Box konstruiertes Elektronikgerät. Es ist gerade der Erfolg der sozialen Erklärungen, der sie so günstig gemacht hat, daß wir nun die Kosten und die Qualitätskontrolle für das erhöhen müssen, was als eine verborgene Kraft zählen darf.[13]

12 Am Ende von Teil II werden wir die Figur des »Plasmas« kennenlernen.

13 Das bedeutet ebenso, daß sich ein Handlungsträger auf vielfache andere Weise verbergen kann, als von außen oder aus dem Hintergrund zu agieren. Ethnomethodologen haben uns inzwischen mit der berühmten Formel vertraut gemacht »gesehen, doch nicht bemerkt«, und wir werden bald auf eine weitere stoßen: zum *Handeln gebracht* werden.

Eine Untersuchung in angewandter Metaphysik

Wenn wir *Metaphysik* eine Disziplin nennen, die von der philosophischen Tradition inspiriert ist und die Grundstruktur der Welt definieren will, dann ist *angewandte* oder empirische *Metaphysik* das, wozu die Kontroversen über die Entitäten führen, die uns zum Handeln bringen, denn diese Kontroversen bevölkern die Welt ständig mit neuen Kräften und bestreiten ebenso ständig die Existenz von anderen.[14] Die Frage wird dann, wie man die den Akteuren eigene Metaphysik erkunden kann. Die Antwort der Soziologen des Sozialen bestand darin, sich jeder Metaphysik zu enthalten und alle Verbindungen zur Philosophie zu kappen, jener wunderlichen und nicht empirischen Disziplin, welche die primitive Kindheit der inzwischen erwachsen gewordenen Sozialwissenschaften darstellt. Indem sie die Reihe von Entitäten drastisch begrenzten, die in der Welt »wirklich agieren«, glaubten sie die Akteure aus ihren Illusionen zu befreien, um die Grundlage für *Social engineering* in großem Maßstab zu legen und den Weg für die Modernisierung zu bereiten.[15]

14 Die meisten Sozialwissenschaftler dürften sich dem Gedanken heftig widersetzen, daß sie sich mit Metaphysik beschäftigen müssen, um das Soziale zu definieren. Doch eine solche Haltung bedeutet nur, daß sie ihrer eigenen Metaphysik verhaftet bleiben wollen, gewöhnlich einer sehr dürftigen, die keinesfalls der Vielfalt der grundlgenden Fragen gerecht wird, die von gewöhnlichen Akteuren aufgeworfen werden. Niemand hat diesen Schritt konsequenter kritisiert als Tarde, insbesondere in Tarde (1999 [1895]), *Monadologie et sociologie.*

15 Ein vielsagendes Beispiel für diese Verwirrung wird von Randall Collins' »Sozialgeschichte« der Philosophen geliefert, in Randall Collins (1998), *The Sociology of Philosophies. A Global Theory of Intellectual Change*. Nirgendwo realisiert der Autor, daß die Philosophen, deren Ideen er »erklärt«, sehr viel mehr Argumente dazu haben, was eine Gesellschaft ist, was ein Einfluß ist, was eine Gruppe ist. Sich bei allen Philosophen in der gesamten Geschichte an die gleiche verarmte Metasprache zu halten heißt noch lange nicht, daß man eine soziale Erklärung für diese Philosophien geliefert hat.

Kein Wunder, daß dieses Programm in eine Sackgasse geführt hat. Wie Anthropologen unermüdlich gezeigt haben, sind Akteure ständig mit den abstrusesten metaphysischen Konstruktionen beschäftigt, indem sie alle Elemente der Welt immer wieder umdefinieren. Nur ein Forscher, der in der Begriffsgymnastik ausgebildet ist, wie sie die philosophische Tradition liefert, ist schnell, stark, kühn und flexibel genug, um sorgfältig zu registrieren, was sie zu sagen haben. Der Ursprung des Handelns gehört zu den schwierigsten Problemen, die es in der Philosophie gibt. Wie könnten Feldforscher einer Hausfrau, einem Buchhalter, einem Pilger, einem Kriminellen, einer Sopransängerin zuhören und dem folgen, was diese zu sagen haben, hätten sie nicht Hegel, Aristoteles, Nietzsche, Dewey oder Whitehead, um ihnen zu helfen? Haben diese Autoren nicht viel nützliche Arbeit geleistet, um zu klären, was ein Akteur, eine Existenzform, eine Entität sein kann? Das bedeutet nicht, daß Philosophen es besser wüßten, tiefer eindrängen, fundamentaler wären als Sozialwissenschaftler, noch bedeutet es, daß sie der Soziologie eine »Grundlage« lieferten oder eine »Metatheorie« bereitstellten. Aber wenn man die Sozialwissenschaften von den Reservoirs philosophischer Innovationen abschneidet, dann ist das ein sicheres Rezept dafür, daß niemand je die philosophischen Innovationen gewöhnlicher Akteure bemerken wird, die oft über die professioneller Philosophen hinausgehen. Noch schlimmer wird es, wenn die Sozialwissenschaftler sich nicht nur der Metaphysik enthalten, sondern es geradezu als ihre Pflicht betrachten, auf einer äußerst beschränkten Liste von Handlungsträgern zu bestehen, und die unendlich mannigfaltigen Produktionen der Akteure ständig in diesen rudimentären Wortschatz übersetzen. Die Akteure haben viele Philosophien, doch die Soziologen denken, sie sollten bei einigen wenigen bleiben. Akteure bevölkern die Welt mit sehr unterschiedlichen Existenzformen, während die Soziologen des Sozialen ihnen erklären, aus welchen Bausteinen die Welt »wirklich« besteht. Daß dies oft aus hochgesinnten Gründen geschieht, beruhigt mich keineswegs. Es gibt andere Möglichkeiten, sich politisch nützlich zu machen, als anstelle und zum Besten der Akteure kritisch zu sein und diese »aus dem Joch archaischer Mächte« zu befreien. Selbst wenn dies zu einer ausgezeichneten Politik führen würde – und wie wir sehen werden, ist das keineswegs der Fall –, wäre es immer noch schlechte Wissenschaft.

Natürlich gibt es einen respektableren und praktischeren Grund, von vorneherein die Liste der Kräfte zu begrenzen, welche die Akteure dazu bringen, Dinge zu tun. Außer der Vernarrtheit der Sozialtheoretiker in emanzipative Politik ist es die schiere Schwierigkeit, der unglaublichen Vermehrung dieser Kräfte zu folgen. Und es ist in der Tat nichts geringes, von den Forschern zu verlangen, sich empirischer Metaphysik hinzugeben und den Akteuren hinterherzutrotten. Doch während es unzählige Existenzformen gibt, haben die *Kontroversen* über sie die nette Eigenschaft, sich selbst zu ordnen. Die Lösung ist dieselbe wie bei der vorigen Quelle der Unbestimmtheit: Obwohl wir eine unendliche Liste von Gruppen vorfinden, konnten wir eine kleine Liste von *Zugriffsmöglichkeiten* aufstellen, mittels deren der Soziologe sich von einer Gruppenbildung zur nächsten bewegen kann. Genauso ist es meines Erachtens möglich, eine begrenzte Menge von Zugriffsmöglichkeiten vorzuschlagen, um zu verfolgen, wie die Akteure in ihren Berichten über ihre Handlungsquellen Entitäten diskreditieren oder kreditieren.

Vielleicht erscheint es immer noch paradox, wenn auch immer weniger, je weiter dieses Buch voranschreitet, doch sich auf Kontroversen zu stützen bietet eine sicherere Methode als die unplausible Aufgabe, a priori und anstelle der Akteure festzulegen, welchen Gruppen und welchen Handlungsträgern es gestattet sein soll, die soziale Welt zu bewohnen. Um es noch einmal zu sagen: Die Bewegung von einem Bezugsrahmen zum nächsten verschafft einem mehr Bewegungsfreiheit als ein absoluter oder arbiträrer Gesichtspunkt. Und um die Metapher des Reiseführers noch einmal aufzugreifen: die Bewegungsfreiheit ist entscheidend – selbst wenn der Reisende gezwungen wird, sich noch langsamer fortzubewegen!

Eine Liste, um Kontroversen über Handlungsträger aufzuzeichnen

Obwohl wir niemals sicher wissen, wer oder was uns zum Handeln bringt, können wir eine Liste von Merkmalen definieren, die stets präsent sind, wenn kontroverse Argumente darüber ausgetauscht werden, was geschehen ist: Handlungsträger sind Teil eines Berichts; ihnen wird eine bestimmte Gestalt verliehen; sie werden von anderen konkurrierenden Handlungsträgern abgehoben; und schließlich werden sie von irgendeiner Art von Handlungstheorie begleitet.
Als erstes werden die umstrittenen Entitäten stets in einem Bericht präsentiert als etwas *tuend* oder ein Tun veranlassend, das heißt, sie machen einen Unterschied für eine gegebene Situation, indem sie irgendwelche As in Bs verwandeln durch Versuche oder Kraftproben mit Cs.[16] Ohne Berichte, ohne Versuche, ohne Unterschiede, ohne Wandel in einer Situation kann keine sinnvolle Aussage über einen gegebenen Handlungsträger gemacht werden, gibt es keinen erkennbaren Bezugsrahmen. Ein unsichtbarer Handlungsträger, der keinen Unterschied macht, keine Veränderung hervorruft, keine Spur hinterläßt und in keinen Bericht eingeht *ist kein* Handlungsträger, Punkt. Entweder tut er etwas oder er tut nichts. Wenn man einen Handlungsträger erwähnt, muß man von seiner Handlung berichten, und dazu muß man mehr oder weniger explizit machen, welche Bewährungsproben

16 Die Tatsache der Berichtbarkeit oder Darstellbarkeit (*accountability*) ist ein weiterer wichtiger Aspekt der Ethnomethodologie; in Kapitel 5 kommen wir darauf zurück.

welche beobachtbaren Spuren hinterlassen haben – was natürlich nicht bedeutet, daß man darüber sprechen muß; denn die Rede ist nur eine von vielen Verhaltensweisen, um einen Bericht hervorzubringen, und bei weitem nicht die häufigste.[17] Dies scheint selbstverständlich zu sein und muß doch betont werden, denn nicht wenige Sozialwissenschaftler bevölkern ihre Erzählung mit allzu vielen unsichtbaren Kräften, die weder irgendwie bewiesen werden können noch in einem präzisen Bericht auftauchen. In der ANT ist es nicht gestattet zu sagen: »Niemand erwähnt es. Ich habe keinen Beweis, aber ich weiß, daß es einen verborgenen Akteur gibt, der hinter den Kulissen tätig ist.« Das ist Verschwörungstheorie, keine Sozialtheorie. Jedesmal, wenn ein Soziologe die Präsenz einer Kraft behauptet, um ein Phänomen zu erklären, muß er für diese durch eine Probe oder einen Versuch einen präzisen Beweis liefern, der außerdem häufig erneuert werden muß; er kann sich nicht damit begnügen, sie ein für allemal zu postulieren. Wenn eine soziale Kraft keinen Träger hat, um sich fortzubewegen, wird sie sich keinen Millimeter weit bewegen, keine Spur hinterlassen und in keiner Art von Dokument verzeichnet werden. Selbst um Polonius hinter dem Wandbehang aufzuspüren, der zu seinem Leichentuch werden sollte, mußte Hamlet das Quieken einer Ratte hören.

Zweitens: Das eine ist die Präsenz einer verborgenen Kraft, etwas anderes ihre Gestalt, ihre *Figuration*. Was agiert, wird im Bericht stets mit einer gewissen Konsistenz versehen und mit Merkmalen, die ihm irgendeine Form oder einen Umriß verleihen, ganz gleich, wie vage. Figuration ist einer der technischen Termini, die ich einführen muß, um die reflexhaften Reaktionen der »sozialen Erklärung« zu brechen, denn es ist

17 Der Begriff der Kraftprobe (*trial of strength, épreuve de force*) wird ausführlich entwickelt in Teil II von Bruno Latour (1984), *Les microbes, guerre et paix, suivi de irréductions*. Versuche bzw. Bewährungsproben (*trials, épreuves*) sind ebenfalls der Schlüsselbegriff der von Luc Boltanski entwikkelten Moralsoziologie. Siehe Boltanski und Thévenot (1991), *De la justification*.

wichtig zu begreifen, daß es sehr viel mehr Figuren und Gestalten gibt als bloß anthropomorphe. Dies ist einer der vielen Fälle, wo die Soziologie lernen muß, abstrakter zu werden. Einer Entität Anonymität zu verleihen gibt ihr ebensosehr eine Gestalt, wie sie mit einem Namen, einer Nase, einer Stimme oder einem Gesicht zu versehen. Der einzige Unterschied besteht darin, daß sie hierdurch eher *ideo-* als *anthropo*morph wird. Statistische Aggregate, die aus einem Fragebogen gewonnen wurden und denen man eine Bezeichnung gegeben hat – wie etwa »A- und B-Typus« bei der Suche nach Ursachen von Herzleiden –, sind genauso konkret wie »mein rotgesichtiger sanguinischer Nachbar, der letzten Samstag beim Rübenpflanzen einen Herzschlag erlitt, weil er zuviel Fett gegessen hat«. Zu sagen »die Kultur verbietet es, Kinder außerhalb der Ehe zu haben«, erfordert, in Begriffen der Figuration, genausoviel Arbeit wie zu sagen »meine zukünftige Schwiegermutter will, daß ich ihre Tochter heirate«. Selbstverständlich ist die erste Figuration (anonym) von der zweiten (Schwiegermutter) verschieden, doch beide verleihen einer Entität ein Gesicht, eine Figur, eine Gestalt, eine Verkleidung oder eine Konsistenz, die mir verbietet oder mich zwingt, bestimmte Dinge zu tun. Soweit es die Frage der Figuration betrifft, gibt es keinen Grund zu sagen, erstere sei eine »statistische Abstraktion«, letztere dagegen ein »konkreter Akteur«. Auch individuelle Handlungsträger erfordern abstrakte Figurationen. Wenn man sich über die »Hypostasierung« der Gesellschaft beklagt, sollte man nicht vergessen, daß meine Schwiegermutter ebenfalls eine Hypostasierung ist – und natürlich ebenso Individuen, kalkulierende Akteure und die berühmte unsichtbare Hand. Genau das bedeuten ja die Wörter »Akteur« und »Person«: Niemand weiß, wie viele Leute gleichzeitig in jedem gegebenen Individuum am Werk sind; umgekehrt weiß niemand, wieviel Individualität eine Wolke statistischer Datenpunkte enthalten kann. Die Figuration versieht sie mit einem Umriß, doch nicht notwendigerweise in der Art eines gefälligen Porträts von der Hand eines gegenständlichen Malers. Um ihre Arbeit zu erledigen, brauchen die Soziologen genauso viel Vielfalt beim »Zeichnen« von Akteuren, wie es Debatten über Figuration und Abstraktion in der modernen und zeitgenössischen Kunst gibt.

Um sich vom Einfluß der »figurativen Soziologie« frei zu machen, wie man sie nennen könnte, verwendet die ANT den technischen Ausdruck *Aktant*, der aus der Literaturwissenschaft entlehnt ist. Es folgen vier verschiedene Arten, denselben Aktanten zu figurieren: »Imperialismus strebt nach Unilateralismus«, »Die Vereinigten Staaten wollen sich aus der UNO zurückziehen«, »G. W. Bush will sich aus der UNO zurückziehen«, »Viele Offiziere aus der Armee und zwei Dutzend neokonservative Wortführer wollen sich aus der UNO zurückziehen«. Daß die erste Figuration ein strukturelles Merkmal ist, die zweite eine Körperschaft, die dritte ein Individuum, die vierte ein loses Aggregat von Individuen macht natürlich einen großen Unterschied aus für den Bericht, doch sie alle liefern verschiedene Figurationen derselben Aktionen. Keine der vier ist mehr oder weniger »realistisch«, »konkret«, »abstrakt« oder »artifiziell« als die anderen. Sie führen einfach zur Stabilisierung unterschiedlicher Gruppen und helfen so, die erste Unbestimmtheit hinsichtlich der Gruppenbildung zu beseitigen. Die große Schwierigkeit der ANT ist es, sich nicht vom Figurationstyp beeindrucken zu lassen: *Ideo*- oder *Techno*- oder Biomorphismen sind genausogut »Morphismen« wie die Verkörperung eines Aktanten in einem einzigen Individuum.

Da sie sich mit Fiktion beschäftigen, sind Literaturtheoretiker in ihren Untersuchungen zur Figuration sehr viel freier als jeder Sozialwissenschaftler, insbesondere wenn sie die Semiotik oder eine der vielen narrativen Wissenschaften verwenden. Beispielsweise kann in einem Märchen derselbe Aktant zum Handeln gebracht werden mittels eines Zauberstabs, eines Zwergs, eines Gedankens im Geist der Fee oder schließlich eines Ritters, der zwei Dutzend Drachen tötet.[18] Von der griechischen Tragödie bis zu den Comic Strips stellen Romane, Theaterstücke und Filme ein riesiges Terrain bereit, auf dem wir alle lernen auszudrücken, was uns zum Handeln bringt.[19] Daher werden, sobald man den Unterschied zwischen Aktant und Akteur verstanden hat, die folgenden Sätze völlig *vergleichbar*, auch wenn sie äußerst verschiedene Sozialtheorien zum Ausdruck bringen: »aus Eigeninteresse«, »von der sozialen Nachahmung getrieben«, »Opfer der Gesellschaftsstruktur«, »aus Routine«, »meinen Normen gefolgt« und »das erklärt sich durch den Kapitalismus«. Es sind einfach verschiedene Varianten, Akteure dazu zu bringen, Dinge zu *tun*, deren Vielfalt sich vollständig entfalten läßt, ohne im vorhinein die »wahren« von den »falschen« Existenzformen zu trennen und ohne anzunehmen, daß sie alle in das repetitive Idiom des Sozialen übersetzbar seien. Anders gesagt, die Infrasprache der Semiotik schützt gegen die Metasprache der Soziologie.

Daher hat die ANT einiges von Narrationstheorien entlehnt, selbstverständlich nicht alle ihre Argumente und ihren Jargon, doch ihre Bewegungsfreiheit. Aus dem gleichen Grund weigern wir uns, uns von der Philosophie abschneiden zu lassen. Nicht, weil Soziologie Fiktion wäre oder weil Literaturtheoretiker mehr wüßten als Soziologen, sondern weil die Vielfalt der auf dem Papier erfundenen Welten der Fiktion

18 Es wäre nicht übertrieben zu sagen, daß die ANT sich halb Garfinkel und halb Greimas verdankt: Sie hat einfach zwei der interessantesten intellektuellen Bewegungen diesseits und jenseits des Atlantik kombiniert und Wege gefunden, die innere Reflexivität sowohl der Berichte der Akteure als auch von Texten zu erschließen. Die klassische Arbeit in der Semiotik wird am besten zusammengefaßt in Algirdas Julien Greimas und Joseph Courtès (1979), *Sémiotique. Dictionnaire raisonné de la théorie du langage.* Als jüngere Darstellung siehe Jacques Fontanille (1998), *Sémiotique du discours.*

19 Einige wunderbare Beispiele für die metaphysische Freiheit der Semiotiker findet man in Louis Marin (2004 [1989]), *Das Opake der Malerei. Zur Repräsentation im Quattrocento*; Louis Marin (2003 [1992]), *Von den Gewalten des Bildes* sowie Louis Marin (2001), *On Representation*. Obwohl ein Feind der Semiotiker, zeigt Thomas Pavel (2003), *La pensée du roman*, gleichfalls die unvergleichliche Bewegungsfreiheit der Literaturtheoretiker.

den Untersuchern erlaubt, die Geschmeidigkeit und den Spielraum der von ihnen in der wirklichen Welt Erforschten zu gewinnen.[20] Nur durch eine fortgesetzte Vertrautheit mit Literatur und literarischer Analyse können ANT-Soziologen vielleicht weniger hölzern, weniger rigide, weniger steif werden, wenn sie definieren sollen, welche Art von Akteuren die Welt bevölkern. Ihre Sprache könnte dann allmählich genauso viel Erfindungsreichtum gewinnen wie die der Akteure, denen sie zu folgen versuchen – nicht zuletzt deshalb, weil die Akteure ebenfalls eine Menge Romane lesen und eine Menge Fernsehen schauen! Nur wenn sie ständig komplexe Handlungsrepertoires vergleichen, werden Soziologen vielleicht in die Lage versetzt, Daten zu registrieren – eine Aufgabe, die den Soziologen des Sozialen stets sehr schwierig erscheint, da sie alles herausfiltern müssen, was nicht von vorneherein wie ein uniformierter »sozialer Akteur« aussieht. *Aufzeichnen*, nicht herausfiltern, *beschreiben*, nicht disziplinieren – sie sind die ehernen Gesetze unseres Fachs.

Richard Powers über ein Unternehmen

In seinem Roman *Gain* porträtiert Richard Powers den Chef eines großen Unternehmens, während dieser versucht, eine motivierende Rede an seine Mitarbeiter vorzubereiten: Jede neue Version dessen, was ein Unternehmen für seinen Repräsentanten ist, vergrößert die Schwierigkeit, die genaue Natur dieser juristischen Person zu ermitteln.

Profit machen. Ständig Profit machen. Langfristig Profit machen. Seinen Lebensunterhalt verdienen. Dinge machen. Dinge möglichst ökonomisch machen. So viele Dinge wie möglich machen. Dinge machen, die am längsten halten. Die denkbar längste Zeit Dinge machen. Dinge machen, die die

20 Siehe Thomas Pavel (1986), *Univers de la fiction.*

Leute brauchen. Dinge machen, die die Leute begehren. Leute Dinge begehren machen. Eine sinnvolle Beschäftigung geben. Eine sichere Beschäftigung geben. Leuten etwas zu tun geben. Etwas tun. Die größte Zahl so gut wie möglich ernähren. Den allgemeinen Wohlstand fördern. Zur öffentlichen Verteidigung beitragen. Zum Wertzuwachs des Aktienkapitals beitragen. Eine regelmäßige Dividende zahlen. Das Eigenkapital der Firma erhöhen. Die Sache aller Aktionäre voranbringen. Wachsen. Fortschritte machen. Expandieren. Das Know-how vergrößern. Gewinne vergrößern und Kosten verringern. Die gleiche Arbeit billiger erledigen. Im Wettbewerb bestehen. Niedrig einkaufen und hoch verkaufen. Das Los der Menschheit verbessern. Die nächste Runde technologischer Innovationen produzieren. Die Natur rationalisieren. Die Landschaft verbessern. Raum zerstückeln und Zeit anhalten. Sehen, was die Menschheit vermag. Zur Pensionskasse des Landes beitragen. Das nötige Kapital zusammenbringen, um all das tun zu können, was wir wollen. Entdecken, was wir tun wollen. Weiterziehen, bevor die Sonne untergegangen ist. Das Leben etwas leichter machen. Die Menschen ein wenig wohlhabender machen. Die Menschen ein wenig glücklicher machen. Ein besseres Morgen aufbauen. Etwas auf die hohe Kante legen. Die Kapitalzirkulation erleichtern. Die Firma erhalten. Geschäfte machen. Im Geschäft bleiben. Den Sinn des Geschäfts herausfinden.

Drittens: die Akteure sind ebenfalls damit beschäftigt, andere Handlungsträger zu kritisieren; so werfen sie ihnen vor, falsch, archaisch, sinnwidrig, irrational, künstlich oder illusorisch zu sein. Genauso wie die Gruppenbildung zum Nutzen der Untersucher die Antigruppen ausarbeitet, aus denen die soziale Welt der untersuchten Gruppe besteht, fügen die Berichte über Handlungsträger ständig neue Entitäten hinzu, während sie andere als illegitim *zurückweisen*. So wird jeder Akteur zum Nutzen des Analytikers die empirische Metaphysik kenntlich machen, mit der sie beide es zu

tun haben. Betrachten wir die folgenden Aussagen: »Ich weigere mich, von der öffentlichen Meinung beherrscht zu werden, die sowieso nichts als Propaganda ist«; »Sie denken genau dasselbe wie alle aus Ihrer Generation«; »Gesellschaftsstruktur ist ein leerer Begriff, es gibt nur individuelles Handeln«; »Nicht Gott spricht zu einem, Immame sprechen an Seiner Statt«; »Marktkräfte sind klüger als Bürokraten«; »Durch diesen geistreichen Versprecher hat sich dein Unbewußtes selbst verraten«; »Ich will lieber Wildlachse schützen als Menschen«.[21] Es ist so, als würde jeder dieser Sätze eine Addition oder Subtraktion in der Liste der Entitäten vornehmen, denen eine legitime Rolle in der Welt zukommt.
Die Untersuchung stoppen kann allein die Entscheidung der Forscher, unter diesen Motiven jene auszuwählen, die ihnen vernünftiger vorkommen. Dies bedeutet nicht, daß Sozialwissenschaftler machtlos wären, daß sie sich stets nur an der Leine ihrer Informanten bewegen dürften. Doch wenn sie eine alternative Metaphysik vorschlagen wollen, müssen sie sich erst mit den welterzeugenden Aktivitäten der von ihnen Untersuchten beschäftigen. Es wird nicht ausreichen zu sagen, daß sie – die Analytiker – von vorneherein wüßten, wer die Akteure wirklich sind und was diese wirklich agieren läßt. Noch wird es gelingen, diese willentliche Blindheit als Reflexivität auszugeben. Zu oft verhalten sich Sozialwissenschaftler – und insbesondere kritische Soziologen – so, als würden sie als »kritische«, »reflexive« und »distanzierte« Untersucher auf einen »naiven«, »unkritischen« und »unreflexiven« Akteur treffen. In Wirklichkeit begnügen sich die Beobachter die meiste Zeit damit, die vielen Ausdrücke ihrer Informanten in ihr eigenes Vokabular sozialer Kräfte zu übersetzen. Unter dem Vorwand, Wissenschaft zu betreiben, beschränkt sich der Analytiker einfach darauf zu wiederholen, woraus die soziale Welt besteht; während die Akteure

21 Zitiert nach Christelle Gramaglia (2005), *La mise en cause environnementale comme principe d'association. Casuistique des affaires de pollution des eaux.*

ihrerseits sich damit begnügen, den über sie angestellten Analysen gegenüber gleichgültig zu bleiben. Aus dieser Gleichgültigkeit ziehen die Soziologen wiederum unverschämterweise den Schluß, daß die Akteure blind sind für das, was sie determiniert![22]

Viertens sind Akteure ebenfalls in der Lage, ihre eigenen *Handlungstheorien* vorzuschlagen, um zu erklären, wie die Handlungsträger ihre Wirkungen entfalten.[23] Da sie voll entwickelte reflexive und geschickte Metaphysiker sind, haben Akteure – so schlägt es die neue Voreinstellung der ANT vor – ebenfalls ihre eigenen Metatheorien darüber, wie Entitäten agieren, und diese verblüffen den traditionellen Metaphysiker in der Regel völlig. Die gewöhnlichen Akteure entfachen nicht nur Kontroversen darüber, welche Existenzform in den Vordergrund tritt, sondern meist auch darüber, auf welche Weise sie sich geltend macht. Und auch hier wieder wird der Hauptunterschied darin bestehen, ob die Existenzform – sobald sie mit Existenz, Figuration und Widersachern versehen ist – als Zwischenglied oder als Mittler behandelt wird. Je nachdem wird das Ergebnis des Berichts des Akteurs äußerst verschieden sein.[24]

22 Wie wir lernen werden, wenn wir uns mit der fünften Unbestimmtheit beschäftigen: Da die Präsenz oder die Meinung der Akteure keinen Unterschied im Bericht des Analytikers gemacht haben, sind sie keine wirklichen *Akteure*, und sie sind buchstäblich nicht »in Betracht gezogen« (*taken into account*) worden. Damit ist die Gesellschaft im ANT-Sinn nicht versammelt worden, und eine solche Soziologie des Sozialen hat nicht die geringste Chance, irgendeine politische Relevanz zu besitzen.

23 Bislang haben die Sozialwissenschaftler es als ihre Pflicht angesehen zu entscheiden, welche dieser Handlungstheorien die richtige ist, und sie haben so direkt in die Kontroversen eingegriffen, anstatt sie zu entfalten. Darin besteht die Originalität von Thévenots Unternehmen: die unterschiedlichen Handlungsregime zu kartographieren, die gleichzeitig unter gewöhnlichen Mitgliedern am Werk sind. Siehe Laurent Thévenot (2002), »Which Road to Follow? The Moral Complexity of an ›Equipped‹ Humanity« sowie Laurent Thévenot (2006), *L'action au pluriel. Sociologie des régimes d'engagement.*

24 Wie bei der ersten Unbestimmtheit werden hier Sozialtheoretiker, Philosophen, Psychologen und Sozialpsychologen ihre eigenen Versionen zu

Für das Folgende ist es grundlegend, daß dieser Unterschied quer durch alle Existenzformen verläuft, *ganz gleich, welches ihre Figuration ist*. Ein sogenanntes »kaltes und anonymes Kräftefeld« kann in den Bericht als Mittler eingehen, während eine nahestehende, individuelle, »lebendige«, »erlebte« intentionale Person als bloßes Zwischenglied dargestellt werden kann. Mit anderen Worten: Aus der Wahl einer bestimmten Figuration läßt sich schlecht voraussagen, welche Handlungstheorie herangezogen werden wird. Was zählt, ist nicht der Typ der Figuren, sondern das Spektrum von Mittlern, die man sich entfalten läßt. Das hat zu viel Verwirrung in den Debatten zwischen den verschiedenen Richtungen der Sozialwissenschaften geführt: Es wurde zu sehr darauf insistiert, *welche* Existenzformen man wählen sollte, und nicht genug darauf, *wie* sie jeweils agierten. So kann es vorkommen, daß es *aktiver* ist, wenn jemand erklärt: »Der Stand der Produktivkräfte bestimmt den Stand der gesellschaftlichen Vorstellungen«, das heißt, daß damit mehr Mittler ins Spiel kommen als durch den anscheinend lokalen, konkreten, »erlebten« und »existentiellen« Satz: »Individuelles menschliches Handeln ist stets intentional.« Die Intentionalität, als Zwischenglied verwendet, wird *weniger* leisten als der abstraktere und globalere »Stand der Produktivkräfte«, sofern dieser Handlungsträger als Mittler behandelt wird.[25] Also sind Figuration und Handlungstheorie zwei unterschiedliche Punkte auf unserer Liste und sollten nicht verwechselt werden. Werden sie es, so wird der Untersucher versucht sein, einige Figurationen als »konkreter« zu privilegieren

den Kontroversen *hinzufügen*. Ein gutes Beispiel wird von den Auseinandersetzungen über die Existenz eines kalkulierenden Individuums geliefert.

25 Beispielsweise kann der typisch postmoderne Slogan »Ich poche auf Eigenheit, Eigenart und lokale Besonderheiten« so selbstgefällig wie leer werden, während eine »Große Erzählung« am Ende vielleicht mehr agierende Stimmen zum Sprechen bringen kann. Wieder einmal besteht der Unterschied nicht in den gewählten Figurationen, sondern im relativen Anteil der Mittler, die man zuläßt.

und andere als »abstrakter« zu behandeln, womit er in die gesetzgebende und kontrollierende Rolle der Soziologen des Sozialen zurückfiele und den festen Boden des Relativismus verließe.[26]

Wie kann man jemanden dazu bringen, etwas zu tun

Akzeptieren wir diese zweite Quelle der Unbestimmtheit, so wird die Soziologie zur Disziplin, die die Verlagerung respektiert, die darin liegt, *jemanden dazu zu bringen, etwas zu tun*. In den meisten Handlungstheorien gibt es keine solche Verlagerung, weil der erste Term den zweiten voraussagt: »Gib mir die Ursache, dann habe ich auch die Wirkung«. Doch dies ist nicht der Fall, wenn beide Terme als Mittler verstanden werden. Bei Zwischengliedern gibt es kein Geheimnis, denn der Input sagt den Output ziemlich gut voraus: Nichts wird in der Wirkung präsent sein, was nicht schon in der Ursache lag. Mit dieser scheinbar wissenschaftlichen Redeweise gibt es jedoch stets ein Problem. Wenn der Input wirklich den Output voraussagte, dann wäre es besser, die Wirkungen zu ignorieren und nur auf die Ursachen zu achten, wo alles Interessante bereits geschehen ist – zumindest potentiell. Bei Mittlern ist die Situation eine andere: Aus Ursachen lassen sich keine Wirkungen deduzieren, sie stellen bloß Gelegenheiten, Umstände und Präzedenzfälle bereit. So können viele überraschende *Aliens* dazwischen auftauchen.[27]

26 Um diese Unterschiede zu registrieren, brauchen wir eine Bezugsgröße für textliche Qualität, die es uns erlaubt, sozusagen die relative Dichte von Mittlern im Verhältnis zu Zwischengliedern zu messen, so etwas wie die Temperatur des textlichen Berichts. Wie wir beim Überprüfen der fünften Quelle der Unbestimmtheit sehen werden, wird dies zu einem Schibboleth für Objektivität werden.

27 Das gilt ebenfalls für Experimente, so haben wir von den *science studies* gelernt, angefangen bei Harry Collins (1985), *Changing Order. Replication and Induction In Scientific Practice* sowie in seinem jüngsten Buch, Harry

Eine solche Unterscheidung tangiert alle Aktanten, ganz gleich, ob ihre Figuration »abstrakt« erscheint – wie der »Stand der Produktivkräfte« – oder »konkret« – wie »meine Freundin Julie«. Solange sie als Ursachen betrachtet werden, die bloß über Zwischenglieder transportiert werden, wird den Trägern, die gewählt wurden, um die Wirkung zu transportieren, nichts hinzugefügt. In einer solchen befremdlichen und sehr archaischen Theologie wird von Ursachen angenommen, daß sie Dinge *ex nihilo* schaffen. Doch wenn die Transportmittel als Mittler behandelt werden, die wieder andere Mittler in Bewegung setzen, dann werden eine Menge unvorhersehbarer Situationen die Folge sein (sie bringen Dinge dazu, *andere* Dinge zu tun, als erwartet wurden). Auch dies könnte wieder wie Haarspalterei erscheinen; doch sehr bald schon lassen sich die aus der winzigen Differenz hervorgehenden beiden Kartographien nicht mehr überlagern – es ist etwas anderes, ob man die Aktanten als Zwischenglieder oder als Mittler behandelt. Die erste Lösung zeichnet Karten der Welt, auf denen sich wenige Handlungsträger finden, gefolgt von Spuren von Konsequenzen, die kaum mehr sind als Wirkungen, Ausdrücke oder Widerspiegelungen von etwas anderem. Die zweite, von der ANT bevorzugte Lösung, zeigt eine Welt, die aus *Verkettungen von Mittlern* besteht, wo von jedem Punkt gesagt werden kann,

Collins (2004), *Gravity's Shadow. The Search for Gravitational Waves*, aber ebenfalls von der Ethnomethodologie, siehe dazu Michael Lynch (1985), *Art and Artifact in Laboratory. A Study of Shop Work and Shop Talk in a Research Laboratory Science* sowie Harold Garfinkel, Michael Lynch und Eric Livingston (1981), »The Work of a Discovering Science Construed with Materials from the Optically Discovered Pulsar«. In der Tat war es das frühe Bewußtwerden der wirklichen Komplexität kausaler Verknüpfungen in den am stärksten formatierten Settings der Naturwissenschaften, wodurch sich die Beschreibung des Handelns in den Sozialwissenschaften als völlig akademisch erwies. Dieser Umwandlung der Pflichten der Sozialwissenschaften aufgrund des Studiums der Naturwissenschaften wird nachgespürt in Isabelle Stengers (1997a), *Die Erfindung der modernen Wissenschaften.*

daß er agiert.[28] Daher besteht die Schlüsselfrage für eine Sozialwissenschaft darin zu entscheiden, ob sie versucht, aus einigen wenigen Ursachen möglichst viele Wirkungen abzuleiten, die »potentiell« bereits da waren, oder ob sie versucht, möglichst viele Ursachen durch eine Reihe von Akteuren zu ersetzen – das ist die technische Bedeutung, die das Wort »Netzwerk« später annehmen wird.

Dieser Punkt mag schwierig erscheinen, fürs erste kann er allerdings mit Hilfe einer Vignette vereinfacht werden. Soziologen wird oft vorgeworfen, Akteure als Marionetten zu behandeln, die durch soziale Kräfte manipuliert werden. Doch es scheint, daß Puppenspieler, ähnlich wie Sopranistinnen, ganz andere Ideen darüber haben, *was* ihre Puppen *dazu bringt, Dinge zu tun*. Obwohl Marionetten anscheinend den extremsten Fall direkter Kausalität darstellen – man muß nur den Fäden folgen –, werden sich Puppenspieler selten so verhalten, als hätten sie eine vollständige Kontrolle über ihre Puppen. Sie werden wunderliche Dinge sagen wie etwa: »Meine Marionetten suggerieren mir manchmal, Dinge zu tun, auf die ich selbst nie gekommen wäre.«[29] Wenn eine Kraft eine andere manipuliert, so bedeutet das nicht, daß sie eine Ursache ist, die Wirkungen hervorbringt; sie kann ebenfalls eine Gelegenheit für andere Dinge sein, anzufangen zu agieren. Die *Hand* – die immer noch sichtbar ist in der lateinischen Etymologie des Wortes »manipulieren« – ist sowohl ein Zeichen für volle Kontrolle *als auch für ihr Fehlen*. Wer zieht also die Strippen? Nun, die Puppen tun es, zusätzlich zu ihren Puppenspielern. Was nicht bedeutet, daß die Puppen ihre Spieler kontrollieren – dies wäre einfach eine Umkehrung der Richtung der Kausalität –, und natürlich wird auch keine Dialektik hier weiterführen. Es bedeutet bloß,

28 In Deleuzes Redeweise enthält die erste »realisierte Potentiale«, die zweite »aktualisierte Virtualitäten«. Für eine Darstellung dieses wichtigen Begriffsgegensatzes siehe François Zourabichvili (2003), *Le vocabulaire de Deleuze*.

29 Siehe Victoria Nelson (2002), *The Secret Life of Puppets*.

daß die interessante Frage an diesem Punkt nicht darin besteht zu entscheiden, wer agiert und wie, sondern von einer Bestimmtheit zu einer *Unbestimmtheit* hinsichtlich der Handlungsquellen überzugehen. Sobald wir das volle Spektrum der Kontroversen über die Aktanten erneut entfalten, gewinnen wir die starke Intuition wieder, die am Ursprung der Sozialwissenschaften steht. Wenn Soziologen also angeklagt werden, Akteure wie Puppen zu behandeln, sollten sie es als Kompliment auffassen, sofern sie die Fäden vervielfältigen und Überraschungen akzeptieren, was Handeln, Handhaben, Agieren und Manipulieren betrifft. »Die Menschen als Marionetten behandeln« wird nur dann zu einer Beschimpfung, wenn diese deutliche Vermehrung der Mittler auf eine einzige Handlungsquelle zurückgeführt wird – das Soziale Nr. 1 –, deren Wirkungen völlig unverändert über eine Kette von Zwischengliedern transportiert werden. In diesem Fall ginge die ursprüngliche Intuition wirklich verloren.

Das muß man vor allem deshalb im Sinn behalten, weil die Soziologie durch das Vorurteil in Verlegenheit gebracht wurde – wir werden in Teil II oft Gelegenheit haben, das zu bestätigen –, es gäbe einen privilegierten Ort im Sozialen, wo das Handeln »konkret« ist: »*parole*« eher als »*langue*«, »Ereignis« eher als »Struktur«, »Mikro« eher als »Makro«, »Individuum« eher als »Massen«, »Interaktion« eher als »Gesellschaft« oder, im Gegenteil: »Klassen« eher als »Individuum«, »Bedeutung« eher als »Kraft«, »Praxis« eher als »Theorie«, »Firmen« eher als »Personen« usw. Doch wenn Handeln zwangsläufig dislokal ist, gehört es nicht an einen bestimmten Ort; es ist stets verlagert, verschoben, buntscheckig, multipel und bleibt für Analytiker wie für Akteure ein Rätsel.[30]

30 Das Argument wurde gut herausgearbeitet durch die Disziplinen der »situierten« oder »verteilten« Kognition, deren Resultate für die ANT so wichtig gewesen sind. Siehe Edwin Hutchins (1995), *Cognition in the Wild*; Jean Lave (1988), *Cognition in Practice. Mind, Mathematics and Culture in*

Dieser Punkt wird dabei helfen, die ANT nicht mit einer der vielen polemischen Bewegungen zu verwechseln, die sich auf die »Konkretheit« des menschlichen Individuums berufen haben, auf sein bedeutungsvolles, intentionales und interaktives Handeln im Unterschied zu den kalten, anonymen und abstrakten Wirkungen der »Determiniertheit durch Gesellschaftsstrukturen« oder auf die bedeutungsvolle Lebenswelt individueller Menschen gegen eine »kalte anonyme technische Manipulation« durch die Materie. Meist von der Phänomenologie inspiriert, haben diese Reformbewegungen alle deren Mängel geerbt: Sie sind unfähig, sich eine Metaphysik vorzustellen, in der es andere Aktanten gibt als solche, die menschliche Intentionen mit sich führen, oder schlimmer noch, sie stellen einen Gegensatz auf zwischen menschlichem Handeln und der bloß »materiellen Wirkung« natürlicher Objekte, die, wie sie etwa sagen, nicht »handeln«, sondern sich nur »verhalten« können.[31] Doch eine »interpretative« Soziologie bleibt immer noch eine Soziologie des Sozialen, darin unterscheidet sie sich nicht von »objektivistischen« oder »positivistischen« Versionen, die sie ersetzen will. Sie glaubt, daß bestimmte Typen von Aktanten – Personen, Intention, Gefühle, Arbeit, face-to-face-Interaktion – *automatisch* lebendigere, reichere und menschlichere Handlungsquellen hervorbringen werden.

Everyday Life; sowie Lucy Suchman (1987), *Plans and Situated Actions*. Die Beziehung zwischen diesen Untersuchungen und der ANT wird sogar noch stärker werden, wenn die dritte Unbestimmtheit betrachtet wird. Ihre Wege werden sich erst bei der vierten und fünften Quelle trennen.

31 Trotz der vielen Anstrengungen, wie etwa besonders in Don Ihde und Evan Selinger (2003), *Chasing Technoscience. Matrix for Materiality*, die ANT und die Phänomenologie miteinander zu versöhnen, bleibt der Abstand zwischen den beiden Interesselinien zu groß; das liegt an der exzessiven Betonung, welche die Phänomenologen auf menschliche Handlungsquellen legen. Der Abstand wird sogar noch größer, wenn die drei weiteren Unbestimmtheiten hinzukommen. Dies bedeutet nicht, daß wir uns des reichen deskriptiven Vokabulars der Phänomenologie entschlagen sollten, sondern daß wir die Funde der Intentionalität auf alle »nicht-intentionalen« Wesen erweitern sollten.

Dieser Glaube an die »Lebenswelt« ist ein schöner Fall von »unzutreffender Konkretheit« (*misplaced conreteness*), um Whiteheads Ausdruck zu verwenden: Dabei kann ein Bericht voller Individuen abstrakter sein als einer, der nur aus kollektiven Akteuren besteht. Eine Billardkugel, die auf dem grünen Filz eines Billardtisches auf eine andere Billardkugel trifft, mag eine genauso raffinierte Aktion vollbringen, wie eine »Person«, die ihren »Blick« über die »reiche menschliche Welt« eines »bedeutungsvollen Gesichts« im rauchgeschwängerten Raum der Kneipe, in dem der Billardtisch steht, schweifen läßt. Weder die Phänomenologen noch die Soziologen des Sozialen werden dem wohl zustimmen, doch dann sollten sie einmal zuhören, was die Spieler selbst über ihr eigenes bloßes »Verhalten« und die unvorhersehbare »Aktion« ihrer Billardkugeln zu sagen haben. Sie scheinen eine Menge genau jener Imbroglios hervorzubringen, die von einer Theorie strikt verboten werden, welche eine radikale Unterscheidung zwischen »Handeln« (*action*) und »Verhalten« aufrechterhalten will.[32] Auch hier wieder haben Sozialwissenschaftler allzu oft ihre Rolle als Analytiker mit der eines politischen Predigers verwechselt, der zu Disziplin und Emanzipation aufruft.

Angesichts solcher Situationen müssen wir uns entscheiden, ob wir sozialen Verbindungen auf neue und interessante Weise nachspüren wollen: Entweder bleiben wir bei den Analytikern, die nur über eine einzige ausgearbeitete Metaphysik verfügen, oder wir »folgen den Akteuren«, die mit mehr als einer zurechtkommen. Konkretheit erreicht man nicht dadurch, daß man hinsichtlich der Akteure eine Figuration gegenüber einer anderen bevorzugt, sondern dadurch, daß in den Berichten der *relative Anteil der Mittler gegenüber den Zwischengliedern* zunimmt. An diesem Verhältnis

32 Trotz der einfallsreichen Verteidigung dieses Unterschieds in Harry Collins und Martin Kusch (1998), *The Shape of Actions. What Humans and Machines Can Do.*

wird man im Grunde immer eine gute soziologische ANT-Untersuchung erkennen. Aus alldem geht hervor, daß eine Sache keinesfalls zu Beginn schon feststeht, nämlich die Wahl eines privilegierten Ortes, an dem Handeln angeblich reichlicher vorhanden ist. »Konkret« und »abstrakt« bezeichnen nicht bestimmte Typen von Charakteren – die üblichen Verdächtigen der kritischen Soziologie. Die einzigen wichtigen Fragen sind hier folgende: Welche Existenzformen werden herangezogen? Mit welchen Figurationen werden sie versehen? Durch welchen Aktionsmodus kommen sie ins Spiel? Haben wir es mit Ursachen und ihren Zwischengliedern zu tun oder mit einer Verkettung von Mittlern? ANT ist einfach die Sozialtheorie, die sich dafür entschieden hat, den Eingeborenen zu folgen, ganz gleich in welche metaphysischen Imbroglios sie uns führen – und wie schnell sie das tun, werden wir gleich sehen!

Dritte Quelle der Unbestimmtheit: Welche Aktion für welche Objekte?

Wenn wir handeln, treten andere Kräfte in Aktion:[1] Dies ist die erste Quelle des Staunens, das am Beginn der Soziologie steht. Doch es gibt noch eine zweite, deren empirische, ethische und politische Bedeutung noch ausschlaggebender ist: Die soziale Welt ist von Asymmetrien, Hierarchien und Ungleichheiten geprägt; sie gleicht der zerklüfteten Landschaft des Hochgebirges; kein noch so großer Enthusiasmus, freier Wille oder Einfallsreichtum kann diese Asymmetrien zum Verschwinden bringen; sie scheinen so schwer zu lasten wie die Pyramiden und individuelles Handeln derart zu behindern, daß Gesellschaft als eine spezifische Entität *sui generis* erscheint. Jeder Denker, der diese Unterschiede und Ungleichheiten verneint, ist entweder einfältig oder einigermaßen reaktionär; und die soziale Asymmetrie zu ignorieren wäre so lächerlich, als wollte man behaupten, die Newtonsche Gravitation existiere nicht.

Wie kann man zu dieser Intuition stehen und dennoch sagen, wie ich es gerade mit den beiden ersten Quellen der Unbestimmtheit getan habe, daß Gruppen »fortwährend« gebildet und Handlungsquellen »unentwegt« debattiert werden? War die Wahl dieser beiden Ausgangspunkte nicht inspiriert von einer naiven Einstellung, die den hochgradig ungleichen sozialen Bereich in ein ebenes Spielfeld verwandelte, wo jeder scheinbar die gleiche Chance hat, seine eigene Metaphy-

1 [Wie schon im Vorigen wurde auch hier *action* mit Handeln, Handlung und Aktion übersetzt, *to act* mit handeln, tun und agieren. Wird *action* stringent mit »Handeln« übersetzt, dann handeln provokanterweise auch Dinge. Da Latour den emphatischen intentionalen Handlungsbegriff der traditionellen Soziologie kritisiert und somit auch nicht auf Dinge übertragen will, scheint mir eine uneinheitliche und differenziertere Übersetzung, die Objekte in der Regel »nur« agieren oder Tätigkeiten verrichten läßt, angemessen. A. d. Ü.]

sik hervorzubringen? Ist ANT nicht eines der Symptome jenes Marktgeistes, der gegen jede Evidenz behauptet, daß alle dieselbe Chance haben – und um so schlimmer für die Verlierer?[2] »Wo sind Macht und Herrschaft geblieben?«, könnte man fragen. Doch gerade weil wir jene Asymmetrien *erklären* wollen, wollen wir sie nicht einfach *wiederholen* – und sie noch weniger weiterhin unverändert *transportieren*. Noch einmal: Wir wollen nicht Ursache und Wirkung, nicht *explanandum* und *explanans* verwechseln. Daher ist es so wichtig, dabei zu bleiben, daß Macht, ebenso wie Gesellschaft, das Endresultat eines Prozesses ist und nicht ein Reservoir, Kapital oder Vermögen, das automatisch eine Erklärung bereitstellt. Macht und Herrschaft müssen hervorgebracht, gebildet, zusammengesetzt werden.[3] Asymmetrien existieren, ja, doch wo kommen sie her und woraus sind sie gebildet worden?

Um dies zu erklären, müssen Soziologen der Assoziationen die gleiche radikale Entscheidung treffen wie schon bei der zweiten Quelle der Unbestimmtheit. Gerade *weil* wir die ursprüngliche Intuition der Sozialwissenschaften beibehalten wollen, müssen wir vehement die unmögliche Lösung *zurückweisen*, die uns vorgeschlagen wird, nämlich daß Gesellschaft von vorneherein ungleich und hierarchisch sei; daß sie auf manchen ihrer Bestandteile unverhältnismäßig laste; und daß sie alle Merkmale der Trägheit besitze. Zu sagen, daß Herrschaft Körper und Seelen bricht, ist eine Sache, doch daraus den Schluß zu ziehen, daß Hierarchien, Asymme-

2 In Luc Boltanski und Ève Chiapello (2003), *Der neue Geist des Kapitalismus* haben die Autoren diese Kritik an der ANT ziemlich explizit gemacht; in dieselbe Richtung geht die beißende Kritik in Philip Mirowski und Edward Nik-Khah (2007), »Markets Made Flesh: Callon, Performativity, and a Crisis In Science Studies, Augmented With Consideration of the FCC Auctions«. Wir werden bis zum Schluß warten müssen, um die Frage der politischen Relevanz wieder an- und auf diese Kritiken einzugehen.

3 Siehe John Law (1986a), »On Power And Its Tactics: A View From The Sociology Of Science« sowie John Law (1992), *A Sociology of Monsters. Essays on Power, Technology and Domination.*

trien, Trägheit, Macht und Härten aus sozialem Stoff bestünden, ist ein vollkommen anderes Argument. Das zweite hängt nicht nur nicht logisch mit dem ersten zusammen, sondern es steht sogar, wie wir sehen werden, vollkommen in Widerspruch zu ihm. So wie das Aufnehmen der Handlung durch andere Handlungsträger nicht bedeutet, daß die Gesellschaft dieser Handlungsträger ist, so bedeutet die eklatante Asymmetrie in der Verteilung von Ressourcen nicht, daß diese von sozialen Asymmetrien hervorgebracht worden sind. Sie führt zum entgegengesetzten Schluß: Wenn Ungleichheiten nicht automatisch bestehen, sondern erst einmal erzeugt werden müssen, ist dies ein Beweis dafür, daß andere Typen von Akteuren als soziale ins Spiel kommen. Wie Marx es mit Hegels Dialektik getan hat, ist es an der Zeit, daß wir die soziale Erklärung wieder vom Kopf auf die Füße stellen.

Das Spektrum der Akteure erweitern

Bislang habe ich hauptsächlich auf dem Unterschied zwischen »sozial« im Sinne von »sozialen Bindungen« – dem Sozialen Nr. 1 – und »sozial« wie in »Assoziationen« – dem Sozialen Nr. 2 – bestanden, wobei man im Sinn behalten sollte, daß die zweite Bedeutung näher an der ursprünglichen Etymologie ist. Ich habe argumentiert, daß in den Sozialwissenschaften »sozial« meist so etwas wie ein »Verbindungsglied« bezeichnet: Es wird als Bezeichnung für einen spezifischen Bereich genommen, eine Art Material wie Stroh, Schlamm, Draht, Holz oder Stahl. Im Prinzip könnte man in einen imaginären Supermarkt hineingehen und auf ein Regal voller »sozialer Bindungen« deuten, während in anderen Gängen »materielle«, »biologische«, »psychologische« und »ökonomische« Verbindungen in den Regalen zu finden wären. Wie wir inzwischen verstanden haben, definiert die ANT den Begriff »sozial« anders: Er bezeichnet keinen Realitätsbereich und keinen bestimmten Gegenstand, sondern ist eher die Bezeichnung für eine Bewegung, eine Verschiebung, eine Transformation, eine Übersetzung, eine Anwerbung. Er bezeichnet eine Assoziation zwischen Entitäten, die in keiner Weise als soziale erkennbar sind, *außer* in dem kurzen Moment, in dem sie neu zusammengruppiert werden. Um in der Metapher des Supermarkts zu bleiben: Wir würden mit »sozial« nicht irgendein Regal oder einen Gang bezeichnen, sondern die vielfachen Modifikationen, die an diesem Ort bei der Organisation all der Güter vorgenommen worden sind – ihre Verpackung, ihre Preise, ihre Etikettierung;[4] denn diese winzigen Verschiebungen zeigen dem Beobachter, welche neuen Kombinationen erkundet und welche Pfade eingeschlagen werden (was später als »Netzwerk« definiert werden soll). Also bezeichnet »sozial« für die ANT einen besonderen Typ von Assoziationen zwischen bislang »unassoziierten« Kräften.[5]

Sobald diese zweite Bedeutung von sozial als Assoziation definiert ist, verstehen wir endlich, was bei den Soziologen des Sozialen so verwirrend war. Sie verwenden das Adjektiv, um zwei völlig verschiedene Typen von Phänomenen zu bezeichnen: Das eine sind die lokalen, nackten, dynamischen, ausrüstungslosen face-to-face-Interaktionen – die ich von nun an als »Soziales Nr. 3« bezeichnen will; das andere ist eine Art von besonderer Kraft, die angeblich erklären soll, warum dieselben temporären face-to-face-Interaktionen weitreichend und dauerhaft werden konnten – unser inzwischen gut geortetes Soziales Nr. 2. Während es vollkommen vernünftig ist, mit »sozial« das allgegenwärtige Phänomen

4 Zu diesem Begriff der Modifikationen siehe Franck Cochoy (2002), *Une sociologie du packaging ou l'âne de Buridan face au marché*.

5 Annemarie Mol und John Law (1994), »Regions, Networks, and Fluids: Anaemia and Social Topology«, haben den Ausdruck des »Fluiden« eingeführt; siehe jedoch ebenso Zygmunt Bauman (2003), *Flüchtige Moderne* (im Original: *Liquid Modernity*). Mit dem Wort »fluide« können Analytiker besser die Zirkulation sowie die Natur dessen betonen, was transportiert wird, als dies mit dem Wort Netzwerk möglich ist.

der face-to-face-Beziehungen zu bezeichnen, kann dieses keinerlei Grundlage bereitstellen, um eine »soziale« Kraft zu definieren, die nichts anderes wäre als eine Tautologie, ein Taschenspielertrick, eine magische Anrufung – das Soziale Nr. 1 –, denn hier bleibt die Frage unbeantwortet: Wie und durch welche Mittel wurde diese Zunahme an Dauerhaftigkeit praktisch erreicht. Vom Vorhandensein von Interaktionen zur Existenz einer sozialen Kraft zu springen, um es noch einmal zu wiederholen, ist eine Schlußfolgerung, die nicht aus der Prämisse folgt.

Die Unterscheidung zwischen dem Sozialen Nr. 3 – die lokalen face-to-face-Interaktionen – und dem Sozialen Nr. 2 – dieselben Interaktionen dauerhaft und stabil gemacht – ist vor allem deshalb so wichtig, weil die elementaren sozialen Fertigkeiten, wie man sie nennen könnte, aktuell in menschlichen Gesellschaften schwer zu isolieren sind. Wie wir in Teil II sehen werden, wenn wir den Begriff der »lokalen Interaktionen« kritisieren, ist es hauptsächlich in nicht-menschlichen Gesellschaften (bei Ameisen, Affen und Menschenaffen) möglich, eine soziale Welt zu fassen zu bekommen, die fast vollständig aus sich überschneidenden face-to-face-Interaktionen generiert wird. Bei Menschen spielen die elementaren sozialen Fertigkeiten, auch wenn sie allgegenwärtig sind, eine begrenzte Rolle. Die meisten der weitreichenden und langwährenden Assoziationen bestehen aus etwas anderem, das nicht ermittelt werden konnte, bevor nicht der Begriff einer sozialen Kraft genauer geprüft worden war. Mit der ANT muß man den Begriff der Interaktion auf einen sehr begrenzten Bereich beschränken und versuchen, ohne den umfassenderen Begriff des Sozialen – Nr. 1 – auszukommen, sofern wir diesen nicht als eine Art stenografische Abkürzung verwenden, um das bereits Versammelte mit einem Wort zusammenzufassen.[6] Um diesen schwierigen Punkt zu resümieren:

6 Als frühe Darstellung dieses Arguments siehe Strum und Latour (1987), »The Meanings of Social«.

Bewahren wir das Soziale im Sinne der face-to-face-Interaktion und vergessen wir eine Zeitlang das Soziale im Sinne einer Kraft, die selbst sozial wäre. In einem Wort: Von keiner Assoziation kann gesagt werden, daß sie gleichzeitig dauerhaft und sozial wäre …

Der Hauptvorteil, wenn man den Begriff der sozialen Kraft – Soziales Nr. 1 – auflöst und ihn durch kurzlebige Interaktionen ersetzt – Soziales Nr. 3 –, besteht darin, daß jedesmal, wenn wir die Ausdehnung einer beliebigen Interaktion in der Zeit und im Raum erklären wollen, wir die praktischen *Mittel* für diese Ausdehnung aufspüren müssen. Ja, es gibt dauerhafte Bindungen, doch das beweist nicht, daß sie aus sozialem Material bestehen – im Gegenteil. Endlich können wir die Instrumente entdecken, die die Bindungen aufrechterhalten, können wir die Ingeniosität herausarbeiten, die ständig investiert werden muß, um neue Quellen der Assoziation zu mobilisieren, und den Preis einschätzen, der für die Ausbreitung jeglicher Interaktion zu zahlen ist. Ist die Konfusion einer sozialen Kraft beseitigt, so kann man im zusammengesetzten Begriff der Gesellschaft unterscheiden zwischen dem, was zu ihrer Dauerhaftigkeit, und dem, was zu ihrer Substanz gehört.[7]

Wenn wir die elementaren sozialen Fertigkeiten betrachten, ist es leicht zu verstehen, daß die mit ihnen knüpfbaren Verbindungen stets zu schwach sind, um jenes Gewicht zu tragen, das die Sozialtheoretiker gerne ihrer Definition des Sozialen verleihen würden. Sich selbst überlassen, bliebe eine durch nichts als soziale Fertigkeiten getragene Machtbeziehung beschränkt auf sehr kurzlebige, flüchtige Interaktionen. Doch wo hätte man je dergleichen beobachten können?

7 Es ist mir gelungen, im komplexen Begriff der »Natur« ihre äußere Wirklichkeit von ihrer Einheit zu trennen: Die beiden gingen nicht zusammen, trotz noch so viel Philosophie (siehe Latour [2001a], *Das Parlament der Dinge*). Dasselbe gilt für Gesellschaft: Dauerhaftigkeit verweist nicht auf ihre Materialität, sondern nur auf ihre Bewegung. Zum Zusammenhang der beiden »Kollektoren«, siehe S. 189, 435.

Selbst Pavianherden bieten nicht diesen Extremfall, auch wenn sie der von vielen Sozialtheoretikern ersonnenen Idealwelt noch am nächsten kommen. Wie Hobbes und Rousseau schon vor langer Zeit bemerkt haben, ist kein Riese stark genug, um nicht im Schlaf leicht von einem Zwerg überwältigt werden zu können; keine Koalition ist fest genug, um nicht von einer noch größeren Koalition aufgelöst zu werden. Wenn Macht wirklich ausgeübt wird, besteht sie *nicht* aus sozialen Bindungen; und wenn sie sich allein auf soziale Bindungen verlassen muß, so wird sie nicht lange währen. Sofern also Sozialwissenschaftler »soziale Bindungen« zur Erklärung heranziehen, sollten sie stets im Sinn behalten, daß sie sich damit auf etwas stützen, das sich nur sehr schwer zeitlich und räumlich ausdehnen läßt, das keine Trägheit besitzt und das endlos neu ausgehandelt werden muß – das Soziale Nr. 3. Gerade weil es so schwierig ist, Asymmetrien aufrechtzuerhalten, Machtverhältnisse dauerhaft zu festigen, Ungleichheiten durchzusetzen, wird ständig so viel Arbeit darauf verwandt, die schwachen und sich rasch zersetzenden Bindungen auf *andere Typen* von Verbindungen zu verschieben – auf das Soziale Nr. 2. Bestünde die soziale Welt aus lokalen Interaktionen, so würde sie einen provisorischen, instabilen und chaotischen Anblick bieten und niemals jener stark differenzierten Landschaft gleichen, die man mit Hilfe von Macht und Herrschaft zu erklären versucht.

Beachtet man nicht sorgfältig den Unterschied zwischen den elementaren sozialen Fertigkeiten und den zu ihrer Ausdehnung mobilisierten nicht-sozialen Mitteln, dann laufen die Analytiker Gefahr zu glauben, die Anführung sozialer Kräfte liefere bereits eine Erklärung. Wenn Soziologen auf die Dauerhaftigkeit sozialer Bindungen hinweisen, dann glauben sie, damit etwas vorzubringen, das tatsächlich die erforderliche Trägheit, Festigkeit und Dauerhaftigkeit besitzt. Es ist die »Gesellschaft«, es sind »soziale Normen« oder »soziale Gesetze« oder »Strukturen« oder »soziale Bräuche« oder »Kulturen« oder »Regeln« etc., so argumentieren sie, die stählern genug sind, um uns im Griff zu halten und die unebene Landschaft zu erklären, in der wir uns alle abmühen. Eine in der Tat bequeme Lösung, doch sie erklärt nicht, woher die »stählerne« Eigenschaft stammt, die die schwachen Verknüpfungen sozialer Fertigkeiten verstärkt. Und hier könnten die Soziologen in einem unüberlegten Schritt behaupten, Festigkeit, Trägheit und Dauerhaftigkeit dieser sozialen Kraft rührten von der Festigkeit, Trägheit und Dauerhaftigkeit der Gesellschaft her! Sie könnten sogar noch einen Schritt weiter gehen und diese Tautologie nicht für einen eklatanten Widerspruch halten, sondern darin die bewundernswerte, wunderbare Kraft einer Gesellschaft *sui generis* sehen, das heißt einer sich selbst erzeugenden Gesellschaft.[8]

Diese Redeweise mag einigermaßen harmlos erscheinen, wenn sie als Abkürzung verwendet wird, um zu beschreiben, was bereits zusammengepackt ist; dennoch sind die Konsequenzen einer solchen Argumentation verheerend. Denn die Versuchung ist zu stark, so zu tun, als existiere nun irgendeine gewaltige Kraft, die all die kurzlebigen Asymmetrien mit der Dauer und Ausbreitung versieht, die soziale Fertigkeiten nicht aus eigener Kraft hervorbringen können. Damit aber würden sich Ursache und Wirkung umkehren und die praktischen Mittel, die das Soziale zusammenhalten, aus dem Blick geraten. Was als bloße Konfusion von Adjektiven begonnen hätte, wäre zu einem ganz anderen Projekt geworden: Zu dieser niederen Welt wäre eine Welt hinzugefügt worden, die genauso ungreifbar ist wie der Himmel der alten christlichen Theologie – wobei sie im Unterschied zu diesem noch nicht einmal die Hoffnung auf Erlösung bietet.

Sind Soziologen des Sozialen so dumm, daß sie eine solche Tautologie in ihrem Denken nicht bemerken? Sind sie wirk-

8 Cornelius Castoriadis (1984), *Gesellschaft als imaginäre Institution. Entwurf einer politischen Philosophie*, erweitert den Trugschluß sogar noch und betrachtet diese Tautologie als die imaginäre Grundlage der Gesellschaft. Sobald diese Grundlage jedoch akzeptiert ist, gibt es keine Möglichkeit mehr, die Zusammensetzung des Sozialen zu ermitteln.

lich im mythischen Glauben befangen, es gäbe eine andere Welt hinter der wirklichen Welt? Glauben sie wirklich an die widersprüchliche Logik einer Gesellschaft, die sich selbst erzeugt?[9] Natürlich nicht, denn sie verwenden sie in der Praxis nie und sind daher nie mit dem Widerspruch konfrontiert, der in der Vorstellung einer sich selbst produzierenden Gesellschaft liegt. Die logische Schlußfolgerung, daß ihr Argument widersprüchlich ist, umgehen sie, indem sie es freier verwenden. Wenn sie die Dauerhaftigkeit von sozialen Aggregaten anführen, verleihen sie den schwachen sozialen Bindungen stets – bewußt oder unwissentlich – das schwere Gewicht, das von den Massen anderer, nicht-sozialer Dinge abgeleitet wird. In der Praxis sind es stets Dinge – und ich meine das letzte Wort jetzt buchstäblich –, die ihre »stählerne« Eigenschaft der fragilen »Gesellschaft« leihen. So ist das, was Soziologen unter der »Macht der Gesellschaft« verstehen, nicht die Gesellschaft selbst – das wäre tatsächlich Magie –, sondern eine Art von Zusammenfassung aller bereits mobilisierten Entitäten, um Asymmetrien dauerhafter zu machen.[10] Die Verwendung einer solchen Kurzformel ist nicht tautologisch, doch gefährlich irreführend; denn empirisch läßt sich nicht entscheiden, *wie* alle diese ursprünglich nicht-sozialen Kräfte mobilisiert worden sind – und schlimmer noch, man kann nicht wissen, ob diese akkumulierte Ladung heute noch aktiv ist. Die Idee der Gesellschaft ist in den Händen »sozialer Erklärer« der jüngsten Zeit gewissermaßen zu einem riesigen Containerschiff geworden, das kein

9 Dieser Zirkelschluß der Selbsterzeugung (*bootstrapping*) wird von manchen Autoren geradezu als Merkmal des Sozialen verstanden. Siehe Barry Barnes (1983), »Social Life as Bootstrapped Induction«. Die Alternative zur Selbstbegründung ist selbstverständlich die strenge Naturnotwendigkeit; offenbar können die Soziologen auf dem Gebiet der Begründung nichts erfinden, was nicht eine Wiederaufnahme der Kantischen Einteilung ist.

10 In Teil II werden wir entdecken, daß diese Tautologie die verborgene Präsenz des politischen Körpers ist: Das paradoxe Verhältnis des Staatsbürgers zur Republik ist völlig infiziert mit dem gänzlich verschiedenen Verhältnis zwischen Akteur und System. Siehe S. 279.

Inspektor betreten darf und mit dessen Hilfe Sozialwissenschaftler Güter über Grenzen schmuggeln, ohne sie öffentlicher Überprüfung zugänglich zu machen. Ist der Frachtraum leer oder voll, befindet sich die Fracht in gutem Zustand, ist sie frisch oder verdorben? Man kann nur mutmaßen, fast wie hinsichtlich der Existenz von Massenvernichtungswaffen im Irak Saddam Husseins.

Die Lösung der ANT besteht nicht darin, gegen die Soziologen des Sozialen zu polemisieren, sondern die Gelegenheiten zu vervielfachen, rasch die Widersprüche auszumachen, in die jene geraten konnten. Nur so lassen sich die Soziologen wieder sanft dazu zwingen, die nicht-sozialen Mittel zu registrieren – das Soziale Nr. 2 –, die mobilisiert werden, wann immer sie die Macht sozialer Erklärungen anführen.[11] Die ANT stellt immer wieder folgende Frage: Da jeder Soziologe Dinge in soziale Bindungen lädt, um diesen genug Gewicht zu verleihen, um ihre Dauer und Verbreitung zu erklären, warum es nicht offen tun, anstatt heimlich? Der Slogan »Den Akteuren folgen« wird dann zu: »Den Akteuren folgen, wenn sie sich ihren Weg durch die Dinge bahnen, die sie den sozialen Fertigkeiten *hinzugefügt* haben, um die ständig sich verschiebenden Interaktionen dauerhafter zu machen.«

Der wirkliche Kontrast zwischen der Soziologie der Assoziationen und der Soziologie des Sozialen ist hier am deutlichsten zu sehen. Bislang mag ich die Unterschiede zwischen den beiden Gesichtspunkten übertrieben haben. Schließlich könnten viele Richtungen in der Sozialwissenschaft die beiden ersten Unbestimmtheiten als Ausgangspunkt akzeptieren (vor allem die Anthropologie, die nur ein

11 Bei der Organisationsforschung ist in diesem Zusammenhang folgendes wichtig: Wann immer die Organisation tautologisch als das »große Tier« impliziert wird, sollte man nach Berichten, Dokumenten und der Zirkulation von Formularen Ausschau halten. Siehe Barbara Czarniawska (1997), *A Narrative Approach To Organization Studies*; James R. Taylor (1993), *Rethinking the Theory of Organizational Communication. How to Read an Organization*.

anderer Name für empirische Metaphysik ist, und natürlich auch die Ethnomethodologie). Selbst wenn man Kontroversen hinzufügt, ändert sich nicht der Typ der zu untersuchenden Phänomene, nur die Schwierigkeiten, diese aufzulisten. Doch nun wird sich der Abstand beträchtlich vergrößern, denn wir beschränken nicht im vorhinein das, was für die Akteure erforderlich ist, um soziale Asymmetrien hervorzubringen, auf ein bestimmtes kleines Repertoire. Vielmehr werden wir als vollgültige Akteure Entitäten akzeptieren, die seit mehr als hundert Jahren sozialer Erklärung ausdrücklich aus der kollektiven Existenz ausgeschlossen worden sind. Das läßt sich doppelt begründen: Erstens stellen die elementaren sozialen Fertigkeiten – das Soziale Nr. 3 – nur eine winzige Untermenge der Assoziationen bereit, aus denen Gesellschaften bestehen; zweitens ist das Supplement an Kraft, das in der Berufung auf eine soziale Bindung – das Soziale Nr. 1 – zu liegen scheint, bestenfalls eine bequeme Abkürzung und schlimmstensfalls nichts als eine Tautologie.

Shirley Strums Paviane

Um die Verbindung zwischen den elementaren sozialen Fertigkeiten und dem Gesellschaftsbegriff zu verstehen, ist ein Umweg über das Studium von Affen und Menschenaffen erforderlich. In Erinnerung an das erste Treffen zur Pavianforschung, das sie 1978 in einem Schloß nahe New York City organisierte, schrieb Shirley Strum (1990, S. 220):

Dennoch war mir bewußt, daß meine Arbeit ein Bild der Pavian-Gesellschaft entwarf, das andere nur schwer akzeptieren würden. Meine beunruhigendste Entdeckung war, daß Paviane Sozialstrategien besaßen, Finesse über Gewalt triumphierte und daß gesellschaftliche Fähigkeiten und soziale Gegenseitigkeit gegenüber Aggression Vorrang besaßen. Hier lag der Anfang der geschlechtlichen Taktiken, bei denen

Männchen und Weibchen gegenseitig Gunstbezeugungen austauschten. Es hatte den Anschein, daß Paviane schwer arbeiten müssen, um ihre gesellschaftliche Welt aufzubauen. Die Art, in der sie dabei vorgingen, ließ sie jedoch wesentlich ›netter‹ als die Menschen erscheinen. Sie brauchten einander auf der niedrigsten Stufe zum bloßen Überleben – jeder einzelne benötigte den Schutz und die Vorteile der Gruppe – als auch auf der höchst entwickelten Stufe, die durch soziale Strategien des Wettbewerbs und der Verteidigung gekennzeichnet war. Die Paviane erschienen uns auch deshalb als ›nett‹, weil im Unterschied zu den Menschen keiner von ihnen über die Fähigkeit verfügte, die wichtigsten Lebensgrundlagen zu kontrollieren. Jeder Pavian hatte sein eigenes Futter, sein eigenes Wasser und seinen Platz im Schatten und sorgte selbst für die Abdeckung seiner grundlegenden Lebensbedürfnisse. Aggression konnte zwar als Druckmittel eingesetzt werden, stellte jedoch einen gefesselten Tiger dar. Grooming, Einander-Nahesein, gesellschaftlicher guter Wille und Kooperation waren die einzigen Vermögenswerte, die man gegenüber einem anderen Pavian als Tausch- oder Druckmittel einsetzen konnte. All das waren Aspekte der ›Nettigkeit‹, der Angliederung, nicht der Aggression. Die Paviane waren ›nett‹ zueinander, weil ein solches Verhalten ebenso von entscheidender Wichtigkeit für ihr Überleben war wie Atemluft und tägliche Nahrung.

Was ich entdeckt hatte, war ein revolutionäres neues Bild der Pavian-Gesellschaft – wirklich revolutionär für jede *bisher beschriebene Tiergesellschaft. Die Auswirkungen waren atemberaubend. Ich behauptete, daß Aggression in der Evolution weder so beherrschend noch so wichtig gewesen war, wie man bisher gedacht hatte, und soziale Strategien und soziale Gegenseitigkeit äußerst wichtig waren. Wenn die Paviane darüber verfügten, mußten sicherlich auch die Vorläufer unserer frühen menschlichen Ahnen diese besessen haben.*

Wenn Soziologen das Privileg gehabt hätten, sorgfältiger zu untersuchen, wie Paviane ständig ihre zerfallende »Gesellschaftsstruktur« reparieren, hätten sie beobachtet, welcher unglaubliche Preis zu zahlen ist, wenn es beispielsweise darum geht, soziale Dominanz ohne irgendein *Ding*, allein mit sozialen Fertigkeiten aufrechtzuerhalten. Sie hätten empirisch dokumentiert, welcher Preis für die Tautologie sozialer Bindungen zu zahlen ist, die nur aus sozialen Bindungen bestehen.[12] Macht kann nur mit Hilfe jener Macht dauern und sich ausdehnen, die durch Entitäten ausgeübt wird, die nicht schlafen, und durch Assoziationen, die sich nicht auflösen; doch dazu müssen sehr viel mehr Materialien als soziale Pakte eingesetzt werden. Das bedeutet nicht, daß die Soziologie des Sozialen überflüssig wäre, sondern nur, daß sie sich vielleicht für das Studium der Paviane besser eignet als für das der Menschen.

Objekte zu Beteiligten an der Handlung machen

Der Kontrast zwischen den beiden Schulen läßt sich nicht dramatischer darstellen. Sobald man beginnt, Zweifel an der Fähigkeit sozialer Bindungen zu hegen, sich von selbst dauerhaft auszudehnen, läßt sich eine plausible Rolle für Objekte erkennen.[13] Wenn man dagegen glaubt, soziale Aggregate könnten ihr eigenes Sein nur gestützt auf »soziale Kräfte« aufrechterhalten, dann geraten die Objekte aus dem Blick, und es genügt die magische und tautologische Kraft

12 Siehe Hans Kummer (1992), *Weiße Affen am Roten Meer. Das soziale Leben der Wüstenpaviane* zum Schlüsselbegriff der »sozialen Werkzeuge« bei den Hamadryas-Pavianen.

13 Bruno Latour (2001c), »Eine Soziologie ohne Objekt. Anmerkungen zur Interobjektivität«. Das Wort Objekt wird bis zum nächsten Kapitel als Platzhalter verwendet, wo es als »umstrittene Tatsache« (*matter of concern, fait discutable*) definiert werden wird. Es gibt keine Möglichkeit, die Dinge zu beschleunigen, denn die ANT wird in diesem Buch definiert, indem die fünf Quellen der Unbestimmtheit nacheinander dargelegt werden.

der Gesellschaft, um die Kohäsion *jedes Dings* mit buchstäblich *keinem Ding* zu gewährleisten. Es ist schwierig, sich eine schlagendere Vordergrund/Hintergrund-Umkehrung vorzustellen, einen radikaleren Paradigmenwechsel. Aus diesem Grund hat die ANT natürlich zuerst die Aufmerksamkeit auf sich gezogen.[14]

Soziales Handeln wird nicht nur von Aliens weitergetragen, sondern es wird auf verschiedene Akteurstypen verlagert oder delegiert, die fähig sind, das Handeln durch andere Aktionsmodi, andere Typen von Materialien zu transportieren.[15] Zunächst sollte es einigermaßen harmlos erscheinen, die Objekte in den normalen Handlungsverlauf zurückzubringen. Schließlich gibt es kaum einen Zweifel daran, daß Wasserkessel Wasser »kochen«, Messer Fleisch »schneiden«, Körbe Vorräte »aufbewahren«, Hämmer Nägel auf den Kopf »schlagen«, Geländer Kinder vor dem Fallen »bewahren«, Schlüssel Räume gegen ungebetene Besucher »verschließen«, Seife den Schmutz »entfernt«, Stundenpläne Lehrveranstaltungen »auflisten«, Preisschilder den Menschen beim Rechnen »helfen« und so fort. Bezeichnen diese Verben keine Handlungen? Wie könnte die Einführung dieser schlichten, prosaischen und allgegenwärtigen Aktivitäten irgendeinem Sozialwissenschaftler irgendwie neu erscheinen?

Und doch tut es das. Der Hauptgrund, wieso Objekte keine Chance hatten, vorher irgendeine Rolle zu spielen, lag nicht

14 Sie läßt sich allerdings nicht ohne die beiden anderen Unbestimmtheiten hinsichtlich Gruppen und Handlung verstehen. Ohne diese wird die ANT sofort auf ein ziemlich dummes Argument zur kausalen Wirkmächtigkeit von technischen Objekten reduziert, das heißt eindeutig auf eine Rückkehr zum technischen Determinismus.

15 Um das Wort »delegieren« richtig zu verstehen, muß die Handlungstheorie der ANT im Sinn behalten werden, das heißt wie jemand jemand/etwas anderes dazu bringt, etwas zu tun. Wenn man diese Verschiebung aus dem Blick verliert, wird die Delegation zu einer weiteren Kausalbeziehung und führt zum Wiederaufleben eines *Homo faber*, der in voller Kontrolle dessen ist, was er – es ist fast stets ein er – mit Werkzeugen macht. Latour (1992), *Aramis, ou l'amour des techniques*.

nur an der von den Soziologen verwendeten Definition des Sozialen, sondern auch an der Definition der hauptsächlich gewählten Akteure und Aktanten. Wenn Handeln a priori auf das beschränkt ist, was Menschen »intentional«, »mit Sinn« tun, so ist kaum einzusehen, wie ein Hammer, ein Korb, ein Türschließer, eine Katze, eine Matte, eine Tasse, eine Liste oder ein Etikett handeln könnten. Sie mögen im Bereich »materieller«, »kausaler« Beziehungen existieren, doch nicht im »reflexiven«, »symbolischen« Bereich sozialer Beziehungen. Wenn wir dagegen bei unserer Entscheidung bleiben, von den Kontroversen um Akteure und Handlungsquellen auszugehen, dann ist *jedes Ding*, das eine gegebene Situation verändert, indem es einen Unterschied macht, ein Akteur – oder, wenn es noch keine Figuration hat, ein Aktant. Daher sind die hinsichtlich jeglichem Handlungsträger zu stellenden Fragen einfach die folgenden: Macht er einen Unterschied im Verlauf der Handlung irgendeines anderen Handlungsträgers oder nicht? Gibt es irgendeine Probe, einen Versuch, der es jemandem erlaubt, diesen Unterschied zu ermitteln?

Die Antwort des Common sense sollte eher ein vernehmliches »Ja« sein. Wenn Sie mit unbewegtem Gesicht behaupten können, daß es genau dieselbe Tätigkeit ist, einen Nagel mit und ohne Hammer einzuschlagen, Wasser mit und ohne einen Wasserkessel zu kochen, Vorräte aufzubewahren mit und ohne einen Korb, durch die Straßen zu gehen mit und ohne Kleider, ein Fernsehgerät mit oder ohne Fernbedienung zu zappen, einen Wagen abzubremsen mit und ohne eine Bremsschwelle, ein Inventar zu führen mit und ohne eine Liste, eine Firma zu betreiben mit und ohne Buchhaltung, daß also die Einführung dieser prosaischen Geräte »nichts wesentliches« an der Durchführung der Aufgaben ändert, dann sind Sie im Begriff, auf den fernen Planeten des Sozialen auszuwandern und aus dieser niederen Welt zu verschwinden. Für all die anderen Gesellschaftsmitglieder macht es einen Unterschied, der unter Erprobung deutlich wird, und so sind diese Geräte, entsprechend unserer Definition, Akteure oder genauer *Beteiligte* am Handlungsverlauf, die darauf warten, eine Figuration zu erhalten.

Dies bedeutet selbstverständlich nicht, daß diese Beteiligten das Handeln »determinieren«, daß Körbe das Halten von Vorräten »verursachen« oder daß Hämmer das Schlagen von Nägeln »erzwingen«; solch eine Umkehrung der Einflußrichtung hieße bloß, Objekte in Ursachen zu verwandeln, deren Wirkungen durch menschliches Handeln transportiert würden, welches damit auf eine Folge bloßer Zwischenglieder beschränkt wäre. Sondern es bedeutet, daß zwischen voller Kausalität und schierer Inexistenz viele metaphysische Schattierungen existieren können. Außer zu »determinieren« und als bloßer »Hintergrund für menschliches Handeln« zu dienen, könnten Dinge vielleicht ermächtigen, ermöglichen, anbieten, ermutigen, erlauben, nahelegen, beeinflussen, verhindern, autorisieren, ausschließen und so fort.[16] ANT ist nicht die leere Behauptung, daß Objekte etwas »anstelle« der menschlichen Akteure tun: Sie sagt einfach, daß eine Wissenschaft des Sozialen nicht einmal beginnen kann, wenn die Frage, wer und was am Handeln beteiligt ist, nicht zunächst einmal gründlich erforscht ist, selbst wenn das bedeuten sollte, Elemente zuzulassen, die wir, in Ermangelung eines besseren Ausdrucks, *nicht-menschliche Wesen* (*non-humans*) nennen könnten. Wie all die anderen von der ANT gewählten Ausdrücke ist auch dieser für sich genommen bedeutungslos. Er bezeichnet keinen eigenen Realitätsbereich, keine auf atomarer Ebene agierenden kleinen Kobolde mit roten Hüten, sondern nur, daß der Analytiker bereit sein sollte, sich umzu-

16 Hier hat sich der Begriff des »Angebots« (*affordance*) als nützlich erwiesen, eingeführt in James J. Gibson (1982), *Wahrnehmung und Umwelt: der ökologische Ansatz in der visuellen Wahrnehmung*. Die Vielfalt der Handlungsmodi, wenn man mit Technik – harter und weicher – zu tun hat, wird wunderbar verfolgt von Lucy A. Suchman (1987), *Plans and Situated Actions*, C. Goodwin und M. Goodwin (1996), »Formulating Planes: Seeing as a Situated Activity«; siehe ebenfalls Bernard Conein, Nicolas Dodier und Laurent Thévenot (1993), *Les objets dans l'action. De la maison au laboratoire.*

schauen, um die Dauerhaftigkeit und Ausbreitung jeglicher Interaktion zu erklären.[17] Das Projekt der ANT besteht einfach darin, die Liste zu erweitern, die Umrisse und Gestalten derer zu verändern, die als Beteiligte versammelt werden, und einen Weg aufzuzeigen, wie sie als dauerhaftes Ganzes handeln können.

Neu für Soziologen der Assoziationen ist nicht die Vielfalt der Objekte, die jeder Handlungsverlauf in seinem Gefolge mobilisiert – niemand hat je bestritten, daß sie zu Tausenden da sind; neu ist, daß Objekte plötzlich nicht nur als vollgültige Akteure hervorgehoben werden, sondern auch als das, was die kontrastreiche Landschaft erklärt, von der wir ausgegangen sind: den Abgrund der Ungleichheiten, die gewaltigen Asymmetrien, die erdrückende Ausübung von Macht. Dies ist die Überraschung, von der die Soziologen der Assoziationen ausgehen wollen, anstatt wie die meisten ihrer Kollegen die Ansicht zu vertreten, daß die Frage selbstverständlich längst beantwortet ist und Objekte nichts tun; zumindest nichts, das vergleichbar oder gar *verknüpfbar* wäre mit menschlichem sozialem Handeln, und daß Objekte zwar manchmal Machtbeziehungen »ausdrücken«, soziale Hierarchien »symbolisieren«, soziale Ungleichheiten »verstärken«, gesellschaftliche Macht »transportieren«, Ungleichheit »vergegenständlichen« und Geschlechtsbeziehungen »verdinglichen« können, aber doch niemals am Ursprung sozialer Aktivität stehen.

17 Es liegt eine kleine anthropozentrische Verzerrung darin, den Ausdruck *nicht*-menschliche Wesen zu verwenden. Ich habe anderswo detailliert erklärt, wie das Paar menschlich/nicht-menschlich die unüberwindliche Dichotomie zwischen Subjekt und Objekt ersetzen soll (siehe Latour [2001a], *Das Parlament der Dinge*). In diesem Ausdruck sollte man nicht nach irgendeiner Extra-Bedeutung suchen: Er spezifiziert keinen ontologischen Bereich, sondern ersetzt bloß eine andere Begriffsdifferenz. Für ein vollständiges Panorama der Beziehungen Menschen/nicht-menschliche Wesen siehe Philippe Descola (2005), *Par delà nature et culture.*

Eine asymmetrische Definition der Akteure
Ein gutes Beispiel für eine asymmetrische Definition der Akteure wird von Durkheim geliefert, wenn er in den *Regeln der soziologischen Methode* (1961, S. 194 f.) schreibt:

Der erste Ursprung eines jeden sozialen Vorgangs von einiger Bedeutung muß in der Konstitution des inneren sozialen Milieus gesucht werden.
Es ist sogar möglich, dies noch weiter zu präzisieren. Die Elemente, aus denen sich dieses Milieu zusammensetzt, gehören zwei Gattungen an: es sind Personen und Dinge. Unter den Dingen sind außer den der Gesellschaft einverleibten materiellen Objekten die Produkte früherer sozialer Tätigkeit zu verstehen, das gesatzte Recht, die geltende Moral, literarische und künstlerische Monumente usw. Doch ist es klar, daß der Anstoß, der die sozialen Umbildungen auslöst, weder von der einen noch von der anderen Seite ausgehen kann; denn sie bergen beide keine bewegende Kraft in sich. Natürlich muß man bei den Erklärungen, die man unternimmt, mit ihnen rechnen. Sie lasten mit einem gewissen Gewicht auf der sozialen Entwicklung, deren Geschwindigkeit und selbst deren Richtung mit ihnen variiert. Doch besitzen sie nichts, was erforderlich ist, um die Entwicklung in Gang zu setzen. Sie sind die Materie, an welcher die lebendigen Kräfte der Gesellschaft angreifen, doch entwickeln sie selbst keine lebendige Kraft. Als aktiver Faktor bleibt also nur das eigentlich menschliche Milieu übrig.

Folgendes erschien mir immer äußerst befremdlich: Wie kommt es, daß trotz dieses massiven und allgegenwärtigen Phänomens die Soziologie, wenn man so sagen darf, »objektlos« bleibt? Es ist sogar noch verwunderlicher, wenn man sich vergegenwärtigt, daß diese Disziplin ein ganzes Jahrhundert nach der industriellen Revolution aufgetaucht ist und sich parallel zu den umfassendsten und intensivsten technischen Entwicklungen seit dem Neolithikum entwikkelt hat. Noch seltsamer: Wie soll man erklären, daß so viele Sozialwissenschaftler stolz darauf sind, »soziale Bedeutungen« *anstatt* materieller Verhältnisse zu betrachten, die »symbolische Dimension« *anstatt* »roher Kausalität« ? Nicht unähnlich dem Sex während des Viktorianischen Zeitalters sind Objekte überall, doch nirgendwo ist von ihnen die Rede. Selbstverständlich gibt es sie, doch man verschwendet keinen Gedanken an sie, keinen sozialen Gedanken. Wie niedere Bedienstete leben sie an den Rändern des Sozialen, erledigen die meiste Arbeit, und doch wird ihnen nie erlaubt, als solche dargestellt zu werden. Es scheint keinen Weg zu geben, keinen Kanal, keinen Eingangspunkt, um sie mit denselben Fäden zu verknüpfen, wie den Rest der gesellschaftlichen Bindungen. Je radikaler Denker auf Menschen an den Rändern und der Peripherie aufmerksam machen wollen, desto weniger sprechen sie von Objekten. Als hinge ein Fluch über den Dingen, verbleiben diese schlafend wie die Dienerschaft eines verwunschenen Schlosses. Doch sobald sie vom Bann erlöst werden, beginnen sie sich zu regen, zu recken und zu murmeln. Sie fangen an, in alle Richtungen auszuschwärmen, schütteln die menschlichen Akteure, wecken sie aus ihrem dogmatischen Schlaf. Wäre es kindisch zu sagen, die ANT spiele die Rolle des Prinzen, der Dornröschen wachgeküßt hat? Wie dem auch sei, weil eine objekt-orientierte Soziologie für objekt-orientierte Menschen geschaffen wurde, wurde diese Denkrichtung überhaupt bemerkt – und ist es sinnvoll, eine Einführung in sie zu schreiben.

Objekte hinterlassen nicht ununterbrochen Spuren

Es stimmt zwar, daß die Schwierigkeit, die Rolle der Objekte zu registrieren, auf den ersten Blick von der offensichtlichen *Inkommensurabilität* ihrer Handlungsmodi mit traditionell verstandenen sozialen Bindungen herrührt. Allerdings wurde die Natur einer solchen Inkommensurabilität von den Soziologen des Sozialen mißverstanden. Sie zogen nämlich den Schluß, daß die Objekte, weil sie inkommensurabel sind, von den eigentlichen sozialen Bindungen getrennt gehalten werden müßten, ohne zu bemerken, daß genau der entgegengesetzte Schluß angebracht gewesen wäre: daß Objekte gerade gewählt wurden, weil sie inkommensurabel waren! Wenn sie so schwach gewesen wären wie die sozialen Fertigkeiten, die sie stützen sollten, wenn sie von derselben materiellen Qualität wie diese gewesen wären, worin hätte dann der Gewinn gelegen? Menschenaffen waren wir, Menschenaffen wären wir geblieben![18]

Es stimmt zwar, daß die von einem Ziegelstein auf einen anderen Ziegelstein ausgeübte Kraft, daß die Drehung des Rades um eine Achse, der Druck eines Hebels auf eine Masse, die Verringerung der Kraft durch einen Flaschenzug, die Wirkung von Feuer auf Phosphor – daß alle diese Aktionsmodi zu Kategorien zu gehören scheinen, die so offensichtlich verschieden sind von der Aktion, die durch ein »Stop«-Zeichen auf einen Radfahrer ausgeübt wird oder von einer Menge auf ein einzelnes Bewußtsein, daß es vollkommen vernünftig erscheint, materielle und soziale Entitäten in zwei verschiedenen Regalen unterzubringen. Vernünftig, doch unsinnig, sobald einem klar wird, daß jeglicher *menschliche* Handlungsverlauf innerhalb von Minuten den gerufenen Befehl, einen Ziegelstein irgendwohin zu setzen, mit der chemischen Verbindung von Zement und Wasser zusammenwebt, die Kraft eines Flaschenzugs auf ein Seil mit einer Handbewegung, das Streichen eines Streichholzes mit dem Anzünden der von einem Arbeitskollegen angebotenen Zigarette

18 Darin liegt die Stärke der inzwischen veralteten, aber immer noch wunderbaren Synthese in André Leroi-Gourhan (1988), *Hand und Wort. Die Evolution von Technik, Sprache und Kunst.* Als jüngeren Überblick über den Stand der Forschung siehe Pierre Lemonnier (1993), *Technological Choices. Transformation in Material Cultures since the Neolithic* sowie Bruno Latour und Pierre Lemonnier (1994), *De la préhistoire aux missiles balistiques – l'intelligence sociale des techniques.*

etc. Hier verdunkelt die scheinbar vernünftige Trennung zwischen dem Materiellen und dem Sozialen jede Untersuchung darüber, wie eine *kollektive* Handlung möglich ist. Sofern wir natürlich mit »kollektiv« nicht eine Aktion meinen, die von homogenen sozialen Kräften vorangebracht wird, sondern im Gegenteil eine Aktion, die verschiedene Typen von Kräften versammelt, die zusammengewoben werden, weil sie verschieden sind.[19] Aus diesem Grund wird von nun an das Wort »Kollektiv« die Stelle von »Gesellschaft« einnehmen. »Gesellschaft« werde ich nur für die Versammlung bereits zusammengebrachter Entitäten beibehalten, von denen die Soziologen des Sozialen glauben, daß sie aus sozialem Stoff bestehen. »Kollektiv« wird dagegen das Projekt des Versammelns neuer Entitäten bezeichnen, die noch nicht zusammengebracht worden sind und von denen es daher offenkundig ist, daß sie nicht aus sozialem Stoff bestehen.

Jeder Handlungsverlauf zieht eine Bahn durch einander vollständig fremde Existenzformen, die durch eine solche Heterogenität erst zusammengebracht worden sind. Soziale Trägheit und physikalische Schwerkraft mögen unverbunden erscheinen, doch sie sind es nicht länger, wenn eine Gruppe von Arbeitern eine Wand aus Ziegelsteinen baut: Erst *nachdem* die Wand fertiggestellt ist, trennen sie sich wieder. Doch während die Wand gebaut wird, sind sie zweifellos verknüpft. Wie? Das wird die jeweilige Untersuchung ergeben. Die ANT meint, daß wir einfach nicht glauben sollten, die Frage der Verbindungen zwischen heterogenen Akteuren sei definitiv beantwortet, sondern daß das, was gewöhnlich mit »sozial« gemeint ist, wahrscheinlich etwas mit dem erneuten Versammeln neuer Typen von Akteuren zu tun hat. Die ANT

19 Darum ging es in dem Streit um die genaue Rolle der nicht-menschlichen Wesen, der als die »Bath-Kontroverse« bekannt geworden ist. Siehe Harry Collins und Steven Yearley (1992), »Epistemological Chicken« sowie Michel Callon und Bruno Latour (1992), »Don't Throw the Baby Out with the Bath School! A Reply to Collins and Yearley« – ein winziger Markstein für unser kleines Forschungsfeld.

behauptet, daß wir, wenn wir ein wenig realistischer gegenüber sozialen Bindungen sein wollen, als es »vernünftige« Soziologen sind, akzeptieren müssen, daß die Kontinuität eines Handlungsverlaufs nur selten aus Mensch-zu-Mensch-Verbindungen (für die die grundlegenden sozialen Fertigkeiten ohnehin ausreichend wären) oder aus Objekt-Objekt-Verbindungen bestehen wird, sondern wahrscheinlich im Zickzack von den einen zu den anderen verläuft.

Um den richtigen Eindruck von der ANT zu gewinnen, ist es wichtig, sich klarzumachen, daß sie nichts mit einer »Überwindung« der berühmten Objekt/Subjekt-Dichotomie zu tun hat. »Materielle« und »soziale« Bindungen a priori zu unterscheiden, bevor man sie wieder verknüpft, macht ungefähr soviel Sinn, wie die Dynamik einer Schlacht wiederzugeben, indem man sich auf der einen Seite eine Gruppe vollkommen nackter Soldaten und Offiziere vorstellt und daneben einen riesigen Haufen Gerät – Panzer, Gewehre, Schreibgeräte, Uniformen – und dann behauptet, es gebe »natürlich eine (dialektische) Beziehung zwischen den beiden«.[20] Dem sollte man ein kategorisches »Nein!« entgegenhalten. Es gibt keine irgendwie gearteten Beziehungen zwischen »dem Materiellen« und »der sozialen Welt«, weil genau diese Zweiteilung ein komplettes Artefakt ist.[21] Eine

20 Siehe Diane Vaughan (1996), *The Challenger Launch Decision: Risky Technology, Culture and Deviance at NASA*. »Doch ich glaubte, daß ich, indem ich mich ausreichend in das Fallmaterial vertiefte und technische Experten konsultierte, die technischen Details ausreichend meistern konnte, die notwendig waren, um zu den soziologischen Fragen zu gelangen. Es war ja schließlich menschliches Verhalten, das ich erklären wollte, und darin war ich ausgebildet worden« (S. 40). Diese Position ist vernünftig, doch ist sie der beste Weg, um einem Handlungsverlauf wie den folgenden zu verfolgen? »Ungefähr um 7.00 Uhr machte das Eisteam seine zweite Startrampen-Inspektion. Auf der Grundlage seines Berichts wurde die Startzeit verschoben, um eine dritte Eisinspektion zu ermöglichen« (S. 328). Wo ist der Riß zwischen Technik und Soziologie?

21 Psychologen haben gezeigt, daß sogar ein zwei Monate altes Baby klar zwischen intentionalen und nicht-intentionalen Bewegungen differenzieren kann. Menschen und Objekte sind klar unterschieden. Siehe Olivier

solche Teilung zurückzuweisen heißt nicht, die Gruppe nackter Soldaten »mit« dem Haufen Material »in Beziehung zu bringen«: Es heißt, die gesamte Assemblage von Kopf bis Fuß und von Anfang bis Ende neu zu verteilen. Es gibt keinen empirischen Fall, in dem die Existenz *zweier* kohärenter und homogener Aggregate, beispielsweise Technik »und« Gesellschaft, irgendeinen Sinn machen würde. ANT ist nicht, ich wiederhole: ist nicht, die Behauptung irgendeiner absurden »Symmetrie zwischen Menschen und nicht-menschlichen Wesen«. Symmetrisch zu sein bedeutet für uns einfach, *nicht* a priori irgendeine falsche *Asymmetrie* zwischen menschlichem intentionalem Handeln und einer materiellen Welt kausaler Beziehungen anzunehmen. Manche Einteilungen sollte man nie versuchen zu umgehen, zu überschreiten oder dialektisch zu überwinden. Eher sollte man sie ignorieren und sich selbst überlassen wie ein einstmals wunderschönes Schloß, das nun eine Ruine ist.[22]

Dieses Interesse am Objekt hat nichts mit dem angeblichen Privileg einer »objektiven« Materie gegenüber »subjektiver« Sprache, Symbolen, Werten oder Gefühlen zu tun. Wie wir sehen werden, wenn wir zur nächsten Quelle der Unbestimmtheit kommen, hat die »Materie« der meisten selbster-

Houdé (1997), *Rationalité, développement et inhibition: Un nouveau cadre d'analyse* sowie Dan Sperber, David Premack und Ann James Premack (1996), *Causal Cognition. A Multidisciplinary Debate*. Doch eine Differenz ist keine Kluft. Kleinkinder sind sehr viel vernünftiger als Humanisten: Auch wenn sie die vielen Unterschiede zwischen Billardkugeln und Menschen erkennen, hält dies sie nicht davon ab zu verfolgen, wie ihre Aktionen in *dieselben* Geschichten verwoben sind.

22 Ich habe daher die meisten der geometrischen Metaphern zum »Symmetrieprinzip« aufgegeben, als ich bemerken mußte, daß die Leser daraus den Schluß zogen, daß Natur und Gesellschaft »gemeinsam aufrechterhalten« werden sollten, um eine »symmetrische« Untersuchung von »Objekten« und »Subjekten«, »nicht-menschlichen Wesen« und »Menschen« durchzuführen. Doch im Sinn hatte ich keineswegs *und*, sondern *weder – noch*: eine gleichzeitige *Auflösung beider Kollektoren*. Das letzte, was ich wollte, war, Natur und Gesellschaft mittels »Symmetrie« neues Leben einzuhauchen.

klärten Materialisten nicht viel mit dem Typ von Kraft, Kausalität, Wirksamkeit und Hartnäckigkeit zu tun, den nichtmenschliche Aktanten in der Welt besitzen; sondern sie ist nur eine politisierte Interpretation von Kausalität. Um die dritte Quelle der Unbestimmtheit zu verarbeiten, müssen wir in der Lage sein, die besonderen Existenzformen aller Arten von Objekten zu registrieren. Aber da in den meisten Sozialwissenschaften Objekte derart dürftige und eingeschränkte Rollen spielen, ist es sehr schwer, ihre ursprüngliche Aktivität auf andere Arten von Materialen wie Dokumente, Schriftstücke, Diagramme, Dateien, Büroklammern, Landkarten, organisatorische Hilfsmittel auszuweiten, kurz gesagt, auf intellektuelle Technologien.[23] Sobald den nicht-menschlichen Wesen wieder etwas Bewegungsfreiheit zurückgegeben wird, erweitert sich das Spektrum der Aktanten, die sich an einer Handlung beteiligen können, erheblich und bleibt nicht länger beschränkt auf die »mittelgroßen Exemplare trockner Güter« der analytischen Philosophen. Die ANT ist deshalb so schwer zu erfassen, weil sie genau den Raum einnimmt, den die kritischen Soziologen mit den tadelnden Wörtern »Objektivierung« und »Verdinglichung« entleert haben.

Doch die Soziologen des Sozialen sind keine Narren. Sie haben gute Gründe zu zögern, dem verflüssigten Sozialen zu folgen, wohin auch immer es einen führt. Es ist nämlich zunächst recht schwierig zu verstehen, daß eine ANT-Studie so-

23 Verteilte Kognition, situiertes Wissen, Geschichte der intellektuellen Technologien, Wissenschaftsforschung, Verwaltungswissenschaften und Rechnungswesen haben alle auf ihre Weise das Spektrum der Objekte erweitert, die damit befaßt sind, Interaktionen zeitlich und räumlich auszudehnen. Dieser bereits lange bestehende Trend, nicht-materielle Techniken zu materialisieren, reicht zurück bis auf Jack Goody (1977), *The Domestication of the Savage Mind*; siehe auch Geoffrey C. Bowker und Susan Leigh Star (1999), *Sorting Things Out: Classification and Its Consequences*; Paolo Quattrone (2004), »Accounting for God. Accounting and Accountability Practices in the Society of Jesus (Italy, 16th-17th centuries)«; sowie das mittlerweile klassische Werk von Michel Foucault (1973), *Die Geburt der Klinik. Eine Archäologie des ärztlichen Blicks*.

wohl Kontinuität als auch Diskontinuität zwischen Aktionsmodi berücksichtigen muß. Wir müssen in der Lage sein, der reibungslosen Kontinuität vollständig heterogener Entitäten zu folgen, und zugleich akzeptieren, daß dieselben an ebendiesem Handlungsverlauf Beteiligten am Ende wieder vollständig *inkommensurabel* werden. Das soziale Fluide bietet dem Analytiker keine kontinuierliche und substantielle Existenzform dar, sondern erscheint nur kurz in den Spuren, die es hinterläßt, so wie man die physikalischen Partikel durch die Bahnen erfaßt, die sie in einem Detektor des CERN hinterlassen. Man beginnt mit Assemblagen, die irgendwie vertraut aussehen, und endet bei vollkommen fremden. Es stimmt: Sobald man beginnt, nicht-menschliche Wesen zur Liste der berechtigten sozialen Bindungen hinzuzufügen, macht dieses Oszillieren das Verfolgen sozialer Verbindungen recht knifflig.

Nehmen wir einige Beispiele. Eine Schäferin und ihr Schäferhund lassen einen zwar an traditionelle soziale Beziehungen denken, doch wenn man ihre Herde hinter einem Drahtzaun sieht, wundert man sich, wo die Schäferin und ihr Hund geblieben sind – auch wenn Schafe durch den Stacheldraht hartnäckiger auf der Wiese gehalten werden als durch das Bellen des Hundes. Zu einer *couch potato* vor dem Fernsehgerät ist man wohl größtenteils durch die Fernbedienung geworden, mit der man von Kanal zu Kanal zappen kann[24] – und doch gibt es keine *Ähnlichkeit* zwischen den Ursachen der eigenen Unbeweglichkeit und dem Teil des eigenen Handelns, der nun von einem Infrarotsignal übernommen wird, selbst wenn es keine Frage ist, daß die Fernbedienung ebendieses Verhalten *autorisiert*.

Ist der Unterschied zwischen einer Autofahrerin, die in der Nähe einer Schule langsamer fährt, weil sie ein 30 km-Schild

24 Man versuche es einmal selbst: Nachdem man sie fortgeworfen hat, wird man sehen, wieviel Zeit man damit verbringt, sich zwischen der Couch und dem Gerät hin- und herzubewegen.

gesehen hat, und einem Autofahrer, der bremst, weil er die Stoßdämpfer seines Autos schonen will, während er über eine Straßenschwelle fährt, groß oder klein? Groß, denn der Gehorsam ersterer durchlief Moral, Symbole, Verkehrsschilder und rote Farbe, während der des letzteren dieselbe Liste durchlief, zu der allerdings noch eine solide Betonschwelle hinzugefügt wurde. Doch der Unterschied ist auch wieder klein, denn beide haben gehorcht: Die Fahrerin einem selten bekundeten Altruismus – hätte sie nicht gebremst, hätte das moralische Gesetz ihr das Herz gebrochen; der Fahrer einem weitverbreiteten Egoismus – hätte er nicht gebremst, hätte die Betonplatte seinen Stoßdämpfer gebrochen. Sollen wir sagen, daß nur die erste Verbindung sozial, moralisch und symbolisch ist, die zweite dagegen objektiv und materiell? Nein. Doch wenn wir sagen, daß beide sozial sind, wie wollen wir den Unterschied zwischen moralischem Verhalten und Stoßdämpferfedern begründen? Vielleicht sind die Verbindungen nicht die ganze Zeit über sozial, doch ganz gewiß wurden sie von der Arbeit der Straßenbauingenieure *versammelt* oder miteinander *assoziiert*. Man kann sich nicht Sozialwissenschaftler nennen und nur einige Verbindungsglieder verfolgen – die moralischen, juristischen und symbolischen – und haltmachen, sobald eine physische Beziehung zwischen die anderen eingefügt ist. Das würde jede Untersuchung unmöglich machen.[25]

Wie lange kann man einer sozialen Verbindung folgen, ohne daß Objekte dazwischentreten? Eine Minute? Eine Stunde? Eine Mikrosekunde? Und für wie lange wird diese Ablösung

25 Da der ANT öfters vorgeworfen wird, gegenüber der Moral gleichgültig zu sein, ist es vielleicht sinnvoll, daran zu erinnern, daß es gute deontologische Gründe gibt, zumindest über genausoviel Bewegungsfreiheit zu verfügen wie die Akteure, die man studiert. Dieses Prinzip ist genauso alt wie der Übersetzungsbegriff. Siehe Michel Callon (2006 [1981]), »Die Sozio-Logik der Übersetzung: Auseinandersetzungen und Verhandlungen zur Bestimmung von Problematischem und Unproblematischem«. Zahlreiche andere Beispiele sind zu finden in Bruno Latour (1996a), *Der Berliner Schlüssel. Erkundungen eines Liebhabers der Wissenschaften.*

durch Objekte sichtbar sein? Eine Minute? Eine Stunde? Eine Mikrosekunde? Eines ist sicher: Wenn wir unsere Feldforschung bei jeder Ablösung unterbrechen, weil wir uns auf die Liste bereits versammelter Verbindungen beschränken, so würde die soziale Welt auf der Stelle undurchsichtig, wie in jene seltsamen Herbstnebel gehüllt, die nur noch winzige Fetzen der Landschaft sehen lassen. Doch wenn Soziologen andererseits zu Ingenieuren, Künstlern, Handwerkern, Designern, Architekten, Managern, Promotern etc. werden müßten, kämen sie nie an ein Ende damit, ihren Akteuren durch die vielen dazwischengeschalteten Existenzformen zu folgen. Wir dürfen also die nicht-menschlichen Wesen nur so lange in Betracht ziehen, wie sie mit sozialen Bindungen kommensurabel gemacht sind, und müssen einen Moment später wieder ihre fundamentale Inkommensurabilität akzeptieren.[26] Mit einer ANT-Definition des »Sozialen« zu reisen erfordert einige Nervenstärke. Kein Wunder, daß Soziologen des Sozialen vor dieser Schwierigkeit zurückgeschreckt sind! Daß sie gute Gründe hatten, diesen Oszillationen nicht folgen zu wollen, bedeutet jedoch nicht, daß sie recht hatten. Es bedeutet nur, daß die Soziologie ein erweitertes Spektrum von Werkzeugen braucht.

26 Dies steht in deutlichem Gegensatz zum explizit asymmetrischen Programm, das man bei Max Weber findet: »›Sinnfremd‹ ist nicht identisch mit ›unbelebt‹ oder ›nichtmenschlich‹. Jedes Artefakt, z.B. eine ›Maschine‹, ist lediglich aus dem Sinn deutbar und verständlich, den menschliches Handeln (von möglicherweise sehr verschiedener Zielrichtung) der Herstellung und Verwendung dieses Artefakts verlieh (oder verleihen wollte); ohne Zurückgreifen auf ihn bleibt sie gänzlich unverständlich.« Weber (1985), *Wirtschaft und Gesellschaft*, S. 3. Es folgt eine Definition von Mitteln und Zwekken, die völlig unvereinbar mit dem Begriff der Mittler ist: Das Problem mit Maschinen ist, daß sie nie Mittel sind.

Eine Liste von Situationen, in denen die Aktivität eines Objekts leicht sichtbar wird

Wenn ANT-Forscher die neuen Assoziationen erkunden, aus denen das Soziale besteht, müssen sie zwei widersprüchlichen Forderungen nachkommen: Einerseits wollen wir nicht, daß die Soziologen sich auf soziale Bande beschränken; andererseits verlangen wir nicht, daß die Untersucher zu spezialisierten Technikern werden. Eine Lösung besteht darin, bei der neuen Definition des Sozialen als etwas Fluides zu bleiben, das *nur dann* sichtbar ist, wenn neue Assoziationen geschaffen werden. Hier liegt die rechtmäßige »Domäne« der ANT, auch wenn es sich hierbei weder um ein Stück Land noch um einen umzäunten Rasen handelt, sondern nur um einen kurzen Blitz, der wie ein plötzlicher Phasenwechsel überall auftreten kann.

Zum Glück für die Analytiker sind diese Situationen nicht so selten, wie man denken könnte. Damit Objekte in Berichte eingehen, muß mit ihnen gerechnet und von ihnen berichtet werden. Wenn sie keinen sichtbaren Effekt auf andere Handlungsträger ausüben, werden sie den Beobachtern keine Daten liefern: Sie bleiben stumm und sind nicht länger Akteure, sie können nicht in Betracht gezogen und nicht dargestellt werden. Bei Gruppen und Existenzformen ist die Situation im Prinzip zwar dieselbe – wenn keine Erprobung und kein Versuch, dann kein Bericht und keine Information –, dennoch ist sie bei Objekten deutlich schwieriger; denn wie Samuel Butler bemerkte, verstehen sich diese ja gerade so gut darauf, ihre Effekte hervorzubringen, während sie gleichzeitig verstummen.[27] Wenn sie einmal gebaut ist, bringt die Steinmauer kein Wort mehr heraus – auch wenn die Gruppe der Bauleute weiterredet und sich auf der Maueroberfläche Graffiti auszubreiten beginnt. Sobald sie ausgefüllt sind, bleiben die Fragebögen in den Archiven, für immer unver-

27 Samuel Butler (1872), *Erewhon*.

bunden mit menschlichen Intentionen, bis sie von irgendeinem Historiker wieder zum Leben erweckt werden. Gerade aufgrund der Natur ihrer Verbindungen mit Menschen wechseln Objekte rasch von ihrem Dasein als Mittler zu dem als Zwischenglieder, zählen nur noch als eines oder keines, ganz gleich wie kompliziert sie intern vielleicht sein mögen. Daher mußten spezifische Tricks erfunden werden, um *die Objekte zum Reden zu bringen*, das heißt Beschreibungen ihrer selbst anzubieten, *Skripte* von dem zu produzieren, wozu sie andere – Menschen oder Nicht-Menschen – bringen.[28]

Doch diese Situation ist auch nicht anders bei Gruppen und anderen Existenzformen, von denen bereits die Rede war, denn auch Menschen müssen zum Sprechen gebracht werden; und daher müssen sehr ausgearbeitete und oft artifizielle Situationen erdacht werden, um ihre Aktionen und Performanzen sichtbar zu machen (mehr darüber bei der fünften Unbestimmtheit). Gleichwohl gibt es einen Unterschied: Sobald Menschen wieder Mittler werden, ist es schwierig, sie aufzuhalten. Ein endloser Datenstrom sprudelt hervor, während Objekte, ganz gleich, wie wichtig, wirksam, wesentlich oder notwendig sie sind, dazu tendieren, sehr schnell wieder in den Hintergrund zu treten und so den Datenstrom zu unterbrechen – ja, je wichtiger sie sind, desto schneller verschwinden sie. Das bedeutet nicht, daß sie zu agieren aufhören, doch ihr Aktionsmodus ist nicht länger mit den üblichen sozialen Bindungen sichtbar verknüpft, da sie sich auf Typen von Kräften stützen, die gerade wegen ihrer Unterschiede zu den normalen sozialen gewählt wurden. Sprechakte scheinen immer benachbart, kontinuierlich, vergleichbar und kompatibel mit anderen Sprechakten zu sein; Schriftstücke mit

28 Madeleine Akrich (2006 [1992]), »Die De-Skription technischer Objekte«; Madeleine Akrich (1993), »A Gazogene in Costa Rica: An Experiment in Techno-Sociology«; sowie Madeleine Akrich und Bruno Latour (2006 [1992]), »Zusammenfassung einer zweckmäßigen Terminologie für die Semiotik menschlicher und nicht-menschlicher Konstellationen«.

Schriftstücken, Interaktionen mit Interaktionen; doch Objekte scheinen nur *momentan* miteinander oder mit sozialen Bindungen assoziierbar.[29] Das ist ziemlich normal, denn gerade durch ihre sehr heterogenen Existenzformen können soziale Bindungen vollständig verschiedene Gestalten und Figuren annehmen – normal, aber verzwickt.

Zum Glück lassen sich die Gelegenheiten vervielfachen, bei denen diese momentane Sichtbarkeit ausreichend verstärkt wird, um gute Berichte hervorzubringen. Viel Feldforschung in der ANT zielte darauf, solche Gelegenheiten herbeizuführen, so daß ich hier schnell machen kann.[30]

Die erste Lösung besteht darin, *Innovationen* in der Werkstatt des Handwerkers zu studieren, in der Entwicklungsabteilung des Ingenieurs, im Labor des Wissenschaftlers, in den Versuchsgruppen des Marktforschers, in den Wohnungen der Nutzer und in den vielen soziotechnischen Kontroversen. An diesen Orten leben Objekte ein sichtlich mannigfaltiges und komplexes Leben mittels Meetings, Plänen, Entwürfen, Regelungen und Erprobungen.[31] Hier treten sie vollkommen vermischt mit anderen Existenzformen auf, die man ohne weiteres als sozial charakterisieren würde. Erst an den Stätten ihrer Verwendung verschwinden sie aus dem Blickfeld. Daher war die Studie der Innovationen und Kontroversen einer der ersten bevorzugten Orte, an denen Objekte länger als sichtbare, verteilte, berücksichtigte und berichtete Mittler erhalten werden können, bevor sie zu unsichtbaren asozialen Zwischengliedern werden.

29 Die beiden Eindrücke sind nur oberflächlich richtig. Der Handlungsverlauf eines Menschen ist nie homogen, und es gibt nie eine Technik, die so gut organisiert wäre, daß sie automatisch verliefe. Und doch bleibt dieser praktische Unterschied für jemanden bestehen, der eine Untersuchung durchführt.

30 In Bruno Latour (1992), *Aramis, ou l'amour des techniques*, findet man eine Abhandlung über diese Frage in Form einer durchgängigen Analyse des Projekts einer automatischen Metro.

31 Dieses Argument findet sich von Anfang an in der ANT: Michel Callon (1981), »Pour une sociologie des controverses techniques«.

Zweitens: Selbst die alltäglichsten, traditionellsten und stummsten Werkzeuge hören auf, für selbstverständlich gehalten zu werden, wenn sich ihnen Nutzer nähern, die durch *Distanz* ungeschickt und unwissend geworden sind – zeitliche Distanz wie in der Archäologie, räumliche Distanz wie in der Ethnologie, Distanz in der Geschicklichkeit beim Lernen. Auch wenn solche Assoziationen nicht per se eine Innovation nachzeichnen, wird dennoch, zumindest für den Analytiker, dieselbe Situation der Neuheit geschaffen, wenn fremde, exotische, archaische oder mysteriöse Geräte in den normalen Handlungsverlauf einbrechen. Hier werden Objekte zu Mittlern, zumindest für eine Weile, bevor sie bald wieder verschwinden, durch Know-how, Gewöhnung oder weil sie wieder außer Gebrauch kommen. Jeder, der versucht hat, das Benutzerhandbuch eines neuen Geräts zu lesen, weiß, wie zeitaufwendig und mühselig es ist, die Stücke eines solchen Puzzles zusammenzusetzen, das sich manchmal als ein veritables Labyrinth erweist.[32]

Eine dritte Art von Gelegenheit bieten Unfälle, Defekte und Pannen: Plötzlich werden vollkommen stumme Zwischenglieder zu ausgewachsenen Mittlern; selbst Objekte, die eine Minute zuvor vollautomatisch, autonom und unabhängig von irgendwelchen menschlichen Handlungsträgern erschienen, sind plötzlich umzingelt von sich hektisch bewegenden Menschen mit schwerem Gerät. Wer beobachtet hat, wie sich die Weltraumfähre *Columbia* aus dem kompliziertesten menschlichen Instrument, das je zusammengebaut worden ist, im Nu in Trümmerteile verwandelte, die auf Texas herabregneten, wird verstehen, wie rasch die Existenzweise von Objekten kippen kann. Zum Glück, wenn man so sagen darf, für die ANT hat die Vermehrung »riskanter« Objekte in

32 Siehe Donald A. Norman (1989), *Dinge des Alltags. Gutes Design und Psychologie für Gebrauchsgegenstände*; Donald A. Norman (1993), *Things that Make Us Smart*; Madeleine Akrich und Dominique Boullier (1991), »Le mode d'emploi: genèse et usage«; sowie Kapitel 6 in Garfinkel (2002), *Ethnomethodology's Program: Working Out Durkheim's Aphorism.*

jüngerer Zeit die Gelegenheiten vervielfacht zu hören, zu sehen und zu fühlen, was die Objekte tun, wenn sie andere Akteure auseinanderbrechen.[33] Überall finden offizielle Untersuchungen statt, die für uns die enorme Ausdehnung dessen kartographieren, was aus sozialen Bindungen wird, wenn sie auf allen Seiten von technischen Vorrichtungen erweitert werden. Auch hier wird das Material für neue Studien nie ausgehen.[34]

Viertens: Wenn die Objekte ein für allemal in den Hintergrund getreten sind, ist es immer noch möglich – wenn auch schwieriger –, sie ans Licht zu bringen, indem man Archive, Dokumente, Abhandlungen, Museumssammlungen etc. verwendet, um künstlich, durch die Berichte der Historiker, den Krisenzustand herzustellen, in dem Maschinen, Apparate und Geräte zur Welt gekommen sind.[35] Hinter jeder Glühbirne kann man Edison sichtbar machen und hinter jedem Mikrochip das riesige anonyme Intel. Inzwischen dürfte die Technikgeschichte für immer die Art und Weise verwandelt haben, wie soziale und kulturelle Geschichten erzählt wer-

33 Die Vervielfachung dieser »riskanten« Objekte steht im Zentrum von Ulrich Beck (1986), *Risikogesellschaft. Auf dem Weg in eine andere Moderne*. Auch wenn Beck eine völlig andere Sozialtheorie verwendet, bringt seine Aufmerksamkeit für neue Formen von Objektivität (die er »reflexive Modernisierung« nennt) seine innovative Soziologie in ein sehr enges Gespräch mit der ANT, insbesondere durch seine politischen oder vielmehr »kosmopolitischen« Interessen.

34 Aufgrund der Vermehrung von Unfällen und der Ausbreitung demokratischer Interessen vermehren sich diese Daten rasch. Siehe Michel Callon, Pierre Lascoumes und Yannick Barthe (2001), *Agir dans un monde incertain. Essai sur la démocratie technique*; Richard Rogers (2005), *Information Politics on the Web*; sowie Vaughan (1996), *The Challenger Launch Decision*.

35 Wichtig war hier die Begegnung mit Thomas P. Hughes (1983), *Networks of Power. Electrification in Western Society, 1880-1930*, denn Hughes gab keine Erklärung in Form eines sozialen Einflusses auf die Technik, sondern sprach statt dessen vom »nahtlosen Netz«. Siehe auch Thomas P. Hughes (1986), »The Seamless Web: Technology, Science, Etcetera, Etcetera«.

den.[36] Sogar die schlichtesten und ältesten Steinwerkzeuge aus der Olduvai-Schlucht in Tansania sind von Paläontologen in Mittler verwandelt worden, die für die Evolution des »anatomisch modernen Menschen« verantwortlich sind. Und schließlich, wenn alles andere scheitert, kann die Ressource der Fiktion – durch die Verwendung von kontrafaktischer Geschichte, Gedankenexperimenten und »Szientifiktion« – die soliden Objekte von heute in die fluiden Zustände versetzen, in denen ihre Verknüpfungen mit Menschen vielleicht wieder Sinn machen. Auch hier wieder können Soziologen viel von Künstlern lernen.[37]

Welche Lösung auch gewählt wird, die Feldforschung von ANT-Forschern hat demonstriert, daß es nicht an Daten mangelt, sondern am Willen, wenn Objekte nicht untersucht werden. Sobald die konzeptuelle Schwierigkeit beseitigt ist, die aus dem Umschwenken resultiert, das sie mal kommensurabel, mal inkommensurabel mit dem Verlauf menschlichen Handelns macht, sind alle verbleibenden Probleme Sache der empirischen Forschung und nicht mehr prinzipieller Natur. Die undurchlässige Grenze, die von einigen Herakles-Säulen markiert wird, um die Sozialwissenschaften davon abzuhalten, über die engen Einfriedungen sozialer Bindungen hinauszugelangen, haben wir hinter uns gelassen. So ist es nun für Sozialwissenschaftler möglich, bis zur Ebene der, wie Paläontologen sie nennen, »anatomisch modernen Menschen« vorzudringen, die bereits seit Zehntausenden

36 T. P. Hughes (1983), »L'électrification de l'Amérique« und die ganze Nummer der Zeitschrift *Culture technique* (1983, 13). Unter diesem Gesichtspunkt gibt es keinen Unterschied zwischen Technikgeschichte und Soziologie der ANT, außer wenn die jeweilige Sozialtheorie der Technikhistoriker explizit gemacht wird – doch diese soziologische Verpackung hat so wenig Beziehung zu den jeweils untersuchten Fällen, daß dieser Unterschied meist folgenlos bleibt.

37 Das reicht von Francis Ponge (1973), *Im Namen der Dinge* bis zu den Gedankenexperimenten, die durch Science Fiction und Richard Powers' maßgebliches Werk als Romancier der *science studies* ermöglicht werden, etwa in Richard Powers (2000), *Galatea 2.2*.

von Jahren jenseits der ihnen von der *Sozial*wissenschaft vorgeschriebenen Grenze gesiedelt haben.

Wer hat die Machtbeziehungen vergessen?

Wir können nun endlich den Finger auf die Schwachstelle in den Ansprüchen der Soziologen des Sozialen legen, über die sich die Anhänger der ANT so sehr aufgeregt haben: Jene behaupteten nämlich, der zentralen Intuition ihrer Wissenschaft treu zu bleiben, und konnten doch keine Asymmetrien erklären. Das Wort »sozial« meinte entweder lokale Interaktionen, die zu flüchtig sind, um Asymmetrien erklären zu können – das Soziale Nr. 3 –, oder es bedeutete eine Berufung auf tautologische Kräfte, die so lange magisch bleiben, wie man nicht genau angibt, welche Objekte an ihrer Umsetzung beteiligt sind – das Soziale Nr. 1.

Soziale Erklärungen laufen Gefahr zu verbergen, was sie aufdecken sollen, denn sie bleiben zu oft »objektlos«.[38] In ihrer Forschung betrachten Soziologen meist eine soziale Welt ohne Objekte, auch wenn sie sich in ihrer Alltagsroutine, wie wir alle, ständig über das permanente Zusammensein wundern, die fortgesetzte Vertrautheit, die hartnäckige Nachbarschaft, die leidenschaftlichen Affären mit und die vielfachen Anhänglichkeiten an Objekte, die die Primaten seit mehreren Millionen Jahren gehegt haben. Bei der Qualitätskontrolle von ANT-Berichten müssen wir sehr gewissenhaft

38 Auch wenn in den Werken von Simmel, Elias und Marx vielfach von Objekten die Rede ist, genügt die bloße Präsenz von Objekten nicht, um dem Sozialen Gewicht zu verschaffen. Es ist die Art, wie sie eingebracht werden, die den Unterschied ausmacht. Daher die Notwendigkeit, zur Unbestimmtheit der Aktionsfähigkeit der Objekte noch die vierte Unbestimmtheit hinzuzufügen (siehe nächstes Kapitel) und später noch die Neudefinition der Politik (siehe Schlußkapitel). Für eine sehr nützliche Sammlung von Fallstudien zur Auswirkung der Technikforschung auf den Materialismus siehe Donald MacKenzie und Judy Wajcman (1999), *The Social Shaping of Technology*.

überprüfen, ob Macht und Herrschaft wirklich von empirisch sichtbaren Trägern transportiert werden und sich durch die Vielzahl von Objekten erklären lassen, denen in der Analyse eine zentrale Rolle gegeben wird – und wir werden uns nicht damit zufriedengeben, wenn Macht und Herrschaft *selbst* den mysteriösen Container darstellen, der das enthält, was die vielen an der Handlung Beteiligten in Bewegung setzt.

Den sozialen Verknüpfungen sogar dann zu folgen, wenn sie ihren Weg durch nicht-soziale Objekte nehmen, könnte sich auch aus einem Grund als schwierig erweisen, der nichts mit Theorie zu tun hat. Für die Sozialwissenschaftler gab es ein ernstzunehmendes Motiv, wieso sie ständig an der Grenze patrouillierten, die den »symbolischen« vom »natürlichen« Bereich trennt; es bestand in einem guten polemischen Argument, das heißt in einem schlechten. Um sich eine kleine Nische zu schaffen, hatten die Sozialwissenschaftler im frühen 19. Jahrhundert Dinge und Objekte den Naturwissenschaftlern und Ingenieuren überlassen. Die einzige Möglichkeit, ein wenig Autonomie geltend zu machen, war, die riesigen Ländereien zu vergessen, die sie weggegeben hatten, und sich mit aller Kraft auf die sich ständig verkleinernde Parzelle zu konzentrieren, die man ihnen abgetreten hatte: »Bedeutung«, »Symbol«, »Intention«, »Sprache«. Wenn ein Fahrrad gegen einen Stein fährt, ist das nicht sozial. Aber wenn ein Radfahrer über ein »Stop«-Schild fährt, wird es sozial. Wenn eine neue Telefonzentrale installiert wird, ist das nicht sozial. Aber wenn die Farben der Telefone diskutiert werden, wird es sozial, denn bei der Auswahl dieses Zubehörs kommt eine »menschliche Dimension« ins Spiel, wie die Designer sagen. Wenn ein Hammer einen Nagel einschlägt, ist das nicht sozial. Aber wenn das Bild eines Hammers mit dem einer Sichel gekreuzt wird, dann steigt er in den sozialen Bereich auf, denn nun tritt er in die »symbolische Ordnung« ein. Jedes Objekt wurde auf diese Weise zweigeteilt, die Naturwissenschaftler und die Ingenieure nahmen sich den größten Teil –

Wirksamkeit, Kausalität, materielle Verbindungen – und überließen die Krümel den Spezialisten »des Sozialen« oder der »menschlichen« Dimension. Wenn daher ANT-Forscher die »Macht der Objekte« über soziale Beziehungen in irgendeiner Form erwähnten, so erinnerte dies die Soziologen des Sozialen nur allzu schmerzlich an die Übergriffe der anderen, »wissenschaftlicheren«, Fachbereiche auf ihre Unabhängigkeit – ganz zu schweigen von Forschungsgeldern – und an die Territorien, durch die sie sich nicht länger frei bewegen durften.

Doch die Polemik zwischen Disziplinen produziert keine guten Begriffe, sondern nur Barrikaden aus allen möglichen Trümmern, die gerade zur Hand sind. Wenn irgendein Sachverhalt in eine materielle Komponente aufgespalten wird, der als Appendix eine soziale hinzugefügt wird, ist eines sicher: Dies ist eine künstliche Einteilung, die vom Streit zwischen Disziplinen erzwungen wird und nicht von empirischen Erfordernissen. Das bedeutet, daß die meisten Daten verlorengehen, daß der kollektive Verlauf der Handlung nicht bis zum Ende verfolgt worden ist. »Sowohl materiell als auch sozial« zu sein ist keine Existenzweise von Objekten: Damit werden sie nur künstlich zerschnitten, und ihre spezifische Existenzweise wird dann völlig mysteriös.*

Fairerweise muß gesagt werden, daß Sozialwissenschaftler nicht die einzigen waren, die sich aus polemischen Gründen auf eine bestimmte Metaphysik unter den vielen verfügbaren fixierten. Ihre »geschätzten Kollegen« in den anderen Fachbereichen der harten Wissenschaften versuchten ebenfalls, darauf zu bestehen, daß alle materiellen Objekte nur »eine Weise« haben zu agieren, und diese bestehe darin, hieß es, mittels »materieller Determination« andere materielle Objekte in Bewegung zu setzen. Wie wir im nächsten Kapitel se-

* Ich verwende hier selbstverständlich absichtlich den Ausdruck »Existenzweise« (*mode d'existence*; engl.: *agency*) als Hinweis auf G. Simondon (1989), *Du mode d'existence des objets techniques*.

hen werden, gestanden sie dem Sozialen keine andere Rolle zu als die eines Zwischenglieds, um das kausale Gewicht der Materie getreulich zu transportieren. Nach der Zuweisung einer solch erbärmlichen Rolle an den sozialen Bereich war die Versuchung groß, überzureagieren und aus der Materie wiederum ein bloßes Zwischenglied zu machen, das die sozialen Kräfte verläßlich »transportiert« oder »reflektiert«. Wie bei solchen Polemiken zwischen Disziplinen üblich: Dummheit bringt Dummheit hervor. Um den drohenden »technologischen Determinismus« zu vermeiden, ist man versucht, eisern den »sozialen Determinismus« zu verteidigen, der so extrem wird (die Dampfmaschine wird beispielsweise zur »bloßen Widerspiegelung« des »englischen Kapitalismus«), daß selbst der geistig offenste Ingenieur zum stolzen technologischen Deterministen wird, der mit der Faust auf den Tisch schlägt und mit virilen Ausrufen unterstreicht, das »Gewicht materieller Sachzwänge« ließe sich nicht umgehen. Solche Gesten haben keinen anderen Effekt, als selbst einen moderaten Soziologen dazu zu bringen, noch vehementer auf der Bedeutung der »diskursiven Dimension« zu bestehen.[39]

Rein akademisch sind diese Streitereien deshalb, weil die erzwungene Wahl zwischen den beiden Positionen unrealistisch ist. Es wäre unglaubwürdig, wenn die Millionen von Beteiligten an unseren Handlungen nur durch drei Existenzformen, und *nur drei*, in die sozialen Bindungen hineingelangen dürften: als »materielle Basis«, die soziale Beziehun-

39 Siehe als Beispiel für dieses Tauziehen und die Wege, um es friedlich zu lösen, Philippe Descola und Gisli Palsson (1996), *Nature and Society. Anthropological Perspectives*. Siehe ebenso Tim Ingold (2000), *Perception of the Environment. Essays in Livelihood, Dwelling and Skill* und die frühen Diskussionen im Umkreis von Bijkers Bänden: Wiebe Bijker und John Law (1992), *Shaping Technology – Building Society. Studies in Sociotechnical Change*; Wiebe E. Bijker, Thomas P. Hughes und Trevor Pinch (1987), *The Social Construction of Technological Systems. New Directions in the Sociology and History of Technology*; sowie Wiebe Bijker (1995), *Of Bicycles, Bakelites, and Bulbs. Towards a Theory of Sociotechnical Change.*

gen »determiniert«, wie in den Marxschen Typen von Materialismus; als ein »Spiegel«, der soziale Unterschiede bloß »reflektiert«, wie bei den kritischen Soziologien Pierre Bourdieus; oder als Hintergrund für die Bühne, auf der menschliche Akteure die Hauptrollen spielen, wie in Erving Goffmans interaktionistischen Berichten. Keine dieser drei Eintrittspunkte der Objekte ins Kollektiv ist natürlich falsch, doch sie sind nur primitive Weisen, das Bündel von Bindungen zusammenzuschnüren, aus denen das Kollektiv besteht. Keine von ihnen ist ausreichend, um die vielen Verwicklungen von Menschen und Nicht-Menschen zu beschreiben.

Von »materieller Kultur« zu sprechen hilft nicht sehr viel weiter, denn die Objekte würden in diesem Fall einfach *untereinander* verknüpft, um eine homogene Schicht zu bilden – eine sogar noch unwahrscheinlichere Konstellation, als sich Menschen durch nichts als soziale Bande miteinander verbunden vorzustellen. Objekte werden nie zusammengestellt, um einen irgendwie gearteten Bereich zu bilden, und selbst wenn dies der Fall wäre, so wären sie weder stark noch schwach, sondern würden nur soziale Werte »reflektieren« oder als bloßer Dekor dienen.* Ihre Aktion ist zweifellos viel mannigfaltiger, ihr Einfluß allgegenwärtiger, ihre Auswirkung vieldeutiger, ihre Präsenz sehr viel weiter verteilt, als diese engen Repertoires es vorgeben. Der beste Beweis für diese Mannigfaltigkeit wird geliefert, wenn man sich genauer anschaut, was Objekte tatsächlich in den Texten der Autoren tun, auf die oben Bezug genommen wurde: Auch sie entfalten viele *andere* Weisen, wie Objekte agieren, als ihnen von der spezifischen Philosophie der Materie des jeweiligen Autors zugestanden wird. Selbst als textliche Entitäten überfluten die Objekte den ihnen zugewiesenen Rahmen – Zwi-

* Für eine Synthese dieser Debatten siehe B. Latour und P. Lemonnier (1994), *De la préhistoire aux missiles balistiques*.

schenglieder werden zu Mittlern.[40] Doch um diese Lektion zu lernen, sollte das Forschungsfeld zunächst ganz weit geöffnet werden, und es kann nicht geöffnet werden, wenn der Unterschied zwischen menschlichem Handeln und materieller Kausalität als Beweis wissenschaftlicher, moralischer und theologischer Tugend genauso eisern aufrechterhalten wird, wie Descartes Geist und Materie unterschied (*res extensa* und *res cogitans*) – und selbst *Descartes* hielt sich den winzigen Kanal der Zirbeldrüse offen, den die Soziologen des Sozialen auch noch abgeschnitten haben.

Es gibt allerdings einen noch wichtigeren Grund, wieso man die Rolle, die den Objekten in der Soziologie des Sozialen gegeben wird, standhaft zurückweisen sollte: Sie entleert die Rede von Machtbeziehungen und sozialen Ungleichheiten jeder realen Bedeutung. Wenn man die praktischen Mittel beiseite läßt, also die Mittler, durch die Trägheit, Dauer, Asymmetrie, Ausbreitung, Herrschaft hervorgebracht werden – das Soziale Nr. 2 –, und wenn man alle diese unterschiedlichen Mittel mit der machtlosen Macht sozialer Trägheit verschmilzt – das Soziale Nr. 1 –, dann sind es gerade die Soziologen, die die wirklichen Ursachen sozialer Ungleichheiten verbergen, wenn sie nicht sorgfältig bei ihrer Verwendung sozialer Erklärungen vorgehen. Wenn es einen Punkt gibt, an dem die Verwechslung zwischen Ursachen und Wirkungen einen riesigen Unterschied macht, dann genau an dieser Verbindungsstelle, wo eine *Erklärung* für die schwindelerregende Wirkung von Herrschaft gegeben werden soll. Natürlich kann der Hinweis auf »gesellschaftliche Herrschaft« eine nützliche Abkürzung darstellen, doch es ist dann allzu verlockend, Macht zu *verwenden*, anstatt sie zu *erklären*, und genau darin liegt das Problem bei den meisten »so-

40 Ein schlagendes Beispiel ist der Fetischismus im *Kapital*, wo der textliche Fetisch sehr viel mehr im Text von Marx tut als das, worauf Marx das Tun des Fetischs reduziert. Siehe William Pietz (1985), »The Problem of the Fetish, I« und William Pietz (1993), »Fetishism and Materialism. The Limits of Theory in Marx«.

zialen Erklärungen«: Sie suchen nach *machtvollen Erklärungen*, doch scheint darin nicht *ihre* Machtgier durch? Wenn, wie die Redensart sagt, absolute Macht absolut korrupt macht, dann hat die unmotivierte Verwendung des Machtbegriffs durch so viele kritische Theoretiker diese absolut korrupt gemacht – oder zumindest ihre Disziplin redundant und ihre Politik ohnmächtig. Wie die von Molière ins Lächerliche gezogene »einschläfernde Wirkung des Opiums« schläfert »Macht« nicht nur die Analytiker ein, was so schlimm nicht wäre, sondern sie versucht auch die Akteure zu anästhetisieren – und das ist ein politisches Verbrechen. Diese rationalistische, modernistische, positivistische Wissenschaft hegt in ihrem Zentrum einen äußerst archaischen und magischen Geist: eine sich selbst erzeugende, selbsterklärende Gesellschaft. An die Stelle *untersuchbarer* und *modifizierbarer* Ketten von Mitteln, um die verschiedensten Formen von Macht zustande zu bringen – das Soziale Nr. 2 –, hat die Soziologie, und insbesondere die kritische Soziologie, eine unsichtbare, unbewegbare und homogene Welt der Macht an sich gesetzt.[41] In der Soziologie sollten machtvolle Erklärungen gegengeprüft werden – in der Soziologie wie in der Politik muß es heißen: Keine Macht ohne *checks and balances*, ohne Gewaltenteilung.

Der Vorwurf, »Machtbeziehungen« und »soziale Ungleichheiten« zu vergessen, sollte also an die Soziologen des Sozialen zurückgegeben werden. Wenn die Soziologen der Assoziationen diese ältere, verehrungswürdige und völlig legitime

41 Daß diese Lektion so leicht vergessen werden kann, zeigt sich dramatisch am transatlantischen Schicksal Michel Foucaults. Niemand hat so präzise wie er noch die winzigsten Bestandteile, aus denen sich Macht zusammensetzt, analytisch zerlegt, und niemand war kritischer gegenüber sozialen Erklärungen. Und doch wurde aus Foucault, kaum war er ins Amerikanische übersetzt, sofort jemand, der Machtbeziehungen *hinter* jeder noch so harmlosen Aktivität »enthüllte«: Wahnsinn, Naturgeschichte, Sex, Administration etc. Dies beweist einmal mehr, wie energisch die soziale Erklärung bekämpft werden sollte: Sogar das Genie von Foucault war machtlos gegen eine solche vollständige Umkehrung.

Intuition der Sozialwissenschaft beerben wollen – Macht ist ungleich verteilt –, dann müssen sie auch erklären, wie Herrschaft so wirksam geworden ist und durch welche unwahrscheinlichen Mittel. Logischerweise ist das für sie der einzige Weg, um Herrschaft veränderbar zu machen. Doch dazu muß erst noch eine vierte Unbestimmtheit akzeptiert und ein viertes Wespennest geöffnet werden – eine wahre Büchse der Pandora.

Vierte Quelle der Unbestimmtheit: Unbestreitbare Tatsachen versus umstrittene Tatsachen

Keine Gruppe, sondern ständige Umgruppierungen; kein Akteur, sondern Existenzformen, die ihn zum Handeln bringen und deren Ursprung und Kraft nicht so einfach zu verstehen sind; keine face-to-face-Interaktion, sondern lange Ketten von Vermittlungen durch Objekte jeglicher Natur, deren Präsenz abrupt vom Sichtbaren ins Unsichtbare umschlägt: Das sind die drei ersten Quellen der Unbestimmtheit, an die wir uns halten müssen, um dem flüchtigen Sozialen durch seine stets wechselnden und provisorischen Formen zu folgen. Bisher konnte unsere entscheidende Hypothese immer noch jenen akzeptabel scheinen, die das Soziale in der traditionellen Bedeutung des Wortes definieren. Gewiß ist nun mehr Arbeit erforderlich: Die Liste der Akteure und Handlungsträger muß erweitert werden; die Konflikte über praktische Metaphysiken vertiefen sich; die künstliche Trennung zwischen einer sozialen und einer technischen »Dimension« einer gegebenen Situation muß fallengelassen werden; es müssen Gebiete durchquert werden, die man bislang kaum besucht hat; man muß sich daran gewöhnen, daß Kontroversen lohnender und, letztlich, stabiler sind als absolute Ausgangspunkte; und schließlich muß man die erstaunliche neue Gewohnheit entwickeln, Metasprache, Sozialtheorie und Reflexivität mit den Akteuren zu teilen, die nicht länger als bloße »Informanten« betrachtet werden können. Dennoch: Die von einer solchen neuen Grundlage aus möglichen Reiserouten sind vielleicht holperiger und schwieriger, doch sie verlangen keine grundlegenden Veränderungen der *wissenschaftlichen* Auffassung selbst. Nach allem könnte die Soziologie eine Wissenschaft bleiben, auch wenn dies bedeutet, einen höheren Preis zu zahlen, als erwartet, Orte zu besuchen, die nicht vorgesehen waren, mehr Relativität zu akzeptieren und mehr widersprüchliche Philosophien zu entfalten, als auf den ersten Blick nötig schienen. Alles in allem scheint es kein so großes Opfer zu sein, den Äther der Gesellschaft aufzugeben, um statt dessen von Kontroversen zu zehren. Ganz gleich, wie bestürzend es zunächst erscheint, es könnten sich schnell neue Denkgewohnheiten bilden.

Leider hören die Schwierigkeiten, die wir angehen müssen, hier nicht auf. Eine vierte Quelle der Unbestimmtheit muß akzeptiert werden, und diese wird uns nicht nur zu den kniffligsten Fragen der Soziologie der Assoziationen führen, sondern auch an ihre Geburtsstätte. Wissenschaftssoziologie oder das, was unter dem Namen »science studies« bekannt geworden ist, ist eine bequeme, wenn auch banale Übersetzung für das griechische Wort »Epistemologie«.[1] Nachdem wir das »Sozio-« im Wort Soziologie in Zweifel gezogen haben, tun wir dies nun mit seinem Bestandteil »-logie«. Sobald diese doppelte Revision vollzogen ist, dürften wir endlich in der Lage sein, das Wort wieder positiv und ohne allzu viele Skrupel zu verwenden. An dieser Verbindungsstelle werden die Probleme so zahlreich, daß unsere Reise hier enden würde, wenn wir die Reisenden nicht sorgfältig darauf vorbereiten würden, wie sie durch dieses Gestrüpp hindurchfinden. Um etwas Bewegungsfreiheit zu gewinnen, müssen wir wieder einmal lernen, noch langsamer vorzugehen.

1 Ein schlagender Beweis für den nachhaltigen Einfluß der *science studies* auf die Sozialtheorie wird durch den parallelen Effekt geliefert, den sie auf die Arbeiten von Donna Haraway hatten; siehe Donna J. Haraway (1995), *Die Neuerfindung der Natur: Primaten, Cyborgs und Frauen*; siehe ebenso die Kritik, die Andy Pickering an den früheren Erklärungen der Edinburgh-Schule übt: Andrew Pickering (1995), *The Mangle of Practice. Time, Agency and Science*; und außerdem Karin Knorr Cetinas Definition der Rolle der Handlungsträger in der Wissenschaft: Karin Knorr Cetina (2002), *Wissenskulturen. Ein Vergleich naturwissenschaftlicher Wissensformen.*

Konstruktivismus versus Sozialkonstruktivismus

ANT ist die Geschichte eines derart nachlässig begonnenen Experiments, daß ein Vierteljahrhundert erforderlich war, um es zu berichtigen und um seine genaue Bedeutung zu verstehen. Es nahm alles einen ziemlich schlechten Anfang mit der unglücklichen Verwendung des Ausdrucks »soziale Konstruktion wissenschaftlicher Tatsachen«. Wir verstehen inzwischen, wieso das Wort »sozial« so viele Mißverständnisse barg; es verschmolz zwei vollkommen verschiedene Bedeutungen: erstens eine Art von Stoff und zweitens eine Bewegung, um nicht-soziale Entitäten zu versammeln. Doch wieso hat das Wort »Konstruktion« eine sogar noch größere Verwirrung ausgelöst? Wenn ich diese Schwierigkeit erkläre, hoffe ich zunächst deutlich zu machen, wieso ich das winzige Untergebiet der *science studies* für so wichtig halte. Es hat die Bedeutung all der Worte verändert, die den kleinen, unschuldigen Ausdruck »soziale Konstruktion wissenschaftlicher Tatsachen« ausmachen: was eine Tatsache ist, was eine Wissenschaft ist, was eine Konstruktion und was sozial ist. Nicht schlecht für ein derart unbekümmert durchgeführtes Experiment!

Von etwas zu sagen, es sei konstruiert (*constructed*),[2] bedeutet, daß es kein Mysterium ist, das aus dem Nichts aufgetaucht ist, sondern daß es einen bescheideneren Ursprung hat, der aber auch sichtbarer und interessanter ist. Der Besuch von Baustellen oder Konstruktionsstätten bietet gewöhnlich den großen Vorteil, daß sie einen idealen Ausgangspunkt bilden, um den Verbindungen zwischen Menschen und nichtmenschlichen Wesen beizuwohnen. Wer eine Baustelle besichtigt, die Füße tief im Schlamm, hat normalerweise die Chance zu sehen, wie sich durch die Arbeit die Eigenschaf-

2 [Die Doppelbedeutung: konstruiert/gebaut fehlt im Deutschen. Man sollte sie daher hier stets mitdenken, wenn von Konstruktion, Konstruktionsstätten, Baustellen, Bau oder den entsprechenden Verben die Rede ist. A.d.Ü.]

ten der einen wie der anderen verändern.[3] Das gilt nicht nur von der Baustelle der Wissenschaft, sondern von allen anderen ebenso, wobei die offensichtlichsten Baustellen (*construction sites*) jene sind, die am Ursprung der Metapher stehen, nämlich Häuser und Gebäude, die von Architekten, Maurern, Stadtplanern, Grundstücksmaklern, Hauseigentümern fabriziert werden.[4] Dasselbe gilt für die künstlerische Praxis.[5] Das *making of* irgendeines Unternehmens – Film, Wolkenkratzer, Tatsache, politische Begegnung, Initiationsritual, Haute Couture, Kochkunst – bietet ein Bild, das sich vom offiziellen gehörig unterscheidet. Es führt einen nicht nur hinter die Kulissen und in die Fertigkeiten und Kniffe der Praktiker ein, sondern es bietet auch die seltene Gelegenheit, einen Blick auf die Entstehung, die Emergenz eines neuen Dings zu werfen, dessen Zeitlichkeit auf diese Weise kenntlich wird. Noch wichtiger ist jedoch, daß, wenn man an irgendeine Baustelle geführt wird, man die irritierende und erfrischende Empfindung hat, daß die Dinge *anders sein könnten*, oder zumindest, daß *sie immer noch scheitern könnten* – eine Empfindung, die angesichts des Endprodukts niemals so stark ist, ganz gleich, wie schön oder beeindruckend es sein mag.

So scheint die Verwendung des Wortes »Konstruktion« zunächst ideal, um eine realistischere Darstellung davon zu geben, was es für irgend etwas heißt zu *bestehen*. Denn, gleich in welchem Bereich, von irgend etwas zu sagen, es sei konstruiert oder gebaut, wurde stets mit Robustheit, Qualität,

3 Dies ist die entscheidende Intuition von Marx und bleibt der grundsätzliche Vorteil jeder Historisierung.

4 Siehe zwei vollständig verschiedene, doch gleichermaßen bemerkenswerte Beispiele in Tracy Kidder (1985), *House* und Rem Koolhas und Bruce Mau (1995), *Small, Medium, Large, Extra-Large*. Niemand sollte das Wort »Konstruktion« verwenden, der nicht erst die »Konstrukteure« gelesen hat.

5 Siehe Albena Yaneva (2001), *L'affluence des objets. Pragmatique comparée de l'art contemporain et de l'artisanat 2001* und Albena Yaneva (2003), »When a Bus Meets a Museum. To Follow Artists, Curators and Workers in Art Installation«.

Stil, Dauerhaftigkeit, Wert etc. assoziiert. So daß niemand etwas dabei finden würde zu sagen, ein Wolkenkratzer, ein Atomkraftwerk, eine Skulptur oder ein Automobil sei »konstruiert«. Dies ist allzu selbstverständlich, um ausführlicher darauf einzugehen. Die großen Fragen lauten eher: Wie gut ist es entworfen? Wie solide ist es gebaut? Wie dauerhaft oder zuverlässig ist es? Wie teuer ist das Material? Überall, in der Technik, im Ingenieurwesen, in Architektur und Kunst ist Konstruktion so sehr ein Synonym für das Wirkliche, daß sich die Frage sofort verlagert zur nächsten und wirklich interessanten: Ist es *gut* oder *schlecht* konstruiert?

Zunächst schien es uns – den frühen *science-studies*-Forschern –, daß, wenn es Konstruktionsstätten gab, auf die man den gewöhnlichen Begriff von Konstruktivismus ohne weiteres anwenden konnte, es die Laboratorien waren, die Forschungsinstitute mit ihrem riesigen Aufgebot an kostspieligen wissenschaftlichen Instrumenten. Noch mehr als Kunst, Architektur und Technologie bot die Wissenschaft die extremsten Fälle von parallel laufender kompletter *Artifizialität* und kompletter *Objektivität*. Es konnte keine Frage sein, daß Laboratorien, Teilchenbeschleuniger, Teleskope, Nationalstatistiken, Satelliten, Supercomputer und Probensammlungen künstliche Stätten waren, deren Geschichte auf die gleiche Weise dokumentiert werden konnte wie die von Gebäuden, Computerchips und Lokomotiven. Und doch gab es nicht den geringsten Zweifel daran, daß die Produkte dieser artifiziellen und kostspieligen Stätten die gesichertsten, objektivsten und beglaubigsten Resultate waren, die die kollektive menschliche Ingeniosität je gewonnen hatte. Mit großem Enthusiasmus begannen wir daher, den Ausdruck »Konstruktion von Tatsachen« zu verwenden, um das auffallende Phänomen von im Gleichschritt marschierender Artifizialität und Realität zu beschreiben. Und außerdem: Zu sagen, daß auch die Wissenschaft konstruiert war, erzeugte den gleichen erregenden Schauder wie bei all den anderen »*makings of*«: Wir gingen hinter die Kulissen; lernten einiges über die

Fertigkeiten der Praktiker; sahen, wie Innovationen entstanden; bemerkten, wie riskant es war; und wir waren bei dem verblüffenden Zusammenschluß menschlicher Aktivitäten und nicht-menschlicher Entitäten zugegen. Und als wir uns den fabelhaften Film ansahen, den unsere Kollegen, die Wissenschaftshistoriker, für uns drehten, konnten wir Bild für Bild das unglaubliche Schauspiel verfolgen, wie in atemberaubenden Episoden Wahrheit langsam gewonnen wurde, ohne daß man des Resultats sicher sein konnte. An Spannung übertraf die Wissenschaftsgeschichte jede Filmstory, die sich Hollywood hätte ausdenken können. Wissenschaft wurde für uns mehr als bloß objektiv, sie wurde *interessant*, so interessant, wie sie für die Praktiker war, die mit ihrer riskanten Produktion beschäftigt waren.[6]

Leider ließ der freudige Schauder bald nach, als wir bemerkten, daß für andere Kollegen in den Sozial- wie Naturwissenschaften das Wort Konstruktion etwas vollkommen anderes bedeutete, als der Common sense bis dahin damit verbunden hatte. Zu sagen, daß etwas »konstruiert« war, klang in ihren Ohren wie, daß es nicht wahr sei. Sie schienen von der befremdlichen Idee auszugehen, daß man sich einer sonderbaren Entscheidung zu unterwerfen hatte: *Entweder* war etwas wirklich und nicht konstruiert, *oder* es war konstruiert und artifiziell, erfunden und ausgeheckt, hergestellt und falsch. Diese Idee konnte nicht nur nicht mit der robusten Bedeutung versöhnt werden, die man im Sinn hatte, wenn man von einem »gut konstruierten« Haus, einer »gut entworfenen« Software, einer »gut gehauenen« Skulptur sprach, sondern sie lief auch völlig allem zuwider, was wir in den Laboratorien beobachtet hatten: Erfunden und objektiv zu sein ging

6 Bevor nicht in der Wissenschaftsgeschichte die »Whigg«-Geschichtsschreibung attackiert worden war, war es unmöglich, die *libido sciendi* der Praktiker zu teilen: Mit dem Endprodukt konfrontiert, hatte die Öffentlichkeit keine andere Möglichkeit, für Wissenschaft interessiert zu werden, als durch die pädagogische Aufforderung: »Es ist wahr, daher solltest du davon wissen.«

Hand in Hand. Wenn man anfing, die nahtlosen Narrative des Tatsachen-Verfertigens in zwei verschiedene Linien auseinanderzudividieren, wurde die Entstehung jeglicher Wissenschaft ganz einfach unverständlich. Tatsachen waren Tatsachen – also exakt –, *weil* sie *Tat*sachen, weil sie verfertigt waren, also aus artifiziellen Situationen heraus entstanden. Jeder Wissenschaftler, dessen Arbeit wir untersuchten, war stolz auf diese Verbindung zwischen der Qualität seiner Konstruktion und der Qualität seiner Daten. Schließlich war diese enge Verbindung der Hauptgrund für den eigenen Anspruch auf Ruhm. Die Epistemologen mochten dies vergessen haben, die Etymologie erinnerte ständig daran.[7] Wir waren bereit, die interessantere Frage zu beantworten: Ist eine gegebene wissenschaftliche Tatsache *gut* oder *schlecht* konstruiert? Doch keineswegs dazu, vor die völlig absurde Alternative gestellt zu werden: »Entscheidet euch! Entweder ist eine Tatsache wirklich, oder sie ist hergestellt!«

Und doch wurde uns schmerzlich bewußt, daß wir an zwei Fronten zu kämpfen hatten, wenn wir das Wort Konstruktion weiter verwenden wollten: gegen die Epistemologen, die weiterhin behaupteten, Tatsachen seien »selbstverständlich« nicht konstruiert – was ungefähr soviel Sinn hatte, wie zu behaupten, daß Babies nicht aus den Schößen ihrer Mütter kämen –, und gegen unsere »lieben Kollegen«, die nahezulegen schienen, daß, wenn Tatsachen konstruiert waren, sie so schwach waren wie Fetische – oder zumindest wie das, von dem sie *glaubten*, daß die Fetischisten daran »glaubten«.* An diesem Punkt wäre es vielleicht sicherer gewesen, das Wort

7 Der französische Epistemologe Gaston Bachelard hat oft auf diese doppelte Etymologie hingewiesen (*les faits sont faits*) und unermüdlich auf dem artifiziellen und sekundären Charakter jeder wissenschaftlichen Praxis bestanden – auch wenn er sich dieses Arguments bedient hat, um die neuerliche Verbindung zwischen den Wissenschaften und ihrem Kontext schwieriger zu machen.

* Zu diesem Punkt der Erfindung des Glaubens durch die Sozialwissenschaften siehe S. 403 sowie Bruno Latour (1996b), *Petite réflexion sur le culte moderne des dieux Faitiches.*

»Konstruktion« ganz aufzugeben – insbesondere, weil das Wort »sozial« denselben eingebauten Defekt hatte, durch den es für unsere Leser zum roten Tuch wurde. Andererseits war es aus den eben angeführten Gründen ein ausgezeichneter Begriff. Besonders nützlich war, wie klar »Konstruktion« den Fokus auf den Schauplatz richtete, auf dem Menschen und nicht-menschliche Wesen fusioniert wurden. Da die ganze Idee der neuen Sozialtheorie, die wir im Begriff waren zu erfinden, in einer Erneuerung in beiden Richtungen bestand – was ein sozialer Akteur und was eine Tatsache ist –, war es wichtig, nicht jene außerordentlichen Baustellen und Konstruktionsstätten aus dem Blick zu verlieren, an denen diese doppelte Metamorphose sich ereignete. Aus diesem Grund hielt ich es für angemessener, mit dem Konstruktivismus so zu verfahren, wie wir es bereits mit dem Relativismus getan hatten: Uns als Beleidigungen entgegengeschleudert, hatten beide Ausdrücke eine allzu ehrenhafte Tradition, um nicht als ruhmreiche Banner akzeptiert werden zu können. Denn jene, die uns als Relativisten kritisierten, bemerkten letztlich nie, daß das Gegenteil des Relativismus der *Absolutismus* ist.[8] Und jene die uns als Konstruktivisten angriffen, wollten vermutlich nicht sehen, daß die entgegengesetzte Position, wenn denn Worte irgendeine Bedeutung haben, *Fundamentalismus* ist.[9]

Andererseits schien es einigermaßen einfach zu sein, eine robuste Bedeutung für diesen vielgeschmähten Ausdruck Konstruktion zu beanspruchen: Wir mußten nur die neue Definition des Sozialen verwenden, die in den ersten Kapiteln dieses Buches entwickelt worden ist. So wie eine sozialistische oder islamische Republik das Gegenteil einer Republik ist, pervertiert auch das Adjektiv »sozial«, wenn es zu »Kon-

8 David Bloor (1991), *Knowledge and Social Imagery.*

9 Bruno Latour (2003a), »Die Versprechen des Konstruktivismus«. Ich folge in diesem Kapitel der erhellenden Arbeit von Ian Hacking (1999), *Was heißt »soziale Konstruktion«? Zur Konjunktur einer Kampfvokabel in den Wissenschaften.*

struktivismus« hinzugefügt wird, vollkommen dessen Bedeutung. Anders gesagt, »Konstruktivismus« sollte nicht mit »Sozialkonstruktivismus« verwechselt werden. Wenn wir sagen, daß eine Tatsache konstruiert ist, meinen wir einfach, daß wir die solide objektive Realität erklären, indem wir verschiedene Entitäten mobilisieren, deren Zusammensetzung auch scheitern könnte; »Sozialkonstruktivismus« dagegen bedeutet, daß wir das, woraus diese Realität besteht, durch irgendeinen *anderen Stoff ersetzen*, durch das Soziale, aus dem sie »in Wirklichkeit« besteht. Ein Bericht über die heterogene Entstehung eines Gebäudes wird durch einen anderen ersetzt, in dem es um das homogene soziale Material geht, aus dem es errichtet ist. Um den Konstruktivismus wieder auf die Füße zu stellen, braucht man nur zu sehen, daß sich die ganze Idee eines aus sozialem Stoff bestehenden Gebäudes in nichts auflöst, sobald das Soziale wieder Assoziation bedeutet. Damit irgendeine Konstruktion stattfindet, müssen nicht-menschliche Entitäten die Hauptrolle spielen, und dies ist genau das, was wir von Beginn an mit diesem eher harmlosen Wort sagen wollten.

Doch offenbar genügte diese Rettungsaktion nicht, denn der Rest der Sozialwissenschaften schien eine völlig andere Vorstellung von dem gleichen Begriff zu haben. Wie konnte das sein? Da wir nie den Gedanken geteilt hatten, daß Konstruktion die Reduktion auf nur einen Typ von Stoff bedeuten konnte, hatten wir leider nur sehr langsam Antikörper gegen den Vorwurf produziert, wir hätten Tatsachen auf »bloße Konstruktionen« reduziert. Für uns war es offensichtlich, daß »soziale Konstruktion« eine erneuerte Aufmerksamkeit für die Vielzahl heterogener Realitäten verlangte, die in die Fabrikation eines gegebenen Sachverhalts eingingen; daher brauchten wir Jahre, um angemessen auf die absurden Theorien zu reagieren, mit denen man uns offenbar verband.[10]

10 Da in der französischen Tradition konstruktivistisch und rationalistisch synonym sind, war es hier besonders schwierig. Die Verknüpfung des Wortes »Konstruktion« mit irgendeinem Verdacht hinsichtlich der Wirklich-

Auch wenn Konstruktivismus für uns gleichbedeutend mit einer Zunahme an Realismus war, wurden wir von unseren Kollegen in der Gesellschaftskritik gefeiert, weil wir angeblich endlich gezeigt hätten, daß »sogar die Wissenschaft Quatsch« sei! Ich brauchte lange, um die Gefahr eines Ausdrucks zu bemerken, der in den Händen unserer »besten Freunde« offenbar eine Art von Rachefeldzug gegen die Solidität wissenschaftlicher Tatsachen und eine Entlarvung von deren Wahrheitsanspruch bedeutete. Jene schienen zu glauben, daß wir für die Wissenschaft dasselbe taten wie das, worauf sie so stolz waren, es für Religion, Kunst, Recht, Kultur und für all das geleistet zu haben, woran der Rest von uns glaubt – nämlich es auf Staub zu reduzieren, indem sie zeigten, daß es von vorne bis hinten fabriziert war. Für jemanden, der nie in kritischer Soziologie ausgebildet worden war, war es schwierig, sich vorzustellen, daß Menschen die kausale Erklärung in ihrer eigenen Disziplin als Beweis dafür verwendeten, daß die Phänomene, die sie erklärten, nicht wirklich existieren, ganz zu schweigen davon, daß sie die Artifizialität der Konstruktion mit einem *Defizit* an Realität verknüpften. Unwissentlich war der Konstruktivismus zum Synonym seines Gegenspielers geworden: Dekonstruktion.

Kein Wunder, daß unsere Erregung, als wir die »soziale Konstruktion wissenschaftlicher Tatsachen« aufzeigten, einen derartigen Zorn bei den Akteuren selbst hervorrief! Für Physiker ist es bei weitem nicht dasselbe, komplexe Kontroversen über schwarze Löcher zu einer Einigung zu bringen oder als durch »Machtkämpfe unter Physikern« dargestellt zu werden. Für eine religiöse Seele ist es bei weitem nicht dasselbe, sich im Gebet an Gott zu wenden oder gesagt zu bekommen, man bete nur zu einer »Personalisierung von Gesellschaft«. Für einen Anwalt ist es nicht dasselbe, der

keit der Wissenschaft kam nur sehr spät in unseren an Duhem (Pierre Duhem [1978], *Ziel und Struktur der physikalischen Theorien*), Bachelard und Canguilhem geschulten Sinn. Siehe Georges Canguilhem (1977), *Idéologie et rationalité dans l'histoire des sciences de la vie*.

Verfassung zu gehorchen oder hinter dem Gesetz versteckten mächtigen Lobbies willfährig zu sein. Für eine Haute Couture-Näherin ist es nicht dasselbe, festen und glänzenden Samt zuzuschneiden oder gesagt zu bekommen, sie verhelfe »sozialen Unterschieden« zur Sichtbarkeit. Für den Anhänger eines Kultes ist es nicht dasselbe, an die Existenz einer Gottheit gebunden zu sein oder gesagt zu bekommen, er bete einen aus Holz bestehenden Fetisch an. Die Ersetzung eines anderen Stoffes durch das Soziale erscheint jedem Akteur offenbar als katastrophaler Verlust, dem man sich vehement widersetzen muß – und zu Recht! Wenn jedoch das Wort sozial nicht dazu verwendet wird, eine Art von Stoff durch einen anderen zu ersetzen – sozial Nr. 1 –, sondern um die Assoziationen zu entfalten, die einen Sachverhalt solide und dauerhaft gemacht haben – sozial Nr. 2 –, dann könnte eine andere Sozialtheorie schließlich vielleicht für diejenigen akzeptabel werden, die zu erforschen und zu respektieren man vorgibt.

Immer drängender wurde die Frage: Wie konnten in den Sozialwissenschaften unter demselben Wort »Konstruktion« zwei derart antagonistische Forschungsprogramme existieren? Uns wurde allmählich klar, daß nicht nur an der vorherrschenden Wissenschaftsphilosophie etwas grundsätzlich fehlerhaft war, sondern auch an den Sozialtheorien, die üblicherweise verwendet wurden, um *andere* Bereiche als die Wissenschaft zu erklären. Aus diesem Grund erschienen ANT-Forscher auf den ersten Blick entweder zu kritisch – sie wurden angeklagt, »sogar« Tatsachen anzugreifen und nicht an die »Natur« oder die »Außenwelt« zu »glauben« – oder zu naiv – sie glaubten an das Handlungsvermögen »wirklicher Dinge«, die »da draußen« existierten.[11] Was die ANT

11 Die erste Form der Kritik wurde während der Episode des »Kriegs der Wissenschaften« geäußert, die zweite findet sich in Collins und Yearley (1992), »Epistemological Chicken«; Simon Schaffer (1991a), »The Eighteenth Brumaire of Bruno Latour«; und Steve Woolgar (1991), »The Turn to Technology in Social Studies of Science«.

nämlich zu verändern versuchte, war schlicht die Verwendung des gesamten kritischen Repertoires, indem sie *gleichzeitig* die Verwendung von Natur und die Verwendung von Gesellschaft aufgab, die beide erfunden worden waren, um zu enthüllen, was »hinter« den sozialen Phänomenen »wirklich vor sich ging«. Dies jedoch bedeutete eine komplette Neuinterpretation des Experiments, das wir zunächst unwissentlich durchgeführt hatten, als wir versuchten, die Produktion der Naturwissenschaft sozialwissenschaftlich zu erklären. Letztlich gibt es einiges zugunsten der roten Tücher in den Händen von cleveren Toreros zu sagen, denn vielleicht läßt sich auf diese Weise das wilde Biest zuletzt doch noch bezwingen.

Das glückliche Scheitern der Wissenschaftssoziologie

Zunächst will ich ein Mißverständnis aufklären, das häufig unserem ursprünglichen Forschungsfeld von Leuten entgegengebracht wird, die damit nicht vertraut sind – und das sind, fürchte ich, die meisten. Die Wissenschaftsforschung wird oft als die Erweiterung der Soziologie des Sozialen auf einen neuen Gegenstand dargestellt: auf wissenschaftliche Aktivitäten. Nachdem die Sozialwissenschaftler Religion, Klassenkämpfe, Politik, Recht, Populärkulturen, Drogenabhängigkeit, Stadtentwicklung, Unternehmenskultur etc. studiert hatten, so lautet diese Geschichte, gab es keinen Grund, vor dem haltzumachen, was die zeitgenössischen Gesellschaften auszeichnet: Wissenschaft und Technik.
Dementsprechend waren Laboratorien und Forschungsinstitute nur der nächste Punkt in einer Liste von Gegenständen, die mit den üblichen, bereits andernorts »so erfolgreich« eingesetzten Mitteln der sozialen Methodologie angegangen werden konnten. So lautete die beinahe einhellige Meinung – einschließlich die unserer Kollegen, mit denen wir, vor vielen Jahren, unsere Untersuchungen begonnen hatten und deren

Feld als »Soziologie wissenschaftlichen Wissens« (*sociology of scientific knowledge*, SSK) oder vager »*science and technology studies*« bezeichnet wird.[12]

Hätte ich eine Einführung in die *science studies* zu schreiben, würde ich mich gerne unter eine solche Flagge stellen.[13] Doch da ich die ANT zu definieren versuche, muß ich zeigen, wie sie aus der Wissenschaftssoziologie hervorging, und nicht nur für die Wissenschaft, sondern auch für die Sozialtheorie extreme Schlüsse ziehen. ANT ist nicht ein Zweig der Sozialwissenschaft, dem es *gelungen* wäre, seine Methoden auf die wissenschaftliche Aktivität und dann auf die übrige Gesellschaft auszudehnen, sondern der Zweig (oder eher das Zweiglein), der aus denen besteht, die ordentlich durchgeschüttelt wurden, als sie versuchten, die harten Tatsachen der Wissenschaft sozial zu erklären. Denn als ANT-Forscher lassen sich vor allem jene definieren, die aus den dreißig merkwürdigen Jahren der *science studies* eine vollkommen andere Schlußfolgerung gezogen haben als die meisten ihrer besten und engsten Kollegen. Während diese nämlich der Meinung waren, daß die Sozialtheorie *auch in bezug auf die Wissenschaft* funktioniert, zogen wir den Schluß, im allgemeinen und im Detail, daß die Sozialtheorie an der Wissenschaft so *radikal* gescheitert ist, daß man mit Sicherheit annehmen kann, daß sie auch auf anderen Gebieten *stets gescheitert* ist. Wenn die Soziologie in irgendeiner Art beansprucht, eine

12 Auch wenn ich diese Etiketten nie verwendet habe, weil sie gerade die verschiedenen Bereiche in Existenz halten, die sie doch aufzulösen hätten, habe ich kein Problem damit zu sagen, daß die ANT zu dem Feld STS gehört, wie es auf englisch heißt (*science, technology and society*, also Wissenschaft, Technik und Gesellschaft).

13 Es gibt mehrere. Siehe Mario Biagioli (1999), *The Science Studies Reader*; Massimiano Bucchi (2004), *Science in Society: An Introduction to the Social Studies of Science*; auf französisch, verschiedene Denktraditionen darstellend: Dominique Vinck (1995), *La sociologie des sciences*, M. Dubois (1999), *Introduction à la sociologie des sciences*; O. Martin (2000), *Sociologie des sciences*.

Wissenschaft zu werden – und wir teilen diesen Anspruch –, dann muß sie dieses Hindernis entschlossen angehen.
Um zu zeigen, daß dieses Argument kein leeres Paradox ist, will ich erklären, wieso wir die Positionen unserer Freunde aufgeben mußten – ohne natürlich die enge Zusammenarbeit oder Freundschaft mit ihnen aufzukündigen! Aus der Entwicklung der Wissenschaftssoziologie lassen sich nämlich vier Schlußfolgerungen ziehen – eine fünfte kann ich ignorieren, aber ich frage mich, ob diese Position überhaupt wirklich existiert. Sie behauptet angeblich, daß Wissenschaft »eine soziale Fiktion wie all die anderen sozialen Fiktionen« sei; damit wäre sie offensichtlich nicht länger daran interessiert, eine Sozialwissenschaft auszuarbeiten, und hätte ohnehin nicht verstanden, was Fiktion ist.[14]
Die erste Position ist ziemlich leicht zu erraten; demnach *mußte* die Wissenschaftssoziologie *vollständig scheitern*, da objektive Wissenschaft eben nicht sozial erklärt werden kann; Tatsachen und Theorien sind zu hart, zu technisch, zu real, zu ewig und zu weit von menschlichen und sozialen Interessen entfernt. Wissenschaft soziologisch erklären zu wollen ist ein Widerspruch in sich, denn per definitionem ist wissenschaftlich nur das, was den engen Zwängen der Gesellschaft entgeht – worunter man vermutlich versteht: Ideologie, politische Leidenschaften, subjektive Stimmungen und endlose leere Debatten. An der wissenschaftlichen Objektivität werden demnach für immer alle Ambitionen der Soziologie zerschellen, dieser Stein des Anstoßes wird stets den

14 Ich habe den Vorwurf oft gehört, doch nie von irgend jemandem gelesen, der tatsächlich dieses Argument vertritt. Eine nicht existente Position zu widerlegen ist gleichwohl zu einer Art von prosperierender Heimindustrie geworden (siehe das Buch mit dem treffenden Titel von Noretta Koergte (1998), *A House Built on Sand. Exposing Postmodernist Myths about Science*). Wie gewöhnlich hat die Konfusion zwischen Relativismus (alles ist möglich) und Relativität ihren Preis. Wie Deleuze sagte: Relativismus läuft nicht auf eine »Relativität des Wahren« hinaus, sondern auf die »Wahrheit des Relativen«. Gilles Deleuze (1996), *Die Falte. Leibniz und der Barock*.

Stolz der Soziologen erniedrigen. So lautet mehrheitlich die Reaktion von Philosophen, Epistemologen und seltsamerweise auch die Reaktion der meisten Sozialwissenschaftler: Es kann eine Wissenssoziologie geben, eine Soziologie von Pseudowissenschaften, eine Soziologie des Glaubens, eine Soziologie der oberflächlichen Aspekte der Wissenschaft – »auch Wissenschaftler sind nur Menschen«, lautet das Klischee –, aber keine Soziologie der kognitiven, objektiven, zeitlosen Aspekte der unbestreitbaren Resultate der Wissenschaft.[15] Soziologen ab.

Die zweite, weniger extreme Schlußfolgerung läßt sich folgendermaßen formulieren: Um respektiert zu werden und erfolgreich zu sein, sollte die Soziologie bei genau jenen Punkten bleiben, die von der ersten Position zu Recht für oberflächlich erklärt werden. Also sollte sich die Wissenschaftssoziologie auf Karrieremuster, Institutionen, Ethiken, Verständnis der Öffentlichkeit, Belohnungssysteme, juristische Streitigkeiten beschränken; und nur mit großer Vorsicht darf sie »einige Beziehungen« zwischen einigen »kognitiven« Faktoren und einigen »sozialen« Dimensionen herstellen, doch ohne der Frage allzu gründlich nachzugehen. Diese Position ist die einer Soziologie der *Wissenschaftler* (im Unterschied zu einer Soziologie der *Wissenschaft*), wie sie beispielsweise von Robert K. Merton und später Pierre Bourdieu vertreten wurde.[16]

Die dritte Schlußfolgerung wird von den meisten unserer Kollegen in den *science studies* gezogen: In ihren Augen sind

15 Diese Standardeinstellung kann in ihrer cleversten Version gefunden werden in Philip Kitcher (2003), *Science, Truth, and Democracy*, wie auch in einer oberflächlichen in Paul R. Gross, Norman Levitt und Martin W. Lewis (1997), *The Flight from Science and Reason*.

16 Robert K. Merton (1985), *Entwicklung und Wandel von Forschungsinteressen. Aufsätze zur Wissenschaftssoziologie*. Das recht dämmrige Buch von Bourdieu, geschrieben, um den Unterschied zwischen seiner Soziologie der Wissenschaftler und den *science studies* zu »erklären«, zeugt von diesem Unterschied. Siehe Pierre Bourdieu (2001), *Science de la science et réflexivité*.

Soziologen mit der eben wiedergegebenen Position bei weitem zu ängstlich. Und was jene angeht, die freudig das Scheitern aller wissenschaftlichen Erklärungen der Wissenschaft vorhergesagt haben, so haben sie sich für eine Form reinen Obskurantismus entschieden. Ohnehin konnten sie nie einen Grund dafür angeben, wieso Wissenschaft selbst nicht wissenschaftlich erforscht werden könnte.[17] Für Forscher im Bereich SSK und noch allgemeiner STS sind kognitive und technische Aspekte der Wissenschaft insgesamt durchaus durch Soziologen gründlich erforschbar. Es braucht zwar Erfindungsgabe, Anpassungsfähigkeit und Vorsichtsmaßnahmen, doch das übliche Handwerkszeug ist ausreichend – auch wenn knifflige Fragen wie Reflexivität und Realismus einige Leute schwindlig und empfindlich machen.[18] Diese Position ist, und das aus gutem Grund, zum Common sense unter den Wissenschaftssoziologen geworden.

Doch aus genau demselben Experiment haben wir eine völlig andere, vierte, Schlußfolgerung gezogen – oder vielmehr definiert sich das »wir«, das ich in diesem Buch verwende, durch diejenigen, die folgende Konsequenzen gezogen haben:[19]

17 David Bloor (1991 [1976]), *Knowledge and Social Imagery*; Harry M. Collins und Trevor Pinch (1982), *Frames of Meaning. The Social Construction of Extraordinary Science*.

18 Siehe Steve Woolgar (1988), *Science The Very Idea*. Woolgar ist es gelungen, seine Kollegen noch schwindliger zu machen. Er sorgte dafür, daß der Graben zwischen Worten und Welten noch größer wurde, und bemerkte nicht, daß die *science studies* auch eine Lektion in Realismus sein konnten – und nicht nur in Ironie.

19 Ich möchte nicht versuchen, die wirkliche Größe dieses unglaublich kleinen »wir« zu definieren, und bin mir nicht einmal sicher, ob es sich weiter als über den Boulevard St Michel Nr. 62 in Paris erstreckt und auch dort vielleicht nicht über das Erdgeschoß hinaus! Ich kann nur behaupten, die »repräsentative Stichprobe« einer Gruppe zu sein, die vielleicht nicht einmal existiert.

a) Eine echte Wissenschaftssoziologie ist durchaus möglich – gegen die Behauptung der Wissenschaftsphilosophen und in Übereinstimmung mit dem gesamten Feld der *science studies*;
b) eine solche Soziologie kann sich nicht auf den oberflächlichen und sozialen Kontext der Wissenschaft beschränken – gegen jene, die die Ambitionen ihrer Disziplin auf das Studium der Wissenschaftler begrenzen wollen und dem kognitiven und technischen Inhalt bewußt ausweichen;
c) die wissenschaftliche Praxis ist zu »hart«, um von gewöhnlicher Sozialtheorie geknackt zu werden; es muß eine neue entwickelt werden, die verwendet werden kann, um ebenfalls auf »weichere« Themen neues Licht zu werfen – gegen unsere Kollegen im Feld der *science studies*, die sich dafür entschieden haben, die Bedrohung, die ihre eigene Arbeit für ihre ursprüngliche Disziplin darstellt, nicht sehen zu wollen.[20]

Ich behaupte nicht, daß diese Schlußfolgerung die einzig mögliche aus dem spannenden Abenteuer der *science studies* ist. Ich sage nur: Um sich »ANT-Forscher« zu nennen, ist es notwendig, aus dem Scheitern einer überzeugenden sozialen Erklärung von harten wissenschaftlichen Tatsachen einen Beweis zu machen. Nicht einen Beweis dafür, daß die Wissenschaftssoziologie scheitern mußte, sondern dafür, daß die gesamte Sozialtheorie überarbeitet werden muß.[21] Da es we-

20 Der Trennpunkt läßt sich in den beiden Disputen mit unseren SSK-Freunden leicht lokalisieren. Siehe Collins und Yearley (1992), »Epistemological Chicken«. Siehe unsere Antwort in Callon und Latour (1992), »Don't Throw the Baby Out with the Bath School! A Reply to Collins and Yearley«; siehe ebenfalls David Bloor (1999), »Anti-Latour« und meine Antwort in Bruno Latour (1999b), »For Bloor and Beyond – A Response to David Bloor's ›Anti-Latour‹«.
21 Mit diesem Schibboleth erspart man sich die Lektüre von vielem, was als ANT gilt und wo doch diese Sozialtheorie auf den Kopf gestellt und als eine Allzweck- und Geländewagen-Methodologie verwendet wird, die sich

der in der Physik noch in der Soziologie *experimenta crucis* (entscheidende Experimente) gibt, kann ich nicht beweisen, daß dies der einzig mögliche Weg ist, doch ich kann behaupten, daß, wenn man dieses Scheitern – eine soziale Erklärung der Wissenschaft ist nicht möglich – als Sprungbrett nutzt, sich ein neuer Weg für die Sozialtheorie eröffnet: Das Soziale hat nie irgend etwas erklärt, das Soziale muß statt dessen erklärt werden. Also muß man sich näher mit der Vorstellung einer sozialen Erklärung beschäftigen. Unsere Kollegen ziehen es vor zu sagen: »Die soziale Erklärung der Wissenschaft ist gescheitert, weil sie widersprüchlich ist.« Oder sie sagen vielleicht: »Sie ist recht erfolgreich gewesen, machen wir weiter wie gewohnt mit ›business as usual‹.« Die ANT sagt jedoch: »Es ist eine großartige Gelegenheit, daß sie so gründlich gescheitert ist, denn so kann sie die Sozialtheorie vielleicht wieder zur Besinnung bringen.« So wie manche Kirchenväter Adams Sünde als *felix culpa* (ein glückliches In-Ungnade-Fallen) feierten, weil sie zur Erlösung durch Christus geführt hat, könnte ich sagen, daß im Scheitern einer sozialen Erklärung der Wissenschaft eine große Chance für die Sozialtheorie liegt.

Obwohl diese Schlußfolgerung aus diesem Experiment nicht bewiesen werden kann, heißt das noch lange nicht, daß sie unseriös ist, so als hätten wir uns aus Jux und Tollerei dafür entschieden, nur »*pour épater le bourgeois*«. Im Rückblick zumindest gibt es einen ausgezeichneten Grund, warum der Sonderfall der Wissenschaft die Sozialtheorie so vollständig scheitern ließ: Es war das erste Mal, daß Sozialwissenschaftler wirklich *nach oben* forschten.

Bevor Laboratorien, Maschinerien und Märkte sorgfältig untersucht wurden, galten Objektivität, Effizienz und Profitabilität – diese drei Grazien des Modernismus – einfach als

auf jedes Gebiet »anwenden« läßt, ohne daß sie sich selbst im mindesten verändern müßte (siehe das Zwischenspiel S. 244). Umgekehrt können große Mengen an Forschungsarbeit aus der Wissenschafts- und Technikgeschichte als ANT gelten.

selbstverständlich. Sozialwissenschaftler hatten die gefährliche Gewohnheit angenommen, nur solche Aktivitäten zu untersuchen, die von diesen Standardeinstellungen *differierten*: Irrationalität sollte erklärt werden, Rationalität brauchte niemals eine zusätzliche Rechtfertigung; nur die verschlungenen Seitenpfade erforderten eine soziale Erklärung, nicht der gerade Weg der Vernunft.[22] So wurde nie ein wirklicher Test vorgeschlagen, um zu sehen, ob eine soziale Erklärung von irgend etwas sich wirklich behaupten konnte, da die Rationalität selbst nie in Frage stand. Auch wenn Industriemagnaten, künstlerische Genies, Filmstars, Boxchampions oder Staatsmänner untersucht wurden, die Informanten der Soziologen waren stets mit dem Stigma gebrandmarkt, weniger rational, weniger objektiv, weniger reflexiv, weniger wissenschaftlich oder weniger akademisch zu sein als die Forscher selber. Auch wenn die Soziologen oft das Gegenteil behaupteten, ihre Forschung ging stets *nach unten*, denn die Macht der Wissenschaft blieb auf ihrer Seite und wurde selbst nicht überprüft. Religion, Populärkultur, mythische Kosmologien, Märkte, Firmen – selbst Kunstwerke – waren nie so stark wie die Wissenschaft vom Sozialen, denn diese *ersetzte* all diese weicheren Dinge durch den härteren Stoff verborgener sozialer Aggregate sowie deren Macht, Struktur und Trägheit. Die Zahnräder des *explanans* waren stets aus festerem Stahl geschmiedet als die des *explanandum*. Kein Wun-

22 Darin liegt das bleibende Verdienst von David Bloors Symmetrieprinzip, weil es der einzige Weg war, sich vom erstickenden Einfluß der Wissenssoziologie zu lösen, die sich auf den Irrationalismus beschränkte. Es ist kritisiert worden, doch aus moralischen Gründen, die in keinem Zusammenhang mit der Frage des Auftauchens neuer Objekte in der Wissenschaftsgeschichte stehen. Erinnern wir uns, daß die rationalistische Tradition in Frankreich – die gleichwohl konstruktivistisch war – aus dieser Asymmetrie den Ursprung der notwendigen Unterscheidung zwischen Geschichte der Wissenschaften und Geschichte als solcher machte; siehe G. Canguilhem (1977), *Idéologie et rationalité* und, selbstverständlich, die ganze Wissenschaftsphilosophie Bachelards.

der, daß sie so leicht Beweise hervorbrachten und so mühelos Daten ausspuckten ...
Beispielsweise schrien religiöse Menschen nie verärgert auf, wenn sie »sozial erklärt« wurden. Wer hätte ihnen auch schon zugehört? Wenn überhaupt, hätte ihr Schluchzen nur als weiterer Beweis dafür gegolten, daß sie es nicht aushielten, ihre archaischen und phantasiereichen Illusionen im kalten, grellen Licht der harten sozialen Fakten erklärt zu sehen. Und das gleiche wäre geschehen, wenn Politiker, Arme, Arbeiter, Bauern und Künstler sich beschwert hätten, daß man sie »in einen sozialen Kontext« stellt. Wer hätte der drei Jahrhunderte langen Reihe von Einwänden von tropischen Anbetern zugehört, die man des Fetischismus anklagte? Sie mögen gebrummt und mit den Achseln gezuckt haben, doch nie bissen sie *zurück*, wenn die Soziologen mit ihren Beweisen ankamen. Wer also hätte die Wirksamkeit einer sozialen Erklärung überprüft? Sicherlich nicht die kritischen Soziologen, besonders weil sie ihre »Erklärungen« stets auf Angelegenheiten anwandten, an denen ihnen nicht sonderlich viel lag. So traf die soziale Erklärung nicht nur nie auf ein Gegenbeispiel, sondern ihre ätzende Säure konnte problemlos Fragen auflösen, die den Sozialwissenschaftlern nicht hätten gleichgültiger sein können. In ihrem nahezu prophetischen Drang nach Emanzipation wollten sie ja die Leute gerade von ihnen befreien! Was hätte diese Soziologen aus ihrem dogmatischen Schlaf wecken können? Etwa das sanfte Brummen der Klimaanlagen von Laboren?
Dies ist der Archimedische Punkt, nach dem die Sozialtheorie gesucht hatte. Die Wissenschaft stellte eine vollkommen andere Herausforderung dar, und genau deswegen beschäftigten wir uns zuerst mit ihr – auch wenn ich sie aus Gründen der Logik in diesem Buch erst an vierter Stelle behandle. Die Wissenschaft lag den Sozialwissenschaftlern nicht nur sehr am Herzen, sondern sie war auch das einzige Gut, das ihnen noch geblieben war, nachdem die grausame Entzauberung des Modernismus alle älteren Ideale zertrümmert hatte. Au-

ßer Objektivität, Universalität und Wissenschaftlichkeit gab es nichts, das es wert war, daran festzuhalten. Die einzige Hoffnung der Sozialwissenschaftler bestand darin, vollgültige Wissenschaftler zu werden. Aber nun hatten sie zum ersten Mal etwas zu erforschen, das *über ihnen stand, das härter und stärker* war als sie selbst. Zum ersten Mal leistete das *explanandum* Widerstand und zerrieb die Zähne der Zahnräder des *explanans* zu bloßen Stümpfen. Damit nicht genug, auch die Schreie derer, die erforscht wurden, waren laut und deutlich zu vernehmen – und diesmal kamen sie nicht aus Bali, aus den Ghettos, den Fernsehstudios, den Konferenzzimmern von Firmen oder des US-Senats, sondern aus den Forschungsabteilungen von nebenan und von Kollegen, die in denselben Einstellungskomitees und Förderkommissionen saßen.

Nun war es an der Zeit, in den Sozialwissenschaften ein Experiment durchzuführen, das nie zuvor versucht worden war: Welchen Beweis haben wir dafür, daß eine soziale Erklärung trägt, wenn wir *nach oben* forschen? Wenn die Reaktionen der Erforschten nicht mehr ignoriert werden können? Wenn das »kulturelle Kapital« der Erforschten unendlich größer ist als das ihrer Erforscher? Wenn die Objekte, die durch »soziale Kräfte« ersetzt werden sollen, offensichtlich viel stärker, mannigfaltiger und dauerhafter als jene Kräfte sind, die sie angeblich erklären sollen? Wenn die zu erklärenden Wahrheiten von denen, die forschen, und denen, die erforscht werden, gleichermaßen für das einzige auf Erden gehalten werden, für das es wert ist zu kämpfen? Nachdem man zwei Jahrhunderte lang das Verhalten und die Überzeugungen von Bauern, Armen, Fetischisten, Fanatikern, Priestern, Rechtsanwälten und Geschäftsleuten leicht hatte wegerklären können, deren Wut auch selten registriert wurde, und Erklärungen geliefert hatte, die nie eins zu eins mit dem Erklärten verglichen werden konnten, sollten wir endlich sehen, ob das Soziale irgend etwas *anderes erklären* konnte oder nicht. Bei Chemikern, Raketenwissenschaftlern und

Physikern konnte es vorkommen, daß ihre Laboratorien explodierten, doch wann war zuletzt vom Büro eines Sozialwissenschaftlers aus ein Experiment durchgeführt worden, das riskant genug war, um überhaupt scheitern zu können! Doch diesmal gab es eine Explosion. Nach nur einer Woche in Roger Guillemins Laboratorium vor dreißig Jahren, erinnere ich mich, fand ich die Schlußfolgerung unausweichlich: Das Soziale kann nicht an die Stelle des winzigsten Polypeptids, des kleinsten Steins, des harmlosesten Elektrons, des zahmsten Pavians treten. Objekte der Wissenschaft können vielleicht das Soziale erklären, doch keineswegs umgekehrt. Kein Experiment war verblüffender als das, was ich mit eigenen Augen sah: Die soziale Erklärung hatte sich in Luft aufgelöst.

Natürlich unternahmen viele Zweige der Sozialwissenschaften dieselbe Anstrengung, insbesondere die Feminismusforschung, die *queer studies*, einige Forschungen in der Kulturwissenschaft und ein Großteil der Anthropologie. Aber ist es wirklich unfair zu sagen, daß diese Arbeiten Gefahr liefen, peripher, marginal und exotisch zu bleiben, solange sie mit wissenschaftlicher Objektivität *kontrastiert* wurden, die dieser Art von Behandlung zu entgehen schien? Der Dienst, den die *science studies* den verwandten Zweigen der Sozialwissenschaften geleistet haben, bestand darin, den Standard zu entfernen, der jene Forschungen im Vergleich marginal oder einfach zu etwas »Besonderem« gemacht hatte. Nach den *science studies* kann nun jede Sozialwissenschaft »nach oben« forschen.[23]

23 Wie oft habe ich nicht von jenen hören müssen, die behaupteten, mich gelesen zu haben, daß ich angeblich gezeigt hätte, daß »die Wissenschaft nichts Besonderes« sei ... Dies ist die Quelle meiner chauvinistischen Anhänglichkeit an meine geliebte kleine Unterdisziplin. Von nun an ist auch Wissenschaft »besonders« und nicht mehr nur das, was alle anderen Aktivitäten im Kontrast zu etwas »Besonderem« macht.

Eine soziale Erklärung ist nicht erforderlich

Die Schwierigkeit war, die Bedeutung dieses Experiments zu begreifen – und das dauerte sehr lange. Daß Naturwissenschaftler manchmal wütend auf uns waren, war für sich genommen nicht so bedeutsam. Nach oben zu forschen bedeutet nicht, sich dem Programm derer zu unterwerfen, die man erforscht: Was einige verärgerte Wissenschaftler aus unserer Forschung schlossen, ist ihre Sache, nicht unsere. Soweit ich es beurteilen kann, haben sie möglicherweise den Schluß gezogen, daß die weiße Reinheit der Wissenschaft nie von den schwarzen und schmierigen Fingern bloßer Soziologen beschmutzt werden dürfe.[24] Wenn sie aus ihrem Zusammentreffen mit uns nichts gelernt haben, um so schlimmer für sie, doch daran können wir nicht viel ändern. Aber selbst wenn sie die falschen Schlüsse gezogen haben: Ihre Wut darüber, daß wir das Wesentliche zu verfehlen schienen, wenn wir ihre Arbeit zu erklären versuchten, war für mich ein wichtiges Zeichen. Ihre Reaktionen waren vielleicht übertrieben, doch sie zeigten, daß, wann immer eine soziale Erklärung gegeben wurde, etwas sehr Trickreiches vor sich ging. Anstatt daß dadurch eine Verbindung zwischen zwei Entitäten hergestellt wurde, geschah es oft, daß die eine Entität die andere *ersetzte*. Damit verwandelte sich die notwendige Suche nach Kausalität in ein ganz anderes Unternehmen, das der Taschenspielerkunst gefährlich nahekommt.

Wie funktioniert dieser Taschenspielertrick? Er findet dann statt, wenn ein komplexer, einzigartiger, spezifischer, variationsreicher, mannigfaltiger Ausdruck durch einen einfachen, banalen, homogenen Mehrzweckbegriff ersetzt wird, wobei letzterer angeblich ersteren erklären soll. Wenn man beispielsweise versucht, die von Louis Pasteur in der Medizin

24 Siehe Baudouin Jurdant (1998), *Impostures intellectuelles. Les malentendus de l'affaire Sokal* und Yves Jeanneret (1998), *L'affaire Sokal ou la querelle des impostures*.

eingeführte Revolution durch einen kleinen Satz von Begriffen zu erklären, die das französische Second Empire zusammenfassen; oder wenn man versucht, van Goghs *Chambre à Arles* durch eine kleine Anzahl von Allzweckbegriffen zu erklären, die mit den Kunstmärkten zu tun haben. Was als klassische und völlig respektable Suche nach einer Erklärung beginnt, endet als Ersetzung des *explanandum* durch das *explanans*. Während andere Wissenschaften Ursachen zu den Phänomenen hinzufügen, dürfte die Soziologie die einzige sein, deren »Ursachen« den merkwürdigen Effekt haben können, die Phänomene, die sie erklären sollen, als Ganzes aufzulösen.

Diese Interpretation will ich dem »Krieg der Wissenschaften« geben: Die Naturwissenschaftler brachten uns zu Bewußtsein, daß der Typ sozialer Kräfte, die wir als Ursache verwenden, nicht die geringste Chance hatte, objektive Tatsachen als ihre Wirkungen zu zeitigen.[25] Nicht, weil es uns an Respekt für sie gemangelt hätte – in welchem Fall wir ihre Ansprüche hätten ignorieren bzw. sogar stolz darauf hätten sein können, ihre Ansprüche zu entlarven[26] –, sondern weil

25 Ich verwende »Krieg der Wissenschaften«, um die gesamte Reaktion der Naturwissenschaftler auf die Forschungen zu bezeichnen, zu deren Gegenstand man sie machte, auch wenn an die zwanzig Jahre zwischen dem Beginn wirklicher »harter« *science studies* und den bitteren Episoden vergingen, die durch die Publikationen der »Wissenschaftskrieger« ausgelöst worden sind. Ich kommentiere hier nur, was ich bereits 1979 in *Laboratory Life* schrieb, auch wenn die Verwendung des Ausdrucks »soziale Konstruktion« im Titel (der ersten Auflage) die Leser in die Irre führen konnte, da sie nicht darauf achteten, was ich unter dieser Bezeichnung verstand, nämlich das Soziale Nr. 2.

26 Dies hat die Kritik so gefährlich gemacht. Der Drang nach Entlarvung ist zum besten Weg geworden, den Analytiker davor zu bewahren, auch nur den Aufschrei derer zu hören, die er mißdeutet, während er sich selbst in der Rolle des mutigen Bilderstürmers gefällt, der als einziger die Mysterien »durchschaut«, denen die gewöhnlichen Leute naiverweise anhängen. Siehe zu dieser Anthropologie des Ikonoklasmus Bruno Latour und Peter Weibel (2002), *Iconoclash: Beyond the Image Wars in Science, Religion and Art*; Bruno Latour (2002a), *Iconoclash. Gibt es eine Welt jenseits des Bilderkrieges?*

wir keine *Kontinuität* zwischen den Kausalitäten feststellen konnten, die wir vorbrachten, und den Objekten, mit denen sie verbunden wurden. Dank der reflexartigen Reaktionen der Naturwissenschaftler, die nicht ignoriert werden konnten, da sie es mit härteren Tatsachen als unseren zu tun hatten und sie eine akademische Stellung einnahmen, die unserer gefährlich nahe war, wurde uns allmählich bewußt – sofern uns etwas daran lag –, daß eine solch geschickte Ersetzung *unbemerkt* vielleicht auch in *all* den anderen Bereichen der Sozialwissenschaften stattgefunden hatte, selbst wenn wir nach unten und nicht nach oben forschten. Dann aber hätte nicht nur die Naturwissenschaft, sondern die *gesamte Sozialtheorie* Objekte bereitgestellt, die härter waren als die zu ihrer Erklärung aufgebotenen sozialen Kräfte; damit meine ich Fetische, Glaubensformen, Religionen, Kulturen, Kunst, Recht, Märkte. Weil kein Akteur zurückschimpfte, keine Alarmglocke schrillte, schien die Gesetzgebung der Sozialwissenschaftler glatt und zu jedermanns Zufriedenheit zu funktionieren und »von Erfolg zu Erfolg« für ihre »wissenschaftliche Methode« zu eilen.

Die ANT behauptet nicht, daß alle anderen Bereiche der Sozialwissenschaft in Ordnung seien und daß allein Wissenschaft und Technik eine besondere Strategie verlangten, weil sie soviel härter, wichtiger und respektabler wären. Sie behauptet, daß die sozialen Erklärungen, da sie bei der Wissenschaft so erbärmlich gescheitert sind, auch überall sonst scheitern mußten, denn die Wissenschaft ist nur insofern speziell, als ihre Praktiker die Soziologen nicht einfach über ihren Rasen laufen und ihre Objekte mit sozialen Erklärungen zerstören ließen, ohne laut und deutlich ihr Mißfallen zu bekunden. Auch woanders hatten sich die »Informanten« widersetzt, aufgrund ihres niedrigeren Status allerdings nicht in einer so auffälligen Art und Weise; oder, wenn ihr Zorn einmal bemerkt wurde, dann wurde er einfach zu den Daten des kritischen Theoretikers hinzugefügt als weiterer Beleg dafür, daß »naive Akteure« selbst angesichts offenkundigster

Widerlegungen an ihren Lieblingsillusionen festhalten. Wissenschaftler sind nicht *widerspenstiger* als andere: Dank der *science studies* haben wir nur wiederentdeckt, daß es sich *überall* so hätte verhalten müssen, ob in den Sozial- oder in den Naturwissenschaften.[27] Wie wir noch sehen werden, besteht unsere Arbeit als Sozialwissenschaftler darin, widerspenstige harte Tatsachen und leidenschaftliche Gegner hervorzubringen, die sozialen Erklärungen *widerstehen*. Und gute Soziologen haben in der Tat stets *nach oben* geforscht.[28] Könnte dies schließlich zu einer Wissenschaft vom Sozialen führen, nach so vielen Versuchen, der Soziologie »zum sicheren Gang einer Wissenschaft« zu verhelfen, wie Kants bekannte Formulierung lautet? Das bleibt abzuwarten. Soviel ist jedenfalls klar: Wissenschaft als Aktivität ist *Teil des Problems* und der Lösung, und keine Sozialwissenschaft ist nun mehr ohne eine Wissenschaftssoziologie denkbar, die energisch genug ist, den Bastard der sozialen Erklärung hinauszuwerfen, den sie bis heute ernährt hat. Was als »Epistemologie der Sozialwissenschaften« in Umlauf ist, kombiniert meist nur die Defekte der traditionellen Konzeptionen von Epistemologie und Soziologie.

Um diesen Punkt positiv zu wenden und nicht bloß als Illustration dafür zu nehmen, daß ein Übermaß an Reflexivität den Ast absägt, auf dem die Wissenschaftssoziologie sitzt, ist

27 Diesen Schritt hätte ich nie meistern können ohne Isabelle Stengers (1997b), *Power and Invention,* sowie Stengers (1997a), *Die Erfindung der modernen Wissenschaften*. Siehe als Essay, der ihre Argumentation interpretiert, Bruno Latour (2004a), »How to Talk About the Body? The Normative Dimension of Science Studies«.

28 Das war Harold Garfinkels entscheidende Einsicht von Anfang an. Und es ist die richtige Einstellung von fast jedem sonst in den Sozialwissenschaften, denn es ist in der Praxis sehr selten, daß gute Beobachter bei ihrer Sozialtheorie bleiben können. Das macht aus Pierre Bourdieu (1979), *Entwurf einer Theorie der Praxis auf der ethnologischen Grundlage der kabylischen Gesellschaft* ein solch scharfsinniges Buch, trotz der Schlüsse, die er dann daraus gezogen hat. Diese Haltung des vollen Respekts steht im Zentrum der Chicagoer Schule der Soziologie und findet sich in allen Werken von Howard Becker. Siehe Howard Becker (1982), *Art Worlds*.

noch ein wenig Arbeit nötig. Wenn wir unsere Reise fortsetzen wollen, dann müssen wir die Entdeckung – ich sehe keinen Grund, mich dieses großartigen Worts zu enthalten – vollständig verarbeiten, daß die Erklärung eines bestimmten Phänomens nicht mit seiner Ersetzung durch einen sozialen Stoff verwechselt werden sollte.

Die Schwierigkeit liegt im Wort »Ersetzung«. Ich weiß genau, daß selbst der positivistischste Soziologe des Sozialen einwenden wird, er hätte, als er eine soziale Erklärung von, sagen wir, religiöser Leidenschaft gab, damit nie »wirklich gemeint«, Statuen, Weihrauch, Tränen, Gebete und Pilgerfahrten durch »irgendeinen sozialen Stoff« zu *ersetzen* wie etwa »sozialer Zusammenhalt«, der »hinter« den Rauchwolken verborgen läge. So dumm sei er nun auch wieder nicht. Was er »wirklich meine«, sei, daß es »unter« den verschiedenen Formen religiöser Erfahrung eine andere, tiefere, stärkere Kraft geben müsse, die »der Gesellschaft« zuzuschreiben sei und die erkläre, wieso religiöser Eifer »trotz der Tatsache« bestehen bleibe, daß die in Gebeten mobilisierten Entitäten (Götter, Gottheiten) nicht »wirklich existieren«. Ähnlich hätten Kunstwerke keine intrinsischen Eigenschaften; die von ihnen ausgelösten Leidenschaften müßten demnach einer anderen Quelle entstammen, die das dauerhafte Interesse der Menschen an Meisterwerken erklären könne. Also meinen Soziologen »nicht wirklich«, eine soziale Kraft könne »an Stelle« der Götter und Gottheiten oder »zusätzlich zu« den Kunstwerken sichtbar gemacht werden, sondern nur, daß jene Kraft diesen – *in Ermangelung* dessen, was den allzu naiven Akteuren als solider und substantieller Körper ihrer Gottheiten oder Meisterwerke erscheint – eine dauerhafte Existenz verleiht.

Es fällt auf, daß – anders, als es in den Naturwissenschaften üblich ist – mit der Aufgabe des Erklärens erst begonnen wird, nachdem ein tiefes *Mißtrauen* hinsichtlich der Existenz der zu erklärenden Objekte eingeführt worden ist. Kritische Theoretiker würden noch hinzufügen, daß eine solche Enthüllung der sozialen Entität unerträglich sei, da sie die notwendige Illusion zerstöre, mit der die Gesellschaft ihren Schleier des »falschen Bewußtseins« aufrechterhalte. Den sozialen Kräften käme demnach eine komplexe Rolle zu: Sie müßten gleichzeitig das sein, was postuliert werden muß, um alles zu erklären, und das, was, aus vielerlei Gründen, unsichtbar bleiben muß. Diese widersprüchlichen Anforderungen erinnern an den Äther des 19. Jahrhunderts, der zugleich unendlich starr und unendlich elastisch sein mußte. Kein Wunder: Wie der Äther der Physiker ist das Soziale der Soziologen ein Artefakt, das auf denselben Mangel an Relativität in der Beschreibung zurückgeht.

Dieser Punkt ist heikel.[29] Wenn ich naive Fragen stelle, etwa was mit sozialer Erklärung wirklich gemeint ist, sagt man mir, ich solle die Existenz sozialer Kräfte nicht »buchstäblich« verstehen, da kein vernünftiger Soziologe je behauptet hätte, man könne wirklich die Gesellschaft *an die Stelle* des durch sie erklärten Objekts *setzen*. Er würde vielmehr sagen, er versuche, unvertraute Phänomene durch vertraute Ursachen zu erklären oder vielmehr – wie die Naturwissenschaften, auf die man sich so gerne beruft – vertraute Phänomene durch unvertraute Ursachen. Gut, doch die Schwierigkeit rührt von der zweifachen Bedeutung des Sozialen her, auf die wir gestoßen sind: Hinter der harmlosen epistemologischen Behauptung, daß soziale Erklärungen aufgespürt werden müssen, liegt die ontologische Behauptung, diese Ursachen müßten Kräfte mobilisieren, die *aus* sozialem Stoff bestehen. Aus Gründen, die erst im zweiten Teil dieses Buches klarer werden, ist etwas zu erklären keine mysteriöse kognitive Leistung, sondern ein sehr praktisches, welterzeugendes Unternehmen, das darin besteht, Entitäten mit anderen Entitäten zu verknüpfen, das heißt ein Netzwerk aufzuzeichnen. Demnach kann unsere Disziplin nicht die Philosophie der

29 Ich danke Gerard de Vries für seine Hilfe in diesen tückischen Gewässern. Sollte ich darin ertrinken, ist es nicht seine Schuld.

Kausalität teilen, die gewöhnlich in den Sozialwissenschaften verwendet wird. Jedesmal, wenn es heißt, daß irgendein A mit einem B in Beziehung steht, wird für uns das Soziale selbst generiert. Mein Infragestellen sozialer Erklärungen mag vielleicht unfair, blind und obsessiv buchstäblich erscheinen, aber ich will nicht das Versammeln des Kollektivs mit dem bloßen Überblick über Entitäten verwechseln, die bereits versammelt sind, oder mit einem Bündel homogener sozialer Bindungen. Es ist daher entscheidend, so früh wie möglich jeden Taschenspielertrick zu bemerken, wenn es darum geht, das Kollektiv zusammenzusetzen. Ist es unfair zu sagen, daß in den Händen der heutigen »sozialen Erklärer« Verweisungen auf das Soziale zu leeren Wiederholungen geworden sind? Daß die Bezugnahme auf die Hinterwelt der Gesellschaft sogar noch überflüssiger geworden ist als das Versprechen eines Lebens nach dem Tode?

Wenn man dies ungerecht findet, dann erkläre man mir doch bitte einmal, was die Soziologen tun, wenn sie sagen, eine soziale Kraft liege »hinter den illusorischen Erscheinungen« verborgen und bilde das »wirkliche Material«, aus dem Götter, Künste, Recht, Märkte, Psychologie und Überzeugungen »wirklich« bestehen. Was für eine Entität ist das, die die Hauptrolle spielt, *ohne irgend etwas zu tun*? Mit welcher Art von Abwesenheit/Anwesenheit sind wir hier konfrontiert? Mir erscheint es noch mysteriöser als das Dogma der Heiligen Dreifaltigkeit, und es beruhigt mich keineswegs, wenn *dieses* Mysterium die Gesamtheit der Religion, des Rechts, der Kunst, der Politik, der Ökonomie, der Imperien oder schlicht alles erklären soll – einschließlich der Heiligen Dreifaltigkeit! Und hier finde ich es unfair, wenn man sich windet und erklärt, die Soziologie sei doch keine Philosophie; Theorien seien rein akademisch; gute Sozialwissenschaftler hätten keine Zeit für Haarspaltereien; und man sei zu beschäftigt mit empirischen Fragen, oder die Aufgaben der Emanzipation seien zu dringend. Wenn die Soziologie immer dann plötzlich in eine antiintellektuelle Einstellung zurückfällt, wenn die Dinge heikel werden, wieso nennt sie sich dann überhaupt eine Wissenschaft?

Genau an einer solchen Verbindungsstelle müssen wir bewußt naiv, buchstäblich und kurzsichtig sein. Sich zu weigern, nur die Hälfte zu verstehen, kann manchmal eine Tugend sein. Schließlich wurden die Physiker den Äther nur deshalb los, weil einer von ihnen stumpfsinnig genug war zu fragen, wie der kleine und der große Zeiger der Uhr »übereinander liegen« konnten: Jedermann sonst wußte es, er zog es vor, es nicht zu wissen.[30] Mit allem gebotenen Respekt schlage ich vor, das gleiche mit diesem großen Mysterium des Sozialen zu tun. Jedermann scheint zu wissen, was es bedeutet, eine Beziehung herzustellen zwischen Religion und Gesellschaft, Recht und Gesellschaft, Kunst und Gesellschaft, Markt und Gesellschaft, und was es bedeutet, daß etwas gleichzeitig »hinter« etwas anderem sein und dieses »verstärken« kann, gleichzeitig »unsichtbar« sein und »verleugnet« werden kann. Aber nicht ich!

Mit meinem absichtlich engstirnigen Geist würde ich sagen, daß, wenn es vom sozialen Element A heißt, es »verursache« die Existenz von B, C und D, es dann nicht nur imstande sein müßte, B, C und D wieder hervorzubringen, sondern ebenfalls *Unterschiede* zwischen B, C und D zu erklären, es sei denn, man könnte zeigen, daß B, C und D *dasselbe* sind, in welchem Falle ihre Unterschiede für unbedeutend erklärt werden müßten. Wenn man die sozialgeschichtliche Literatur durchgeht und die *Unzahl der Dinge* sieht, die angeblich von der »Kraft der Gesellschaft« *verursacht* sind – die Entstehung des modernen Staates, der Aufstieg des Kleinbürgertums, die Reproduktion der sozialen Herrschaft, die Macht der Industrielobbies, die unsichtbare Hand des Marktes und schließlich noch individuelle Interaktionen –, dann könnte es

30 Siehe Albert Einstein (1917), *Über die spezielle und die allgemeine Relativitätstheorie*. Für eine prächtige Inszenierung dieser Re-Materialisierung siehe Peter Galison (2003), *Einsteins Uhren, Poincarés Karten. Die Arbeit an der Ordnung der Zeit.*

sich hierbei um eine Beziehung handeln, bei der von einer einzigen Ursache eine Million Wirkungen ausgehen.[31] Doch eine Ursache ist eine Ursache ist eine Ursache. Kann das verursachende Element *für die Unterschiede* zwischen Millionen von Wirkungen aufkommen – in welchem Fall ich B, C und D als Wirkungen erzeugen kann, wenn ich A als Ursache habe? Oder sind diese Unterschiede zwischen Millionen von Ereignissen tatsächlich unerheblich – in welchem Fall einfach bei der Ursache A zu bleiben bedeutet, daß ich alles Wichtige erklärt habe, abzüglich unerheblicher Störungen? In beiden Fällen kann die A-Ursache nämlich, für alle praktischen Zwecke, die Millionen von B, C, Ds etc. *ersetzen*. Aber erfasse ich mit dem »Aufstieg des Kleinbürgertums« wirklich alles, was sich in England, Frankreich und Deutschland vom 15. bis zum 20. Jahrhundert ereignet hat? Erfasse ich mit der »automatischen Rückkopplung durch die unsichtbare Hand« wirklich die Millionen von Marktinteraktionen in der gesamten Welt? Wenn ich das Gesetz der Schwerkraft nehme, erfasse ich damit alles Relevante, was sich über die Wechselbeziehungen der Planeten wie über die Pendelbewegung in der alten Uhr meiner Mutter sagen läßt? Enthalten »Gesellschaft« oder »Markt« *in potentia* das, was sie angeblich verursachen, oder nicht? »Natürlich nicht«, würde der einstimmige Chor der Sozialtheoretiker antworten, »wir haben nie eine derart stupide Philosophie der Ursachen vertreten.« Doch welche genaue Rolle geben sie dann wirklich »sozialen Kräften«?

Ich erfinde hier natürlich ein Experiment, das so nie stattge-

31 Gerade das finden soziale Erklärer so überzeugend an ihrer Kausalität, und gerade das macht sie so stolz auf ihre wissenschaftlichen Erfolge. Diese Kausalität sei so machtvoll, weil sie soviel erklären könne! Doch sie sollten sorgfältiger darauf achten, wie Naturwissenschaftler Verbindungen zwischen Phänomenen und deren Kausalitäten herstellen. Üblicherweise bedeutet es, daß das Unbekannte nicht nur das Bekannte erzeugen, sondern auch weit in das zukünftige Unbekannte vordringen kann. Siehe das vielsagende Beispiel in Bernadette Bensaude-Vincent (1994), »Mendeleev: Die Geschichte einer Entdeckung«.

funden hat, denn so streng wollten die sozialen Beobachter ihre Kausalitäten nie testen. Sie würden gerne zugestehen, daß die soziale Schwerkraft nicht wie die Newtonsche Schwerkraft ist. Zum Rückzug gezwungen, würden sie vermutlich sagen, daß sie sich einen bescheideneren, unbestimmteren und verschwommeneren Typ von Kausalität vorgestellt haben: »einige Beziehungen« und »Korrelationen« zwischen verschiedenen »Faktoren«. Doch gerade hier darf man nicht vage sein: Was genau ist die imaginierte Beziehung zwischen einem sozialen Faktor und irgendeinem anderen Phänomen? An diesem Punkt müssen wir wieder auf die weiter oben eingeführte wichtige Unterscheidung zwischen Zwischengliedern und Mittlern zurückkommen. Wird das Element B, dessen Auftauchen von einem Faktor ausgelöst wird, als *Mittler* behandelt, oder wird es als *Zwischenglied* für irgendeine Kraft betrachtet, die von jenem »Faktor« einfach unverändert übertragen wurde? Wir müssen hier wieder sehr praktisch und möglichst kurzsichtig sein: wir sprechen nicht über hochtrabende epistemologische Fragen, sondern über Bewegungen und Träger, Fortbewegungen und Transportsysteme.[32] Wir müssen so dickköpfig wie möglich bleiben. Wenn ein »sozialer Faktor« durch Zwischenglieder *transportiert* wird, dann liegt alles wichtige *im Faktor*, nicht in den Zwischengliedern. Für alle praktischen Zwecke kann er sie ohne Verluste ersetzen. Wenn die Gesellschaft die Religion erklärt, dann reicht die Gesellschaft aus. Wenn die Gesellschaft das Recht erklärt, dann reicht die Gesellschaft aus. Wenn die Gesellschaft die Wissenschaft erklärt …

An diesem Punkt bricht alles zusammen. Wieso? Weil es in diesem Fall, *und nur in diesem*, von Anfang an für die Forscher wie für die Informanten offenkundig war, daß »Faktoren« nicht imstande sind, eine Aktion durch ein Ereignis zu

32 Diese Hartnäckigkeit wird sich erst gegen Ende dieses Buches auszahlen, wenn wir den Wesen begegnen werden, die Handeln möglich machen, Begegnungen, die bis jetzt durch die unzeitige Versammlung des Kollektivs in Form einer Gesellschaft permanent aufgeschoben wurden – siehe S. 399.

transportieren, das auf den Status eines Zwischenglieds reduziert bleibt. Ja, Einstein hatte eine turbulente Jugend und nannte seine Theorie »revolutionär« und »relativistisch«, doch das führt einen nicht genau bis zu seiner Verwendung der Maxwellschen Gleichungen, sondern nur *in ihre Nähe*.[33] Ja, Pasteur war irgendwie reaktionär und verehrte die Kaiserin Eugenie, aber das bringt einen nicht sehr weit in seiner Bakteriologie, selbst wenn es etwa zu seiner Verwerfung der Urzeugung »vielleicht eine gewisse Beziehung gibt«.[34] Wenn sie soziale Erklärungen ins Allerheiligste der Wissenschaft transportieren sollen, haben Faktoren die unselige Tendenz, daß ihnen unterwegs der Treibstoff ausgeht! Natürlich, dies galt auch schon für den Transport all der anderen Entitäten zu den diversen Allerheiligsten von Recht, Religion, Technologie, Märkten und Subjektivitäten. Doch vor den *science studies* wurde nie bemerkt, wie schnell der Zeiger der Benzinuhr fiel. Das in der Sozialtheorie nie durchgeführte Experiment dazu, was wirklich mit einer sozialen Erklärung von irgend etwas gemeint ist, wurde in unserem kleinen Forschungsgebiet jeden Tag durchgeführt, wenn Artikel über die Geschichte und die Soziologie der Naturwissenschaften geschrieben wurden. Das hat die *science studies* in meinen Augen zu einem derart perfekten Laboratorium für die gesamte Soziologie gemacht: Endlich, dank der Versuche, harte wissenschaftliche Tatsachen sozial zu erklären, werden wir wissen, was sie vorher alle mit »sozial« gemeint hatten. Hier ist der Ort für den entscheidenden großen Sprung: *hic Rhodos, hic salta*.

33 Als klassisches Beispiel für eine solche Erklärung siehe L.S. Feuer (1974), *Einstein and the Generations of Science*.

34 Siehe den typischen Fall dargestellt in John Farley und Gerald L. Geison (1974), »Science, Politics and Spontaneous Generation in 19th-Century France: The Pasteur-Pouchet Debate« sowie Gerald G. Geison (1995), *The Private Science of Louis Pasteur*, Bruno Latour (1994), »Pasteur und Pouchet: Die Heterogenese der Wissenschaftsgeschichte« und die Kritik in Dominique Raynaud (2003), *Sociologie des controverses scientifiques*.

Übersetzung versus Transport

Damit sind wir an der wahren Geburtsstätte der »Akteur-Netzwerk-Theorie« angelangt, wie sie bald bezeichnet worden ist, bzw. der »Soziologie der Übersetzung«, wie es zutreffender heißen sollte; leider hat sich letztere Bezeichnung im Englischen nie durchgesetzt. Wie gesagt, ANT ist einfach das Gewahrwerden, daß etwas Ungewöhnliches in der Geschichte und Soziologie harter wissenschaftlicher Tatsachen geschehen ist, etwas derart Ungewöhnliches, daß die Sozialtheorie genausowenig durch es hindurchpaßte wie ein Kamel durch ein Nadelöhr.

Für mich zumindest war der Rubikon überschritten, als wir uns nach und nach gezwungen sahen, Verbindungen von drei ehemals nicht-sozialen Objekten zu berücksichtigen (Mikroben, Muscheln und Korallen), die darauf insistierten, eine merkwürdige Position einzunehmen, nämlich mit den früheren sozialen Entitäten *assoziiert* zu werden, die wir zu beschreiben versuchten.[35] Entweder – oder: Entweder wurden sie aus der Sozialtheorie verstoßen, weil sie nicht sozial genug aussahen, oder sie wurden in ihr willkommen geheißen. Doch dann mußte man das Konzept des Sozialen tiefgehend verändern. Die ANT war geboren, so könnte man sagen, als man sich für die zweite Lösung entschied.

Als die Jakobsmuscheln zu vollgültigen Akteuren wurden

In seinem Artikel von 1986 (Callon 2006 [1986]) beschreibt Michel Callon einen jener ökologischen Dispute,

35 Siehe Bruno Latour (1984), *Les microbes, guerre et paix, suivi de irréductions*; John Law (1986b), »On the Methods of Long-Distance Control: Vessels, Navigation and the Portuguese Route to India«; und natürlich den inzwischen geradezu mythischen Artikel über Jakobsmuscheln von Michel Callon (2006 [1986]), »Einige Elemente einer Soziologie der Übersetzung: Die Domestikation der Kammuscheln und der Fischer der St. Brieuc-Bucht«; letzteren fasse ich in diesem Kapitel zusammen.

die inzwischen so häufig geworden sind: Die Jakobsmuschel-Fischerei war zum Gegenstand heftiger Konflikte geworden, sowohl, was die genaue Kenntnis der Fortpflanzungsweise dieser Muscheln durch die Ozeanographen des CNEXO angeht, wie auch, was die Nutzung dieser zunehmend verschwindenden Ressource durch die Fischer betrifft, wie auch schließlich in bezug auf die sehr komplexe Organisation eines saisonalen Marktes. Wenn man die verfügbaren Ressourcen verwendete, um einen solchen Fall zu untersuchen, war zur damaligen Zeit die Versuchung groß, davon auszugehen, daß man zunächst zwischen den biologischen, technischen, kulturellen, ökonomischen und schließlich sozialen »Aspekten« dieser Kontroversen »sorgfältig zu unterscheiden« hatte, selbst wenn die Untersuchung eine Verflechtung zwischen wissenschaftlichen Institutionen, Fischerorganisationen, Preisbildungssystemen etc. ergab. Aber Callon entschloß sich im Gegenteil dazu zu überlegen, wie sein Terrain wohl aussähe, a) wenn man dem sozialen Vokabular keinerlei besonderes Privileg zugestand – »agnostisches Prinzip« –, b) wenn man sich bemühte, die Ausdrücke, mit denen die Menschen beschrieben wurden, auch für die Muscheln zu verwenden und umgekehrt – »Symmetrieprinzip« –, und wenn man schließlich c) die Assoziationen sich frei entfalten ließ, ohne sie unter dem Vorwand dabei zu unterbrechen, daß sie Gattungen von Wesen vermischten, die sich nicht hätten vermischen dürfen – »Prinzip der freien Assoziation«. Wenn man also etwa von den Fischern sagt, daß sie an ihrem Beruf »hängen«, kann man dann entsprechend von den Muscheln sagen, daß sie mehr oder weniger an den Kollektoren hängen, welche die von japanischen Methoden inspirierten Wissenschaftler einzuführen versuchten? Und kann man umgekehrt die Termini, die verwendet werden, um Naturzustände zu bezeichnen, verwenden, um die Strategien der Fischer oder der Forscher oder der juristischen Personen zu definieren? Die Seesterne verzehren die Muscheln, gewiß, doch auch die Fischer verzehren sie und die Muschelliebhaber erst recht. Das Ziel besteht nicht darin, alle Aktanten auf ein einziges Vokabular zu reduzieren, sondern die relative Widerstandsfähigkeit der Grenzen zu testen, die der gesunde Menschenverstand glaubt ziehen zu müssen und die die Fragestellung, anstatt sie zu erhellen, vielleicht völlig verdunkeln.

Um von diesem berühmten Beispiel auszugehen: Fischer, Ozeanographen, Satelliten und Muscheln unterhalten vielleicht einige *Beziehungen* miteinander, Beziehungen solcher Art, daß sie andere *dazu bringen*, unerwartete Dinge zu tun – worin die Definition eines Mittlers besteht, wie wir inzwischen bereits mehrfach gesehen haben. Gibt es ein Element in dieser Verkettung, das sich als *sozial* bezeichnen ließe? Nein. Weder die Funktionsweise der Satelliten noch die Lebensgewohnheiten der Muscheln würden auf irgendeine Weise erhellt, wenn man *etwas Soziales* zu ihrer Beschreibung *hinzufügte*. Das Soziale der Soziologen erscheint so genau als das, was es immer schon war, nämlich als etwas Überflüssiges, eine redundante Hinterwelt, die nichts zur wirklichen Welt hinzufügt, außer künstliche Rätsel – wie auch der Äther vor der Relativitätstheorie den Physikern half, die Dynamik neu zu beschreiben, ohne ihr irgend etwas hinzuzufügen, außer zusätzlichen Schwierigkeiten. Das ist die erste Etappe: das Soziale – in der 1. Bedeutung – hat sich aufgelöst.

Andererseits, gibt es irgend etwas in der entfalteten Kette, von dem man sagen könnte, es sei *nicht sozial*, in dem Sinne, daß es zu einer von Verknüpfungen losgelösten Welt gehört, beispielsweise einer »objektiv materiellen«, einer »subjektiv symbolischen« oder einem »reinen Gedankenbereich«? Nein. Jakobsmuscheln *bringen* den Fischer dazu, Dinge *zu tun*, so wie in den Ozean getauchte Netze die Muscheln dazu verlocken, sich an die Netze zu heften, und wie Datensammler Fischer und Muscheln in der Ozeanographie zusammenbringen. Aus den ersten drei Unbestimmtheiten haben wir gelernt, daß alle diese Beziehungen zu untersuchen empirisch schwierig sein mag, aber nicht länger a priori durch den »offensichtlichen Einwand« untersagt ist, daß »Dinge nicht sprechen«, »Fischernetze keine Leidenschaften kennen« und »nur Menschen Intentionen haben«. Sozial ist *nirgendwo* im besonderen, als ein Ding unter anderen Dingen, sondern kann *überall* zirkulieren als eine Bewegung, die nicht-soziale Dinge verbindet. Zweite Etappe: das Soziale – Nr. 2 – ist wieder da als Assoziation.

Noch wissen wir nicht, wie alle diese Akteure verknüpft sind, doch vor dem Start der Studie können wir als neue Standardeinstellung festhalten, daß alle Akteure, die wir ausschwärmen lassen werden, auf eine Weise *assoziiert* sein können, daß sie *andere dazu bringen, Dinge zu tun*. Nicht dadurch, daß sie als eine Art von getreuem Zwischenglied eine Kraft weiter transportieren, welche durchgängig *dieselbe* bliebe, sondern indem sie *Transformationen* hervorbringen, die sich in vielen unerwarteten *Ereignissen* bei den anderen Mittlern manifestieren, die auf sie in der Kette *folgen*. Dies habe ich »Irreduktionsprinzip« getauft, und darin liegt die philosophische Bedeutung der ANT: Eine Verkettung von Mittlern zeichnet nicht dieselben Verknüpfungen vor und erfordert nicht denselben Typ von Erklärungen wie ein Gefolge von Zwischengliedern, das eine Ursache weitertransportiert.*

Wenn *science studies*-Autoren sich daran machen, eine Erklärung von Einsteins Relativitätstheorie, Pasteurs Bakteriologie, Kelvins Thermodynamik und so weiter zu geben, müssen sie Verknüpfungen zwischen Entitäten herstellen, die völlig verschieden sind von dem, was früher als eine Verkettung sozialer Erklärungen galt. Diese Autoren behaupten,

* Erinnern wir uns an dieser Stelle daran, daß dem Buch über Pasteur ein zweiter, leider wenig gelesener, Teil folgte, *Irréductions* (1984), der die Philosophie solcher Netzwerke ausarbeitete.

daß ein Faktor ein *Akteur* in einer *Verkettung* von Akteuren ist und keine *Ursache*, auf die eine *Reihe* von Zwischengliedern folgt. Sobald man sich darauf einläßt, scheinen überraschenderweise die praktischen Details des jeweils vorliegenden Falles eine Erklärung des Kontextes bereitzustellen, der eigentlich jene erklären sollte. Plötzlich sind es Pasteurs eigene Bakterien, die, durch den neuen Tracer der Infektionskrankheiten, einen Großteil von dem zu erklären scheinen, was es während des zweiten Kaiserreichs in Frankreich bedeutete, »sozial verbunden« zu sein: Infizierte und nicht infizierte Menschen entwickelten nicht dieselbe Solidarität wie, sagen wir, Arme und Reiche. Die Richtung der Kausalität zwischen dem, was erklärt werden soll, und dem, was eine Erklärung bereitstellt, wird nicht bloß umgekehrt, sondern völlig umgestoßen: Die Infektion zeichnet die sozialen Landkarten neu. Und das britische Empire steht nicht nur »hinter« Lord Kelvins Telegraphenexperimenten, sondern ihm wird auch eine Dauerhaftigkeit, eine Reichweite, eine schnellere Reaktionszeit verliehen, wie es sie nie gekannt hätte ohne die dünnen Kabel, die im Ozean ausgelegt worden sind. Kelvins Wissenschaft produziert, teilweise, das Empire, das nicht länger im Hintergrund steht und ihn unmerklich manipuliert, sondern es wird durch Telegraphendrähte überhaupt erst hervorgebracht, die zu vollgültigen Mittlern geworden sind.[36] Es ist diese Umkehrung in der Kausalität, die die ANT zunächst bei Wissenschaft und Technologie zu registrieren versuchte und dann bei jedem weiteren Gegenstand.[37] Dabei kam ihr die befremdliche Idee, daß

36 Crosbie Smith und Norton Wise (1989), *Energy and Empire. A Biographical Study of Lord Kelvin* sowie Daniel R. Headrick (1988), *The Tentacles of Progress – Technology Transfer in the Age of Imperialism, 1850-1940.*

37 Noch einmal, überall sonst, in Geschichte, Anthropologie, Kunstgeschichte und Unternehmensgeschichte, taten alle dergleichen schon die ganze Zeit. Als erstaunliches Beispiel für den Respekt gegenüber der Metaphysik eines Müllers siehe Carlo Ginzburg (1983), *Der Käse und die Würmer. Die Welt eines Müllers um 1600.* Zu einer Erklärung des Wachstums von Unternehmen, die keinen Maßstab voraussetzt, siehe Alfred D.

das Soziale keine Erklärung lieferte, sondern selbst zu erklären war. Wir alle begannen, uns darüber zu wundern: Wenn wir so viele Mittler nur gut genug beschrieben, gab es keinen Bedarf mehr für eine Gesellschaft, die *hinter* ihnen lag.[38]
Wie ich bereits in der Einleitung sagte, ist das Wort sozial für einen solchen Prozeß zu verwenden durch die älteste Etymologie des Wortes *socius* gerechtfertigt: »jemand, der jemand anderem folgt«, ein »Gefolgsmann«, ein »Gefährte, Gesellschafter« (*associate*). Um dieses Ding zu bezeichnen, das weder ein Akteur unter anderen noch eine Kraft hinter allen Akteuren ist, die von einigen von ihnen transportiert wird, sondern eine Verknüpfung, die sozusagen Transformationen transportiert, verwenden wir das Wort *Übersetzung* – das knifflige Wort Netzwerk werden wir im nächsten Kapitel als das definieren, was mittels dieser Übersetzungen in den Berichten der Forscher *aufgezeichnet* wird.[39] Damit nimmt das Wort »Übersetzung« eine spezialisierte Bedeutung an: eine Relation, die nicht Kausalität transportiert, sondern zwei Mittler dazu veranlaßt zu koexistieren. Wenn irgendeine Kausalität in einer vorhersagbaren und routinemäßigen Weise transportiert zu werden scheint, dann beweist dies nur, daß andere Mittler in Stellung gebracht worden sind, um eine solche Fortbewegung glatt und vorhersagbar zu machen (siehe Teil II). Ich kann nun das Ziel dieser Soziologie der Assoziationen genauer formulieren: Es gibt keine Gesellschaft, keinen sozialen Bereich und keine sozialen Bindungen, *sondern es existieren Übersetzungen zwischen Mittlern, die aufzeichenbare Assoziationen generieren können*. Durch dieses Buch werden wir hoffentlich lernen, den Abstand zwischen

Chandler (1977), *The Visible Hand: The Managerial Revolution in American Business.*

38 Hätten wir Gabriel Tarde früher gekannt, hätten wir uns viel Mühe erspart oder zumindest nicht vorgeben müssen, eine völlig neue Sozialtheorie erfunden zu haben.

39 Callon bezieht sich explizit auf Michel Serres (1992 [1974]), *Hermes III. Übersetzung.*

einer Erklärung (*account*)[40] zu vergrößern, die das Soziale verwendet, so wie es traditionellerweise interpretiert wird, und jener anderen Form von Erklärung, die sich vornimmt, Ketten von Mittlern zu entfalten. ANT zu lernen besteht in nichts anderem, als empfänglich zu werden für die Unterschiede der beiden Typen von Erklärungen in ihren literarischen, wissenschaftlichen, moralischen, politischen und empirischen Dimensionen.

Erfahrung ist mehr, als was ins Auge fällt

Was in einer solchen Definition von Assoziation wirklich schockierend erscheint, ist nicht nur die befremdliche neue Bedeutung, die dem »Sozialen« verliehen wird, sondern ebenso der ungewöhnliche Platz, der den sogenannten »natürlichen« Objekten angeboten wird. Und doch müssen beide Enden dieser Kette, das Soziale und das Natürliche, gleichzeitig aufgelöst werden. Eine solche Symmetrie wird wohl kaum von denjenigen verstanden, die ANT als eine »auf nicht-menschliche Wesen erweiterte« Soziologie definieren – als hätten diese Wesen nicht eine ebenso große Veränderung erfahren wie die sozialen Akteure. Und dennoch, wenn nicht beide im gleichen Moment zurückgewiesen werden, werden wir unsere Arbeit im Feld umsonst tun: Welche neuen Verbindungen wir auch aufzeichnen, einige Agenzien werden das Etikett »sozial« annehmen und andere das Etikett »natürlich«, und die Aufzeichnung dessen, was wir als soziale Verbindungen bezeichnen, wird durch die Inkommensurabilität zwischen den beiden unsichtbar werden. Wie sie *assoziiert* werden, wird ein für allemal verlorengehen: Die Muscheln werden wieder zurücksinken in den tiefen Ozean natürlicher, materieller, objektiver und nicht-intentionaler Tatsachen, während sich die Fischer in der dürftigen Hütte versammeln werden, an deren Eingang wie in den schlechten

40 [Siehe zu dieser Übersetzung weiter unten Anm. S. 213. A. d. Ü.]

alten Tagen der Apartheid zu lesen steht: »nur für intentionale Menschenwesen«. Und die Soziologen werden mit leeren Händen aus dem Feld zurückkehren, denn alle ihre Daten sind durch eine Zweiteilung ruiniert, die genau der Praxis widerspricht, für die sie Rechenschaft abzulegen versuchten: Fische und Fischer stehen einander nicht gegenüber als »natürlich« und »sozial«, »Objekt« und »Subjekt«, »materiell« und »symbolisch« – und Ozeanographen noch viel weniger. Man darf Sozialtheorie nicht mit Kantianismus verwechseln.

Um dies zu ermöglichen, müssen wir die Tatsachen ebenso von ihrer Reduktion durch »Natur« befreien wie die Objekte und Dinge von ihrer »Erklärung« durch Gesellschaft. Ohne diesen zweifachen Schritt ist unser Argument nur eine Rückkehr zum klassischen Materialismus, der stark einer »Ingenieurssoziologie« gleicht, zusammen mit ihrem »Technikdeterminismus«. Das Problem ist bloß: Wenn es schon schwierig ist aufzuzeigen, daß das Soziale ein Artefakt ist, hervorgebracht durch den Gebrauch eines unangemessenen Kausalitätsbegriffs, dann ist es noch kniffliger zu zeigen, daß die »Natur«, verstanden als Versammlung aller nicht-sozialen Tatsachen, ebenso verabschiedet werden sollte. Und die äußerst verstörten Reaktionen auf die ANT im Laufe der Jahre beweisen hinlänglich, daß in dieser verzwickten Angelegenheit die Erfolgschancen äußerst gering sind.

Durkheim gegen den Pragmatismus

Niemand liefert einen schlagenderen Beweis für die enge Verbindung zwischen der Definition von Gesellschaft und der Wissenschaftstheorie als Durkheim bei seiner Kritik am Pragmatismus, der damals eine neue Philosophie war. Seine erste Vorlesung von 1914 eröffnete er mit folgenden Worten:*

* Ich danke Bruno Karsenti, der mich auf diesen Text aufmerksam gemacht hat. Seit ich ihn gelesen habe, leide ich nicht mehr darunter, daß die

Aus welchen Gründen habe ich das Thema dieser Vorlesungen ausgewählt? Warum habe ich ihnen den Titel Pragmatismus und Soziologie *gegeben? Zunächst einmal wegen der Aktualität des Pragmatismus, der wohl die einzige zur Zeit existente Wahrheitstheorie darstellt. Sodann, weil dem Pragmatismus ein Sinn für das* Leben *und für das* Handeln *eigen ist, den er mit der Soziologie gemein hat: Beide sind Kinder derselben Zeit.*
Und dennoch empfinde ich für die Schlußfolgerungen, zu denen der Pragmatismus gelangt, nur Distanz. Es ist daher sinnvoll, wenn ich die unterschiedlichen Positionen der beiden Lehren darlege. Das Problem, das der Pragmatismus aufwirft, ist in der Tat sehr schwerwiegend. Wir erleben heute einen Angriff auf die Vernunft, einen regelrechten Kampf, der in voller Rüstung ausgetragen wird. Das Problem verdient daher in dreifacher Hinsicht Interesse.
1. Zunächst einmal ist es aus einem allgemeinen Grunde interessant. Mehr als jede andere Lehre vermag der Pragmatismus uns die Notwendigkeit einer Erneuerung des traditionellen Rationalismus vor Augen zu führen, zeigt er uns doch, mit welchen Mängeln dieser Rationalismus behaftet ist.
2. Zum zweiten ist das Problem aus einem nationalen Grunde interessant. Unsere ganze französische Kultur ist in ihren Grundlagen dem Wesen nach rationalistisch. Das 18. Jahrhundert kann hier als Fortsetzung des Cartesianismus gelten. Eine totale Negation des Raionalismus wäre mithin eine Gefahr und müßte unsere gesamte nationale Kultur erschüttern. Der französische Geist hätte sich grundlegend zu wandeln, wenn diese Form von Irrationalismus, die der Pragmatismus darstellt, akzeptiert werden müßte.

Franzosen die Lektionen der *science studies* nur so langsam annehmen: Alles ist gesagt, wenn man diese Passage Durkheims liest: die Republik, Frankreich, die Wissenschaft und der Rationalismus marschieren im Gleichschritt … Für eine jüngere Untersuchung dieses wissenschaftlichen Feldes siehe J.-M. Berthelot, O. Martin und C. Colinet (2005), *Savoirs et savants.*

> *3. Schließlich ist das Problem aus einem im eigentlichen Sinne philosophischen Grunde interessant. Nicht allein unsere Kultur, sondern die gesamte philosophische Tradition zeigt [...] eine rationalistische Tendenz, und dies schon seit den Anfängen der philosophischen Spekulation. Deshalb müßten wir auch diese ganze Tradition umstürzen, wenn der Pragmatismus recht hätte.* (Durkheim 1987, S. 11)

Hier kann uns die vierte Quelle der Unbestimmtheit helfen. Wenn wir bereit sind, auch aus den Kontroversen über nichtmenschliche Wesen zu lernen, bemerken wir bald, daß unbestreitbare Tatsachen (im Englischen mit dem schwierig zu übersetzenden Ausdruck *matters of fact* bezeichnet) auch nicht besser beschreiben, welche Art von Existenzformen die Welt bevölkern, als die Wörter »sozial«, »symbolisch« und »diskursiv« benennen, was ein menschlicher Akteur und was die vielfältigen *Aliens* sind, die ihn zum Handeln bringen. Das ist nicht weiter verwunderlich, denn »Gesellschaft« und »Natur« beschreiben keine Realitätsbereiche, sondern sind zwei *Kollektoren*, die im 17. Jahrhundert zusammen erfunden worden sind, und zwar hauptsächlich aus polemischen Gründen.[41] Der Empirismus, sofern wir darunter eine klare Unterscheidung zwischen Sinneseindrücken und mentalem Urteil verstehen, kann ganz gewiß nicht beanspruchen, eine vollständige Beschreibung dessen zu sein, »was in der Erfahrung gegeben ist«.[42]

41 Zu dieser langen Geschichte kann ich den Leser nur verweisen auf Steven Shapin und Simon Schaffer (1985), *Leviathan and the Air-Pump: Hobbes, Boyle and the Experimental Life*. Die Verbindung zwischen Soziologie und Modernisierung ist so eng, daß es unmöglich ist, das eine vom anderen zu trennen. Siehe Ulrich Beck, Anthony Giddens und Scott Lash (1996), *Reflexive Modernisierung*; Zygmunt Bauman (1999), *Unbehagen in der Postmoderne*; P. Wagner (1996), *Liberté et discipline*; sowie Bruno Karsenti (1997), *L'Homme total: Sociologie, anthropologie et philosophie chez Marcel Mauss.*

42 Der Ausdruck stammt von Whitehead. Siehe William James (1890), *The Principles of Psychology*, John Dewey (1989), *Die Erneuerung der Philoso-*

Um unser Projekt fortzusetzen, müssen wir diese schwierigen philosophischen Fragen nicht behandeln. Wir müssen nur geistig offen für die Gestalt sein, in der die früheren Naturobjekte sich in den neuen Assoziationen präsentieren können, die wir verfolgen. Sobald die artifizielle Grenze zwischen Sozialem und Natürlichem beseitigt war, konnten zu unserer großen Überraschung nicht-menschliche Entitäten in einer unerwarteten Aufmachung erscheinen. Beispielsweise waren Steine vielleicht nützlich, um einen Idealisten wieder zu Sinnen zu bringen, doch die Steine *in der Geologie* schienen eine sehr viel variationsreichere, ungewissere, offenere Geschichte zu haben und sehr viele komplexere Existenzformen zu entfalten, als die dürftige Rolle, die ihnen von empiristischen Erklärungen angeboten wurde.[43] Stahltische bieten eine günstige Gelegenheit für ungehaltene Realisten, um im Namen von »materiellen Zwängen« mit der Faust darauf zu hauen und so Soziologen vielleicht in die Realität zurückzubringen, doch laminierter Stahl in der *Metallurgie* liefert so viele Rätsel in bezug darauf, wie eine materielle Widerstandsfähigkeit auftreten kann, daß es beinahe keine Beziehung gibt zwischen dem, was positivistische Philosophen und materialistische Wissenschaftler als »Materie« bezeichnen, und dem, was Materialwissenschaftler darüber sagen.[44] Der Determinismus der genetischen Veranlagung mag Soziobiologen zusagen, um den sozialistischen Traum von einer besseren Menschheit lächerlich zu machen, doch die Gene in der *Biogenetik* spielen so viele widersprüchliche

phie und Stengers (2002), *Penser avec Whitehead*. Daß dieser Empirismus niemals bloß unbestreitbare Tatsachen betrifft, wird wunderbar gezeigt in Lorraine Daston (1988), »The Factual Sensibility: An Essay Review on Artifact and Experiment« und Jessica Riskin (2002), *Science in the Age of Sensibility: The Sentimental Empiricists of The French Enlightenment*.

43 Siehe das letzte Kapitel über Dolomite in Hacking (1999), *The Social Construction of What?* [Dieses Kapitel fehlt in der gekürzten deutschen Ausgabe von Hackings Buch: *Was heißt »soziale Konstruktion«?* A.d.Ü.]

44 Siehe Pablo Jensen (2001), *Entrer en matière: Les atomes expliquent-ils le monde?*

Rollen, gehorchen so vielen gegensätzlichen Signalen, sind »Anlagen« so vieler unterschiedlicher Einflüsse, daß sie sich gewiß nicht dazu eignen, einen Gegner mundtot zu machen.[45] Computer mögen die beste Reklame für die allerneueste Technologie darstellen, doch Chips in der *Computerwissenschaft* erfordern riesige Institutionen, damit sie ihrem Ruf als »formale Maschinen« gerecht werden können.[46] Überall überbordet die empirische Mannigfaltigkeit vormals »natürlicher« Agenzien die schmale Bandbreite unbestreitbarer Tatsachen. Anders gesagt, es gibt keinerlei direkte Beziehung zwischen wirklich zu sein und unbestreitbar zu sein.

Der Empirismus erscheint nicht länger als das solide Grundgestein, auf das sich alles andere gründen ließe, sondern als eine sehr dürftige Interpretation von Erfahrung. Diese Dürftigkeit wird jedoch nicht dadurch überwunden, daß man sich von der materiellen Erfahrung *weg* bewegt und beispielsweise hin zur »reichen menschlichen Subjektivität«, sondern indem man noch *näher* an die buntscheckigen Existenzformen heranrückt, die Materialien zu bieten haben.[47] Man bekämpft den Reduktionismus nicht dadurch, daß man der Beschreibung einen menschlichen, symbolischen, subjektiven oder sozialen »Aspekt« hinzufügt, denn der Reduktionismus wird ja zunächst einmal den objektiven Tatsachen nicht gerecht. Dem ersten Empirismus, um ihn einmal so zu nennen, war es darum zu tun, aus politischen Gründen die vielen Windungen der Objektivität herunterzuspielen

45 Siehe E. Fox Keller (2001), *Das Jahrhundert des Gens*; Sophie Houdart (2000), *»Et le scientifique tint le monde«. Ethnologie d'un laboratoire japonais de génétique du comportement*; sowie Richard Lewontin (2002), *Die Dreifachhelix. Gen, Organismus und Umwelt.*

46 Brian Cantwell Smith (1997), *On the Origin of Objects.*

47 Der unwahrscheinliche Fall der Zuckerrüben half François Mélard, eine der besten Anwendungen dafür zu liefern, was mit Gesellschaft geschieht, wenn Dinge hineingebracht werden. François Mélard (2001), *L'autorité des instruments dans la production du lien social. Le cas de l'analyse polarimétrique dans l'industrie sucrière belge.*

und die nicht-menschlichen Wesen zum Schatten ihrer selbst zu machen. Weit davon entfernt, »im Besitz der Objektivität« zu sein, gleichen die Positivisten viel eher abwesenden Landeigentümern, die anscheinend nicht wissen, was sie mit ihrem Besitz anfangen sollen. Es könnte sein, daß wir in den *science studies* sehr wohl etwas damit anzufangen wissen.

Die große Chance der ANT besteht darin, daß die vielen Faltungen der Objektivität sichtbar werden, sobald man sich ein wenig *näher* dorthin bewegt, wo Agenzien dazu gebracht werden, sich zu manifestieren, nämlich in wissenschaftlichen Laboratorien – oder wo Laboratorien in engeren Kontakt mit dem Alltagsleben gebracht werden, wie es heute oft der Fall ist. Die Positivisten waren nicht sehr inspiriert, als sie die »Tatsachen« als die elementaren Bausteine auswählten, um ihre Kathedrale der Gewißheit zu errichten. Sie glaubten, dies sei das primitivste, solideste, unbestrittenste, unbestreitbarste Material, und alles Übrige ließe sich darauf reduzieren. Doch es fand sich bald mehr als nur ein einziger Strohhalm in der soliden Materie, die sie als ihre Grundlage wählten.[48] Schon die Etymologie hätte sie erschaudern lassen müssen: Wie konnte eine Tatsache so solide sein, wo sie doch *Tat*-Sache ist und also dem Tun entstammt und verfertigt ist? Wie die kürzeste Untersuchung im primitivsten Labor zeigt und wie Ludwik Fleck vor langer Zeit bewiesen hat, betreffen Tatsachen die komplexeste, elaborierteste und kollektivste Konstruktion, die es gibt![49]

48 Durkheim hatte auch nicht mehr Glück, als er vorschlug, »soziale Tatsachen als Dinge« zu behandeln, denn was sozial ist, was eine Tatsache und was ein Ding ist, sind wahrscheinlich die drei kontroversesten, unbestimmtesten und zweifelhaftesten Begriffe in der Philosophie!

49 Siehe Ludwik Fleck (1980), *Entstehung und Entwicklung einer wissenschaftlichen Tatsache* sowie Ludwik Fleck, Robert S. Cohen und Thomas Schnelle (1986), *Cognition and Fact. Materials on Ludwik Fleck.*

Fleck über die Wassermann-Reaktion zur Feststellung der Syphilis

In seinem bahnbrechenden Buch entwickelt der Begründer der Wissenschaftssoziologie eine sehr viel feinere Beschreibung der »Entstehung« einer wissenschaftlichen Tatsache, als gewöhnlich von denjenigen erkannt wird, die es durch eine Kantische oder Kuhnsche Brille lesen:[50]

Es ist sehr schwer, wenn überhaupt möglich, die Geschichte eines Wissensgebietes richtig zu beschreiben. [...] Es ist [...], als ob wir ein erregtes Gespräch, wo mehrere Personen gleichzeitig miteinander und durcheinander sprachen, und es doch einen gemeinsamen herauskristallisierenden Gedanken gab, dem natürlichen Verlaufe getreu, schriftlich wiedergeben wollten. (Fleck 1980, S. 23)

Doch seine Definition des Sozialen ist deutlich positiv und nicht negativ, das heißt, je mehr Soziales da ist, desto mehr Realismus:

Jede Erkenntnistheorie, die diese soziologische Bedingtheit allen Erkennens nicht grundsätzlich und einzelhaft ins Kalkül stellt, ist Spielerei. Wer aber die soziale Bedingtheit für ein malum necessarium, für eine leider existierende menschliche Unzulänglichkeit ansieht, die zu bekämpfen Pflicht ist, verkennt, daß ohne soziale Bedingtheit überhaupt kein Erkennen möglich sei, ja, daß das Wort ›Erkennen‹ nur im Zusammenhange mit einem Denkkollektiv Bedeutung erhalte. (Ebd., S. 59 f.)

Dies bringt ihn in Konflikt mit Soziologen wie Durkheim:

Nun begehen alle diese soziologisch und humanistisch gebildeten Denker – so fördernd ihre Gedanken sind – einen cha-

50 Bei dieser Metapher der Brille oder der Voraussetzungen handelt es sich tatsächlich um diejenige, die von Kuhn in seinem Vorwort zu Flecks Buch verwendet wird.

rakteristischen Fehler: sie haben allzu großen Respekt, eine Art religiöser Hochachtung vor naturwissenschaftlichen Tatsachen. (Ebd., S. 65)

Doch der mehrdeutige Begriff »Denkkollektiv« ist in keiner Weise sozialem Einfluß gleichzusetzen, wie er traditionell verstanden wird:

Definieren wir ›Denkkollektiv‹ als Gemeinschaft der Menschen, die im Gedankenaustausch oder in gedanklicher Wechselwirkung stehen, so besitzen wir in ihm den Träger geschichtlicher Entwicklung eines Denkgebietes, eines bestimmten Wissensbestandes und Kulturstandes, also eines besonderen Denkstiles. (Ebd., S. 54 f.)

Denkkollektiv ist nicht, was die Tatsachenproduktion bedingt und begrenzt, sondern was ihr ermöglicht zu entstehen:

So entsteht die Tatsache: zuerst ein Widerstandsaviso im chaotischen anfänglichen Denken, dann ein bestimmter Denkzwang, schließlich eine unmittelbar wahrzunehmende Gestalt. Und sie ist immer ein Ereignis denkgeschichtlicher Zusammenhänge, immer ein Ergebnis bestimmten Denkstiles. (Ebd., S. 124)

Diese realistische Einstellung gegenüber dem Sozialen erlaubt es Fleck, vom Begriff kollektiver Praxis zu dem des Ereignisses überzugehen:

Fassen wir nun die Theorie der Erkenntnis von der Beziehung der Wassermann-Reaktion und der Syphilis zusammen, so ist folgendes zu sagen: Die Entdeckung – oder die Erfindung – der Wassermann-Reaktion vollzog sich in einem einmaligen, historischen Prozesse, der weder experimentell zu reproduzieren noch logisch zu legitimieren ist. Sozialpsychologische Motive und eine Art kollektiver Erfahrung haben die Reaktion – unter vielen Irrungen – ausgearbeitet. Die Beziehung der Wassermann-Reaktion zur Syphilis –

eine unzweifelhafte Tatsache – ist aus diesem Standpunkte ein Ereignis der Denkgeschichte. (Ebd., S. 128)

Über den Begriff des Ereignisses lassen sich die symmetrischen Beschränkungen der Soziologen und der Epistemologen überwinden:

[Wahrheit] ist nicht ›relativ‹ oder gar ›subjektiv‹ im populären Sinne des Wortes. Sie ist immer oder fast immer, innerhalb eines Denkstils, vollständig determiniert. Man kann nie sagen, derselbe Gedanke sei für A wahr und für B falsch. Gehören beide demselben Denkkollektive an, dann ist der Gedanke für beide entweder wahr oder falsch. Gehören sie aber verschiedenen Denkkollektiven an, so ist es eben nicht derselbe *Gedanke, da er für einen von ihnen unklar sein muß oder von ihm anders verstanden wird. Auch ist Wahrheit nicht Konvention,* sondern im historischen Längsschnitt: denkgeschichtliches Ereignis, in momentanem Zusammenhange: stilgemäßer Denkzwang. (Ebd., S. 131)

Die ANT ist nicht nur daran interessiert, die menschlichen Akteure aus dem Gefängnis des Sozialen zu befreien, sondern sie will auch den natürlichen Gegenständen eine Gelegenheit geben, der engen Zelle zu entkommen, die den unbestreitbaren Tatsachen vom ersten Empirismus zugewiesen worden ist.[51] Das habe ich in den *science studies* immer so erfrischend gefunden: Vor ihrer Entstehung wurden im Gespräch zwischen Philosophen, Soziologen und Politologen über die richtige Trennung zwischen »Natur« und »Gesellschaft« immer nur langweilige, gewöhnliche, jahrtausendealte unbestreitbare Tatsachen wie Steine, Matten, Krüge und Hämmer zur Illustration herangezogen, alles im Grunde Dinge, wie sie schon Neandertaler verwendet haben konnten. Diese Objekte sind vollkommen respektabel, doch sie lassen, wie wir im vorigen Kapitel gesehen haben, keine Spur

51 Latour (2001a), *Das Parlament der Dinge*, Kap. 2.

zurück, und daher gibt es keine Möglichkeit, daß sie noch einmal als Mittler auftauchen könnten.[52]

Die Diskussion beginnt sich ein für allemal zu verschieben, wenn man nicht von unbestreitbaren Tatsachen (*matters of fact*), sondern, wie ich sie nennen will, umstrittenen Tatsachen (*matters of concern*) ausgeht.[53] Obwohl äußerst ungewiß und lautstark diskutiert, lassen sich diese wirklichen, objektiven, atypischen und vor allem *interessanten* Existenzformen genaugenommen nicht als Objekte verstehen, sondern eher als *Versammlungen*.[54] Mit Monte-Carlo-Berechnungen kann man nicht dasselbe machen, was man mit Tassen macht; mit genmanipulierten Organismen nicht dasselbe wie mit Matten; mit Quaternionen nicht dasselbe wie mit schwarzen Schwänen.[55] Genau davon zehrt die vierte Unbestimmtheit: Die Kartographierung wissenschaftlicher Kontroversen über umstrittene Tatsachen sollte es uns erlauben, den Schauplatz des Empirismus von Grund auf zu er-

52 Außer natürlich in den Expertenhänden von Archäologen und Ethnographen. Siehe Pierre Lemonnier (1993), *Technological Choices*.

53 Zum Begriff der umstrittenen Tatsachen (*matters of concern*) siehe B. Latour (2004b), »Why Has Critique Run Out of Steam?« und vor allem B. Latour, P. Weibel (2005), *Making things Public*; Bruno Latour (2005), *Von der Realpolitik zur Dingpolitik oder Wie man Dinge öffentlich macht* (Übersetzung des Vorworts von Latour u. Weibel 2005). [Ich orientiere mich an der französischen Übersetzung von *matters of fact* vs. *matters of concern* als *faits indiscutables* vs. *faits disputés* und habe es dementsprechend als unbestreitbare Tatsachen (manchmal auch: Fakten) vs. umstrittene Tatsachen übersetzt. Leider gehen dadurch wieder viele Bedeutungsnuancen verloren, die in *matters of concern* stecken. Daß die Tatsachen umstritten sind, heißt hier auch, daß um sie gerungen wird, daß sie wichtig sind. Denn *matters of concern* sind vor allem Objekte, Sachen, Angelegenheiten von Belang. (In *Dingpolitik* habe ich *matters of fact* als Tatsachen, *matters of concern* als [gemeinsame, strittige] Angelegenheiten übersetzt.) A. d. Ü.]

54 Martin Heidegger (1977), *The Question Concerning Technology and Other Essays* [dt.: (1962), *Die Technik und die Kehre*]. Für eine neue Lektüre dieses Arguments siehe Graham Harman (2002), *Tool-Being: Heidegger and the Metaphysics of Objects*.

55 Siehe Peter Galison (1997), *Image and Logic. A Material Culture of Microphysics* und Andrew Pickering (1995), *The Mangle of Practice*.

neuern – und damit die große Trennung zwischen »Natürlichem« und »Sozialem«. Eine natürliche Welt, die aus umstrittenen Tatsachen besteht, sieht ein wenig anders aus als eine aus unbestreitbaren Tatsachen; sie läßt sich nicht mehr so leicht als Folie für eine »symbolisch-menschlich-intentionale« soziale Ordnung verwenden. Daher gleicht der *zweite* Empirismus, wie man ihn nennen könnte, überhaupt nicht mehr dem ersten: Seine Wissenschaft, seine Politik, seine Ästhetik, seine Moral sind andere. Er bleibt genauso wirklich und objektiv, doch er ist lebendiger, gesprächiger, aktiver, pluralistischer und vermittelter als jener.

Es hat jedoch nichts Radikales oder Revolutionäres, vom ersten zum zweiten Empirismus überzugehen. Der Übergang von der einen in die andere Welt erforderte keine große Genialität, Originalität oder Tapferkeit von den ANT-Forschern. Tagtäglich machten Wissenschaftler und Ingenieure in ihren Laboratorien die Produktion von Tatsachen sichtbarer, riskanter, aufwendiger, debattierbarer, interessanter und öffentlich relevanter. Das zeigt sogar schon ein oberflächlicher Blick in irgendeine technische Zeitschrift. Unbestreitbare Tatsachen konnten stumm bleiben und sich damit begnügen, mit Füßen gestoßen oder mit Fäusten behauen zu werden, mit Ausrufen begleitet wie »das sind die Fakten!«, doch die umstrittenen Tatsachen hören nicht auf, Daten jeglicher Art zu produzieren, und es besteht nicht die Gefahr, daß uns die Terrains ausgehen könnten, um ihre Transformationen zu verfolgen. Wenn es für Soziologen der Assoziationen etwas Entmutigendes gibt, so ist es nicht das tiefe Schweigen einer stummen »Natur«, das ihre Untersuchungen verunmöglichen und sie dazu zwingen könnte, im »symbolischen« menschlichen Bereich zu bleiben, sondern die schiere Flut von Informationen über die vielen Weisen, wie umstrittene Tatsachen in der heutigen Welt existieren. Die Frage lautet eher: Wie können wir der Aufgabe gewachsen sein und einer solchen anwachsenden Masse von Beweisen gerecht werden?

Eine Liste, um zu helfen, umstrittene Tatsachen zu entfalten

Die Lösung besteht – wieder einmal – darin zu lernen, wie man von Unbestimmtheiten zehrt, statt im vorhinein zu entscheiden, wie das Mobiliar der Welt auszusehen hat. Die Untersuchung kann so lange weitergehen, wie wir lernen, dem Naturbegriff das Gift auf die gleiche Weise zu entziehen, wie wir es bei seinem Zwillingsbegriff, der Gesellschaft, bereits getan haben.* So haben wir gelernt, in »Gesellschaft« die Assoziationen, die wir beibehielten – das Soziale Nr. 2 –, von einer aus sozialem Stoff bestehenden Substanz zu unterscheiden, die wir verwarfen – das Soziale Nr. 1. Ähnlich werden wir in »Natur« die Entfaltung von Realität beibehalten und ihre verfrühte Vereinigung in unbestreitbaren Tatsachen, in *matters of fact*, verwerfen. Wenn es ein Fehler war, von der Idee der Assoziationen zu der Schlußfolgerung überzugehen, daß sie Phänomene seien, die aus sozialem *Stoff* bestehen, so ist es ein symmetrischer Fehler, aus einem Interesse an nicht-menschlichen Entitäten zu schließen, daß sie wie unbestreitbare Tatsachen aussehen werden – welche ja nichts weiter sind als eine blasse Kopie der umstrittenen Tatsachen, wie jede Lektüre der *science studies* zeigen wird.

Spermien beispielsweise pflegten hartnäckige kleine Machos zu sein, die kraftvoll in Richtung des ohnmächtigen Eies schwammen; nun werden sie angezogen, angeworben und verführt von einem Ei, dessen Existenzform inzwischen so subtil geworden ist, daß es das gute Sperma vom schlechten unterscheiden und auswählen kann – oder zumindest wird *das* inzwischen in der Entwicklungsphysiologie *diskutiert*.[56]

* Um es noch einmal zu sagen: Diese in Latour (2001a), *Das Parlament der Dinge* geleistete Arbeit wurde in Wirklichkeit erst nach der Entwicklung des Akteur-Netzwerks getan.

56 Siehe in Shirley Strum und Linda Fedigan (2000), *Primate Encounters* das Kapitel von Z. Tang-Martinez, »Paradigms and Primates: Bateman's Principles, Passive Females, and Perspectives from Other Taxa«, S. 260-274.

Gene galten als Überträger von Information, die Proteine codierte, doch nun werden sie auch so betrachtet, als seien sie untereinander in einen Wettstreit um Nahrung verwickelt, was die Metapher der Informationsübertragung ruiniert – oder zumindest wird *das* unter einigen Genetikern *diskutiert.*[57] Schimpansen galten als nette umgängliche Partner, die das Bild eines Paradieses der guten Wildnis boten, doch inzwischen scheinen sie in grimmiger Konkurrenz zu leben und zu Mord und verschlagenen machiavellistischen Intrigen zu neigen – oder zumindest wird *das* in der Primatologie inzwischen *diskutiert.*[58] Mutterboden galt als kompaktes Aggregat träger Materie, angeordnet in Schichten verschiedener Farbe, die Bodenwissenschaftler zu kartieren lernten; nun ist er vollgepackt mit einer derart großen Zahl von Mikroorganismen, daß nur Mikrozoologen diesen miniaturisierten Dschungel erklären können – oder zumindest wird *das* unter einigen Pedologen *diskutiert.*[59] Computer galten als dumme digitale Maschinen, doch nun scheinen sie Digitalität nur durch eine verwirrende Reihe materieller analoger Signale zu erreichen, dic keine Beziehung zu formalen Berechnungen mehr haben – oder zumindest wird *das* unter einigen Theoretikern der Computerwissenschaft *diskutiert.*[60]

Eine solche Mannigfaltigkeit bedeutet nicht, daß Wissenschaftler nicht wüßten, was sie tun, und alles nur Fiktion wäre, sondern daß die *science studies* in der Lage waren, genau auseinanderzufalten, was der Begriff der »natürlichen, objektiven, unbestreitbaren Tatsachen« zu schnell zusammengeworfen hatte, nämlich Realität, Einheit und Unbe-

57 Siehe Jean-Jacques Kupiec und Pierre Sonigo (2000), *Ni Dieu ni gène*; Evelyn Fox Keller (1998), *Das Leben neu denken: Metaphern der Biologie im 20. Jahrhundert.*

58 Frans de Waal (1983), *Unsere haarigen Vettern. Neueste Erfahrungen mit Schimpansen.*

59 Siehe Alain Ruellan und Mireille Dosso (1993), *Regards sur le sol.*

60 Siehe Adam Lowe und Simon Schaffer (1999), *NoIse, 1999.*

streitbarkeit.[61] Wenn man nach der ersten sucht, wird man nicht automatisch die zwei anderen bekommen. Und das hat nichts mit »interpretativer Flexibilität« zu tun, die durch »vielfältige Gesichtspunkte« auf »dasselbe« Ding ermöglicht würde. *Sondern dem Ding selbst wurde erlaubt, als vielfältig entfaltet zu werden*, und damit auch, durch verschiedene Gesichtspunkte erfaßt zu werden, bevor es möglicherweise in irgendeinem späteren Stadium vereinheitlicht wird, abhängig von den Fähigkeiten des Kollektivs dazu.[62] Es gibt einfach mehr Existenzformen im *Pluriversum*, um William James' Ausdruck zu verwenden, als Philosophen und Wissenschaftler es sich träumen ließen.

Der wichtige ethische, wissenschaftliche und politische Punkt ist hier folgender: Wenn wir von der Welt der unbestreitbaren Tatsachen übergehen zu den *Welten* der umstrittenen Tatsachen, können wir uns nicht länger mit der *Gleichgültigkeit* gegenüber der Realität zufriedengeben, wie sie mit den vielfachen »symbolischen« Repräsentationen »derselben« Natur einhergeht, noch mit der *vorzeitigen Vereinheitlichung*, wie sie »die Natur« bereitstellt. Wenn wir die vielen Resultate der Wissenschaften in die Zoos der vielen Existenzformen einbeziehen, die in der Welt zusammenarbeiten, haben wir einen weiteren Rubikon überschritten, und damit gelangen wir von der *Metaphysik* zur *Ontologie*.[63] Während

61 Diese entscheidende Lektion habe ich gezogen aus Marc Berg und Anne-Marie Mol (1998), *Differences in Medicine. Unraveling Practices, Techniques and Bodies* sowie aus Mol (2003), *The Body Multiple*.

62 Darin besteht auch die Trennlinie zwischen dem Postmodernismus, der glaubt, daß seine Aufgabe darin besteht, Vielfalt zu einer Welt hinzuzufügen, die übermäßig durch »Große Erzählungen« vereinheitlicht sei, und der ANT, die empfindet, daß Vielfalt eine Eigenschaft der Dinge ist, nicht der Menschen, die sie interpretieren.

63 Ich erhebe nicht den Anspruch, hier Standarddefinitionen zu geben, angesichts der langen und variablen Geschichte dieser beiden Wörter. Im folgenden ist »Ontologie« dasselbe wie »Metaphysik«, mit dem einzigen Unterschied, daß man diese um die Frage der Einheit und damit der Wahrheit ergänzt hat.

die traditionelle Sozialtheorie schon dagegen war, sich auf erstere einzulassen, ist sie noch zögerlicher, sich mit der zweiten zu befassen, die sie wohl zu sehr an ihre eigene philosophische Kindheit erinnert. Und dennoch, wenn wir reisen wollen, müssen wir lernen, in diesen turbulenten Wassern zu schwimmen.

Von der Metaphysik zur Ontologie überzugehen heißt, die Frage wieder aufzuwerfen, was die *wirkliche* Welt *wirklich* ist. Solange wir in der Metaphysik bleiben, besteht immer die Gefahr, daß es *zu leicht* sein wird, die Welten der Akteure zu entfalten, weil diese als ebenso viele *Repräsentationen* davon verstanden werden könnten, wie die Welt, im Singular, beschaffen ist. In diesem Fall wären wir keinen Millimeter weitergekommen und befänden uns wieder auf dem Startfeld der sozialen Erklärung – und damit wieder im Idealismus Kants.

Diese Gefahr kann nicht deutlich genug herausgestellt werden, wenn wir beispielsweise in Betracht ziehen, daß die von Anthropologen gezeigte geistige Offenheit für die Kosmologien der »anderen« oft nur davon zeugt, daß für die Forscher diese Repräsentationen keinerlei ernsthafte Beziehung zur soliden Welt der unbestreitbaren Tatsachen unterhalten. In der Toleranz der Anthropologen für wilde Glaubensformen schwingt möglicherweise einige Herablassung mit. Es mag tausend Formen geben, sich vorzustellen, auf welche Weise Verwandtschaften Kinder in Existenz bringen, heißt es etwa, doch es gibt nur *eine Entwicklungsphysiologie*, um zu erklären, wie Babies wirklich in der Gebärmutter heranwachsen. Es mag tausend verschiedene Weisen geben, eine Brücke zu entwerfen und anzustreichen, doch es gibt nur eine Weise für die Schwerkraft, ihre Wirkungen zu entfalten. Die *Vielfalt* der ersten Alternative ist die Domäne der Sozialwissenschaftler; die *Einheit* der zweiten der Zuständigkeitsbereich der Naturwissenschaftler. Kultureller Relativismus wird nur möglich durch den soliden Absolutismus der Naturwissenschaften. Darin besteht die Voreinstellung der endlosen Debatten, die stattfinden zwischen physischer und Anthropo-Geographie, zwischen physischer und Kultur-Anthropologie, zwischen biologischer Psychiatrie und Psychoanalyse, zwischen materieller und sozialer Archäologie und so fort: Einheit und Objektivität auf der einen Seite, Vielfalt und symbolische Realität auf der anderen.

Genau diese Lösung ist für die ANT unhaltbar.* Mit einer solchen Trennung zwischen einer Realität und vielen Interpretationen verschwände auf der Stelle die Kontinuität und Kommensurabilität dessen, was wir Assoziationen nennen: Auf der einen Seite nähme die Vielfalt ihren bewegten historischen Lauf, auf der anderen bliebe die einheitliche Realität intakt, unangetastet und von jeder menschlichen Geschichte getrennt. Von gesellschaftlichen zu natürlichen Objekten überzugehen bedeutet aber keineswegs, von einer beunruhigenden Vielfalt zu einer friedensstiftenden Einheit überzuwechseln. Wir müssen überwechseln, ja, doch von einem verarmten Repertoire von Zwischengliedern zu einer hoch komplexen und sehr kontroversen Reihe von Mittlern. Kontroversen über Ontologien erweisen sich als ebenso interessant und kontrovers wie Metaphysik, nur daß *die Frage der Wahrheit* (wie die Welt wirklich ist) *nicht* mit einer blasierten Pose *ignoriert werden* noch a priori *vereinfacht* werden kann, indem man auf Tische haut und gegen Steine tritt.[64] Selbst wenn die Realität da ist, ist die Frage ihrer Einheit noch nicht beantwortet. Die gemeinsame Welt muß noch zusammengesetzt und versammelt werden. Wie wir am Schluß dieses Buches sehen werden, können genau an diesem Punkt die

* Hier kam ihr jüngst die monistische Anthropologie von Descola zu Hilfe, die eine enorme Veränderung im relativen Gewicht dieser Terme geliefert hat: Philippe Descola (2005), *Par delà nature et culture*.

64 Ich behalte den Plural für Ontologien bei, um den Leser daran zu erinnern, daß diese Einheit nicht das Resultat dessen ist, wie die Welt bei der ersten Begegnung ist, sondern was sie vielleicht werden wird, wenn sie ge- und versammelt wird.

Sozialwissenschaften möglicherweise ihre anscheinend verlorengegangene politische Relevanz wiedergewinnen, wenn sie den Äther des Sozialen und die von diesem autorisierte automatische Verwendung des kritischen Repertoires aufgeben. Es gibt keine Hinterwelt, die sich als Richter für diese Welt verwenden läßt, sondern in dieser niederen Welt liegen viele weitere Welten in Reserve, die vielleicht danach verlangen, eine zu werden – oder auch nicht, je nachdem zu welcher (politischen und wissenschaftlichen) Arbeit der Versammlung wir imstande sein werden.

Glücklicherweise müssen wir diese schwierigen Fragen nicht alle gleichzeitig beantworten, um unsere Arbeit als Soziologen zu tun. Noch nicht einmal die komplette Reihe an Existenzformen müssen wir entfalten, in denen sich die umstrittenen Tatsachen manifestieren. Wir müssen nur sicherstellen, daß ihre Mannigfaltigkeit nicht frühzeitig durch eine *hegemoniale* Version einer bestimmten Art von unbestreitbaren Tatsachen geschlossen wird, die den Anspruch erhebt, das zu sein, was in der Erfahrung präsent ist – und das gilt natürlich für »Macht« und »Gesellschaft« ebenso wie für »Materie« und »Natur«. Noch einmal: Um ANT zu praktizieren, ist die entscheidende Lehre zunächst eine negative.

Eine kleine Agenda wird uns helfen, den erforderlichen empirischen Zugriff aufrechtzuerhalten, wenn die beträchtlichen Schwierigkeiten dieser Theorie uns vielleicht von unserem Weg abbringen sollten.

Erstens: Der große Vorteil, wissenschaftliche Tatsachen zu verfolgen, liegt darin, daß sie, wie ihr Name schon sagt, *Tatsachen* und somit hergestellt sind, in vielen verschiedenen Gestalten existieren und in sehr verschiedenen Stadien der Fertigstellung.* Während alle diese Unterschiede schamlos verborgen wurden, wenn man solche Tatsachen als »elemen-

* Bruno Latour (1987), *Science In Action. How to Follow Scientists and Engineers through Society*, ein Werk, bei dem ich immer noch darauf warte, daß es aus der Mode ist ...

tare Bausteine der Welt« verwendete, der Welt im Singular, stellen sie massive Beträge an Information bereit, sobald sie in ihre »Fabriken« zurückversetzt werden, das heißt in ihre Laboratorien und Forschungsinstitute. Die *science studies* bieten viele Kniffe an, um Tatsachen in der Herstellung zu verfolgen und vielfache Stätten zu finden, an denen sie noch nicht zu kalten, routinemäßigen unbestreitbaren Tatsachen geronnen sind.

Zweitens: Diese Stätten beschränken sich nicht auf Laboratorien. Darin besteht der große Vorteil zeitgenössischer Wissenschaft und Technologie. Denn diese haben sich derart ausgebreitet, sie sind in so viele Umgebungen, in immer engere Intimität mit Alltagsleben und gewöhnlichen Angelegenheiten eingedrungen, daß es schwierig ist, in den Industriegesellschaften irgendwo dem Verlauf einer Handlung zu folgen, ohne auf eines ihrer Erzeugnisse zu stoßen.* Je weiter sich Wissenschaft und Technologie verbreiten, desto mehr machen sie soziale Bindungen physisch *nachzeichenbar*. Eine materielle Infrastruktur stellt jeden Tag mehr Beweise für ein präzises Verfolgen von Assoziationen bereit, wie jeder Blick in das World Wide Web zeigt, das damit zum World Wide Lab wird.

Drittens: Experimente und die von ihnen angestoßenen Kontroversen bieten eine Gelegenheit, um kontinuierlich zu überprüfen, was Metaphysik und Ontologie für Wissenschaftler bei der Arbeit praktisch bedeuten können. Die Organisationen der Wissenschaft bieten – durch Subventionen, Experimente in großem Maßstab, Kongresse, Publikationen, Kontroversen, Konsenskonferenzen – dem Analytiker eine kontinuierliche Informationsquelle für den Umgang mit der Frage der Ontologie: Wie läßt sich von der Vielfalt der Posi-

* Auf diesen Punkt wurde seit Beginn des Arguments für eine Soziologie der Übersetzung hingewiesen; M. Callon (Hg., 1989), *La science et ses réseaux. Genèse et circulation des faits scientifiques.*

tionen zur Einheit gelangen?* In den wissenschaftlichen Institutionen können wir vielleicht am *leichtesten* Zugang zu einem Verständnis dafür finden, was es heißt, das Spektrum der Existenzformen zu erweitern, alternative Handlungstheorien zu erkunden, ohne die Suche nach Realität aufzugeben.** Wissenschaftliche Praxis ist die Drosophila der Sozialtheorie, da sie eine übertriebene und vergrößerte Version dessen bereitstellt, was später dann auch in weitaus unzugänglicheren Bereichen studiert werden kann. Sobald man gelernt hat, das Kommen und Gehen von Ontologien an wissenschaftlichen Stätten zu respektieren, kann man auch schwierigere Entitäten behandeln, bei denen die Frage der Realität ganz einfach unter dem Gewicht sozialer Erklärungen erstickt worden ist.[65] Verglichen mit anderen Bereichen, ist Wissenschaft leichter, weil die Debatten über die Windungen der Objektivität sehr viel leichter nachzuzeichnen sind.

Viertens: Ohne irgendeine Unterstützung von den Wissenschaftssoziologen ist der Unterschied zwischen unbestreitbaren Tatsachen und umstrittenen Tatsachen öffentlich sichtbar geworden durch die zunehmende Intensität von Kontroversen über »Naturdinge«. Die Differenz zwischen Realität und Einheit ist mit Händen zu greifen, wenn vor Gericht über Expertenwissen entschieden werden muß, wenn Staatschefs Entscheidungen über Naturphänomene treffen müssen, wenn Konsenskonferenzen einberufen werden, um irgendeine geopolitische Kontroverse zu stabilisieren, wenn in der

* Siehe in der Debatte über die radioaktiven Abfälle die gewaltige Schwierigkeit, die Optionen zu schließen oder im Gegenteil offen zu halten, Yannick Barthe (2006), *Le pouvoir d'indécision*.

** Ian Hacking (1996 [1983]), Einführung in die Philosophie der Naturwissenschaften, Peter Galison (1987), *How Experiments End*; B. Latour (2000), *Die Hoffnung der Pandora*.

65 Eine nützliche Illustration dafür wird von einer Religionsforschung geliefert, in der der katholische Gott als Fall eines Akteur-Netzwerks verstanden wird. Siehe Albert Piette (1999), *La religion de près. L'activité religieuse en train de se faire.*

Presse Wissenschaftler ihre Kollegen für ihre unzulängliche Protokollführung kritisieren, wenn öffentliche Diskussionen über das Schicksal des Golfstroms stattfinden etc. Während man sich früher zwischen Fakt und Fiktion hin- und herbewegte, als wäre es der einzige lohnenswerte Weg, ist es nun möglich, zwischen Verfahrensweisen zu unterscheiden, die Realitäten ermöglichen – jetzt im Plural –, und anderen, die zu Stabilität und Einheit führen.[66] Um die fabelhafte Macht ihrer Etymologie zu mobilisieren, sind Objekte wieder zu *Dingen* geworden: zu umstrittenen Gegenständen virtueller Versammlungen.[67]

Nun sollte klar sein, daß es weder die fehlenden Spuren noch die der Aufgabe innewohnenden technischen Schwierigkeiten waren, welche Untersuchungen bisher eingeschränkt haben, sondern die begrifflichen Hindernisse, die solche Untersuchungen a priori unmöglich machten. Auch wenn diese Hindernisse beträchtlich erschienen, da sie mit den beiden Hauptmängeln der Sozialwissenschaft zu tun hatten – dem Begriff des »Sozialen« und dem der »Wissenschaft« –, sind die Einwände vielleicht nicht mehr als Papiertiger, sobald die vierte Quelle der Unbestimmtheit zu den drei anderen hinzugefügt ist. Der damit eröffnete empirische Bereich ist jedenfalls so riesig, lohnend und vielfältig, daß man sich schon jetzt nur mehr schwer vorstellen kann, wieso er Sozialwissenschaftlern so lange verboten war. Während die dritte Quelle der Unbestimmtheit den Soziologen ermöglicht hat, die »anatomisch modernen Menschen« einzuholen, die ihre Existenz für Hunderttausende von Jahren mit Artefakten geteilt haben, könnte nun der Zeitpunkt gekommen sein, mit Hilfe der vierten eine Welt einzuholen, die seit einigen wis-

66 Siehe Callon, Lascoumes und Barthe (2001), *Agir dans un monde incertain.* Beck (1986), *Risikogesellschaft.*

67 Dieses etymologische Wortspiel wurde von Heidegger entwickelt, eleganter allerdings von Michel Serres in *Statues* (1987) und systematisch szenographisch dargestellt in Latour, Weibel (2005), *Making things Public*; vgl. auch Latour (2005), *Von der Realpolitik zur Dingpolitik.*

senschaftlichen und technischen Revolutionen aus umstrittenen Tatsachen besteht.

Wenn wir die Qualitätskontrolle für einen ANT-Bericht durchführen müßten, wäre sicherzustellen, daß a) keine neue Entität als unbestreitbare Tatsache eingeführt wird, sondern stets zunächst als umstrittene Tatsache; b) daß das Fortdauern der Kontroverse nicht einer Schwäche des empirischen Zugriffs oder einer faulen Form von Relativismus geschuldet ist, sondern der Komplexität der entstehenden Tatsachen; c) daß die Versammlung, die Institution oder das Instrument, die eine dauerhafte Stabilisierung gewährleisten, klar angegeben werden; und schließlich d), daß man die Verfahren genau festhält, die es erlauben, den Übergang von der Mannigfaltigkeit – was ich als Metaphysik bezeichnet habe – zu ihrer zunehmenden Vereinigung – Ontologie – zu verfolgen.

Wenn es demnach nur ein paar Stunden braucht, um die Hindernisse der Soziologie des Sozialen loszuwerden (nämlich die zur Lektüre der bisherigen Kapitel erforderliche Zeit), dann liegt die schwierigere Arbeit noch vor uns. Denn erst wenn die begrifflichen Hürden beiseite geräumt sind, werden die wirklichen Hindernisse sichtbar: Wie soll man *einen Bericht schreiben*, der den Perspektiven der Soziologie der Assoziationen gerecht wird? Es ist diese neue Schwierigkeit – und hoffentlich die letzte –, die wir angehen müssen, bevor wir mit unseren Reisen beginnen können.

Fünfte Quelle der Unbestimmtheit: Das Verfassen riskanter Berichte

Diese Einführung in die ANT gleicht langsam fast einem weiteren Fall von Zenons Paradox: Als würde jedes neue Segment aufgesplittert in eine neue Reihe von Mittlern, von denen jeder den Anspruch erhebt, berücksichtigt zu werden. »Wir werden nie unser Ziel erreichen! Wie können wir derart viele Kontroversen verkraften?« An diesem Punkt angekommen, ist die Versuchung groß, es verzweifelt aufzugeben und zu vernünftigeren Sozialtheorien zurückzukehren, die ihren unerschütterlichen gesunden Menschenverstand dadurch beweisen, daß sie die meisten der erörterten Quellen der Unbestimmtheit ignorieren. Vielleicht müssen wir eine verarbeiten oder zwei, doch nicht vier nacheinander! Leider habe ich keinen Weg gefunden, um die Dinge zu beschleunigen: *Dieser* Typ von Wissenschaft für *diesen* Typ des Sozialen sollte so langsam vorgehen wie die Mannigfaltigkeit der Einwände und Gegenstände, die er auf seinem Weg zu registrieren hat; er sollte so aufwendig sein wie nötig, um Verbindungen zwischen den vielen Mittlern herzustellen, die sich bei jedem Schritt vermehren; und er sollte so reflexiv, artikuliert und raffiniert sein wie die Akteure, die bei der Ausarbeitung all seiner neuen Bindungen kooperieren. Er muß in der Lage sein, Differenzen zu registrieren, Vielfalt zu verarbeiten und sollte für jeden neuen Fall umgemodelt werden können. Daher müssen wir die vier Quellen der Unbestimmtheit alle gleichzeitig mutig angehen, wobei jede ihre Reihe von Differenzen zu den anderen hinzufügt. Wenn eine fehlt, bricht das ganze Projekt auseinander.

Ich gestehe die Schwierigkeit ein: Ist es nicht kontraproduktiv, die bequeme Abkürzung sozialer Erklärungen aufzugeben? Haarspaltereien zu betreiben, was eine Gruppe ist, Zwischenglieder dazu zu bringen, sich als Mittler zu verhalten, die schrägsten Eigenheiten der geringsten Akteure zu registrieren, lange Listen von am Handeln beteiligter Objekte aufzustellen und den Hintergrund solider unbestreitbarer Tatsachen aufzugeben für den Treibsand sich verschiebender umstrittener Tatsachen? Ist es nicht lächerlich, »den Akteuren selbst« folgen zu wollen, wenn die zu verfolgenden Akteure in alle Richtungen ausschwärmen wie ein aufgestörter Bienenschwarm? Und im übrigen: Welchen Akteur soll man herausgreifen? Welchem folgen und wie lange? Und wenn jeder Akteur aus einem weiteren Bienenschwarm besteht, der in alle Richtungen auseinanderstiebt, und dies unentwegt so weitergeht – wann zum Teufel sollen wir damit aufhören? Es gibt doch wohl nichts Dümmeres als eine Methode, die sich damit brüstet, so gewissenhaft, radikal, allumfassend und objektorientiert zu sein, daß sie völlig unbenutzbar wird. Das ist keine Soziologie mehr, sondern eine Methode zur Verlangsamung! Zenmeister mögen sich den Kopf über die vielen Rätsel ihrer strengen Disziplin zerbrechen, aber nicht der Autor einer soziologischen Abhandlung. Entweder ist das Projekt durchführbar und handhabbar, oder man sollte ihn zur Rechenschaft ziehen wegen irreführender Versprechungen.

Wir schreiben Texte, wir schauen nicht durch eine Fensterscheibe

Für diese vielen Schwierigkeiten gibt es glücklicherweise eine Lösung, und wie alle bisher angebotenen ist es eine sehr praktische: Nur wenn wir hartnäckig bei unserem Entschluß bleiben, von Unbestimmtheiten zu zehren, können wir schließlich wieder auf die Füße kommen. Wenn wir eine Chance haben wollen, in all die erwähnten Kontroversen Ordnung zu bringen, müssen wir noch eine fünfte und letzte Quelle der Unbestimmtheit hinzufügen, nämlich *die Untersuchung selbst*. Die Idee besteht einfach darin, das Verfertigen von Berichten in den Vordergrund zu rücken. Wie der

Leser inzwischen verstanden haben sollte, besteht für den Relativismus die Lösung stets in noch mehr Relativität. Unter sonst gleichen Umständen sollten wir für unsere Untersuchung dasselbe tun, was Einstein tat, als er sich entschloß, anstelle der sublimen Fragen zum Äther sich die scheinbar blödsinnige und prosaische Frage vorzulegen, wie jemand, der mit einem Meßstab und einer Uhr ausgerüstet ist, ein Signal von jemand anderem auffangen kann, der mit einem Meßstab und einer Uhr ausgerüstet ist. Von uns wird nicht die unmögliche Aufgabe verlangt, in einem *salto mortale* von unserer mentalen Repräsentation zu den vier bereits aufgezählten Quellen der Unbestimmtheit zu springen, sondern uns die einfache Frage zu stellen: Was tun wir, wenn wir soziale Verbindungen aufzeichnen? Sind wir dann nicht ganz einfach mit dem Niederschreiben von Berichten beschäftigt?

Was ist ein Bericht (*account*)?[1] Es ist typischerweise ein Text, ein kleiner Papierstapel von wenigen Millimetern Dicke, der an manchen Stellen von einem Laser- oder Tintenstrahl geschwärzt ist. Er enthält vielleicht 10.000 Wörter, und es kommt vor, daß er von einigen wenigen Leuten gelesen wird, oft nur einem Dutzend oder, wenn wir wirklich Glück haben, von einigen hundert. Eine Dissertation von 50.000 Wör-

1 Hier kreuzt die ANT die Ressourcen der Ethnomethodologie – einschließlich des Schlüsselbegriffs der »*accountability*« – mit denen der Semiotik. Seltsam genug, trotz all seiner Aufmerksamkeit für die Praxis weist Garfinkel nie auf die Praxis des Schreibens hin – vielleicht erklärt das ja ein wenig seinen Stil! Nach jahrelanger Lehrtätigkeit in England und Amerika bin ich zu der Erkenntnis gezwungen worden, daß die Semiotik Seereisen nicht übersteht. Die Aufmerksamkeit für Text *qua* Text bleibt eine kontinentale Leidenschaft. [*Accountability* heißt wörtl.: Verantwortlichkeit, Zurechnungsfähigkeit; aber hier auch Berichtbarkeit, Darstellbarkeit, Erklärbarkeit; auch die Fähigkeit und Tätigkeit, Rechenschaft abzulegen. *Account* heißt sowohl Bericht als auch Erklärung, außerdem ist natürlich ein Zusammenhang zur Buchführung erkennbar: *accounting*; ich habe *account* in der Regel mit »Bericht« übersetzt (auch wenn noch zusätzlich manchmal von *report* die Rede ist), manchmal auch mit Erklärung, Darstellung. A.d.Ü.].

tern wird vielleicht von einem halben Dutzend Leuten gelesen (wenn Sie Glück haben, hat sogar Ihr Betreuer Teile davon gelesen!), und wenn ich sage »gelesen«, so heißt das nicht »verstanden«, »verwendet«, »anerkannt«, sondern eher »durchgelesen«, »einen Blick hineingeworfen«, »darauf hingewiesen«, »zitiert«, »auf einen Stapel gelegt«. Bestenfalls fügen wir einen weiteren Bericht zu all jenen hinzu, die gleichzeitig in dem von uns erforschten Bereich veröffentlicht werden. Und diese Erforschung ist natürlich nie vollständig. Wir starten mittendrin, *in medias res*, getrieben von unseren Kollegen, durch Stipendien oder Förderbedingungen gebunden, knapp bei Kasse, von Abgabeterminen erdrosselt. Und die meisten der Dinge, die wir untersucht haben, haben wir ignoriert oder mißverstanden. Die Aktion war bereits am Laufen; sie wird weitergehen, wenn wir nicht länger anwesend sind. Was wir im Feld tun – Interviews durchführen, Fragebögen verteilen, Notizen und Aufnahmen machen, Filme drehen, Dokumentationen durchblättern, unbeholfen herumlungern –, ist unklar für die Leute, mit denen wir nicht mehr als einen flüchtigen Moment verbracht haben. Was die Auftraggeber (Forschungszentren, staatliche Behörden, Firmenleitungen, NGOs) von uns erwarten, die uns dort hingeschickt haben, bleibt ein Geheimnis, derart gewunden war der Weg, der zur Wahl dieser Forscherin, dieses Gegenstands, dieser Methode, dieser Stätte führte. Selbst wenn wir inmitten der Dinge stehen, aufmerksam mit unseren Augen und Ohren umherspähend und -horchend, verfehlen wir das meiste von dem, was passiert ist. Man erzählt uns am nächsten Tag, daß entscheidende Ereignisse stattgefunden haben, genau eine Tür weiter, genau eine Minute früher, gerade als wir verzweifelt abzogen, weil unser Kassettenrekorder wegen eines Batterieausfalls seinen Dienst aufgegeben hatte. Selbst wenn wir fleißig arbeiten, werden die Dinge nicht besser, denn nach ein paar Monaten ertrinken wir in einer Flut von Daten, Berichten, Transkripten, Tabellen, Statistiken und Artikeln. Wie soll man sich einen Reim auf dieses

Durcheinander machen, während es sich auf unseren Schreibtischen stapelt und unzählige Speichermedien mit Daten füllt? Leider *bleibt* es meist noch zu schreiben und wird gewöhnlich aufgeschoben. Es modert dort vor sich hin, während Betreuer, Sponsoren und Auftraggeber nach einem rufen und Geliebte, Ehefrauen und Kinder wütend sind, weil man in diesem dunklen Datenschlamm herumwatet, um der Welt Licht zu bringen. Und wenn man, endlich mit sich zufrieden, ernsthaft zu schreiben anfängt, muß man riesige Datenmengen opfern, die nicht in die wenigen bewilligten Seiten hineinpassen. Wie frustrierend ist doch das ganze Forschungsgeschäft!

Aber ist dies nicht der Weg allen Fleisches? Ganz gleich, wie großartig die Perspektive, wie wissenschaftlich der Ausblick, wie hart die Anforderungen, wie gerissen der Betreuer, das Resultat der Untersuchung wird – in 99 % der Fälle – ein Bericht sein,[2] der unter immensem Druck über einen Gegenstand angefertigt wird, verlangt von irgendwelchen Kollegen aus Gründen, die größtenteils nicht erklärt werden. Und das ist ausgezeichnet, denn *es gibt keinen besseren Weg*! Methodologische Abhandlungen mögen von einer anderen Welt träumen: Ein Buch über ANT, geschrieben von Forschern vom Typ Ameise für andere Ameisen, hat kein anderes Ziel, als zu helfen, winzige Gänge in diese Welt, diese staubige und irdische Welt, zu graben.

Das Schreiben von Berichten in den Vordergrund zu rücken irritiert vielleicht jene, die behaupten zu wissen, woraus das Soziale besteht. Sie würden es vorziehen, »harten« Naturwissenschaftlern zu gleichen und die Existenz eines gegebenen Phänomens zu verstehen, indem sie sich weigern, den geschriebenen Bericht in ihre Überlegungen einzubeziehen, und sich statt dessen auf den direkten Kontakt mit dem Ding

2 Ich verwende »Bericht« (*report*) als Oberbegriff. Er kann aus einem Artikel bestehen, einer Datei, einer Webseite, einem Poster, einer PowerPoint-Präsentation, einer Aufführung, einer mündlichen Prüfung, einem Dokumentarfilm, einer künstlerischen Installation.

verlassen, um das es geht, mittels des transparenten Mediums eines klaren und unzweideutigen technischen Idioms. Doch wir, die wir in den *science studies* ausgebildet sind, haben es weder nötig, die Dichte eines gegebenen Texts zu ignorieren, seine Fallstricke, seine Gefahren, seine Undurchsichtigkeit, seine Widerständigkeit, seine Veränderlichkeit, seinen Tropismus, noch die furchtbare Eigenheit des Schreibens, die einen Dinge sagen läßt, die man nicht sagen will, und einen daran hindert, die Dinge zu sagen, die man sagen will ... Wir wissen nur zu gut, daß selbst in den »harten« Wissenschaften Autoren ungeschickt versuchen, Texte über schwierige kontroverse Tatsachen zu schreiben. Es gibt keinen plausiblen Grund, warum unsere Texte transparenter und unvermittelter sein sollten als die Berichte, die aus ihren Laboratorien kommen.[3] Da uns allen bewußt ist, daß Fabrikation und Artifizialität nicht das Gegenteil von Wahrheit und Objektivität sind, zögern wir nicht, den Text selbst als Mittler hervorzuheben. Doch aus genau dem gleichen Grund müssen wir nicht das traditionelle Ziel aufgeben, Objektivität zu erreichen, bloß weil wir die schwere Textmaschinerie mit großer Sorgfalt betrachten. Unsere Texte, wie die unserer naturwissenschaftlichen Kollegen, steuern den parallelen Kurs, gleichzeitig artifiziell *und* genau zu sein: um so genauer, *weil* artifiziell. Aber unsere Texte, wie die unserer naturwissenschaftlichen Kollegen, laufen außerdem Gefahr, *bloß* artifiziell zu werden, das heißt voller Artefakte. Der Unterschied verläuft nicht zwischen denen, die sicheres Wissen besitzen, und denen, die Texte schreiben, nicht zwischen »wissen-

3 Siehe als Sammlung von Aufsätzen Françoise Bastide (2001), *Una notte con Saturno: Scritti semiotici sol discorso scientifico.* Siehe ebenfalls F. Bastide (1985), »Iconographie des textes scientifiques«; C. Licoppe (1996), *La formation de la pratique scientifique*; F. Hallyn (2004), *Les structures rhétoriques de la science*. Auf englisch siehe Françoise Bastide (1990), »The Iconography of Scientific Texts: Principle of Analysis«; F. Bastide, M. Callon und J. P. Courtial (1989), »The Use of Review Articles in the Analysis of a Research Area«; Françoise Bastide und Greg Myers (1992), »A Night With Saturne«.

schaftlichen« und »literarischen« Köpfen oder »*esprit de géométrie*« und »*esprit de finesse*«, sondern zwischen denen, die *schlechte* Texte schreiben, und denen, die *gute* Texte schreiben.[4] Anstatt Natur- und Gesellschaftswissenschaften gegenüberzustellen, muß man sich eher fragen: Was ist ein gutes experimentelles Setting, und was ist eine gute textliche Darstellung? Letztere Frage ist bei weitem nicht oberflächlich und überflüssig, sondern wird zentral bei der Definition dessen, was für uns eine Wissenschaft vom Sozialen ist. Um es sehr provokant zu sagen: Gute Soziologie muß gut geschrieben sein; wenn nicht, dann *ist sie unfähig, das Soziale zum Vorschein zu bringen.*

Es geht nicht darum, einen Gegensatz zwischen objektiven Texten und subjektiven herzustellen. Es gibt Texte, die vorgeben, objektiv zu sein, weil sie zu imitieren versuchen, was für sie das Geheimnis der Naturwissenschaften ist; und es gibt andere, die versuchen, objektiv zu sein, weil sie Objekten nachgehen, denen eine Chance gegeben wird, Einwände gegen das über sie Gesagte zu liefern. Weil die ANT den Anspruch erhebt, das zu erneuern, was es bedeutet, eine Wissenschaft zu sein, und was es bedeutet, sozial zu sein, muß sie ebenfalls erneuern, was ein *objektiver* Bericht ist. Das Wort verweist nicht auf die traditionelle Bedeutung von unbestreitbaren Tatsachen – mit ihrem kalten, desinteressierten Anspruch des »Objektivierens« –, sondern auf die heißen, interessierten, kontroversen Baustellen von umstrittenen Tatsachen. Objektivität kann somit entweder durch einen objektivistischen Stil erreicht werden – auch wenn weit und breit kein Objekt zu sehen ist – oder durch die Präsenz von vielen *Objektoren*, von Einwände liefernden Objekten – auch wenn nicht die geringste Absicht besteht, den objektivistischen Stil zu parodieren …

4 In einem ansonsten faszinierenden Buch über die Geschichtsschreibung versucht Carlo Ginzburg (1999), *History, Rhetoric, and Proof*, immer noch, die beiden Gegensätze Rhetorik und Referenz zu versöhnen, ohne an diesen anderen entscheidenden Unterschied zu denken.

Also darf man durchaus die Frage stellen, wieso sozialwissenschaftliche Literatur so schlecht geschrieben ist. Dafür gibt es zwei Gründe: Erstens versuchen die Forscher, den saloppen Schreibstil der Wissenschaftler in den harten Wissenschaften zu imitieren; zweitens lassen sie *im Unterschied zu diesen* in ihren Berichten keine Akteure auftreten, die widerspenstig genug sind, um sich gegen das schlechte Schreiben durchzusetzen.

Ganz gleich, wie ungebildet sie sich stellen mögen, sind Naturwissenschaftler doch gezwungen, zumindest einige der vielen Eigenarten ihrer widerspenstigen Objekte zu berücksichtigen. Andererseits scheint es nur Soziologen des Sozialen – insbesondere kritischen Soziologen – zu gelingen, das präzise Vokabular ihrer Informanten in ihrer eigenen Allzweck-Metasprache zu ersticken. Naturwissenschaftler mögen sich noch so viel Mühe geben, so langweilig wie möglich zu sein, dennoch überfluten umstrittene Tatsachen wissenschaftliche Schriften in einem Maße, daß Physik-, Biologie- und naturgeschichtliche Artikel zu faszinierenden Opern werden; das haben literaturwissenschaftliche Erforscher der Naturwissenschaft eindrucksvoll gezeigt.[5] Doch Sozialwissenschaftlern gelingt es allzuoft, mit sehr viel Aufwand nichts als langweilig zu sein! Dies ist vielleicht der einzige wirkliche Unterschied zwischen den »harten« und den »weichen« Wissenschaften: Die Stimmen der nicht-menschlichen Entitäten kann man nie ersticken, wohl aber die der Menschen. Menschen müssen sehr viel delikater behandelt werden als Objekte, denn ihre vielen Einwände sind schwerer zu registrieren. Während Subjekte sich leicht wie unbestreitbare Tatsachen verhalten, tun materielle Objekte das nie.[6] Dem-

5 Inzwischen gibt es eine wissenschaftliche Vereinigung »Science and Literature«, die sich teilweise dieser Aufgabe widmet. Siehe ihre Zeitschrift *Configurations*.

6 Dies ist um so weniger überraschend, als unbestreitbare Tatsachen eine politische Erfindung sind, eine Art idealisierte Staatsbürgerschaft, die im 17. Jahrhundert erfunden wurde, um die Versammlung der Natur einzube-

entsprechend ist die Frage, was ein guter Bericht ist, für die Sozialwissenschaften so viel wichtiger als für die Naturwissenschaften. In einen Methodendiskurs die Wörter »textlicher Bericht« einzubringen ist vielleicht wie Dynamit, doch nicht weil es die Ansprüche der Wissenschaftler auf Objektivität sprengt. Sondern eher, weil es ein für allemal die Berechtigung der Soziologen zerstört, unter dem Vorwand schlampig zu schreiben, sie müßten »wie« Naturwissenschaftler schreiben. Da Wissenschaftsforscher viele Gelegenheiten hatten, das langsame Auftauchen von Objektivität in wissenschaftlichen Texten zu erforschen, waren sie von der Last befreit, die falschen Gewänder der objektivistischen Prosa zu tragen.[7] Da sie nicht unter dem Schatten einer erborgten Objektivität lebten, konnten sie andere Wege erkunden, das Objekt in ihren textlichen Berichten Widerstand leisten zu lassen.

Im Zusammenhang mit schriftlichen Darstellungen das Wort »Text« in den Vordergrund zu rücken, ist jedoch gefährlich, denn viele, denen *science studies* und Semiotik unbekannt sind, verstehen unter Texten oft »Geschichten« oder, schlimmer noch, »bloße Geschichten«. Im Unterschied zu einer solchen blasierten Einstellung verwende ich den Ausdruck »textlicher Bericht«, um einen Text zu bezeichnen, für den die Frage seiner Genauigkeit und Wahrhaftigkeit *nicht* beiseite gelassen wurde.[8] Und dennoch ist die Versuchung groß,

rufen. Menschen mögen einer solchen Rolle entsprechen, doch warum sollten nicht-menschliche Wesen dies tun? I. Stengers (1992), *La volonté de faire science*; V. Despret (2002), *Quand le loup habitera avec l'agneau*.

7 Es wird vermutlich als weiteres Bespiel für meinen *science studies*-Chauvinismus angesehen werden, doch ein Kennzeichen unserer Unterdisziplin besteht darin, daß sie bemerkenswert frei von Jargon ist.

8 Ich bin vollkommen glücklich mit der Nähe des Wortes Bericht (*account*) nicht nur zur *accountability* von Garfinkel, sondern auch zur Buchführung (*accounting*), denn das schwache, aber wichtige Band zwischen Buchführung und Wirtschaftswissenschaft ist einer der produktivsten und unwahrscheinlichsten Bereiche der *science studies* gewesen. Siehe Alain Desrosières (1993), *La politique des grands nombres. Histoire de la raison statistique* und Michael Power (1995), *Accounting and Science. Natural Inquiry and*

die beiden zu verwechseln, erst recht weil es Forscher gibt – wenn dieses ehrenwerte Wort auf sie anwendbar ist –, die behaupten, daß die Sozialwissenschaften »nur« Narrative hervorbringen, und manchmal noch hinzufügen: »wie in der Fiktion«.[9] Wie Fußballer, die ein Eigentor schießen, haben raffinierte Humanisten damit angefangen, die Wörter »Narrativ« und »Diskurs« zu verwenden, um zu sagen, daß es keine wahren Schriften gibt. Als ob das Fehlen eines absoluten Textes bedeutete, daß alle Texte nur noch relativ seien. Natürlich: all jene, die jederzeit bereit sind, die Sozialwissenschaften zu verunglimpfen, haben zustimmend applaudiert, denn das hatten sie ja schon immer gesagt: »Soziologen sind bloße Geschichtenerzähler. Endlich geben sie es selbst zu.« Es ist eines zu sagen, daß Sozialwissenschaften schriftliche Darstellungen produzieren – jede Wissenschaft auf der Welt tut das, deshalb enden sie ja alle auf »-logie« oder »-graphie« –, etwas anderes aber ist es, aus dieser Binsenwahrheit zu schließen, daß wir angeblich nur *Fiktion* schreiben könnten.

Erstens offenbart eine solche Einschätzung eine bemerkenswerte Ignoranz gegenüber der harten Arbeit der Schriftsteller, die wirklich Fiktion schreiben. Wer in Anthropologie, Soziologie und Kulturwissenschaften stolz darauf ist, nur »fiktionale Narrative zu schreiben«, sollte sich davon inspirieren lassen, wie diszipliniert, wie gefangen von der Realität und besessen von textlicher Qualität gute Schriftsteller sein

Commercial Reason. Für einen noch überraschenderen Fall siehe Quattrone (2004), »Accounting for God«.

9 Jene, die in Lindsay Waters (2004), *Enemies of Promise. Publishing, Perishing, and the Eclipse of Scholarship* besprochen werden, haben sich oft den französischen »Postmodernismus« zum Vorbild genommen, ohne zu bemerken, daß die von Bachelard und Canguilhem durchdrungenen Franzosen keinen Moment lang daran dachten, ihre Argumente auf die Naturwissenschaft auszudehnen. In Frankreich kann man gleichzeitig naiver Rationalist und überzeugter Dekonstruktivist sein. Sobald sie den Atlantik überquert haben, werden diese beiden unschuldigen Leidenschaften zu einer furchtbaren binären Bombe …

können. Diese Parteigänger der Fiktion bemerken nicht, daß, wenn die Sozialwissenschaft »ohnehin Fiktion« wäre, sie sich einer Feuerprobe zu unterziehen hätten, die noch strenger wäre, als es in ihren Augen die Tests in den Experimentalwissenschaften sind. Man wird vielleicht widersprechen wollen, indem man fragt: »Was ist ein guter Schriftsteller?« Doch meine Antwort darauf lautet einfach: »Was ist ein guter Wissenschaftler?« Auf beide Fragen gibt es keine allgemeine Antwort.

Doch noch wichtiger ist folgendes: Ein Bericht, der es akzeptiert, »nur eine Geschichte« zu sein, ist ein Bericht, der seine wichtigste Quelle der Unbestimmtheit verloren hat: Er kümmert sich nicht länger darum, genau, getreu, interessant oder objektiv zu sein. Er hat das Projekt aufgegeben, die vier bisher geprüften Quellen der Unbestimmtheit zu übersetzen. Und doch kann sich kein Sozialwissenschaftler als *Wissenschaftler* bezeichnen, wenn er das *Risiko* aufgibt, einen *wahren und vollständigen* Bericht über den vorliegenden Gegenstand zu schreiben. Weil man Aufmerksamkeit für das Schreiben entwickelt, muß man noch lange nicht die Suche nach Wahrheit aufgeben. Und umgekehrt ist ein Text nicht schon deshalb genau, weil er leidenschaftslos und langweilig ist. Zu oft glauben Sozialwissenschaftler, daß ein »objektiver Stil«, worunter sie gewöhnlich ein paar grammatische Tricks verstehen wie Passiv, Pluralis majestatis und eine Menge Fußnoten, wunderbarerweise die Abwesenheit von Objekten kaschieren könnte. Doch die dicke Soße des »objektiven Stils« kann das fehlende Fleisch nicht lange verdecken. Wenn man aber das Fleisch hat, so hat man die Freiheit, zusätzliche Gewürznoten hinzuzufügen oder es sein zu lassen.

Textliche Berichte sind das Labor des Sozialwissenschaftlers, und wenn die Laborpraxis hier eine Hilfe sein kann, dann deshalb, weil gerade *aufgrund* der Artifizialität des Ortes vielleicht Objektivität gewonnen wird, sofern durch ständige und leidenschaftliche Aufmerksamkeit Artefakte rechtzeitig aufgespürt werden. Einen Bericht als Text zu behandeln bedeutet daher keine Schwächung seines Realitätsanspruchs, sondern eine *Vermehrung* der zu ergreifenden Vorsichtsmaßnahmen sowie der von den Forschern zu verlangenden Fertigkeiten. Wie inzwischen klar sein sollte, geht es darum, die Produktion von Objektivität *schwieriger* zu machen, nicht einfacher. Es gibt keinen Grund, wieso Soziologen der Assoziation diese Einschränkung aufgeben sollten, wenn sie die Soziologie des Sozialen hinter sich lassen und wenn sie nun eine fünfte Quelle der Unbestimmtheit zur Diskussion hinzufügen, nämlich das Schreiben ihrer eigenen Studie. In Wirklichkeit verhält es sich eher umgekehrt: Wenn das Soziale etwas ist, das auf eine bestimmte Weise zirkuliert – das Soziale Nr. 2 –, und nicht eine Welt im Jenseits, die durch den desinteressierten Blick einiger ultrahellsichtiger Wissenschaftler zugänglich ist – das Soziale Nr. 1 –, dann kann es durch viele Kunstgriffe *übermittelt werden – einschließlich* Texte, Berichte, Beschreibungen oder irgendwelche Tracer. Es kann, aber *vielleicht* wird es *auch nicht*. Textliche Berichte können scheitern, wie das bei Experimenten ebenfalls häufig der Fall ist.[10]

Im Gegensatz dazu scheinen Soziologen des Sozialen allzu oft einfach zu versuchen, »eine Welt auf Papier festzuhalten«, so als könnte diese Aktivität nie Gefahr laufen zu scheitern. Sollten sie dies ernsthaft glauben, dann werden sie keinen Erfolg haben, denn die Welt, die sie festhalten wollen, bleibt unsichtbar, wenn sie die vermittelnden Zwänge des Schreibens ignorieren oder abstreiten. Und wenn sie sich im Laufe ihrer Untersuchungen noch soviel Mühe gegeben haben, genau zu sein, ihr textlicher Bericht wird scheitern, denn nichts bringt das Reale dazu, wundersamerweise in den Text hineinzuspringen. Soziologen der Assoziationen versuchen ein ganz anderes Experiment: Kann die Materialität eines Berichts auf

10 Jene Epistemologen, die sich in Poppers Falsifikationsprinzip verliebt haben, wären gut beraten, wenn sie diese Einsicht den ganzen Weg bis zum Text selbst aufrechterhielten und die Bedingungen explizit machten, unter denen auch ihr Schreiben scheitern kann.

Papier, einer Geschichte oder vielmehr einer Fiktion – es gibt keinen Grund sich eines Worts zu enthalten, das der Verfertigung von Fakten so nahe ist – die Erkundung der sozialen Verbindungen ein wenig *weiter ausdehnen*? Die Karrieren der Mittler sollten den ganzen Weg bis zum abschließenden Bericht verfolgt werden, denn eine Kette ist nur so stark wie ihr schwächstes Glied. Wenn das Soziale eine Reihe von Spuren ist, dann kann es *nach*gezeichnet werden; wenn es eine Versammlung ist, dann kann es *wieder*versammelt werden. Während es keinerlei materielle Kontinuität zwischen der Gesellschaft der Soziologen und einem textlichen Bericht gibt – daher das verzweifelte Händeringen um Methode, Wahrheit und politische Relevanz –, existiert vielleicht eine plausible *Kontinuität* zwischen dem, was das Soziale – in der Bedeutung Nr. 2 – leistet, und dem, was ein Text leisten kann – natürlich nur ein *guter* Text.

Was ist eigentlich ein Netzwerk?

Doch was ist ein guter Text? Wir befassen uns hier nicht mit gutem Stil, denn ganz gleich, wie gut wir zu schreiben lernen, wir werden stets, ach!, nur Sozialwissenschaftler bleiben und nie in der Lage sein, mehr zu tun, als aus der Ferne das Talent von Schriftstellern, Dichtern, Dramatikern und Romanciers nachzuahmen. Daher brauchen wir ein weniger ausgefeiltes Schibboleth. Überraschenderweise ist es die Suche nach einem solchen Prüfstein, die uns helfen wird, das verwirrendste Wort in unserer alternativen Sozialtheorie zu definieren. Einen guten Bericht würde ich definieren als einen, der *ein Netzwerk aufzeichnet*.

Mit diesem Wort meine ich eine Reihe von Aktionen, bei denen jeder Beteiligte als vollwertiger Mittler behandelt wird. Um es sehr einfach zu sagen: Ein guter ANT-Bericht ist eine Erzählung oder Beschreibung oder Proposition, in der alle Akteure *etwas tun* und nicht bloß herumsitzen. Anstatt bloß

Wirkungen zu transportieren, ohne sie zu transformieren, kann jeder der Punkte im Text zu einer Verzweigung werden, zu einem Ereignis oder zum Ursprung einer neuen Übersetzung. Sobald die Akteure nicht als Zwischenglieder behandelt werden, sondern als Mittler, machen sie für den Leser die Bewegung des Sozialen sichtbar. Daher kann das Soziale durch viele textliche Erfindungen wieder zu einer zirkulierenden Entität werden – dem Sozialen Nr. 2 –, die nicht länger aus der schalen Zusammenstellung dessen besteht, was früher als Teil der Gesellschaft galt.[11] Ein Text in unserer Definition von Sozialwissenschaft ist demnach ein Test darüber, *wie viele* Akteure der Schreiber als Mittler zu behandeln vermag und *wie weit* er oder sie das Soziale führen kann, das von neuem vor den Augen der Leser sichtbar gemacht worden ist.
Somit bezeichnet Netzwerk nicht ein Ding da draußen, das im groben die Gestalt miteinander verbundener Punkte hätte, wie etwa ein Telefon-, Autobahn- oder Kanalisationsnetz. Es ist nicht viel mehr als ein *Indikator für die Qualität eines Textes* über die vorliegenden Gegenstände.[12] Es charakterisiert den Grad von dessen Objektivität, das heißt die Fähigkeit jedes Akteurs, die anderen Akteure *dazu zu bringen*, unerwartete Dinge *zu tun*. Ein guter Text bringt Netzwerke von Akteuren auf den neuesten Stand, wenn er seinem Verfasser erlaubt, ein Ensemble von Beziehungen aufzuzeichnen, die als ebenso viele Übersetzungen definiert sind.

Eine terminologische Präzisierung von »Netzwerk«
Das Wort Netzwerk ist so mehrdeutig, daß wir es schon seit langem hätten aufgeben sollen. Und doch bleibt die

11 Das nennt man »Wertobjekte« (*objets de valeur*). Vgl. Algirdas Julien Greimas (1971), *Strukturale Semantik: methologische Untersuchungen* sowie seine Untersuchung (1976), *Maupassant la sémiotique du texte.*
12 In diesem Sinn ist es ein Äquivalent des ethnomethodologischen Begriffs »einzigartiger Angemessenheit« (*unique adequacy*), sofern der Begriff des Berichts bereichert wird durch den des *textlichen* Berichts.

Tradition, in der wir es verwenden, eindeutig, trotz ihrer möglichen Verwechslung mit zwei anderen Forschungsrichtungen. Die eine sind natürlich die technischen Netzwerke – Elektrizität, Eisenbahn, Kanalisation, Internet und so weiter. Die zweite Bedeutung wird in der Organisationssoziologie verwendet, um einen Unterschied zwischen Organisationen, Märkten und Staaten einzuführen (Boyer 2004). Hier stellt das Netzwerk eine informelle Weise dar, menschliche Handlungsträger miteinander zu assoziieren (Granovetter 1985).

Wenn Castells (2000) den Ausdruck verwendet, verschmelzen die beiden Bedeutungen, denn Netzwerk wird nun zu einem privilegierten Organisationsmodus, gerade aufgrund der Erweiterung der Informationstechnologie. In dieser Bedeutung verwenden ihn auch Boltanski und Chiapello (2003), um einen neuen Trend in der kapitalistischen Produktionsweise zu bezeichnen.

Doch eine andere Tradition, auf die wir uns stets bezogen haben, ist die von Diderot, insbesondere in *D'Alemberts Traum* ([1769], *Le rêve de d'Alembert*), in dem das Wort *Netze* (*réseaux*) siebenundzwanzigmal vorkommt. Darin kann man die sehr spezielle Variante eines aktiven und verteilten Materialismus finden, dessen jüngster Vertreter Deleuze, via Bergson, ist.[13] Hier ein Beispiel:

Für heute müssen sie sich mit dieser [Geschichte] begnügen: eine Frau fiel infolge eines Kindbetts in einen erschreckenden Zustand von Hysterie, in Wein- und Lachkrämpfe, Erstikkungsanfälle, Konvulsionen, Anschwellen des Halses, düsteres Schweigen, laute Schreie, das Schlimmste, was man sich vorstellen kann: das ging einige Jahre so. Sie liebte leidenschaftlich, und es schien ihr, als werde ihr Liebhaber ihrer Krankheit überdrüssig und finge an, sich von ihr zu lösen. Da beschloß sie, gesund zu werden oder zu sterben. In ihr ent-

13 Zu Diderots Netz-Philosophie der Natur siehe Wilda Anderson (1990), *Diderot's Dream.*

stand ein Kampf, bei dem manchmal der Herr, manchmal die Untertanen siegten. Wenn die Aktion der Fasern des Gewebes ebenso stark war wie die Reaktion seines Zentrums [S'il arrivait que l'action des filets du réseau fût égale à la réaction de leur origine], *dann fiel sie um wie tot; man trug sie auf ihr Bett, und sie lag da stundenlang ohne Bewegung und fast ohne Leben; manchmal wieder kam sie mit einer tiefen allgemeinen Müdigkeit, einer Ohnmacht, einem Auslöschen davon, das endgültig zu sein schien. Sechs Monate lebte sie in diesem Kampfzustand. Der Aufruhr begann immer in den Geweben, sie fühlte ihn jedesmal kommen. Bei den ersten Anzeichen erhob sie sich, lief, gab sich den heftigsten Übungen hin: sie rannte die Treppen hinauf und herunter, sägte Holz, grub Erde um. Das Organ ihres Willens, das Zentrum des Bündels, stemmte sich, sie sagte sich: siegen oder sterben.* (Diderot 1953, S. 417)

Aus dem Zitat geht hervor, daß das Wort *Netz* (*réseau*) weder etwas mit dem Sozialen Nr. 1 zu tun hat, noch sich allein auf menschliche Bindungen beschränkt. Allerdings liegt es in der Nähe von Tardes Definition der »Gesellschaft« und seinen »Nachahmungsstrahlen« (Karsenti 2002).

Wie können wir im Kontrast zu einem guten textlichen Bericht einen schlechten charakterisieren? In einem schlechten Text werden nur eine Handvoll Akteure als die Ursachen all der anderen bestimmt, die keine andere Funktion haben, als den Hintergrund oder das Relais für die Ströme kausaler Wirkungen zu bilden. Vielleicht gestikulieren sie, um den Eindruck zu erwecken, sie wären beschäftigt, doch sie spielen keine Rolle im Handlungsverlauf, das heißt, sie werden nicht handeln. Nichts wird übersetzt vom einen zum anderen, da die Aktion einfach durch sie hindurchgeht. Hier muß man sich daran erinnern, daß ein Akteur, der keinen Unterschied macht, kein Akteur ist. Ein schlechter Bericht ist einer, der nicht eigens für diesen Fall produziert wurde, so daß er *einzig* der Beschreibung spezifischer Akteure und für die Augen spezifischer Leser *angemessen* ist.[14] Er ist Standard, anonym, global; nichts passiert in ihm. Es gibt nur Wiederholungen von Klischees über das, was vorher schon als soziale Vergangenheit versammelt worden war. Übersetzungen sind verwässert zu bloßen Ortsveränderungen ohne Transformation. Er transportiert einfach nur Kausalitäten durch bloße Zwischenglieder.

Hier ist der literarische Kontrast zwischen der ANT und der Soziologie des Sozialen – und, mehr noch, der kritischen Soziologie – am stärksten. Was oft als machtvoller und überzeugender Bericht gilt, weil er aus einigen wenigen globalen Ursachen besteht, die eine Masse von Wirkungen hervorbringen, gilt der ANT als schwacher und machtloser Bericht, der einfach eine bereits zusammengesetzte soziale Kraft wiederholt und transportiert, ohne daß er herauszufinden versucht, woraus sie sich zusammensetzt, und ohne die zusätzlichen Träger zu finden, die nötig sind, um sie zu erweitern. Massen von sozialen Handlungsträgern mögen im Text beschworen worden sein, doch da das Prinzip ihrer Versammlung unbekannt bleibt und die Kosten für ihre Verbreitung nicht übernommen wurden, ist es so, als wäre nichts geschehen. Ganz gleich, worin ihre Figuration besteht, sie tun nicht sehr viel. Da die Versammlung neuer Aggregate durch den Text nicht nachzeichenbar wurde, *ist es, als wäre die soziale Welt nicht zum Existieren gebracht worden*. Obwohl die gewöhnliche Definition des Sozialen überall sichtbar zu sein scheint, ist es *unserer* Definition des Sozialen – Nr. 2 – nicht gelungen zu erscheinen. Und umgekehrt: Damit unsere Definition des Sozialen aufgezeichnet wird, muß die gewöhnliche Definition des Sozialen – Nr. 1 – erst verschwinden. Es

14 Zu sagen, daß es ein Akteur-Netzwerk ist, heißt zu sagen, daß es spezifisch ist und daß die Prinzipien seiner Erweiterung sichtbar gemacht wurden und der Preis für seine Entfaltung voll bezahlt.

läßt sich kaum ein Kontrast denken, der extremer wäre: Entweder ist es eine Gesellschaft, oder es ist ein Netzwerk.

Somit ist Netzwerk ein Ausdruck, um zu überprüfen, wieviel Energie, Bewegung und Spezifität unsere eigenen Berichte einfangen können. Netzwerk ist ein Konzept, kein Ding da draußen. Es ist ein Werkzeug, mit dessen Hilfe etwas beschrieben werden kann, nicht das Beschriebene. Es hat dieselbe Beziehung zum jeweiligen Gegenstand wie ein Perspektivraster zu einem traditionellen perspektivischen Gemälde: Ist es einmal gezeichnet, erlauben die Linien einem vielleicht, ein dreidimensionales Objekt auf ein flaches Stück Leinwand zu projizieren; doch sie sind nicht das, *was* gemalt werden soll, nur das, was dem Maler ermöglicht, den Eindruck von Tiefe zu vermitteln, bevor sie wieder ausradiert werden. Genauso ist ein Netzwerk nicht das, was im Text dargestellt ist, sondern das, was den Text in die Lage versetzt, die als Mittler verstandenen Akteure abzulösen. Daraus folgt, daß man einen Akteur-Netzwerk-Bericht von Gegenständen liefern kann, die keineswegs die Gestalt eines Netzwerks haben – von einer Symphonie, einem Stück Gesetzgebung, einem Gestein vom Mond, einer Radierung. Umgekehrt kann man über technische Netzwerke schreiben – Fernsehen, E-mails, Satelliten, Außendienst –, ohne an irgendeinem Punkt einen Akteur-Netzwerk-Bericht zu liefern.

Aber ist es nicht etwas hinterhältig, das trickreiche Wort Netzwerk beizubehalten, um einen solchen Maßstab literarischer Qualität zu beschreiben? Ich gebe zu, es gleicht nicht den anderen Wörtern, die ich bis jetzt verwendet habe, wie Gruppe, Akteur, Aktant, Fluides und nicht-menschlich, die absichtlich wegen ihrer unbedarften Bedeutungslosigkeit gewählt wurden. Dieses dagegen hat zu viele Bedeutungen! Die Verwechslung fand statt – und der Fehler liegt ganz bei uns –, weil einige der frühen von der ANT beschriebenen Gegenstände Netzwerke im technischen Sinn waren – Metrologie, Metros, Telefone –, und auch, weil bei Einführung dieses Ausdrucks vor fünfundzwanzig Jahren das Internet noch nicht zugeschlagen hatte – und Al Quaida im übrigen auch noch nicht. So war Netzwerk eine Neuheit, die helfen konnte, einen Kontrast deutlich zu machen zu »Gesellschaft«, »Institution«, »Kultur«, »Felder« etc., die oft als Oberflächen begriffen wurden, als Kausalitätsketten unbestreitbarer Tatsachen. Doch inzwischen sind Netzwerke die Regel und Oberflächen die Ausnahme. Der Begriff ist stumpf geworden.[15] Und dennoch muß man den Kontrast zwischen dem verdeutlichen, was die Mittler sich vermehren läßt – das Netzwerk im Sinne des Akteur-Netzwerks –, und dem, was ohne sichtbare Mühe stabilisierte Ensembles von Zwischengliedern transportiert – das Netzwerk im banalen Sinne.[16]

Ganz gleich, wie das Wort lautet, wir brauchen etwas, um Übersetzungsströme zu bezeichnen. Warum nicht das Wort Netzwerk, da es nun einmal da ist und durch einen kleinen Bindestrich solide verknüpft mit dem Wort Akteur, das ich weiter oben neu definiert habe? Es gibt ohnehin kein gutes Wort, sondern nur einen sinnigen Gebrauch des Wortes; außerdem besitzt die ursprüngliche materielle Metapher, die von Diderot, immer noch drei wichtige Eigenschaften, die ich mit diesem Ausdruck beibehalten möchte:

a) Eine Punkt-zu-Punkt Verknüpfung wird hergestellt, die physisch nachvollziehbar ist und so empirisch nachgezeichnet werden kann;
b) eine solche Verknüpfung läßt das meiste, was *nicht* ver-

15 Wie in Boltanski und Chiapello (2003 [1999]), *Der neue Geist des Kapitalismus* gezeigt wurde, kann er sogar dazu verwendet werden, das zu charakterisieren, was an den jüngsten Metamorphosen in den kapitalistischen Produktionsweisen am schlimmsten ist.

16 Wenn ich an Jargon glauben würde und wenn »Werknetz« (*worknet*) oder »Aktionsnetz« (*action net*) irgendeine Chance hätte, sich durchzusetzen, würde ich es als Ersatz anbieten, um einen Kontrast zwischen technischen Netzwerken und Werknetzen herzustellen, wobei letztere eine Weise für Sozialwissenschaftler wären, ersteren Sinn zu geben. Der Ausdruck *action net* wird vorgeschlagen von Barbara Czarniawska (2004), »On Time, Space, and Action Nets«.

knüpft worden ist, *leer*, wie jeder Fischer weiß, wenn er sein Netz ins Meer wirft;[17]

c) diese Verknüpfung wird nicht mühelos und kostenfrei hergestellt, sie verlangt Anstrengung, wie jeder Fischer weiß, wenn er sein Netz auf dem Quai repariert.

Für unsere Zwecke müssen wir noch eine vierte Eigenschaft hinzufügen, die, wie ich zugebe, die ursprüngliche Metapher irgendwie ruiniert: Ein Netzwerk besteht nicht aus Nylonfäden, Wörtern oder irgendeiner dauerhaften Substanz, sondern es ist die Spur, die ein sich bewegendes Transportmittel hinterläßt. Fischnetze kann man zum Trocknen aufhängen, aber ein Akteur-Netzwerk läßt sich nicht aufhängen: Es muß neu aufgezeichnet werden durch die Passage eines anderen Transportmittels, einer anderen zirkulierenden Entität.

Die Schwäche des Begriffs rührt teilweise von der Verbreitung der eher schlichten visuellen Darstellungen her. Anfangs bot die graphische Darstellung von Netzwerken ein rohes, doch getreues Äquivalent für diese Assoziationen – gesehen als sternförmige Verzweigungen, deren Linien zu anderen Punkten führen, die wiederum aus nichts als aus neuen Verbindungen bestehen.[18] Eine solche Darstellungsweise hatte den Vorteil, Spezifität nicht durch irgendeinen substantiellen Inhalt zu definieren, sondern durch eine Liste

17 Dieser Punkt wird sogar noch wichtiger werden, wenn wir gegen Ende von Teil II mit dem Begriff des »Plasmas« zu tun haben werden. Leere ist der Schlüssel, wenn man den raren Kanälen folgen will, in denen das Soziale zirkuliert.

18 Dies wurde gezeigt in den frühen Leximappe-Werkzeugen in Michel Callon, John Law und Arie Rip (1986), *Mapping the Dynamics of Science and Technology*. Inzwischen gibt es allerdings sehr viel mehr neue graphische Vorrichtungen. Siehe Alberto Cambrosio, Peter Keating und Andrei Mogoutov (2004), »Mapping Collaborative Work and Innovation in Biomedicine«. Als Darstellung eines Netzwerks gesehen, ist diese Sichtweise naiv, doch als Theorie ist sie eine wunderbare Hilfe bei der Abstraktion. Siehe ihre frühe Verwendung in Geneviève Teil (1991), *Candide™, un outil de sociologie assistée par ordinateur pour l'analyse quantitative de gros corpus de textes.*

von Assoziationen: Je verknüpfter ein Punkt, desto individualisierter war er. Andererseits hatten diese graphischen Diagramme den Nachteil, daß sie keine Bewegungen einfingen und optisch dürftig waren. Doch selbst diese Grenzen haben ihren Vorteil, denn gerade die Armut der graphischen Darstellung gibt dem Untersucher die Möglichkeit, seine Infrasprache nicht mit den facettenreichen Objekten zu verwechseln, die abgebildet werden: Die Karte ist nicht das Territorium. Zumindest besteht nicht die Gefahr zu glauben, die Welt selbst bestünde aus Punkten und Linien, während Sozialwissenschaftler allzuoft zu glauben scheinen, daß die Welt aus sozialen Gruppen, Gesellschaften, Kulturen, Regeln besteht, während diese Terme meist nur graphische Darstellungsmittel bezeichnen, die sie entwickelt haben, um Sinn in ihre Daten zu bringen.

Um ein Akteur-Netzwerk aufzuzeichnen, muß man den zahlreichen Spuren, die das Soziale hinterlassen hat, eine neue Quelle von Mittlern hinzufügen, den schriftlichen Bericht, der es ermöglichen wird – oder auch nicht –, das Soziale von neuem sichtbar zu machen. In einem Akteur-Netzwerk-Bericht erhöht sich die relative Anzahl der Mittler im Verhältnis zu den Zwischengliedern. Eine solche Beschreibung möchte ich einen *riskanten* Bericht nennen, was bedeutet, daß er leicht scheitern kann – er scheitert meist –, da er *weder die völlige Artifizialität des Unternehmens noch seinen Anspruch auf Genauigkeit und Wahrhaftigkeit beiseite schieben kann.* Noch weniger automatisch sind seine Relevanz für die Akteure selbst und der politische Einfluß, den er vielleicht hat, wie wir im Schlußkapitel sehen werden. Die ganze Frage ist, ob das *Ereignis* des Sozialen sich bis zum *Ereignis* des Lesens verbreiten kann, durch das Medium des Textes. Diesen Preis muß man zahlen, wenn Objektivität oder vielmehr »*Objekthaftigkeit*« erreicht werden soll, ein Ausdruck, den ich gerne umdefinieren würde als virtuelle Versammlung der Vorbringer von Einwänden.

Zurück zu den Grundlagen: eine Liste von Notizbüchern

Um von dieser fünften Quelle der Unbestimmtheit zu zehren, gehen wir am besten so vor, daß wir über all unsere Schritte Buch führen, einschließlich derer, die mit der Produktion des Berichts zu tun haben. Der Grund dafür ist weder epistemische Reflexivität noch eine narzißtische Schwäche für die eigene Arbeit, sondern von nun an wird *alles* zu *Daten*: angefangen beim ersten Telefonanruf bei einem möglichen Interviewpartner, dem ersten Termin mit dem Betreuer, den ersten Korrekturen, die von einem Auftraggeber an einem Finanzierungsplan vorgenommen werden, dem ersten Starten einer Suchmaschine, der ersten Liste der Fragen eines Fragebogens. In Übereinstimmung mit unserem Interesse an textlichen Berichten und Buchführung könnte es nützlich sein, die verschiedenen Notizbücher aufzulisten, die man führen sollte – ob manuell oder digital, ist inzwischen nicht mehr so entscheidend.[19]

Das erste Notizbuch sollte als *Logbuch* der Untersuchung selbst dienen. Nur so läßt sich die Veränderung dokumentieren, die man selbst erfährt, während man unterwegs ist. Die Begegnungen, die Reaktionen anderer auf die Untersuchung, die Überraschung angesichts der Fremdheit des Feldes und so weiter sollten so regelmäßig wie möglich dokumentiert werden. Ansonsten ginge das künstliche Experiment verloren, das darin besteht, ins Feld zu gehen und mit einer neuen Situation konfrontiert zu sein. Selbst noch Jahre später sollte es möglich sein zu wissen, wie die Studie konzipiert wurde, welche Personen getroffen wurden, welche Quellen man herangezogen hat und so weiter, mit präzisem Datum und Zeitpunkt.

19 Ich verwende den Ausdruck »Notizbücher« eher metaphorisch, denn sie umfassen inzwischen sowohl digitale Dateien als auch Filme, Interviews und Webseiten.

Ein zweites Notizbuch sollte geführt werden, um Informationen derart zu sammeln, daß es gleichzeitig möglich ist, alle Posten chronologisch geordnet zu halten *und* sie in Kategorien einzuordnen, aus denen sich später zunehmend verfeinerte Dateien und Unterdateien entwickeln werden. Um diese widersprüchlichen Anforderungen zu erfüllen, gibt es heutzutage jede Menge Software, doch ältere Semester wie ich haben großen Nutzen aus der mühseligen Arbeit gezogen, die Daten auf Karteikarten zu schreiben. Worin auch immer die technische Lösung bestehen mag, die Bewegung von einem Bezugsrahmen zum nächsten wird sehr erleichtert, wenn der Datensatz erhalten bleibt, während er gleichzeitig auf möglichst viele Weisen arrangiert werden kann. Dies ist der einzige Weg, um so geschmeidig und artikuliert zu werden wie der zu behandelnde Gegenstand.
Ein drittes Notizbuch sollte stets zur Hand sein für Schreibversuche aus dem Stegreif. Die einzigartige Angemessenheit, nach der man streben sollte, wenn man komplexe Imbroglios entfaltet, kann nicht erreicht werden ohne fortgesetzte Skizzen und Entwürfe. Es ist sehr ungeschickt, sich vorzustellen, daß man eine Zeitlang die Daten sammelt und erst dann mit der Niederschrift beginnt. Einen Bericht zu schreiben ist eine zu riskante Angelegenheit, als daß sie in die grobe Zweiteilung zwischen Untersuchung einerseits und Bericht andererseits passen würde. Was spontan aus der Tastatur fließt, sind Allgemeinheiten, Klischees, Allzweck-Definitionen, auswechselbare Berichte, Idealtypen, machtvolle Erklärungen, Abstraktionen, kurzum, der Stoff, aus dem die Texte der Soziologie des Sozialen sich mühelos von selbst schreiben.* Will man diesem Trend entgegenwirken, so müssen viele Anstrengungen unternommen werden, um das automatische Schreiben aufzubrechen; es ist keineswegs leichter, textliche

* Nützliche Präzisierungen zu diesem Punkt findet man in H.S. Becker (1988), *Tricks of the Trade. How to Think About Your Research While You're Doing It.*

Berichte zu schreiben, als im Labor das richtige experimentelle Design zu entdecken. Doch Ideen, Gliederungspunkte, Metaphern und Tropen kommen vielleicht unerwartet im Laufe der Untersuchung. Wenn man ihnen nicht gestattet, einen Ort und ein Ventil zu finden, dann werden sie entweder verlorengehen oder, schlimmer noch, die harte Arbeit des Datensammelns verderben, weil man die Metasprache der Akteure mit der des Analytikers vermischt. Daher ist es immer ein gutes Verfahren, einen eigenen Ort für die vielen Ideen zu reservieren, die einem in den Kopf kommen, selbst wenn sie erst Jahre später verwendet werden sollten.

In einem vierten Typ von Notizbuch sollte man sorgfältig die Auswirkungen des schriftlichen Berichts auf die Akteure festhalten, deren Welt entweder entfaltet oder vereinigt worden ist. Dieses zweite Experiment, das zur Feldforschung hinzutritt, ist wichtig, um zu überprüfen, wie ein Bericht seine Rolle spielt, das Soziale zu versammeln. Die Untersuchung ist vielleicht beendet, doch das Experiment geht weiter: Der neue Bericht fügt seine performative Aktion zu allen anderen Aktionen hinzu, und auch dies produziert wiederum Daten. Das bedeutet nicht, daß diejenigen, die untersucht worden sind, das Recht hätten, das über sie Geschriebene zu zensieren, noch bedeutet es, daß der Analytiker das unglaubliche Recht hätte zu ignorieren, was seine »Informanten« über die unsichtbaren Kräfte sagen, die sie handeln lassen. Sondern es bedeutet, daß eine neue Verhandlungsrunde beginnt, um zu bestimmen, welches die Ingredienzien sind, aus denen die eine gemeinsame Welt möglicherweise besteht – oder auch nicht.[20] Da die Relevanz des riskanten Berichts sich erst sehr viel später erweisen kann, müssen die

20 Davon zeugt die Zeit, die das lange Experiment der *science studies* gedauert hat, von der ersten Veröffentlichung bis zum Krieg der Wissenschaften. Doch wie ich im letzten Kapitel zu zeigen versucht habe: Ohne eine sorgfältige Dokumentation wäre das Experiment der *science studies* umsonst gewesen.

in seinem Gefolge sich bildenden Spuren ebenfalls dokumentiert werden.

Vielleicht findet der Leser es enttäuschend, daß die bislang betrachteten großen Fragen der Gruppenbildung, der Handlungsquellen, der Metaphysik und der Ontologie mit keinen großartigeren Ressourcen angegangen werden sollen als mit kleinen Notizbüchern, die während der vollkommen künstlichen Prozedur der Arbeit im Feld und der Nachforschungen geführt werden. Aber ich habe den Leser gewarnt: Nichts Großartigeres steht in Aussicht, und es gibt keinen schnelleren Weg. Letztlich brauchte Archimedes nur einen festen Punkt, um die Welt aus den Angeln zu heben. Einstein rüstete seine Beobachter mit einem Meßstab und einer Stoppuhr aus. Warum sollten wir eine schwerere Ausrüstung benötigen, um durch die winzigen dunklen Kanäle zu kriechen, die von blinden Ameisen gebahnt worden sind? Wenn man keine Notizen sammeln und sorgfältig niederschreiben will, dann sollte man nicht versuchen, in die Soziologie zu gehen: Es ist der einzige Weg, um ein wenig objektiver zu werden. Wenn jemand einwenden sollte, diese textlichen Berichte seien nicht »wissenschaftlich genug«, würde ich entgegnen, daß sie vielleicht nicht wissenschaftlich aussehen, wie es das Klischee dieses Adjektivs verlangt, sie sind es aber vielleicht trotzdem in der einzigen Definition, die mich hier interessiert: Sie versuchen, einige widerspenstige Objekte durch einiges künstliche Gerät mit äußerster Genauigkeit zu erfassen, auch wenn dieses Unternehmen leer ausgehen kann. Könnte doch nur ein Bruchteil der Energie, der in den Sozialwissenschaften dem Kommentieren unserer eminenten Vorgänger gewidmet wird, in Feldforschung verwandelt werden! Wie Garfinkel uns gelehrt hat: Die ganze Zeit hindurch ist es Praxis.

Entfaltung, nicht Kritik

Auf unordentliche Weise einen unordentlichen Bericht über eine unordentliche Welt zusammenzustellen wird wohl nicht als eine sehr großartige Aufgabe erscheinen. Doch auf Größe sind wir nicht aus: Das Ziel besteht darin, eine Wissenschaft des Sozialen hervorzubringen, die einzig der Besonderheit des Sozialen angemessen ist, genauso wie alle anderen Wissenschaften gewundene Mittel erfinden mußten, um den spezifischen Phänomenen treu zu bleiben, die sie in den Griff zu bekommen versuchten. Wenn das Soziale zirkuliert und nur sichtbar ist, sofern es durch die Verkettung von Mittlern hindurchscheint, dann muß genau dies durch unsere textlichen Berichte repliziert, kultiviert, beschworen und zum Ausdruck gebracht werden. Die Aufgabe besteht darin, Akteure *als* Netzwerke von Vermittlungen *zu entfalten* – daher der Bindestrich im zusammengesetzten Wort »Akteur-Netzwerk«. Entfaltung ist nicht dasselbe wie »bloße Beschreibung« noch wie »Enthüllung« der »sozialen Kräfte«, die »hinter« dem Rücken der Akteure »am Werk sind«. Wenn überhaupt, gleicht sie mehr der Polymerase-Kettenreaktion (PCR) bei der Vervielfältigung einer kleinen DNA-Stichprobe.[21]

Und was gäbe es an »bloßen Beschreibungen« auszusetzen?[22] Ein guter Text ist niemals ein unvermitteltes Porträt dessen, was er beschreibt – und übrigens ist auch ein Porträt

21 Siehe Law (2004), *After Method*, S. 112. Siehe ebenso die von Mol verwendete Terminologie (»Inszenierung«, *enactement*), sowie die von Cussins (»Choreographie«) in Charis Cussins (1996), »Ontological Choreography: Agency through Objectification in Infertility Clinics«.

22 Der nützliche Ausdruck einer »dichten Beschreibung« hat das Verdienst, die Aufmerksamkeit auf die Details zu lenken, doch nicht notwendigerweise auf den Stil. »Dichte« sollte ebenfalls bezeichnen: »Habe ich genug versammelt?« Es sollte dem Wort »versammeln« eine politische Bedeutung geben, etwas, auf das wir im Schlußkapitel treffen werden.

dies nicht.[23] Er ist stets Teil eines künstlichen Experiments, um die Spuren zu replizieren und hervorzuheben, die durch Versuche generiert worden sind, in denen Akteure zu Mittlern oder Mittler zu getreuen Zwischengliedern gemacht werden. Es gibt nichts Unnatürlicheres, als ins Feld zu gehen und »Mäuschen zu spielen«, Fragebögen auszuteilen, Karten zu zeichnen, Archive umzugraben, Interviews aufzuzeichnen, die Rolle eines teilnehmenden Beobachters zu spielen, Statistiken zusammenzustellen und seinen Weg durch das Internet zu »googeln«. Be-schreiben, auf-schreiben, erzählen und das Schreiben von Abschlußberichten sind so unnatürlich, mühselig und komplex, wie es das Sezieren von Fruchtfliegen oder die Beförderung eines Teleskops in den Weltraum sind. Wenn jemand Faradays Experimente merkwürdig artifiziell findet, was sagt er dann zu Pitt Rivers' ethnographischen Expeditionen? Wenn jemand Lord Kelvins Laboratorium zurechtgelegt findet, was hält er dann von Marx, wenn er Fußnoten in der British Library zusammenträgt, von Freud, der von den Leuten verlangt, auf seiner Wiener Couch frei zu assoziieren, oder von Howard Bekker, der Jazz spielen lernt, um sich Notizen über das Spielen von Jazz zu machen? Der simple Akt, irgend etwas auf Papier aufzuzeichnen, ist bereits eine immense Transformation, die genausoviel Fertigkeiten und Kunstgriffe erfordert wie das Malen einer Landschaft oder der Aufbau einer wohldurchdachten chemischen Reaktion. Kein Forscher sollte die Aufgabe erniedrigend finden, beim Beschreiben zu bleiben. Sie ist, im Gegenteil, die höchste und seltenste Leistung.

Und doch sorgen wir uns, daß vielleicht etwas fehlen könnte, wenn wir bei der Beschreibung bleiben, denn wir haben »ihr« noch nichts von dem »hinzugefügt«, was oft als »Erklärung« (*explication*) bezeichnet wird. Doch der Gegensatz

23 Siehe Joseph Leo Koerner (1997), *The Moment of Self-Portraiture in German Renaissance Art.*

zwischen Beschreibung und Erklärung ist eine weitere dieser falschen Dichotomien, die ausrangiert werden sollten – besonders, wenn es sich dabei um »soziale Erklärungen« handelt, die man aus ihrem Altenheim abholt und spazierenführt. Entweder werden die Netzwerke, die eine gegebene Situation möglich machen, vollständig entfaltet – und dem noch eine Erklärung hinzufügen ist überflüssig –, oder wir »fügen eine Erklärung hinzu«, die besagt, daß irgendein anderer Akteur oder Faktor noch berücksichtigt werden sollte; dann aber ist es die *Beschreibung*, die noch einen Schritt *weiter ausgeführt* werden müßte. Eine Beschreibung, die zusätzlich noch eine Erklärung verlangt, ist eine schlechte Beschreibung. Allerdings gibt es eine Ausnahme: Das sind relativ stabile Situationen, wo einige Akteure in der Tat die Rolle voll determinierter – und so voll »erklärter« – Zwischenglieder spielen; in diesen einfachen Fällen genügt der traditionelle, prärelativistische Rahmen durchaus. Gegenüber den zur Beschreibung »hinzugefügten« Erklärungen muß man deswegen so mißtrauisch sein, weil sie der Soziologie des Sozialen die Gelegenheit geben, ihre redundante Ursache einzuschmuggeln. Sobald ein Ort »in einen Rahmen« gestellt wird, wird alles allzu schnell rational, und Erklärungen beginnen allzu frei zu strömen. Die Gefahr ist um so größer, als dies der Moment ist, der meist von den stets auf der Lauer liegenden kritischen Soziologen gewählt wird, um sich der sozialen Erklärungen zu bemächtigen und die zu erklärenden Objekte durch irrelevante, Allzweck-»soziale-Kräfte« zu ersetzen, die zu sehen die Akteure zu dumm sind oder die enthüllt zu sehen sie nicht ertragen. Sich an das Beschreiben zu halten schützt – »Safer Sex« vergleichbar – gegen die Übertragung von Erklärungen.

Der Versuch, einer falschen Sicht der Arbeitsweise der Naturwissenschaften zu entsprechen, ist auch hier wieder der Grund dafür, daß die Sozialwissenschaften ins Stocken geraten – als wäre das Beschreiben zu partikular, zu idiosynkratisch, zu lokalisiert. Doch entgegen dem scholastischen

Sprichwort gibt es Wissenschaft nur vom Besonderen.[24] Wenn Verbindungen zwischen Orten hergestellt werden, so sollte dies durch *mehr* Beschreibungen geschehen, nicht durch eine freie Reise auf Allzweck-Geländewagen wie Gesellschaft, Kapitalismus, Imperium, Normen, Individualismus, Felder und so weiter. Ein guter Text sollte in einem guten Leser folgende Reaktion auslösen: »Mehr Details, bitte, mehr Details.« Gott steckt im Detail, und alles andere auch – einschließlich des Teufels. Es ist der Charakter des Sozialen, spezifisch zu sein. Nicht um Reduktion geht es, sondern um Irreduktion. Wie Gabriel Tarde nie müde wurde zu wiederholen: »Existieren heißt differieren.«

Entfalten heißt einfach, daß durch den Bericht, der die Untersuchung abschließt, die Anzahl der Akteure möglicherweise vergrößert wird; das Spektrum der Existenzformen, die die Akteure zum Handeln bringen, möglicherweise erweitert wird; die Anzahl der Objekte, die an der Stabilisierung von Gruppen und Agenzien beteiligt sind, möglicherweise vervielfältigt wird; und die Kontroversen über umstrittene Tatsachen möglicherweise aufgezeichnet werden. Nur wer noch nie versucht hat, über Mittler anstelle von Zwischengliedern zu schreiben, wird sagen, daß dies eine leichte Aufgabe sei, die »bloßem Beschreiben« ähnele. Für uns dagegen ist für jeden neuen vorliegenden Fall genausoviel Erfindungsgeist nötig wie für ein Experiment im Labor – und Erfolg ist hier ebenso selten. Haben wir Erfolg, und das geschieht nicht automatisch und nicht dadurch, daß der eigenen Unterschrift ein Dr. vorangestellt wird, so wird ein guter

24 Monographien in der Sozialwissenschaft sind einer der Beiträge von Tarde; siehe Tarde (2003), *Die Gesetze der Nachahmung*, S. 101. In Tardes allgemeiner Sicht von Gesellschaften zeichnen sich menschliche Gesellschaften durch die kleine Anzahl der von ihnen mobilisierten Handlungsträger aus, im Unterschied zur Biologie oder Physik, die mit Millionen oder Milliarden von Elementen zu tun haben. Auf die Besonderheit und nicht auf die Allgemeinheit verweist demnach die Tatsache, es mit dem Sozialen – Nr. 2 – zu tun zu haben.

Bericht eine *Performanz* des Sozialen in dem Sinne sein, daß einige der an der Aktion Beteiligten – durch die kontroverse Vermittlung des Autors – *versammelt* oder *wiederversammelt* werden. Das klingt nach nicht viel, ist aber weit davon entfernt, völlig vernachlässigbar zu sein.

Das Problem liegt darin, daß Sozialwissenschaftler zu oft zwischen Hybris – jeder von ihnen träumt davon, gleichzeitig der Newton der Sozialwissenschaft zu sein und der Lenin des sozialen Wandels – und Verzweiflung schwanken – sie verachten sich selbst, weil sie nur noch weitere Berichte, Geschichten, Statistiken anhäufen, die niemand je lesen wird. Doch die Wahl zwischen völliger Beherrschung und völliger Irrelevanz ist eine sehr oberflächliche Alternative. Über den eigenen schriftlichen Bericht zu verzweifeln ist nicht sinnvoller als der Wunsch des Chefs eines Chemielabors, für das Gesundheitswesen relevant sein zu wollen. Relevanz ist, wie alles andere auch, eine Errungenschaft. Ein Bericht ist interessant oder uninteressant, je nachdem, wieviel Arbeit darin investiert wurde zu interessieren, das heißt, ihn zwischen andere Dinge zu plazieren.[25] Genau dies können die fünf Unbestimmtheiten zusammengenommen möglicherweise zeigen helfen: Woraus besteht das Soziale? Was agiert, wenn wir agieren? Welcher Art von Gruppierung gehören wir an? Was wollen wir? An welcher Art von Welt sind wir bereit teilzuhaben? Alle diese Fragen werden nicht nur von den Forschern aufgeworfen, sondern auch von den von ihnen Erforschten. Es ist nicht so, als wüßten wir, die Sozialwissenschaftler, die Antwort, die irgendwo jenseits der Akteure läge, noch ist es so, daß sie, die berühmten »Akteure selbst«, die Antwort kennen. Tatsache ist, daß *niemand* die Antworten kennt – und daher müssen diese kollektiv in Szene ge-

25 Die *science studies* haben viele der Relevanz verleihenden Strategien in den exakten Wissenschaften verfolgt und oft auch ihr Scheitern dokumentiert. Siehe Michel Callon (1989), *La science et ses réseaux. Genèse et circulation des faits scientifiques* sowie John Law (2002), *Aircraft Stories – Decentering the Object in Technoscience*.

setzt, stabilisiert und revidiert werden durch jenes virtuelle Kollektiv, das nur durch energische und ständig aufgefrischte Sozialwissenschaften zusammengerufen werden kann.* Ohne sie wüßten wir nicht, was wir gemeinsam haben, wir wüßten nicht, durch welche Verbindungen wir miteinander assoziiert sind, und wir hätten keinen Weg, um festzustellen, wie wir in der gleichen gemeinsamen Welt leben können.

Um diese Antworten zu entwickeln, mag jeder neue Kunstgriff willkommen sein, *einschließlich der winzigen Interpretation eines Sozialwissenschaftlers*. Scheitern ist nicht gewisser als Erfolg. Der Versuch lohnt sich allemal. Und zwar deshalb, weil alle fünf Quellen der Unbestimmtheit ineinander verschachtelt sind, so daß ein schriftlicher Bericht von einem schlichten Kollegen, der noch nicht einmal einen weißen Kittel trägt, möglicherweise einen Unterschied macht. Vielleicht ist es ihm gelungen, die Verbindungen provisorisch in Szene zu setzen, zu entfalten. Er bietet eine künstliche Stätte an (den textlichen Bericht), der für ein bestimmtes Publikum vielleicht die Frage lösen könnte, zu welcher gemeinsamen Welt man gehört. Versammelt um das »Laboratorium« des Textes fangen Autoren wie auch Leser vielleicht damit an, die beiden Mechanismen sichtbar zu machen, die zum einen für die Pluralität der zu berücksichtigenden Assoziationen verantwortlich sind, zum anderen für die Stabilisierung oder Vereinheitlichung der Welt, in der sie leben möchten.[26] Einerseits ist es nur ein Text aus Papierbögen, von einem Tinten- oder Laserstrahl geschwärzt. Andererseits ist es eine kostbare kleine Institution, um das Soziale für alle seine Beteiligten zu repräsentieren, oder genauer, zu rerepräsentieren, das heißt, um es ihnen *von neuem* zu präsen-

* Dies ist sogar der Sinn der Forschung in der Sozialwissenschaft für einen Pragmatisten wie John Dewey; siehe z. B. John Dewey (1995), *Erfahrung und Natur.*

26 Diese beiden Funktionen sind Teil der Definition von Politik. Siehe Latour (2001a), *Das Parlament der Dinge*. Siehe auch weiter unten das Schlußkapitel.

tieren, ihm eine *Performanz*, eine Form zu geben. Das ist nicht viel, aber mehr zu verlangen heißt oft, weniger zu bekommen. Viele »machtvolle Erklärungen« mögen sich als weniger überzeugend herausstellen als schwächere.

Eine allerletzte Empfehlung

Auf der letzten Seite seines letzten Buches, das sich mit der Wissenschaftssoziologie beschäftigt, hat Pierre Bourdieu die Möglichkeit definiert, wie der Soziologe die berühmte Perspektive Gottes von nirgendwo erreichen kann, nachdem er sich durch einen extremen Einsatz von Reflexivität von allen besonderen Perspektiven geläutert hat. Es handelt sich hierbei vermutlich um die ehrlichste je formulierte Version des Traums von einer kritischen Soziologie.

Wenn er [der Soziologe] wie jeder Wissenschaftler sich bemüht, zur Konstruktion des Gesichtspunkts ohne Gesichtspunkt der Wissenschaft beizutragen, dann darf er nicht vergessen, daß er als sozialer Handlungsträger im Objekt befangen bleibt, das er sich zum Gegenstand nimmt, und daß er in dieser Hinsicht einen Gesichtspunkt einnimmt, der weder mit dem der anderen zusammenfällt, noch mit dem quasi-göttlichen, überblickhaften Gesichtspunkt von oben, zu dem er gelangen kann, wenn er die Anforderungen seines Forschungsgebiets erfüllt. So weiß er, daß die Besonderheit der Sozialwissenschaften ihn zwingt, daran zu arbeiten (wie ich es für die Gabe und die Arbeit in Les Méditations pascaliennes *zu tun versucht habe), eine wissenschaftliche Wahrheit zu konstruieren, die in der Lage ist, die Sicht des Beobachters und die Wahrheit der praktischen Sicht des Handelnden in einem Gesichtspunkt zu integrieren, der sich nicht als solcher versteht und der in der Illusion des Absoluten geprüft wird.* (Bourdieu 2001, S. 222)

Sich mit der potentiellen Effizienz soziologischer Texte herumzuquälen zeugt entweder von einem Mangel an Bescheidenheit oder von einem Mangel an Ehrgeiz. Wenn überhaupt, dann ist der Erfolg, mit dem sich die Sozialwissenschaften durch die soziale Welt verbreiten, noch erstaunlicher als die Verbreitung der Naturwissenschaften oder technischer Geräte. Können wir etwa die Veränderungen in der Art und Weise überschätzen, wie jede/r von uns jetzt »ein Geschlecht hat«, die auf die kleinen Texte feministischer Forscherinnen zurückgehen? Was wüßten wir vom »Anderen« ohne die Berichte der Anthropologen? Wer könnte die eigene Vergangenheit ermessen ohne Archäologen und Historiker? Wer wäre imstande zu navigieren ohne die Geographen? Wer hätte ein Unbewußtes ohne Psychologen? Wer wüßte, ob ein Gewinn gemacht wurde oder nicht, ohne die Buchhalter? Selbstverständlich gleichen Texte miserablen Pfaden, um sich zwischen den vielen widersprüchlichen Bezugsrahmen zu bewegen, und doch ist ihre Effizienz unerreicht, wenn man sie vergleicht mit den grandioseren und machtvolleren sozialen Erklärungen, die man anführt, um jene kleinen Pfade herabzusetzen. Wenn der Soziologe nicht die Stelle des allumfassenden und alles sehenden Gottes der Sozialwissenschaft einnehmen kann, so heißt das noch lange nicht, daß er blind in einen Keller eingesperrt bleiben muß. Wir, die kleinen Ameisen, sollten nicht auf Himmel oder Hölle aus sein, denn diese Erde ist voller Dinge, durch die wir uns hindurchbeißen können, um unseren Weg zu finden.

Was tun mit der Akteur-Netzwerk-Theorie? Zwischenspiel in Form eines Dialogs

In einem Büro an der *London School of Economics*, an einem dunklen Dienstagnachmittag im Februar, kurz vor einem Pint im *Beaver's Retreat*, im vierten Stock der LSE. Ein leises, doch beharrliches Klopfen ist zu hören. Ein Student tritt ins Büro.[1]

Student: Störe ich?
Professor: Überhaupt nicht. Ich habe gerade Sprechstunde. Kommen Sie herein, setzen Sie sich.
S: Danke.
P: So, nun ... Sie machen mir einen etwas verlorenen Eindruck.
S: Nun, ja, das stimmt. Ich muß sagen, daß ich es schwierig finde, die Akteur-Netzwerk-Theorie auf meine Fallstudie in Organisationsforschung anzuwenden.
P: Kein Wunder! Sie läßt sich auf nichts anwenden!
S: Aber man hat uns beigebracht ... Ich meine ... sie scheint der letzte Schrei zu sein. Wollen Sie damit sagen, sie sei nutzlos?
P: Sie kann nützlich sein, doch nur, wenn sie nicht auf irgend etwas »angewendet« wird.
S: Entschuldigen Sie, aber versuchen Sie hier irgendeinen Zen-Trick anzubringen? Ich muß Sie leider warnen: Ich bin nur ein einfacher Doktorand in Organisationsforschung, also erwarten Sie nicht ... Ich bin auch nicht sehr bewandert in dem ganzen französischen Zeug, ich habe nur etwas in den *Tausend Plateaus* herumgelesen, doch verstanden habe ich nicht sehr viel ...

1 Eine Version dieses Dialogs ist erschienen in C. Avgerou, C. Ciborra und F. F. Land (Hg., 2004), *The Social Study of Information and Communication Technology*, S. 62-76.

P: Entschuldigen Sie, ich habe nicht versucht, irgend etwas besonders Cleveres zu sagen. Nur daß ANT zunächst einmal ein *negatives* Argument ist. Sie sagt nicht irgend etwas Positives über irgendeine Angelegenheit aus.

S: Was kann ich also damit anfangen?

P: Das beste, was ANT für Sie tun kann, ist, daß Sie sich beispielsweise sagen: »Wenn meine Informanten in einem einzigen Satz Organisation, Hardware, Psychologie und Politik mischen, gehe nicht hin und brich es erst einmal herunter in klare kleine Pakete; versuche der Verbindung zu folgen, die die Akteure zwischen diesen Elementen herstellen, auch wenn sie dir vollkommen inkommensurabel erschienen wäre, wenn du dich an die üblichen Verfahren gehalten hättest.« Das ist alles. Die ANT kann Ihnen nicht positiv sagen, was das für eine Verbindung ist.

S: Warum nennt sie sich dann eine »Theorie«, wenn sie nichts über die Dinge sagt, die wir untersuchen?

P: Sie ist eine Theorie und sogar eine starke, denke ich, aber eine Theorie darüber, *wie* Dinge zu untersuchen sind, oder vielmehr, wie sie *nicht* zu untersuchen sind – oder vielmehr, wie man den Akteuren ein wenig Raum läßt, um sich selbst auszudrücken.

S: Und Sie meinen, daß andere Sozialtheorien das nicht erlauben?

P: Ja, in gewisser Weise meine ich das, und zwar gerade wegen ihrer Stärken: Die anderen Theorien sind gut darin, *substantielle* Dinge darüber zu sagen, woraus die soziale Welt besteht. In den meisten Fällen ist das in Ordnung: Die Zutaten sind bekannt, das Repertoire sollte nicht ausufern. Doch das funktioniert nicht, wenn die Dinge sich rasch verändern. Genausowenig funktioniert es in Organisationsforschung, Informationswissenschaften, Marketing, Unternehmensforschung oder Wissenschafts- und Technikforschung. Dort, wo die Grenzen zu sehr verschwimmen. *Neue* Gegenstände, dafür braucht man die ANT.

S: Aber meine Agenten, meine Akteure, ich meine die Leute, die ich im Unternehmen untersuche, bilden viele Netzwerke. Sie sind mit einer Menge anderer Dinge verknüpft, mal sind sie hier, mal dort ...

P: Und genau darin liegt das Problem! Um das zu sagen, braucht man kein Akteur-Netzwerk. Jede verfügbare Sozialtheorie tut es. Es wäre reine Zeitverschwendung für Sie, eine solche exotische Argumentation aufzugreifen, nur um zu zeigen, daß ihre Informanten »ein Netzwerk bilden«.

S: Aber sie tun es! Sie bilden ein Netzwerk. Sehen Sie, ich habe ihre Verknüpfungen aufgezeichnet: Computerchips, Standards, Schulung, Geld, Belohnungen, Länder, Kulturen, Sitzungssäle, alles. Habe ich damit nicht ein Netzwerk in Ihrem Sinne beschrieben?

P: Nicht notwendigerweise. Ich gebe zu, es ist furchtbar verwirrend, und das war hauptsächlich unser Fehler – das Wort, das wir erfunden haben, ist schon ziemlich schrecklich. Doch Sie sollten nicht das Netzwerk, das durch die Beschreibung gezeichnet wird, mit dem Netzwerk verwechseln, das zur Beschreibung benutzt wird.

S: Wie bitte?

P: Sicherlich werden Sie zugeben, daß das Zeichnen *mit* einem Stift nicht dasselbe ist, wie die *Gestalt* eines Stifts zu zeichnen. Genauso verhält es sich mit diesem zweideutigen Wort Netzwerk. Mit Akteur-Netzwerk beschreibt man etwas, das überhaupt nicht wie ein Netzwerk aussieht – einen momentanen Geisteszustand, ein Stück Maschine, einen fiktionalen Charakter; umgekehrt können Sie ein Netzwerk beschreiben – U-Bahn, Kanalisation, Telefon –, das überhaupt nicht wie ein Akteur-Netzwerk gezeichnet ist. Man verwechselt einfach den Gegenstand mit der Methode. ANT ist eine Methode und außerdem meistens eine negative; sie sagt nichts aus über die *Gestalt* dessen, was mit ihr beschrieben wird.

S: Das ist verwirrend! Aber die von mir untersuchten Unternehmensmitarbeiter, bilden sie nicht ein feines, aufschlußreiches, starkes Netzwerk?

P: Kann sein, ich meine ..., sicher tun sie das. Na und?

S: Dann kann ich sie also mit der Akteur-Netzwerk-Theorie untersuchen!

P: Noch einmal, ja vielleicht, vielleicht aber auch nicht. Es hängt vollkommen davon ab, was *Sie selbst* Ihren Akteuren (oder eher: ihren Aktanten) zu tun erlauben. Verknüpft zu sein, wechselseitig verknüpft zu sein oder heterogen zu sein, reicht nicht aus. Alles hängt von der Art der Aktion ab, die von einem zum anderen verläuft, daher die beiden Wörter »Netz« und »Werk«. Wir sollten wirklich »Werknetz« sagen anstatt »Netzwerk«. Es ist das Werk, die Arbeit und die Bewegung, der Fluß und die Veränderungen, die betont werden sollten. Doch nun haben wir das »Netzwerk« am Hals, und jeder denkt, wir meinen das World Wide Web oder etwas in der Art.

S: Meinen Sie damit, daß ich noch keine ANT-Studie durchgeführt habe, wenn ich zeigen kann, auf welche Weise meine Akteure miteinander in Form eines Netzwerkes zusammenhängen?

P: Genau das meine ich: ANT ist eher der Name eines Zeichenstifts oder Pinsels als der Name der spezifischen Form, die gemalt oder gezeichnet wird.

S: Aber als ich sagte, ANT sei ein Werkzeug, und Sie fragte, ob dieses Werkzeug angewandt werden könne, protestierten Sie!

P: Weil es kein Werkzeug ist, oder vielmehr, weil Werkzeuge niemals »bloße« Werkzeuge sind, die nur angewandt zu werden brauchen: Sie modifizieren stets die Zwecke, die man im Sinn hat. Das bedeutet »Akteur«. Das Akteur-Netzwerk (ich gebe zu, daß der Name absurd ist) erlaubt einem, einige *Effekte* hervorzubringen, die man durch eine andere Sozialtheorie nicht erhalten hätte. Das ist alles, wofür ich bürgen kann. Es ist eine sehr gewöhnliche Erfahrung. Versuchen Sie mit einem Zeichenstift oder mit

Kohle zu zeichnen – Sie werden den Unterschied bemerken. Auch ist das Backen eines Kuchens mit einem Gasherd nicht dasselbe wie mit einem Elektroherd.

S: Aber mein Betreuer will etwas anderes. Er will einen Rahmen, in den ich meine Daten stellen kann.

P: Wenn Sie mehr Daten speichern wollen, kaufen Sie eine größere Festplatte.

S: Er sagt immer: Sie brauchen einen Rahmen.

P: Vielleicht ist Ihr Betreuer im Bildergeschäft! Es stimmt, daß Rahmen praktisch sind, wenn man etwas zeigen will: weiß, vergoldet, mit Schnitzereien versehen, prunkvoll, aus Aluminium etc. Doch sind Sie je einem Maler begegnet, der mit seinem Meisterwerk begann, indem er zuerst einen Rahmen ausgewählt hätte? Das wäre ein wenig merkwürdig, oder?

S: Sie spielen mit den Worten. Mit »Rahmen« meine ich eine Theorie, ein Argument, eine allgemeine Fragestellung, ein Konzept – etwas, damit die Daten Sinn machen. Man braucht immer einen Rahmen.

P: Nein! Sagen Sie mir, wenn X ein »bloßer Fall von« Y ist, was zu untersuchen ist wichtiger: X, der spezielle Fall, oder Y, die Regel?

S: Vermutlich Y … aber auch X, nur um zu sehen, ob es wirklich eine Anwendung von … gut, beide, nehme ich an.

P: Ich würde auf Y setzen, denn durch X wird man nichts Neues erfahren. Wenn etwas bloß »ein Fall von« einem anderen Sachverhalt ist, dann muß man hingehen und diesen Sachverhalt studieren. Eine Fallstudie, die zusätzlich noch einen Rahmen braucht, nun, das ist eine Fallstudie, die von Anfang an schlecht gewählt war!

S: Aber man muß die Dinge doch stets in einen Kontext stellen, oder etwa nicht?

P: Ich habe nie verstanden, was Kontext meint, nein. Ein Rahmen läßt ein Bild netter aussehen, er kann den Blick vielleicht besser lenken, den Wert des Bildes erhöhen, eine Datierung erlauben, aber er fügt dem Bild nichts hinzu.

Der Rahmen, oder der Kontext, ist nichts als die Gesamtheit der Faktoren, die für die Daten keinen Unterschied machen, die nur gewöhnliches Wissen darüber sind. Wenn ich Sie wäre, würde ich von Rahmen insgesamt Abstand nehmen. Beschreiben Sie nur den vorliegenden Sachverhalt.

S: »Nur beschreiben«. Entschuldigen Sie, aber ist das nicht furchtbar naiv? Ist das nicht genau die Art von Empirismus, von Realismus, vor der man uns stets gewarnt hat? Ich dachte, Ihr Argument sei raffinierter.

P: Weil Sie denken, beschreiben wäre einfach? Sie verwechseln es wohl mit einer Aneinanderreihung von Klischees. Auf hundert Bücher voller Kommentare und Argumente kommt nur eines mit einer Beschreibung. Beschreiben, aufmerksam für den konkreten Sachverhalt sein, den einzigartigen adäquaten Bericht einer gegebenen Situation finden, das erschien mir stets als äußerst anspruchsvoll.

S: Ich muß sagen, daß ich nicht mehr mitkomme. Man hat uns beigebracht, daß es zwei Typen von Soziologie gibt, die interpretative und die objektivistische. Sicherlich wollen Sie nicht sagen, daß sie zum objektivistischen Typ gehören?

P: Darauf können Sie wetten! Doch, in jeder Hinsicht.

S: Sie? Aber man hat uns gesagt, Sie wären so was wie ein Relativist! Man hat Sie zitiert, als würden Sie sagen, sogar die Naturwissenschaften seien nicht objektiv. Sie sind sicherlich für die interpretative Soziologie, für Gesichtspunkte, Vielfalt von Standpunkten und all das.

P: Ich habe wirklich keine Sympathie für interpretative Soziologien. Nein. Im Gegenteil, ich glaube fest daran, daß Wissenschaften objektiv sind – was sollten sie sonst sein? Sie drehen sich alle um Objekte, oder? Was ich gesagt habe, ist einfach nur, daß Objekte vielleicht ein wenig komplizierter, gefalteter, mannigfaltiger, komplexer und verwickelter sind als es den »Objektivisten«, wie Sie sie nennen, lieb ist.

S: Aber genau so argumentieren doch »interpretative« Soziologen, oder?

P: Nein, überhaupt nicht. Diese würden sagen, daß *menschliche* Wünsche, *menschliche* Bedeutungen, *menschliche* Intentionen etc. »interpretative Flexibilität« einführen in eine Welt unflexibler Objekte, »rein kausaler Beziehungen«, »strikt materieller Verknüpfungen«. Dergleichen sage ich nicht. Ich würde sagen, daß dieser Computer hier auf meinem Schreibtisch, dieser Bildschirm, diese Tastatur Objekte sind, die aus vielen Schichten aufgebaut sind, genauso wie Sie, der Sie hier sitzen: Ihr Körper, Ihre Sprache, Ihre Sorgen. Es ist das Objekt selbst, das Vielfalt hinzufügt, oder vielmehr das Ding, die »Versammlung«. Wenn man von Hermeneutik spricht, ganz gleich, welche Vorsichtsmaßnahmen man ergreift, kann man darauf wetten, daß irgend jemand unausweichlich hinzufügen wird: »Aber natürlich gibt es *auch* ›natürliche‹, ›objektive‹ Dinge, die ›nicht‹ interpretiert werden.«

S: Genau das wollte ich gerade sagen! Es gibt nicht nur objektive Realitäten, sondern auch subjektive! Daher brauchen wir beide Typen von Sozialtheorien …

P: Sehen Sie? Das ist die unausweichliche Falle: »Nicht nur …, sondern auch«. Entweder erweitern Sie das Argument auf alles, doch dann wird es unbrauchbar – »Interpretation« wird ein Synonym für »Objektivität« –, oder Sie begrenzen es auf einen Aspekt der Wirklichkeit, den menschlichen, und dann stecken sie fest – denn Objektivität befindet sich nun immer auf der anderen Seite des Zauns. Und es macht keinen Unterschied, ob die andere Seite für reicher oder ärmer gehalten wird, sie befindet sich ohnehin außer Reichweite.

S: Aber Sie würden nicht abstreiten, daß Sie auch einen Standpunkt haben, daß auch ANT situiert ist, daß Sie also eine weitere Interpretationsschicht, eine weitere Perspektive hinzufügen?

P: Nein, warum sollte ich es »abstreiten«? Na und? Das

Großartige an einem Standpunkt ist, daß man auf ihm stehen und ihn verändern kann! Warum sollte man an ihm klebenbleiben? Von ihrem Standpunkt auf der Erde aus haben Astronomen eine beschränkte Perspektive. Nehmen wir beispielsweise Greenwich, das Observatorium weiter unten am Fluß. Sind Sie schon einmal dort gewesen? Es ist ein wundervoller Ort. Diese Perspektive zu verschieben ist den Astronomen allerdings ziemlich gut gelungen, durch Instrumente, Teleskope, Satelliten. Inzwischen sind sie in der Lage, eine Karte der Verteilung der Galaxien im gesamten Universum zu zeichnen. Ziemlich gut, nicht? Zeigen Sie mir einen Standpunkt, und ich werde Ihnen zwei Dutzend Wege zeigen, um ihn zu verändern. Diesen Gegensatz zwischen »Standpunkt« und »Blick von nirgendwo«, den können Sie vergessen. Lassen Sie die Hermeneutik beiseite, und gehen Sie zurück zum Objekt – oder vielmehr zum Ding.

S: Aber ich bleibe doch immer beschränkt auf meinen situierten Blickpunkt, auf meine Perspektive, auf meine eigene Subjektivität?

P: Natürlich! Doch wieso denken Sie, daß »einen Blickpunkt haben« bedeutet, »beschränkt« oder besonders »subjektiv« zu sein? Wenn Sie in die Landschaft fahren und dem Straßenschild, auf dem »Belvedere 1,5 km« zu lesen steht, folgen, »Panorama«, »Bella vista«, und wenn Sie schließlich den atemberaubenden Ort erreichen, wieso beweist das Ihre »subjektiven Grenzen«? Es ist das Ding selbst, das Tal, die Berggipfel, die Straßen, die Ihnen dieses Erfassen, diese Handhabe, diese Aufnahme anbieten. Der beste Beweis dafür ist, daß man zwei Meter tiefer wegen der Bäume nichts sieht und zwei Meter höher nichts aufgrund eines Parkplatzes. Und doch hat man dieselbe beschränkte »Subjektivität«, und man transportiert genau denselben »Standpunkt« mit sich! Wenn man viele Blickpunkte auf eine Statue haben kann, so liegt das daran, daß die Statue selbst dreidimensional ist und einem erlaubt, ja, *erlaubt*, sich um sie herum zu bewegen. Wenn etwas viele Blickpunkte ermöglicht, so einfach deshalb, weil es hochkomplex ist, verwickelt gefaltet, sorgfältig organisiert und schön, ja, *objektiv* schön.

S: Aber sicher ist nichts objektiv schön – Schönheit muß subjektiv sein ... Geschmack und Farbe, relativ ... Das geht mir zu schnell. Warum verbringen wir dann soviel Zeit in dieser Hochschule mit der Bekämpfung des Objektivismus? Was Sie da sagen, kann nicht stimmen.

P: Weil die Dinge, die man »objektiv« nennt, meist nur die Klischees von unbestreitbaren Tatsachen sind. Von nichts haben wir eine sehr gute Beschreibung: Was ein Computer ist oder ein Stück Software, ein formales System, ein Theorem, ein Unternehmen, ein Markt. Wir wissen so gut wie nichts darüber, was dieses Ding, das Sie untersuchen, was eine *Organisation* ist. Wie sollten wir imstande sein, es von menschlichen Emotionen zu unterscheiden? Es gibt also zwei Weisen, Objektivität zu kritisieren: Die eine besteht darin, vom Objekt *weg*zugehen und sich dem subjektiven menschlichen Gesichtspunkt zuzuwenden. Doch die andere Richtung ist diejenige, von der ich spreche: zurück zum Objekt. Objektivität ist nicht das *Eigentum* der Positivisten. Ein Computer, beschrieben von Alan Turing, ist doch etwas reicher und interessanter als jene Computer, die von der Zeitschrift *Wired* beschrieben werden, oder? Wie wir im Seminar gestern sahen, ist eine Seifenfabrik, wie sie Richard Powers in *Gain* beschreibt, sehr viel lebendiger als das, was man in Harvard-Fallstudien liest. Es geht darum, zum Empirismus zurückzukehren.

S: Dennoch bin ich auf meine eigene Sicht beschränkt.

P: Natürlich sind Sie das, doch noch einmal: Na und? Glauben Sie nur nicht all diesen Quatsch, daß man auf die eigene Perspektive »beschränkt« ist. Alle Wissenschaften haben Wege erfunden, sich von einem Standpunkt zum nächsten zu bewegen, von einem Bezugsrahmen zum nächsten, um Gottes willen: Das nennt sich Relativität.

S: Aha! Sie geben also zu, Relativist zu sein!

P: Aber selbstverständlich, was sollte ich sonst sein? Will ich ein Wissenschaftler sein und Objektivität erreichen, so muß ich in der Lage sein, mich von einem Bezugsrahmen zum nächsten fortzubewegen, von einem Standpunkt zum nächsten. Ohne diese Fortbewegungen bliebe ich ein für allemal beschränkt auf meinen eigenen engen Gesichtspunkt.

S: So verknüpfen Sie Objektivität mit Relativismus?

P: »Relativität«, ja, natürlich. Alle Wissenschaften tun dasselbe. Auch unsere Wissenschaften tun es.

S: Doch wie ändern *Sie* Ihre Standpunkte?

P: Ich sagte Ihnen schon, wir sind im Beschreibungsgeschäft. Alle anderen handeln mit Klischees. Nehmen Sie Befragungen, statistische Erhebungen, Feldforschungen, Archive, Meinungsumfragen – wir gehen hin, hören zu, lernen, praktizieren, wir werden kompetent, wir ändern unsere Konzeptionen. Sehr einfach, wirklich: Man nennt es Feldforschung. Gute Untersuchungen produzieren eine Menge neuer Beschreibungen.

S: Aber ich habe bereits jede Menge Beschreibungen! Ich ertrinke in ihnen. Genau das ist mein Problem. Deshalb weiß ich ja nicht weiter, und deshalb dachte ich, es wäre nützlich, zu Ihnen zu kommen. Kann ANT mir nicht mit dieser Masse von Daten helfen? Ich brauche einen Rahmen!

P: »Ein Königreich für einen Rahmen!« Sehr bewegend. Ich glaube, ich verstehe Ihre Verzweiflung. Aber nein, dafür ist die ANT ziemlich unbrauchbar. Die Hauptlehre der ANT lautet, daß die Akteure selbst alles machen, einschließlich ihres eigenen Rahmens, ihrer eigenen Theorien, ihrer eigenen Kontexte, ihrer eigenen Metaphysiken, sogar ihrer eigenen Ontologien. Daher lautet die einzuschlagende Richtung: mehr Beschreibungen, es tut mir leid.

S: Aber Beschreibungen sind zu lange. Ich muß statt dessen *erklären*.

P: Sehen Sie? Hier bin ich nicht einverstanden mit dem Großteil der Ausbildung in den Sozialwissenschaften.

S: Sie sind nicht einverstanden damit, daß die Sozialwissenschaften eine Erklärung für die Daten, die sie anhäufen, bereitstellen? Und Sie nennen sich einen Sozial*wissenschaftler* und einen Objektivisten!

P: Ich würde sagen, daß Ihre Beschreibung, wenn sie eine Erklärung benötigt, keine gute Beschreibung ist, das ist alles. Nur schlechte Beschreibungen brauchen eine Erklärung. Es ist wirklich ziemlich einfach. Was wird meistens unter einer »sozialen Erklärung« verstanden? Einen weiteren Akteur hinzufügen, um die bereits beschriebenen mit der nötigen Energie zu versorgen, damit sie handeln. Aber wenn man einen hinzufügen muß, heißt das, daß das Netzwerk nicht vollständig war. Und wenn die bereits versammelten Akteure nicht genügend Energie haben, um zu handeln, dann sind sie keine »Akteure«, sondern bloße Zwischenglieder, Marionetten, Trottel. Da sie nichts tun, hätten sie eigentlich nichts in der Beschreibung verloren. Ich habe noch nie eine gute Beschreibung gesehen, die eine Erklärung benötigt hätte. Und ich habe zahllose schlechte Beschreibungen gelesen, in denen durch ein massives Hinzufügen von »Erklärungen« nichts hinzugefügt wurde. Und in einem solchen Fall kann auch ANT nicht helfen.

S: Das ist sehr irritierend, ich hätte es wissen müssen, die anderen Studenten haben mich gewarnt, ich solle das ANT-Zeug nur mit der Pinzette anfassen. Und nun erzählen Sie mir, daß ich nicht einmal versuchen soll, etwas zu erklären!

P: Das habe ich nicht gesagt. Ich habe einfach gesagt, daß Ihre Erklärung entweder relevant ist, und das bedeutet in der Praxis, daß Sie einen neuen Agenten zur Beschreibung hinzufügen – das Netzwerk ist umfassender, als Sie dachten –, oder es ist kein Akteur, der einen Unterschied macht, und dann fügen Sie bloß etwas Irrelevantes hinzu, das weder der Beschreibung hilft noch der Erklärung. In diesem Fall sollten Sie es sein lassen.

S: Aber alle meine Kollegen verwenden sie. Sie sprechen über »IBM-Unternehmenskultur«, »britischen Isolationismus«, »Marktkräfte«, »Eigeninteresse«. Warum sollte ich mich dieser kontextuellen Erklärungen berauben?

P: Sie können sie als Abkürzung behalten oder um rasch jene Teile Ihres Bildes auszufüllen, die für Sie keinen Unterschied machen – doch glauben Sie nicht, dadurch würde irgend etwas erklärt! Bestenfalls gelten solche Erklärungen gleichermaßen für alle Ihre Akteure, was bedeutet, daß sie wahrscheinlich überflüssig sind, da sie es nicht vermögen, einen Unterschied zwischen ihnen einzuführen. Schlimmstenfalls ertränken sie all die interessanten neuen Akteure in einer Flut älterer. Entfalten Sie den Inhalt mit all seinen Verknüpfungen, und der Kontext wird Ihnen obendrein gegeben werden. Wie Rem Koolhaas sagt: »context stinks«. Er ist einfach eine Form, die Beschreibung zu stoppen, wenn man zu faul oder zu müde ist, um weiterzumachen.

S: Aber das ist genau mein Problem: zu stoppen. Ich muß diese Dissertation fertigstellen. Ich habe nur noch acht Monate. Sie sagen immer: »Mehr Beschreibungen«, doch das ist wie Freud und seine Kuren: unendliche Analyse. Wann hören Sie auf? Meine Akteure bewegen sich überallhin! Wohin soll ich mich wenden? Was ist eine vollständige Beschreibung?

P: Das ist eine gute Frage, weil es eine praktische ist. Wie ich immer sage: Eine gute Dissertation ist eine fertige Dissertation. Aber es gibt noch einen anderen Weg, sie fertigzustellen, als »eine Erklärung hinzuzufügen« oder sie »in einen Rahmen zu stellen«.

S: Dann nennen Sie ihn mir bitte.

P: Sie hören auf, wenn Sie Ihre 50.000 Wörter geschrieben haben, oder was auch immer genau das Format hier ist, das vergesse ich immer wieder.

S: Oh, großartig! Also ist meine Dissertation beendet, wenn sie fertig ist. Wirklich hilfreich, vielen Dank. Ich fühle mich richtig erleichtert.

P: Das freut mich! Aber im Ernst, stimmen Sie nicht zu, daß jede Methode von der Größe und dem Typ von Texten abhängt, den Sie abzuliefern versprochen haben?

S: Aber das ist eine *textliche* Grenze, das hat nichts mit der Methode zu tun.

P: Sehen Sie? Auch hier wieder bin ich nicht damit einverstanden, wie Doktoranden ausgebildet werden. Beim Schreiben von Texten hat *alles* mit Methode zu tun. Sie schreiben einen Text von so und so vielen Wörtern, in so und so vielen Monaten, beruhend auf so und so vielen Interviews, so und so vielen Stunden Beobachtung, so und so vielen Dokumenten. Das ist alles. Mehr tun Sie nicht.

S: Aber ich tue mehr. Ich lerne, ich studiere, ich erkläre, ich kritisiere …

P: Doch all diese großartigen Ziele erreichen Sie durch einen Text, oder?

S: Natürlich, aber er ist ein Instrument, ein Medium, eine Ausdrucksform für mich.

P: Es gibt kein Instrument, kein Medium, sondern nur Mediatoren, Mittler. Ein Text ist dicht. Das ist ein ANT-Grundsatz, wenn es denn einen gibt.

S: Entschuldigung, Professor, ich habe Ihnen gesagt, daß ich mich noch nie mit dem französischen Zeug ausgekannt habe; ich kann in C und sogar in C++ schreiben, aber nicht Derrida, Semiotik oder irgendwas in der Art. Ich glaube nicht, daß die Welt aus Wörtern besteht und dergleichen …

P: Versuchen Sie nicht, sarkastisch zu werden. Es paßt nicht zum Ingenieur in Ihnen. Und davon abgesehen glaube ich das auch nicht. Sie fragen mich, wie die Arbeit zu beenden sei, und ich sage Ihnen nur eines: Das Beste, was Sie als Doktorand tun können, besteht darin, einem bestimmten Sachverhalt einen Text *hinzuzufügen* – der von Ihren Betreuern gelesen wird, vielleicht von einigen Ihrer Informanten und drei oder vier Ihrer Doktoranden-Kollegen. Eine Lösung dafür, die Arbeit zu beenden, besteht darin, einen »Rahmen«, eine »Erklärung« hinzuzufügen; eine andere besteht darin, das letzte Wort im letzten Kapitel ihrer verdammten Dissertation zu schreiben.

S: Ich bin in den Naturwissenschaften ausgebildet worden! Ich bin ein Systemingenieur – ich bin nicht in die Organisationsforschung gegangen, um das aufzugeben. Ich bin durchaus willens, Diagramme, Institutionen, Leute, Mythologien und Psychologie zu dem hinzuzufügen, was ich bereits weiß, ich bin sogar bereit, »symmetrisch« zu sein, wie Sie uns erzählen, bei diesen verschiedenen Faktoren. Doch sagen Sie mir nicht, daß die Wissenschaft darin besteht, schöne Geschichten zu erzählen. Das ist die Schwierigkeit bei Ihnen. In einem Moment sind Sie vollkommen Objektivist, vielleicht sogar ein naiver Realist – »nur beschreiben« –, und im nächsten sind Sie vollkommen Relativist – »erzähle ein paar schöne Geschichten, und das war's«. Ist das nicht furchtbar französisch?

P: Und das würde Sie so furchtbar ... was machen? Seien Sie nicht kindisch. Wer sprach von »schönen Geschichten«? Ich jedenfalls nicht. Ich sagte nur, daß Sie eine Dissertation *schreiben*. Können Sie das bestreiten? Und dann sagte ich, daß diese So-und-so-viele-Wörter-lange-Dissertation – die das einzige bleibende Resultat Ihres Aufenthalts unter uns hier sein wird – dicht ist.

S: Was heißt?

P: Was heißt, daß sie nicht bloß ein transparentes Fenster ist, das ohne Deformation irgendeine Information über Ihre Forschung transportiert. »Es gibt keine In-formation, nur Trans-formation.« Ich nehme an, Sie stimmen diesem ANT-Slogan zu? Nun, dann gilt das sicherlich ebenso für Ihre Dissertation, oder?

S: Vielleicht, doch inwiefern hilft mir das dabei, wissenschaftlicher zu sein, das möchte ich wissen. Ich möchte das Ethos der Wissenschaft nicht aufgeben.

P: Weil dieser Text, je nachdem, wie er geschrieben ist, das Akteur-Netzwerk erfassen wird *oder auch nicht*. Der Text, in unserer Disziplin, ist keine Geschichte, keine schöne Geschichte. Eher ist er das funktionale Äquivalent eines Laboratoriums. Er ist eine Stätte für Versuche, Experimente und Simulationen. Je nachdem, was dort geschieht, gibt es einen oder gibt es keinen Akteur, und gibt es ein oder gibt es kein Netzwerk, das aufgezeichnet wird. Und das hängt genau von der Art und Weise ab, wie er geschrieben ist – und jeder neue Gegenstand erfordert eine neue Weise, von einem Text behandelt zu werden. Die meisten Texte sind einfach nur tot. In ihnen passiert nichts.

S: Aber in unserem Lehrprogramm erwähnt niemand »Text«. Wir sprechen von der »Forschung« über die Organisation, nicht vom »Schreiben« über sie.

P: Genau das sage ich Ihnen ja: Sie werden schlecht ausgebildet! Doktoranden in den Sozialwissenschaften nicht beizubringen, wie sie ihre Dissertation zu *schreiben* haben, ist, als würde man Chemikern nicht beibringen, Experimente im Labor durchzuführen. Daher lehre ich momentan nichts anderes als schreiben. Ich wiederhole stets dasselbe Mantra: »beschreiben, schreiben, beschreiben, schreiben«.

S: Das Problem ist bloß, daß mein Betreuer etwas anderes haben will! Er will keine »bloße Beschreibung«. Selbst wenn ich also tue, was Sie sagen, werde ich eine schöne Beschreibung eines Sachverhalts haben, und dann? Ich muß sie immer noch in einen Rahmen stellen, eine Typologie finden, vergleichen, erklären, verallgemeinern. Aus diesem Grund werde ich langsam panisch.

S: In Panik sollten Sie nur dann geraten, wenn Ihre Akteure all das nicht selbst ebenso andauernd täten, aktiv, reflexiv, obsessiv. Auch die Akteure vergleichen, auch sie produzieren Typologien, auch sie entwerfen Standards; auch sie verbreiten ihre Maschinen und ihre Organisationen,

Ideologien, Geisteszustände. Warum sollten Sie derjenige sein, der die intelligente Arbeit tut, während die anderen nur wie eine Horde Trottel agieren? Was die Akteure tun, um sich zu verbreiten, in Beziehung zu setzen, zu vergleichen, zu organisieren, das müssen Sie ebenfalls beschreiben. Es ist nicht eine weitere Schicht, die zur »bloßen Beschreibung« noch hinzuzufügen wäre. Versuchen Sie nicht, von der Beschreibung zur Erklärung überzuwechseln, *fahren Sie einfach* mit der Beschreibung *fort*. Was ihre eigenen Ideen über Ihr Unternehmen sind, ist von wenig Interesse verglichen damit, wie dieses Unternehmen es geschafft hat, sich weiterzuentwickeln.

S: Wenn meine Leute aber nicht handeln, wenn sie nicht aktiv vergleichen, standardisieren, organisieren, generalisieren, was tue ich dann? Ich stecke fest! Ich werde nicht imstande sein, irgendwelche weiteren Erklärungen hinzuzufügen.

P: Sie sind wirklich seltsam! Wenn Ihre Akteure nicht handeln, dann werden sie keinerlei Spur hinterlassen. Daher wird es keinerlei Information für Sie geben. Daher werden Sie nichts zu erzählen haben.

S: Sie meinen, wenn es keine Spur gibt, soll ich schweigen?

P: Unglaublich! Würden Sie diese Frage in irgendeiner Naturwissenschaft aufwerfen? Es würde vollkommen albern klingen. Es braucht schon einen Sozialwissenschaftler, um den Anspruch zu erheben, man könne sogar beim Fehlen jeglicher Information mit dem Erklären fortfahren! Wollen Sie wirklich Daten fälschen?

S: Nein, aber trotzdem will ich …

P: Gut, zumindest sind Sie vernünftiger als manche Ihrer Kollegen. Keine Spur, also keine Information, also keine Beschreibung, also kein Reden. *Füllen Sie keine Leerstellen aus.* Es ist wie die Karte eines Landes im 16. Jahrhundert: Wenn niemand dorthin geht oder niemand von dort zurückkehrt, dann lassen Sie es um Gottes willen leer! *Terra incognita.*

S: Was ist aber mit unsichtbaren Entitäten, die auf verborgene Weise agieren?

P: Wenn sie agieren, werden sie eine Spur hinterlassen. Und damit werden Sie über irgendwelche Informationen verfügen, und dann können Sie über sie sprechen. Wenn nicht, halten Sie den Mund.

S: Was aber, wenn sie unterdrückt, verleugnet, zum Schweigen gebracht werden?

P: Nichts auf der Welt erlaubt Ihnen zu sagen, daß sie da waren, ohne den *Beweis* für ihre Anwesenheit beizubringen. Dieser Beweis kann möglicherweise indirekt, anspruchsvoll, kompliziert sein, doch Sie benötigen ihn. Unsichtbare Dinge sind unsichtbar, Punkt. Wenn sie andere Dinge in Bewegung bringen, und man kann diese Bewegungen dokumentieren, dann sind sie sichtbar.

S: Beweis? Was ist eigentlich ein Beweis? Ist das nicht schrecklich positivistisch?

P: Ich hoffe es, ja. Was ist so großartig daran, von Dingen zu sagen, sie würden agieren, deren Existenz Sie nicht beweisen können? Ich fürchte, Sie verwechseln Sozialtheorie mit Verschwörungstheorie – obwohl heutzutage die kritische Sozialwissenschaft im großen und ganzen darauf hinausläuft.

S: Aber wenn ich nichts hinzufüge, wiederhole ich bloß, was die Akteure sagen.

P: Wozu soll es gut sein, unsichtbare Entitäten hinzuzufügen, die agieren, ohne irgendeine Spur zu hinterlassen und ohne für irgendeinen Sachverhalt einen Unterschied zu machen?

S: Aber ich muß die Akteure dazu bringen, etwas zu lernen, was sie nicht wußten. Warum sollte ich sie sonst erforschen?

P: Ihr Sozialwissenschaftler! Ihr verblüfft mich immer wieder. Wenn Sie Ameisen anstelle der ANT studieren würden, würden Sie dann erwarten, daß die Ameisen etwas von Ihrer Studie *lernen*? Natürlich nicht. Die Lehrer sind die von Ihnen Erforschten, von *ihnen* lernen Sie. Sie erklären, was die Ameisen tun, für Ihren eigenen Nutzen oder für den von anderen Entomologen, nicht für die Ameisen, denen ist das gleichgültig. Wieso denken Sie, daß eine Studie immer den untersuchten Menschen Dinge beibringen soll?

S: Aber das ist doch die ganze Idee der Sozialwissenschaften! Aus diesem Grund bin ich hier an der Hochschule: um die Ideologie des Managements zu kritisieren, die vielen Mythen der Informationstechnologie zu entlarven, um eine kritische Einstellung zu all dem technologischen Hype zu gewinnen, zur Ideologie des Marktes. Wenn nicht, glauben Sie mir, wäre ich immer noch in Silicon Valley und ich würde wesentlich mehr verdienen – nun ja, vielleicht im Moment gerade nicht, nachdem die Blase geplatzt ist ... Jedenfalls muß ich den Leuten ein bißchen Reflexivität anbieten ...

P: ... die natürlich nicht reflexiv waren, bevor Sie daherkamen, um sie mit Ihrer Studie zu beehren!

S: In gewisser Weise, ja. Ich meine nein, sie taten Dinge, aber sie wußten nicht, wieso ... Was soll daran verkehrt sein?

P: Daran ist verkehrt, daß es so entsetzlich billig ist. Das meiste von dem, was die Sozialwissenschaftler »Reflexivität« nennen, besteht nur darin, völlig irrelevante Fragen an Leute zu richten, die sich ganz andere Fragen stellen, auf die der Analytiker nicht die geringste Antwort hat! Reflexivität ist kein Geburtsrecht, das Sie mit sich herumtragen, weil sie an der London School of Economics studieren! Ihre Informanten und Sie haben unterschiedliche Anliegen – sollten diese sich überschneiden, so ist es ein Wunder. Und Wunder, falls Sie das nicht wissen, sind rar.

S: Aber wenn ich dem, was die Akteure sagen, nichts hinzuzufügen habe, werde ich nicht in der Lage sein, Kritik zu üben.

P: Sehen Sie, im einen Moment wollen Sie erklären und den Wissenschaftler spielen, und im nächsten Moment wollen Sie entlarven und kritisieren und den Militanten spielen …

S: Ich wollte gerade sagen: Im einen Moment sind Sie ein naiver Realist – zurück zum Objekt –, und im nächsten sagen Sie, daß Sie nur einen Text schreiben, der nichts hinzufügt, sondern bloß den Spuren Ihrer sprichwörtlichen »Akteure selbst« folgt. Das ist vollkommen unpolitisch. Darin kann ich keine kritische Einstellung erkennen.

P: Sagen Sie mir, Herr Meister-Entlarver, wie wollen Sie denn eine kritische Einstellung zu Ihren Akteuren gewinnen? Ich bin gespannt, das zu hören.

S: Dazu brauche ich einen erklärenden Rahmen. Danach habe ich ja gesucht, als ich hierherkam, doch offensichtlich ist die ANT nicht dazu in der Lage, mir einen zu geben.

P: Und ich bin froh, daß sie das nicht tut. Ich nehme an, dieser Ihr Rahmen ist dem Blick Ihrer Informanten verborgen, und Ihre Studie wird ihn enthüllen?

S: Natürlich. Das sollte der Mehrwert meiner Arbeit sein, nicht die Beschreibung, nicht das, was jeder bereits weiß. Und die Erklärung, den Kontext, die Typologie zu sehen, dazu haben die Akteure einfach keine Zeit. Sehen Sie, die Akteure sind zu beschäftigt, um nachzudenken. Und damit kann ich dienen. Übrigens, ich habe es Ihnen noch nicht gesagt, im Unternehmen ist man bereit, mir Zugang zu ihren Dateien zu gewähren.

P: Ausgezeichnet, zumindest interessiert man sich für das, was Sie machen. Das ist ein guter Anfang. Aber Sie wollen nicht behaupten, daß Sie in Ihren sechs Monaten Feldforschung, von sich aus, nur indem Sie ein paar hundert Seiten schreiben, mehr Wissen beibringen können, als diese von Ihnen untersuchten 340 Ingenieure und Mitarbeiter?

S: Nicht »mehr« Wissen, aber ein anderes. Ja, ich hoffe, ich kann. Sollte ich mich nicht genau darum bemühen? Bin ich nicht genau deshalb in diesem Gewerbe?

P: Ich bin mir nicht sicher, in welchem Gewerbe Sie sind, aber wie *verschieden* das Wissen, das Sie produzieren, von dem ihren ist, das ist die große Frage.

S: Es ist die gleiche Art von Wissen wie in allen Wissenschaften, die gleiche Art, Dinge zu erklären: indem man vom vorliegenden Fall zur Ursache geht. Und sobald ich die Ursache kenne, kann ich die Wirkung als Folge hervorbringen. Was ist daran falsch? Es ist genauso, als würde man fragen, was mit einem Pendel geschehen wird, das man weit vom Gleichgewichtszustand weg bewegt hat. Wenn ich Galileis Gesetz kenne, brauche ich noch nicht einmal auf ein konkretes Pendel zu schauen; ich weiß genau, was geschehen wird – abgesehen natürlich von den Störungen.

P: Natürlich! Sie hoffen also, daß sich Ihr Erklärungsrahmen zu Ihrer Fallstudie verhält wie Galileis Gesetz zum Fall des Pendels – abzüglich der Störungen.

S: Ja, ich nehme an, wenn auch wissenschaftlich weniger präzise. Warum? Was ist daran falsch?

P: Nichts. Es wäre großartig, aber ist es machbar? Es bedeutet, daß, was immer ein gegebenes konkretes Pendel tut, es dem Gesetz der fallenden Körper keine neue Information hinzufügen wird. Das Gesetz enthält *potentiell* alles, was man über die Zustände des Pendels wissen muß. Der konkrete Fall ist bloß, um wie ein Philosoph zu sprechen, »die Realisierung eines Potentials«, das bereits da war.

S: Ist das nicht eine ideale Erklärung?

P: Aber genau das ist das Problem. Es ist ein Ideal zum Quadrat: das Ideal einer idealen Erklärung. Ich zweifle etwas daran, daß die Angestellten Ihres Unternehmens sich in dieser Weise verhalten. Und ich bin ziemlich überzeugt, daß Sie nicht das Gesetz des Verhaltens der Unternehmensmitarbeiter produzieren können, mit dessen Hilfe Sie alles als Realisierung *in concreto* von etwas deduzieren können, das potentiell bereits da war.

S: Abzüglich der Störungen ...

P: Ja, ja, ja, das versteht sich von selbst. Ihre Bescheidenheit ist bewundernswert.

S: Sie machen sich wohl über mich lustig? Sich um einen solchen Rahmen zu bemühen scheint mir machbar zu sein.

P: Doch selbst wenn es das wäre, wäre es wünschenswert? Sehen Sie, in Wahrheit erzählen Sie mir, daß die Akteure in Ihrer Beschreibung *keinen wie auch immer gearteten Unterschied machen*. Die Akteure haben bloß ein Potential realisiert – abgesehen von geringfügigen Abweichungen –, was bedeutet, daß sie überhaupt keine Akteure sind: Sie übertragen einfach die Kraft, die durch sie hindurchgeht. Und dann haben Sie Ihre Zeit damit verschwendet, mein lieber Student, Leute, Objekte, Orte zu beschreiben, die letztlich weiter nichts als passive Zwischenglieder sind, da sie ja von sich aus nichts tun. Dann war Ihre Feldforschung einfach Verschwendung, Sie hätten direkt zur Ursache gehen sollen.

S: Aber dazu ist doch eine Wissenschaft da! Genau dazu: die verborgene Struktur zu finden, die das Verhalten jener Agenten erklärt, von denen man dachte, sie täten etwas, die aber in Wirklichkeit einfach nur Platzhalter für etwas anderes sind.

P: Also sind Sie ein Strukturalist! Endlich kommen Sie aus der Deckung. Platzhalter, ist das nicht Ihre Bezeichnung für die Akteure? Und gleichzeitig wollen Sie Akteur-Netzwerk-Theorie betreiben! Das heißt die Grenzen des Eklektizismus ein wenig zu weit ausdehnen!

S: Wieso kann ich nicht beides tun? Wenn die ANT irgendeinen wissenschaftlichen Gehalt hat, dann muß er strukturalistisch sein.

P: Haben Sie bemerkt, daß in Akteur-Netzwerk das Wort »Akteur« steckt? Können Sie mir sagen, was für eine Art von Aktion ein Platzhalter in einer strukturalistischen Erklärung vollbringt?

S: Das ist einfach: Er erfüllt eine Funktion. Das ist ja so großartig am Strukturalismus, wenn ich ihn richtig verstanden habe. Jeder andere Handlungsträger in derselben Position wäre gezwungen, dasselbe zu tun.

P: Demnach ist ein Platzhalter per definitionem vollständig *ersetzbar* durch jeden anderen?

S: Ja, gerade das macht ja die Stärke dieser Erklärung aus.

P: Aber auch ihre Schwäche, können Sie das nicht sehen? Und genau das macht sie so radikal unvereinbar mit der ANT. In meinem Vokabular ist ein Akteur, der keinen Unterschied macht, gar kein Akteur. Wenn Worte irgendeine Bedeutung haben, dann ist ein Akteur gerade das, was *nicht* ersetzbar ist, ein einzigartiges Ereignis, vollkommen irreduzibel auf irgendein anderes, außer natürlich, man macht den einen mit dem anderen durch irgendeinen Standardisierungsprozeß kommensurabel – doch sogar das erfordert einen *dritten* Akteur, ein drittes Ereignis.

S: Dann sagen Sie mir also, daß ANT keine Wissenschaft ist!

P: Jedenfalls keine strukturalistische.

S: Das ist dasselbe, jede Wissenschaft ...

P: Nein! Organisationsforschung, Wissenschafts- und Technikforschung, Unternehmensforschung, Informatik, Soziologie, Geographie, Anthropologie, sie alle können sich definitionsgemäß nicht auf irgendeine strukturalistische Erklärung stützen, da Information stets Transformation ist.

S: »Transformationssysteme«, genau darum dreht sich der Strukturalismus!

P: Keineswegs, mein Freund, denn im Strukturalismus wird nichts wirklich transformiert, es wird bloß *kombiniert*. Sie ermessen offenbar nicht den Abgrund, der ihn von der ANT trennt. Eine Struktur ist gerade ein Netzwerk, über das man nur bruchstückhafte Informationen hat. Das ist nützlich, wenn Sie zeitlich unter Druck sind, aber erzählen Sie mir nicht, es sei wissenschaftlicher. Wenn ich Akteure in meinem Bericht haben will, dann müssen sie Dinge *tun*, nicht Platzhalter sein; wenn sie etwas tun, dann müssen sie einen Unterschied machen. Wenn sie keinen Unterschied machen, sollte man sie fallenlassen und mit der Beschreibung noch einmal von vorne beginnen. Was Sie wollen, ist eine Wissenschaft, in der es kein Objekt gibt.

S: Sie und Ihre Geschichten. Ereignisreiche Geschichten, das ist es, was Sie wollen! Ich spreche über Erklärung, Wissen, kritische Einstellung, nicht darüber, Drehbücher für Seifenopern zu schreiben!

P: Gerade wollte ich darauf zu sprechen kommen. Es ist doch Ihr Wunsch, daß Ihr Stapel von einigen hundert Seiten einen Unterschied macht, oder? Nun, dann müssen Sie imstande sein, zu beweisen, daß Ihre Beschreibung von dem, was die Leute tun, wenn sie davon Kenntnis haben, einen Unterschied macht in der Art, wie sie Dinge tun. Ist es das, was Sie eine »kritische Einstellung« nennen?

S: Ich nehme an, ja.

P: Aber Sie würden mir zustimmen, daß es nicht genügen würde, die Akteure mit einem irrelevanten Hinweis auf Ursachen zu versehen, die keinen Unterschied für das machen, was sie tun, weil diese Ursachen zu allgemein sind?

S: Natürlich nicht. Ich sprach von *wirklichen* Kausalitäten.

P: Doch diese würden ebenfalls nicht genügen, denn auch wenn sie existierten, was ich stark bezweifle, würden sie keinen anderen Effekt haben, als Ihre Informanten in Platzhalter anderer Akteure zu verwandeln, die Sie Funktion, Struktur, Grammatik etc. nennen. Jedenfalls wären sie keine Akteure mehr, sondern Trottel, Marionetten – und sogar das wäre noch sehr ungerecht gegenüber Marionetten, denn diese zwingen die Puppenspieler, eine Menge unerwartete Dinge zu tun. Bestenfalls können sie einige geringere Störungen hinzufügen, ähnlich wie das konkrete Pendel zu den Pendelgesetzen.

S: Bitte?

P: Nun sagen Sie mir aber, was politisch so großartig daran ist, die Untersuchten in harmlose, inaktive Platzhalter für verborgene Funktionen zu verwandeln, welche Sie, und zwar allein Sie, sehen und erkennen können!

S: Hm, Sie haben eine Art, die Dinge umzudrehen. Jetzt bin ich mir nicht mehr so sicher. Wenn Akteure sich dessen bewußt werden, was ihnen aufgezwungen wird, wenn sie bewußter, reflexiver werden, wird dann ihr Bewußtsein nicht etwas erhöht? Sie können jetzt ihr Schicksal in ihre eigenen Hände nehmen. Sie werden aufgeklärter, oder nicht? Wenn dem aber so ist, würde ich sagen, daß sie nun, und teilweise dank mir, aktiver sind, vollständigere Akteure.

P: *Bravo, bravissimo*! Also ist ein Akteur für Sie ein voll determinierter Handlungsträger, weiterhin ein Platzhalter für eine Funktion, weiterhin ein wenig Störung, weiterhin ein wenig Bewußtsein, das durch aufgeklärte Sozialwissenschaftler geliefert wird? Schrecklich, einfach schrecklich. Und Sie wollen auf diese Leute die ANT anwenden! Nachdem Sie Akteure auf Platzhalter reduziert haben, wollen Sie nun zum Unrecht noch die Beleidigung hinzufügen und diesen armen Kerlen großzügig die Reflexivität bringen, die sie zuvor besaßen, aber die Sie ihnen entzogen haben, als Sie sie auf strukturalistische Weise erklärten! Wunderbar! *Bevor* Sie mit Ihrer »Erklärung« ankamen, waren sie Akteure! Erzählen Sie mir nicht, daß es Ihre Studie war, die sie möglicherweise dazu gemacht hat. Großartige Leistung! Bourdieu hätte es nicht besser machen können.

S: Vielleicht mögen Sie Bourdieu nicht besonders, aber wenigstens war er ein wirklicher Wissenschaftler, und mehr noch: Er war politisch relevant. Soweit ich sehen kann, ist Ihre ANT keines von beiden.

P: Danke. Ich habe die Verbindungsglieder zwischen Wissenschaft und Politik seit etwa dreißig Jahren erforscht, daher bin ich nur schwer mit Gerede darüber einzuschüchtern, welche Wissenschaft »politisch relevant« ist.

S: Ich habe gelernt, mich nicht von Argumenten einschüchtern zu lassen, die sich auf Autorität berufen, daher machen Ihre dreißig Jahre Forschung für mich keinen Unterschied.

P: *Touché*. Doch Ihre Frage lautete: »Was kann ich mit der ANT anfangen?« Und darauf antwortete ich: keine strukturalistische Erklärung. Die beiden sind völlig inkompatibel. Entweder man hat Akteure, die Potentialitäten realisieren und demnach überhaupt keine Akteure sind, oder man beschreibt Akteure, die Virtualität aktuell machen (das ist übrigens Deleuzes Ausdrucksweise) und die sehr spezifische Texte erfordern. Die Beziehung, die man zu denen unterhält, die man erforscht, erfordert sehr spezifische Begegnungen, damit sie wirksam wird – ich vermute, daß Sie dies als »kritische Einstellung« oder »politische Relevanz« bezeichnen.

S: Worin unterscheiden wir uns dann? Auch Sie wollen eine kritische Einstellung.

P: Ja, vielleicht, doch einer Sache bin ich mir gewiß: Sie kommt nicht automatisch, und die meiste Zeit wird sie scheitern. Zweihundert Seiten mit Interviews, Beobachtungen etc. werden keinen Unterschied machen. Relevant sein erfordert eine Menge außergewöhnlicher Umstände. Es ist ein seltenes Ereignis. Es erfordert ein unglaubliches imaginatives Protokoll. Es erfordert etwas so Wunderbares wie Galileo mit seinem Pendel oder Pasteur mit seinem Tollwutvirus.

S: Was soll ich also tun? Um ein Wunder beten? Ein Huhn opfern?

P: Aber wieso wollen Sie, daß Ihr winziger kleiner Text automatisch relevanter für diejenigen ist, die von ihm vielleicht betroffen sind (oder nicht), als, sagen wir, ein riesiges Laboratorium der Naturwissenschaften? Sehen Sie nur, was es alles braucht, damit Intel™ für Mobiltelefone relevant wird! Und Sie wollen, daß jeder ohne jede Kosten ein Etikett »LSE™ inside« oder »kritische Soziologie inside« haben kann? Um relevant zu werden, müssen Sie zusätzliche Arbeit leisten.

S: Genau das kann ich gebrauchen: noch mehr Arbeit!

P: Aber das ist der Punkt: Wenn ein Argument automatisch ist, alle Beteiligten automatisch betrifft, ein Allzweck-Argument ist, dann kann es schwerlich wissenschaftlich sein. Es ist ganz einfach irrelevant. Wenn eine Studie wirklich wissenschaftlich ist, dann hätte sie auch scheitern können.

S: Eine großartige Versicherung, wie freundlich von Ihnen, mich daran zu erinnen, daß meine Dissertation auch scheitern kann!

P: Sie verwechseln Wissenschaft mit Beherrschung. »Imstande zu sein, das Phänomen zu verlieren, ist wesentlich für die wissenschaftliche Praxis.«[2] Sagen Sie mir: Können Sie sich einen einzigen Gegenstand vorstellen, auf den Bourdieus kritische Soziologie, auf die Sie so stolz sind, möglicherweise *nicht* anwendbar wäre?

S: Aber ich kann mir keinen einzigen Gegenstand vorstellen, auf den die ANT anwendbar wäre!

P: Wunderbar, Sie haben so recht, genau das denke ich auch.

S: Das war nicht als Kompliment gemeint.

P: Aber ich verstehe es als ein solches! Eine Erklärung für diejenigen relevant zu machen, die man erforscht, ist in den Sozialwissenschaften ebenso selten wie ein gutes Experiment in den Naturwissenschaften.

S: Darf ich höflich anmerken, daß Sie mir trotz all Ihrer außerordentlich subtilen Wissenschaftsphilosophie immer

2 Siehe Garfinkel (2002), *Ethnomethodology's Program*, S. 264.

noch nicht erzählt haben, wie ich meine Dissertation beenden soll.

P: So begierig wie Sie darauf sind, Rahmen, Kontext, Struktur dem hinzuzufügen, was Sie »bloße Beschreibung« nennen, wie hätten Sie da auf mich hören wollen?

S: Aber was ist der Unterschied zwischen einem guten und einem schlechten ANT-Text?

P: Das ist nun wieder eine gute Frage! Antwort: der gleiche wie zwischen einem guten und einem schlechten Laboratorium. Nicht mehr, nicht weniger.

S: Gut, OK, hm, danke. Es war freundlich von Ihnen, daß Sie mit mir gesprochen haben. Doch alles in allem, anstatt der ANT denke ich ... daß ich Luhmanns Systemtheorie als Grundgerüst verwenden werde – das scheint mir vielversprechend, »Autopoiesis« und all das. Oder vielleicht werde ich ein wenig von beidem verwenden.

P: Hmmmm ...

S: Haben Sie etwas gegen Luhmann?

P: An Ihrer Stelle würde ich alle Grundgerüste beiseite lassen.

S: Aber Ihre Art von »Wissenschaft« bedeutet, soweit ich sehe, daß man mit allen Regeln der sozialwissenschaftlichen Ausbildung bricht.

P: Ich ziehe es vor, damit zu brechen und meinen Akteuren zu folgen. Wie Sie sagten, ich bin, letztlich, ein naiver Realist, ein Positivist.

S: Wissen Sie, was wirklich nett wäre? Da niemand hier zu verstehen scheint, was ANT ist, sollten Sie eine Einführung in sie schreiben. Das würde sicherstellen, daß unsere Lehrer wissen, was sie ist, und dann, wenn ich so sagen darf, ohne unhöflich zu sein, werden sie uns vielleicht nicht allzu sehr drängen, uns damit zu beschäftigen, wenn Sie verstehen, was ich meine ...

P: Ist es wirklich so schlimm?

S: Sehen Sie, ich bin nur ein einfacher Doktorand, aber Sie sind Professor. Sie haben eine Menge veröffentlicht. Sie können es sich leisten, Dinge zu tun, die ich mir nicht leisten kann. Ich muß auf meinen Betreuer hören. Ich kann Ihrem Rat ganz einfach nicht allzuweit folgen.

P: Warum sind Sie dann zu mir gekommen? Warum versuchen Sie, die ANT zu verwenden?

S: Ich muß gestehen, in der letzten halben Stunde habe ich mich das auch gefragt ...

Teil II
Wie kann man Assoziationen wieder nachzeichenbar machen?

Einführung in Teil II: Warum das Soziale so schwer nachzuzeichnen ist

Es sollte das Einfachste von der Welt sein. Wir sind alle in sozialen Interaktionen gefangen; wir leben alle in einer Gesellschaft; und wir sind alle kulturelle Tiere. Warum sind dann diese Bande so schwer zu fassen? Auf den vorangegangenen Seiten wurde ein Grund als Erklärung genannt. Das Adjektiv »sozial« bezeichnet zwei vollkommen verschiedene Phänomene. Es ist sowohl eine *Substanz*, eine Art Stoff – von mir als Soziales Nr. 1 bezeichnet – als auch eine *Bewegung* zwischen nicht-sozialen Elementen (jedenfalls noch nicht sozialen) – bezeichnet als Soziales Nr. 2.* In beiden Fällen verschwindet das Soziale. Wenn man es als festen Körper betrachtet, verliert es seine Fähigkeit zu assoziieren; wird es als etwas Fluides betrachtet, verschwindet es wiederum, denn es blitzt nur kurz auf, nur in dem flüchtigen Moment, wenn neue Assoziationen das Kollektiv zusammenheften. Obwohl es auf den ersten Blick so schien, als wäre der Gegenstand der Sozialwissenschaften leicht zu orten, dank der massiven und allgegenwärtigen Evidenz der sozialen Ordnung, scheint nun genau das Gegenteil der Fall zu sein: Nichts ist offenbar schwieriger zu fassen als soziale Bindungen. Nachzeichnen kann man sie nur, wenn sie verändert werden. Physiologen haben gezeigt, daß ständige Bewegungen und Abstimmungen nötig sind, damit eine Wahrnehmung stattfindet: ohne Bewegung keine Empfindung. Dies gilt nicht nur für den Gesichtssinn und das Gehör, sondern ebenfalls für den Geschmacks-, Geruchs- und

* Ich erinnere daran, daß ich das Etikett des Sozialen Nr. 3 für die Face-to-face-Interaktionen reserviert habe, für den gemeinsamen Fundus der Soziabilität, den wir immer noch mit den Menschenaffen teilen, der aber nicht ausreicht, die beiden anderen zu definieren. Am Ende dieses zweiten Teils werden wir eine vierte Bedeutung des Adjektivs kennenlernen, das Plasma.

Tastsinn.[1] Wenn man die Hand von jemand anderem ergreift und den Griff vollkommen unbeweglich läßt, spürt man sehr bald nichts mehr außer einer vagen, belästigenden Dumpfheit – selbst wenn es die Hand einer geliebten Person ist. Fehlen die Bewegungen, so verschwimmen die Sinne. Das gilt ebenfalls beim »Sinn für das Soziale«: Gibt es keine neue Assoziation, dann gibt es auch keine Möglichkeit des Erfassens.

Um die Empfindung für soziale Verbindungen zu erneuern, mußte ich daher zwei verschiedene Typen von Methode einander entgegensetzen. Die eine, von mir als »Soziologie des Sozialen« bezeichnet, versucht so fest und so lange wie möglich Elemente zusammenzuhalten, die angeblich aus einem homogenen Stoff bestehen; die andere, »Soziologie der Assoziationen« genannt, versucht Kontroversen über das Spektrum heterogener Elemente auszuloten, die zusammen assoziiert werden können. Im einen Fall wissen wir in etwa, woraus die soziale Welt besteht – sie besteht aus dem oder im »Sozialen«; im anderen Fall müssen wir stets damit beginnen, daß wir *nicht* wissen, woraus sie besteht. Daher wird, sehr ähnlich dem *pharmakon* bei den Griechen, aus der Suche nach dem Sozialen entweder ein Heilmittel oder ein starkes Gift, je nach Dosis und Zeitpunkt. In kleinen Dosen und zum richtigen Zeitpunkt betrieben, erlaubt diese Suche dem Beobachter, die neuen Assoziationen zu registrieren, die ständig neu gemischt werden müssen, um ein von Irrelevanz bedrohtes Kollektiv noch einmal zu versammeln. Aber läßt man die Elemente, die zusammengebunden wurden, ihr »Verfallsdatum« überschreiten, dann werden sie anfangen zu vermodern. Wenn man darauf besteht, sie weiterhin zu sich zu nehmen, führt das zu völliger Paralyse. Man beginnt, was miteinander verbunden wurde, für einen speziellen Typ von

1 Siehe das wundervolle Experiment zu den schnellen Augenbewegungen und seine Anwendung auf das Porträtzeichnen in R.C. Miall und John Tchalenko (2001), »A Painter's Eye Movements: A Study of Eye and Hand Movement during Portrait Drawing«.

Stoff zu halten: Das Soziale erklärt das Soziale. Man hat eine Welt betreten, die nicht länger nachweisbar ist, eine Welt, die in Gefahr ist, bald von den Feen, Drachen, Helden und Hexen der kritischen Soziologie erobert zu werden.

Doch wie sind zwei vollkommen entgegengesetzte Bedeutungen desselben Adjektivs möglich? Das läßt sich meines Erachtens dadurch erklären, daß die Sozialwissenschaften gleichzeitig drei verschiedene Aufgaben verfolgt haben: die unterschiedlichen Weisen zu dokumentieren, wie das Soziale vom Erfindungsgeist seiner Mitglieder aufgebaut wird; die Kontroversen über das Soziale beizulegen, indem man das Spektrum der Entitäten, die in der Welt am Werk sind, begrenzt; und schließlich zu versuchen, die »soziale Frage« zu lösen, indem man einige Prothesen für politisches Handeln anbietet. An diesen Zielen ist nichts falsch, denn die Soziologie, die »Wissenschaft vom Zusammenleben«, sollte in der Tat die drei folgenden Pflichten erfüllen können: Sie sollte imstande sein, das volle Spektrum der Kontroversen darüber zu entfalten, welche Assoziationen möglich sind; sie sollte imstande sein zu zeigen, durch welche Mittel diese Kontroversen beigelegt und wie die Übereinkünfte dann beibehalten werden; und sie kann helfen, die richtigen Verfahrensweisen für die Zusammensetzung des Kollektivs zu bestimmen, indem sie das Interesse derjenigen weckt, die Forschungsgegenstand waren. Es ist jedoch unmöglich, diesen Pflichten gleichzeitig nachzukommen, man muß sie nacheinander angehen.

Wenn man beispielsweise die zweite Pflicht mit der ersten verwechselt, beginnt man, die Hauptaufgabe des Sozialforschers darin zu sehen, im vorhinein und anstelle der Akteure das Spektrum der Unbestimmtheiten zu begrenzen, in denen, so fürchtet man, die Akteure sich verlieren könnten. Damit sieht man es als die eigene Aufgabe an, die Anzahl möglicher sozialer Gruppierungen zu reduzieren, die Anzahl der Aktanten zu beschränken, möglichst viele nichtmenschliche Objekte auszuschließen, an einer strikten Arbeitsteilung zwischen Natur- und Sozialwissenschaften festzuhalten und schließlich fest daran zu glauben, daß die Soziologie eine autonome wissenschaftliche Disziplin ist. Nach einer solchen Behandlung ist es nicht länger möglich, den fünf Quellen der Unbestimmtheit nachzuspüren, die wir Revue passieren ließen. Die Dinge werden noch schlimmer, wenn man die dritte Pflicht – die der politischen Relevanz – mit den beiden anderen verwechselt. Aus vollkommen respektablen Gründen, die mit der Notwendigkeit der Modernisierung zusammenhängen, dem Projekt der Emanzipation und den schieren Schwierigkeiten empirischer Untersuchungen, beginnt man, an die Stelle der Zusammensetzung des Kollektivs durch die Akteure die eigene Definition dessen zu setzen, was die Akteure zusammenhält. Man beginnt zu fragen, was eine Gesellschaft ist und in welcher Richtung sie sich bewegt. Auch wenn ich denke, daß eine solche intellektuelle Strategie zu Zeiten Comtes, Spencers, Durkheims oder Parsons' produktiv gewesen sein mag, so hat sie mittlerweile verheerende Konsequenzen. Wenn eine soziale Erklärung angeboten wird, so ist es nicht länger möglich zu entscheiden, wem oder was genau sie geschuldet ist: einem genuin empirischen Verständnis, der Anwendung eines Standards, dem Versuch von *social engineering* oder gar geistiger Trägheit. Verwechselt man die drei sukzessiven Pflichten der Sozialwissenschaft, dann läßt sich das Soziale ganz einfach nicht mehr nachzeichnen, auch wenn soziale Erklärungen sich weiterhin mühelos vermehren.

Um dem Projekt einer *Wissenschaft vom Sozialen* treu zu bleiben – nun, wo die Wörter Wissenschaft und Soziales beide überprüft und korrigiert worden sind –, müssen wir dieses Durcheinander überwinden, ohne irgendeine der drei ursprünglichen Pflichten aufzugeben. Nachdem wir in Teil I gezeigt haben, wie wir die den Akteuren eigenen welterzeugenden Fähigkeiten entfalten können, und bevor wir im Schlußkapitel die verzwickte Frage der politischen Relevanz angehen, muß ich nun zeigen, daß es möglich ist, der Beilegung von Kontroversen nachzugehen, ohne diese Untersuchung mit den beiden anderen zu verwechseln. Ja, Kontroversen werden beigelegt und Unbestimmtheiten beseitigt, doch das war auch die Arbeit der Akteure selbst, so daß auch dies wieder empirische Spuren produziert und daher gründlich dokumentiert werden kann. Sobald wir sozusagen die Akteure selbst ihr eigenes Chaos aufräumen lassen, kann etwas Ordnung gefunden werden, die sich sehr von den Versuchen mancher Forscher unterscheidet, Kontroversen im vorhinein zu begrenzen.

Obwohl es schon derart schwierig war, die fünf Quellen der Unbestimmtheit zu entfalten, wird es sich leider als noch verzwickter erweisen, die Mittel zu verfolgen, durch die sie stabilisiert werden. Dabei werde ich sogar noch ungerechter gegenüber der »traditionellen Soziologie« erscheinen. Denn ich werde behaupten, daß gerade durch die Existenz der Gesellschaft oder, allgemeiner gesprochen, eines eigenen sozialen Bereichs das Soziale nicht mehr verfolgbar ist. Diesmal liegt das Problem nicht in der Ambiguität des Wortes sozial, sondern in einer Verwechslung, die schon früh in der Geschichte der Soziologie aufkam: zwischen der Versammlung des politischen Körpers und der Versammlung des Kollektivs. Auch wenn beide Operationen vieles gemeinsam haben, müssen sie getrennt bleiben, wenn sie gelingen sollen.

Um es grob zu skizzieren, ist die Gesellschaft, diese Erfindung des 19. Jahrhunderts, eine merkwürdige Übergangsgestalt, in der sich der Leviathan des 18. Jahrhunderts und das Kollektiv des 21. mischen.[2] Weil man von der Gesellschaft verlangt hat, zwei Aufgaben gleichzeitig zu erfüllen, nämlich das Kollektiv nachzeichenbar zu machen und die Rolle eines Ersatzes für Politik zu spielen, ist sie nie in der Lage gewesen,

2 Zur Erfindung des Gesellschaftsbegriffs siehe Bruno Karsenti (2003), »Autorité, pouvoir et société. La science sociale selon Bonald« sowie Michel Foucault (1999), *In Verteidigung der Gesellschaft. Vorlesungen am Collège de France (1975-76).*

eine von ihnen richtig zu erfüllen. Die angebliche Existenz einer Gesellschaft ist nicht nur der Emergenz eines gut versammelten Kollektivs zuvorgekommen, sondern hat auch alle Anstrengungen vereitelt, die merkwürdige Art von Körperschaft zu definieren, die politische Aktivitäten weiterhin bilden können sollten.

Auch wenn der Grund für dieses *double bind* erst am Ende dieses Buches klar werden wird, läßt er sich recht einfach formulieren: Der politische Körper hätte von seiner Konstitution her *virtuell*, *total* und *immer bereits da* sein sollen. Das ist nichts Außergewöhnliches, da er das unmögliche Problem politischer *Repräsentation* zu lösen hatte, bei dem die vielen in einen verschmolzen und dazu gebracht werden, dem einen zu gehorchen. Nur das politische Handeln ist imstande, durch eine kontinuierliche zirkuläre Bewegung, diese virtuelle und totale Versammlung vorzuzeichnen (*trace*), die stets Gefahr läuft, ganz und gar zu verschwinden.[3] Dies hat Walter Lippmann mit dem treffenden Wort Phantom bezeichnet: das Phantom Öffentlichkeit.[4] Beim Mythos des Gesellschaftsvertrags angefangen, ist der politische Körper stets ein *Problem* gewesen, wie John Dewey es als Antwort auf Lippmann formuliert hat, ein stets in Gefahr völliger Auflösung stehendes Phantom. Nie ist er dazu gedacht gewesen, zu einer Substanz

3 Zur notwendigen »Verdrehung« der politischen Äußerung siehe Bruno Latour (2003b), »What if We Were Talking Politics a Little?« sowie selbstverständlich das klassische Werk von B. Manin (1995), *Principes du gouvernement représentatif*, weiterhin den sehr schönen Text von Foucault über die Parrhesie: Michel Foucault (1996), *Diskurs und Wahrheit. Die Problematisierung der Parrhesia.*

4 Walter Lippmann (1927 [1993]), *The Phantom Public.* Ich folge hier der Arbeit von Noortje Marres über Deweys und Lippmanns politische Philosophien. Siehe Noortje Marres (2005), *No Issue, No Politics.* Die Fragilität der politischen Personen ist eine der großen Lektionen, die sich ziehen läßt aus Ernst Kantorowicz (1992), *Die zwei Körper des Königs. Eine Studie zur politischen Theologie des Mittelalters.* Daher ist der Staat stets das Produkt eines fortgesetzten Versuchs. Siehe Dominique Linhardt (2004), *La force de l'Etat en démocratie. La République fédérale d'Allemagne à l'épreuve de la guérilla urbaine 1967-1982.*

zu werden, zu einem Wesen, einem Bereich sui generis, der unter, hinter und jenseits politischem Handeln existiert. Alle Leser von Hobbes' Projekt eines Leviathans waren davon beeindruckt, wie fragil »dieser sterbliche Gott« war und wie rasch er sich auflösen konnte. Jeder konnte sehen, daß dieser Riese auf tönernen Füßen stand.[5]

Doch sobald man die Existenzweise der Öffentlichkeit – im Sinne Deweys – in die der Gesellschaft verlagert, um sich die immense, widersprüchliche und anstrengende Aufgabe zu ersparen, diese Öffentlichkeit durch politische Mittel zusammenzusetzen, verschwindet ihre *problematische Fragilität*.[6] Der wunderbarerweise in eine Gesellschaft verwandelte politische Körper soll aus eigener Kraft zusammenhalten, *selbst in Abwesenheit* jeder politischen Aktivität.[7] Obwohl er unsichtbar bleibt, heißt es nun vom riesigen politischen Körper, seine Füße ruhten fest auf einem robusten Sockel. Alle Schwierigkeiten, das Soziale zu fassen, beginnen mit dieser unmöglichen Heldentat metallurgischer Fiktion: Die bewegliche Gestalt des Phantoms Öffentlichkeit scheint nun in Bronze gegossen.

Während der politische Körper unentwegt von der Politik nach- und vorgezeichnet werden mußte, ist die Gesellschaft

5 Obwohl er sie negativ statt positiv versteht, faßt Bourdieu diese Schwäche bei seiner Definition polititischer Repräsentation perfekt zusammen: »Also ist Delegation – dieser originäre Akt der Verfassung sowohl in der philosophischen als auch in der politischen Bedeutung des Wortes – ein Akt der Magie, der es ermöglicht, daß das, was lediglich eine Versammlung von mehreren Personen, eine Reihe nebeneinandergestellter Individuen war, nun in Form einer fiktiven Person exististiert, als eine *corporatio*, ein Körper, ein mystischer Körper, inkarniert in einer sozialen Körperschaft, die die biologischen Körper transzendiert, aus denen sie zusammengesetzt ist (›corpus corporatum in corpore corporato‹).« (Pierre Bourdieu [1991], »Delegation and Political Fetishism«, S. 208).

6 Ich folge auch hier wieder Baumans entscheidender Einsicht zur Erfindung der Soziologie als Ersatz für Politik. Siehe Bauman (1995), *Ansichten der Postmoderne*.

7 Siehe John Dewey (2001), *Die Öffentlichkeit und ihre Probleme*, mit seiner Kritik am Hegelianismus in der Politik.

da, ganz gleich, was wir von ihr halten mögen. Und anstatt darin einen Widerspruch oder eine praktische Unmöglichkeit zu sehen, nehmen Sozialwissenschaftler diese phantomhafte Präsenz als stärksten Beweis für ihre mysteriöse Existenz. Erst jetzt wird aus dem Phantom ein Vampir, aus dem Leviathan ein Behemoth. Doch es ist nicht schwer zu sehen, daß eine virtuelle und stets präsente Entität genau das Gegenteil dessen ist, was das Kollektiv braucht, um sich zu versammeln: Wenn es bereits da ist, sind die praktischen Mittel, es *zusammenzusetzen*, nicht länger aufspürbar; wenn es total ist, sind die praktischen Mittel, es *zu totalisieren*, nicht länger sichtbar; wenn es virtuell ist, geraten die praktischen Mittel, es zu *verwirklichen, zu visualisieren* und zu ver*sammeln*, aus dem Blick. Solange wir hinter dem Kollektiv den Schatten der Gesellschaft wahrnehmen und hinter der Gesellschaft den Schatten des Leviathans, kann keine Wissenschaft vom Sozialen vorankommen.[8] Um es noch eindeutiger zu formulieren: *Entweder gibt es eine Gesellschaft, oder es gibt eine Soziologie*. Man kann nicht beides gleichzeitig haben, wie Gabriel Tarde seine Leser warnte, als er die Disziplin diese falsche Wendung nehmen sah.

Natürlich wissen alle Sozialtheoretiker das nur zu gut, und daher hat jeder auf seine Weise Anstrengungen unternommen, um seine Untersuchungen aus dem Schatten einer Gesellschaft herauszubekommen.[9] Sie haben alle behauptet, daß Gesellschaft eine virtuelle Realität, eine *cosa mentale*, eine Hypostase, eine Fiktion sei. Doch da sie die Gesellschaft ließen, wo sie war, und sie nur kritisierten, haben sie nie mehr vermocht, als für sich selbst eine kleine Nische einzurichten

8 »Das demokratische Ideal hat nie die Funktion der Öffentlichkeit definiert. Es hat die Öffentlichkeit als eine unreife, schattenhafte Exekutive aller Dinge betrachtet. Die Konfusion ist tief verwurzelt in einem mystischen Gesellschaftsbegriff« (Lippmann [1993 (1927)], *The Phantom Public*, S. 137).

9 Für eine jüngere Untersuchung zum aktuellen Stand siehe Nicholas Gane (2004), *The Future of Social Theory*.

in dem virtuellen und totalen Körper, von dem sie behaupteten, er existiere nicht wirklich! Durch eine merkwürdige Schicksalswendung wurde Gesellschaft gleichzeitig das, was *stets* als eine Fiktion *kritisiert* wurde und was gleichwohl *immer da* war als unüberschreitbarer Horizont aller Diskussionen über die soziale Welt.[10] Was immer die Lösung war, die Gesellschaft lag, gestrandet wie ein Wal, ja wie ein Leviathan, an einem Meeresstrand, wo liliputanische Sozialwissenschaftler versuchten, eine passende Bleibe für ihn zu graben. Seit kurzem ist der Gestank dieses verwesenden Monsters unerträglich geworden. Es gibt keine Möglichkeit, die Sozialtheorie zu erneuern, solange der Strand nicht gesäubert und der unselige Gesellschaftsbegriff nicht vollständig aufgelöst ist. Dazu müssen wir aus ihm sowohl den politischen Körper extrahieren, den er zu vereinnahmen versucht hat, als auch das Kollektiv, das er nach wie vor verbirgt.[11]

Daß die Gesellschaft der Soziologie und der Politik im Wege steht, ist nicht so überraschend für diejenigen von uns in den *science studies*, die schon früher gesehen haben, wie die Natur im Wege stand. Beide Monster sind zur selben Zeit und aus demselben Grund geboren worden: Die Natur versammelt nicht-menschliche Wesen getrennt von den Menschen; die Gesellschaft versammelt Menschen getrennt von den nicht-menschlichen Wesen. Wie andernorts ausführlich ge-

10 Dank der illusorischen Macht der Dialektik ist es manchmal genau diese widersprüchliche Natur, die man für die zirkuläre Definition von Gesellschaft hält. Das ist deutlich in Castoriadis' *Gesellschaft als imaginäre Institution*, aber ebenso beim Begriff der Selbsttranszendenz, wie er entwickelt wird in Jean Pierre Dupuy (1992), *Introduction aux sciences sociales. Logique des phénomènes collectifs* sowie in der Argumentation von Luhmann, die vom Begriff der Autopoiesis ausgeht bei Humberto R. Maturana und Francisco J. Varela ([1980], *Autopoiesis and Cognition. The Realization of the Living*). Auch wenn der politische Körper, die Gesellschaft und der Organismus Kreisbewegungen vorzeichnen, führen sie weder dieselben Entitäten mit sich, noch werden sie von denselben Trägern transportiert.

11 Ich werde später mit dem Begriff »Panorama« erklären, wieso diese Form, das Soziale zusammenzufassen, gleichwohl einen derart mächtigen Einfluß auf die Vorstellungskraft hat, siehe S. 316.

zeigt worden ist, wurden beide Zwillingsmonstren gezeugt, um jede Möglichkeit einer rechtmäßigen Zusammensetzung des Kollektivs zu ersticken.[12] Die politische Komposition der Natur ist relativ leicht aufzuzeigen, so offensichtlich ist die Differenz zwischen unbestreitbaren Tatsachen und umstrittenen Tatsachen, die Gesellschaft aber besitzt paradoxerweise eine festere, dauerhaftere und selbstverständlichere Präsenz. Der Abgrund zwischen dem Sozialen als Assoziation – dem Sozialen Nr. 2 – und dem Sozialen als Substanz – Nr. 1 – scheint schwieriger zu erkennen zu sein. So wurden sogar meine eigenen Anstrengungen, die Macht der Natur zu reduzieren, als Verstärkung der Macht der Gesellschaft verstanden! Die Gesellschaft scheint in der Lage zu sein zu herrschen, wo die Natur gezwungen wurde, einiges von ihrer Souveränität aufzugeben. Daher der unglückliche Erfolg des Begriffs »soziale Konstruktion«, den ich weiter oben eingehender untersucht habe. Und doch gibt es kein Entrinnen. Nach der Natur ist es die Gesellschaft, die abtreten muß. Wenn nicht, dann werden wir nie in der Lage sein, das Kollektiv zu versammeln.

Wie können wir uns vorwärtsbewegen und das Soziale wieder vollständig nachzeichenbar machen? Indem wir dieselbe Strategie verfolgen wie in Teil I. Wir müssen das volle Spektrum von Kontroversen entfalten, anstatt von uns aus zu entscheiden, welches der beste Ausgangspunkt sei. Wieder einmal müssen wir abstrakter und relativistischer sein als zunächst gedacht. Als unseren Ausgangspunkt werden wir diesmal die Schwierigkeit der Sozialwissenschaftler nehmen, ihre Untersuchungen am richtigen Ort zu lokalisieren. Wenn wir diesen Umweg einschlagen, werden wir entdecken, daß die beiden von ihnen gewählten Kollektoren ganz einfach nicht da sind; denn ein spezifisches Problem – wie lösen wir

12 Auch wenn ich die Frage der Natur hier nicht so gründlich behandle (siehe dazu *Das Parlament der Dinge*), verliert mein Argument seine Wirksamkeit, wenn man nicht die Symmetrie zwischen Natur und Gesellschaft im Sinn behält.

die politischen Beziehungen der vielen und des einen? – wurde mit einem anderen verwechselt: Wie setzen wir das Kollektiv zusammen? Diese Entdeckung wird es uns erlauben, ein für allemal dem großen Schatten zu entkommen, den die schnell verschwindende Gesellschaft immer noch wirft, und, hoffentlich, endlich das fluide Soziale nachzuzeichnen.

Wie kann man das Soziale flach halten?

Nutzer der Sozialwissenschaft scheinen davon auszugehen, daß es eher einfach ist, das Soziale zu versammeln, heranzuziehen, einzuberufen, zu mobilisieren und zu erklären. Praktiker der Sozialwissenschaft wissen, wie mühselig, aufwendig, schwierig und äußerst irritierend es ist. Das »leichte« Soziale ist eines, das bereits gebündelt ist, während das »schwere« Soziale das neue ist, das erst noch auftauchen soll, indem Elemente zusammengepackt werden, die nicht zum üblichen Repertoire gehören. Je nachdem, welchen Spuren zu folgen wir uns entscheiden, wird die Art der Reise, auf die wir uns einschiffen, sehr verschieden sein. Soziologen des Sozialen haben mit *ihrer* Definition des Sozialen einen riesigen Bereich aufgezeichnet, der keinerlei Beziehung zu den Karten aufweist, die wir für *unsere* Definition des Sozialen benötigen. Ich sage nicht nur, daß die vorhandenen Karten unvollständig sind, sondern daß sie Territorien mit einer derart unterschiedlichen Gestalt bezeichnen, daß sie sich mit unseren nicht einmal überlappen! Es ist noch nicht einmal klar, ob diese Territorien auf demselben Planeten liegen. Unsere Aufgabe besteht nicht länger darin, im selben Land an andere Orte zu gehen – weniger überfüllte Stätten, seltener betretene Pfade –, sondern eine vollkommen andere Landschaft zu zeichnen. Unnötig zu sagen, daß dies unsere Ausflüge nicht beschleunigen wird: Die Entdeckung der Langsamkeit, die wir im ersten Teil machten, wird sich hier fortsetzen.

Da nunmehr die Topographie des Sozialen zur Diskussion steht, läßt sich nicht entscheiden, wie unsere Reiserouten zu zeichnen sind, wenn wir nicht das Projektionsprinzip verstehen, das die Soziologen des Sozialen für ihre Karten verwendet haben. Erst wenn wir sehen, wie sie in die Irre geführt wurden, werden wir begreifen, wieso sie diese unplausiblen Karten zeichnen konnten. Sobald man sich mit dieser Frage beschäftigt, bemerkt man, wie anstrengend ihre Reisen waren. Ständig mußten sie zwischen zwei Typen von Stätten wechseln – der lokalen Interaktion und dem globalen Kontext –, jede für sich so unbequem, daß sie ihr so schnell wie möglich wieder entfliehen mußten. Adam und Eva wurden nur aus einem Paradies vertrieben, doch die Soziologen des Sozialen, weniger glücklich als ihre Ahnen, wurden gezwungen, zwei Ruhestätten nacheinander zu verlassen, jede der polare Gegensatz der anderen, und zwischen beiden ständig hin- und herzuwechseln. Wenn wir ihrem Schicksal entgehen wollen, müssen wir die Dynamik dieser Höllenfahrt begreifen.

Jeder Sozialwissenschaftler weiß recht gut, daß lokale Interaktionen – das Soziale Nr. 3 – kein guter Aufenthaltsort sind. Wenn man aus dem einen oder anderen Grund auf dem Schauplatz einer beliebigen Interaktion eintrifft, wird einem bald klar, daß man nicht selbst der Autor des Stückes ist, sondern in eine Großproduktion hineingeraten ist, die einen vollkommen übersteigt. Ein Kind, das sprechen lernt, findet seine Sprache bereits im kompetenten Sprachgebrauch der Mutter vor. Ein Kläger, der vor den Richter gerufen wird, entdeckt, wie solide das Bauwerk der Justiz ist und daß das Old Bailey Building genauso alt ist wie London. Ein Arbeiter, der in einer Fabrik schwitzt, entdeckt recht bald, daß sein Schicksal in den Händen von unsichtbaren Akteuren hinter den Bürowänden am anderen Ende der Halle liegt. Eine Fußgängerin mit einem verstauchten Knöchel erfährt im Sprechzimmer des Arztes manches über ihre Physiologie und ihren Knochenbau, das dem Zeitpunkt ihres Unfalls vorauslag. Ein lokaler »Informant«, angespornt von den Fragen eines zu Besuch weilenden Ethnographen, bemerkt, daß die meisten seiner Denkgewohnheiten von Orten und Agenten herstammen, über die er keine Kontrolle hat. Und so weiter. Interaktionen sind nicht einem Picknick vergleichbar, bei dem die Verpflegung von den Beteiligten mitgebracht wird, sondern eher einem Empfang, der von einigen unbekannten Sponsoren gegeben wird, die alles bis ins kleinste Detail inszeniert haben – selbst der Platz, an dem man sitzen wird, ist vielleicht schon von einem aufmerksamen Aufseher vorgemerkt.

So kann man durchaus sagen, daß jede gegebene Interaktion von Bestandteilen *überzufließen* scheint, die bereits in der Situation vorhanden sind und aus einer anderen *Zeit*, von einem anderen *Ort* stammen und von anderen *Existenzformen* hervorgebracht worden sind. Diese starke Intuition ist so alt wie die Sozialwissenschaften. Wie bereits gesagt, ist Handeln stets dislokal, artikuliert, delegiert und übersetzt. Wenn also eine Beobachterin der Richtung folgt, in die dieses Überfließen weist, wird sie *weg* von der gegebenen Interaktion und hin zu *anderen Orten, anderen Zeiten* und *anderen Existenzformen* gelenkt, die der Interaktion Gestalt gegeben zu haben scheinen. Als würde ein starker Wind es jedem verwehren, an Ort und Stelle zu bleiben, und die Anwesenden wegdrücken; als würde eine starke Strömung uns zwingen, den lokalen Schauplatz zu verlassen.

Das Problem ist, wohin wir uns nun wenden sollen. Hier könnte die Verwechslung zwischen politischem Körper und Gesellschaft uns vom Weg abbringen. Obwohl es in jeder Interaktion eine gestrichelte Linie gibt, die zu jener virtuellen, totalen und präexistierenden Entität führt, ist dies gerade nicht der Weg, dem wir folgen sollten, zumindest nicht jetzt: Virtuell und schattenhaft ist sie, virtuell und schattenhaft sollte sie bleiben. Wo politisches Handeln vorwärtsschreiten muß, sollten Soziologen zögern. Ja, Interaktionen werden von anderen Akteuren in Existenz gebracht, aber nein, diese Akteure bilden keinen Kontext um sie herum.

Wie wir bereits bei vielen Gelegenheiten erfahren haben, besteht oft eine große Kluft zwischen den richtigen Intuitionen der Sozialwissenschaften und den seltsamen Lösungen, die sie anbieten. Das ist auch hier wieder der Fall: Man hat versucht, die Projektion des Phantoms Öffentlichkeit mit dem Vorrang der Gesellschaft durcheinanderzubringen. Gewiß, alle beide haben nur eine virtuelle Existenz, doch nicht auf dieselbe Weise. Erstere ist ein ständiger Appell, die unmögliche Großtat der Politik wiederaufzunehmen, letztere dagegen ist nichts als eine Weise, die Aufgabe der Zusammensetzung des Kollektivs zu verbergen, indem man so tut, als sei sie bereits vollendet: Die Gesellschaft ist bereits da, sie schwebt gewissermaßen über unseren Köpfen. Wenn die Forscher sich dann von den lokalen Stätten abwenden – denn offenbar lag der Schüssel zu den Interaktionen hier nicht verborgen – und woandershin zu blicken beginnen, glauben sie, man müßte die Aufmerksamkeit auf den »Rahmen« richten, in den die Interaktionen eingebettet wären; und hier laufen die Dinge nun wirklich schief. Ausgehend vom richtigen Impuls – weg von den lokalen Interaktionen! – landen sie, um Samuel Butlers berühmten Titel zu entlehnen, in Erewhon, das heißt im Nirgendwo (*nowhere*).

Einhundertfünfzig Jahre Sozialwissenschaft haben diese Richtung so fest eingegraben, daß es nun so aussieht, als wäre ein Massenexodus unterwegs auf riesigen, aufwendig angelegten Autobahnen, gesäumt von großen hellerleuchteten Straßenschildern, auf denen zu lesen steht: »Kontext 15 km, nächste Ausfahrt.« Dermaßen automatisch ist die Gewohnheit, derartigen Orten zuzustreben, wenn man mit den lokalen Interaktionen unzufrieden ist, daß man nur sehr schwer erkennt, daß dieser Weg nirgendwo hinführt. Nach einer kurzen schnellen Fahrt lösen sich diese Autobahnen plötzlich in nichts auf. Im Kontext gibt es keinen Parkplatz. Kann man vom kindlichen Sprechakt wirklich zur »Struktur« der Sprache gelangen? Gibt es einen Weg, der vom Fall des Klägers zum Rechts-»System« führt? Führt ein Kanal von der Fabrikhalle zur »kapitalistischen Produktionsweise« oder zu einem »Empire«? Führt ein Pfad vom verstauchten Knöchel der Patientin zur »Natur« des Körpers? Läßt sich vom Notizbuch des Ethnographen aus die »Kultur« jenes spezifischen Volkes erreichen? Sobald solche Fragen gestellt werden, lautet die verlegene Antwort: »Nein, ja, vielleicht.«

Gewiß, die Struktur der Sprache wird von niemandem im besonderen gesprochen, und doch werden alle Sprechakte ausgehend von ihr erzeugt, auch wenn die Wege, auf denen *la parole* und *la langue* zusammentreffen, seit der Zeit de Saussures bis heute vollkommen mysteriös geblieben sind.[1] Das Rechtssystem befindet sich nirgendwo im besonderen und wird doch nicht weniger mysteriös in jedem besonderen Fall heraufbeschworen, auch wenn es anerkanntermaßen in jedem einzelnen Fall eine immer wieder neu begonnene Totalität repräsentieren muß.[2] Der Kapitalismus ist gewiß die herrschende Produktionsweise, doch niemand stellt sich vor, daß irgendein Homunculus-Vorstand das Kommando hat, trotz der Tatsache, daß viele Ereignisse den Eindruck erwecken, als gehorchten sie einer unerbittlichen Strategie.[3] Die Kenntnis des Körpers erlaubt die Diagnose spezifischer Krankheiten, aber es ist auch klar, daß nur ausgehend vom vorliegenden Fall die meiste Information relevant wird.[4] Eine Kultur ist gleichzeitig das, was die Leute handeln macht, eine durch den Blick des Ethnographen geschaffene vollständige Abstraktion, und das, was durch den ständigen Erfindungsreichtum der Interaktionen der Mitglieder an Ort und Stelle erzeugt wird.[5] Auch wenn strukturelle Merkmale das zu sein scheinen, was jede Untersuchung erreichen muß, um lokalen Interaktionen einen Sinn zu geben, bieten diese Merkmale so komfortable Aufenthaltsorte wie eine Brennesselböschung.

1 Für einen der vielen Fälle, bei denen die Pragmatik die strukturellen Elemente der Sprache schrittweise aushöhlt, siehe Alessandro Duranti und Charles Goodwin (1992), *Rethinking Context: Language as an Interactive Phenomenon*.

2 Siehe Niklas Luhmann (1987), *Rechtssoziologie*.

3 Siehe Philip Mirowski (2001), *Machine Dreams. Economics Becomes a Cyborg Science* und Michel Callon (1998a), »An Essay on Framing and Overflowing: Economic Externalities Revisited by Sociology«.

4 Siehe Stefan Hirschauer (1991), »The Manufacture of Bodies in Surgery« sowie Mol (2003), *The Body Multiple*.

5 Hinsichtlich der dynamischen Produktion von Kultur siehe Marshall Sahlins (2000), *Culture in Practice* und Marylin Strathern (1999), *Property, Substance and Effect: Anthropological Essays in Persons and Things*.

Daher lautet die unbequeme Antwort, die man erhält, wenn man jene berühmten »Kontexte« betrachtet: Zwar existiert etwas, das die Interaktion ermöglicht, indem es die meisten ihrer notwendigen Zutaten an den Schauplatz bringt, doch dieses »etwas« ist gleichzeitig *hinter ihm anwesend* und *bei weitem zu abstrakt*, um irgend etwas zu tun. Struktur ist sehr mächtig und doch zu schwach und zu weit entfernt, um irgendeine Wirksamkeit zu besitzen. Was als wirklicher Ursprung von all dem »Wirklichen« und »Konkreten« gilt, das in Interaktionen stattfindet, scheint keine Bleibe für lange zu bieten. Aus diesem Grund werden Sozialwissenschaftler bald in die entgegengesetzte Richtung getrieben, als hätten sie die äußerste Ausdehnung eines gespannten Gummibandes erreicht: Sobald sie bei den »tiefen strukturellen Eigenschaften« angelangt sind, zieht es sie wieder zurück zu den »realeren« und »konkreteren« Interaktionen. Ein zweiter Wind, eine zweite Strömung, genauso gewaltig wie die erste, zwingt nun jeden Besucher vom Kontext *weg* und zurück an die lokalen praktischen Stätten. Besteht die jüngere Geschichte der Sozialwissenschaften nicht größtenteils in einem quälenden Oszillieren zwischen den beiden entgegengesetzten Polen, der eine mehr strukturell, der andere mehr pragmatisch?[6]

Leider bietet es auch keine Lösung, beim lokalen Schauplatz zu bleiben, denn die Kräfte, die die Forscher weggestoßen haben, sind immer noch am Werk: Nach wie vor ist es offensichtlich, daß das »Reale« und »Konkrete« auch nicht vollständig in diesen Interaktionen liegt. In zwei entgegengesetzte Richtungen hin- und hergezogen, befindet die Forscherin sich in einer unmöglichen Situation. Wenn sie bei den Interaktionen bleibt, ist sie gezwungen, wegzugehen und die »Dinge in ihrem größeren Rahmen« zu betrachten. Doch wenn sie

6 Das Paradigma für dieses Alternieren findet sich wahrscheinlich darin, daß Parsons Garfinkel hervorgebracht hat. Für jeden Strukturalisten wird ein neuer Interaktionist geboren.

schließlich diesen strukturierenden Kontext erreicht, wird von ihr verlangt, die »abstrakte Ebene« wieder zu verlassen, um zum »wirklichen Leben«, zum »menschlichen Maßstab« oder an »lebendige Stätten« zu gelangen. Wenn aber Struktur eine Abstraktion ist, dann Interaktion ebenfalls! Wenn die eine realer und konkreter ist, ist die andere es auch – der *andere* Pol, stets der andere Pol. Dieses *double bind* genügt, um jeden Forscher völlig desorientiert zurückzulassen. Platon behauptete, man müsse aus der konfusen und materiellen Schattenwelt hinaufsteigen zu den realen und immateriellen Ideen. Doch wenn nun, mit ebensoviel Vernunft, ein Anti-Platon uns gleichermaßen in die andere Richtung lenken würde und uns von den abstrakten Ideen zur realen und materiellen lokalen Welt hinunterführte? In einem solchen Tauziehen würden wir zerrissen, denn wir müßten abrupt alternieren zwischen einem Rahmen, in dem Interaktionen zu situieren wären – in der Gesellschaft –, und einer heftigen Bewegung, mit der wir den »alles umspannenden Rahmen« beiseite schieben und zur lokalen und individuellen Umgebung zurückkehren, wo die Dinge »wirklich geschehen« und »wirklich erlebt werden«. Das Hin und Her einer Kinderschaukel mag zwar Spaß machen, allerdings nur für eine Weile und bestimmt nicht dann, wenn man so heftig gestoßen wird, daß sich einem der Magen umdreht.

Dieses abrupte Alternieren wurde als Mikro-Makro-Problematik oder Akteur-System-Frage bezeichnet. Dabei geht es darum zu entscheiden, ob der Akteur sich »im« System befindet oder ob dieses nicht vielmehr ein System »von« interagierenden Akteuren ist. Käme bloß die Schwindel erzeugende Schaukel zu einem sanften Halt! Gewöhnlich besteht die Strategie darin, das Problem höflich anzuerkennen, zu erklären, es handle sich um eine künstliche Fragestellung, und damit fortzufahren, sich einen bequemen Platz zu suchen in einer, wie man sagt, bloß akademischen Debatte: Man stellt sich etwa einen vernünftigen Kompromiß zwischen den beiden Positionen vor.[7] Doch wenn man die glückliche Mitte zwischen zwei nicht-existierenden Positionen gefunden hat, woher nimmt man die Sicherheit, daß diese dritte Position nicht noch weniger Existenz besitzt? Sollen wir einen Kompromiß zwischen Akteuren und System suchen, oder sollen wir uns woanders hinbegeben?

Auf den ersten Blick könnte »Akteur-Netzwerk« ein guter Kandidat für einen Kompromiß sein: Die vorformatierte Lösung bestünde darin, *gleichzeitig* den Akteur *und* das Netzwerk zu betrachten, in das er eingebettet ist – was den Bindestrich erklären würde. Eine solche lauwarme Lösung könnte sich den vielen anderen beigesellen, die schon vorgeschlagen worden sind, um die beiden offensichtlichen Notwendigkeiten der Sozialwissenschaften zu versöhnen: Interaktionen werden durch Strukturen überstiegen, die ihnen Gestalt geben; diese Strukturen selbst bleiben viel zu abstrakt, solange sie nicht instantiiert, mobilisiert, realisiert oder verkörpert werden von irgendeiner lokalen und gelebten Interaktion. Die Versuchung ist um so größer, weil die Dialektik, wie die Sirenen des Odysseus, großzügig ihre verschwenderische Fülle von Kreisbewegungen anbieten könnte, um solche Kompromisse zu verpacken und zu verschnüren: Von den Akteuren könnte es dann heißen, sie würden gleichzeitig vom Kontext gehalten und ihn aufrechterhalten; vom Kontext, er bringe die Akteure zum Handeln und werde seinerseits vom Feedback der Akteure gebildet. Während die Kreisbewegungen der beiden Hände schneller und schneller in entgegengesetzte Richtungen fahren, entsteht der Anschein, es handle sich um ein vernünftiges Argument für die Verbindung zwischen zwei entgegengesetzten Orten, obwohl deren Existenz so problematisch bleibt wie zuvor. Dia-

7 Unter den vielen Versuchen siehe Bourdieu (1979), *Entwurf einer Theorie der Praxis*; Anthony Giddens (1988), *Die Konstitution der Gesellschaft. Grundzüge einer Theorie der Strukturierung*; sowie Erhard Friedberg (1995), *Ordnung und Macht. Dynamiken organisierten Handelns.*

lektische Denker verstehen es, Artefakte noch tiefer zu vergraben, indem sie behaupten, die Widersprüche seien »aufgehoben« worden – ihr Zauberwort für »verstecken« oder »verschwinden lassen«. Und wieder einmal ist es nicht schwierig zu sehen, warum sie so überzeugend wirken, auch wenn ihre Hände nicht-existierende Orte miteinander verbinden. Es stimmt, daß das Phantom Öffentlichkeit nur durch eine Kreisbewegung vorgezeichnet werden kann, die einem dialektischen Zirkel ähnelt.[8] Doch dieses »Lasso«, das unersetzlich ist zum Aufzeichnen der paradoxen Verbindung der Bürger zu ihren Repräsentanten, verliert all seine Tugend, wenn es zur Bezeichnung eines Akteurs »innerhalb« eines Systems verwendet wird. Während der politische Körper künstlich gebildet ist und sich auflöst, sobald die Kreisbewegung unterbrochen wird, scheint es, als bliebe die Gesellschaft bestehen, ganz gleich, was wir tun. Das Akteur/System-Problem projiziert bloß die paradoxen Beziehungen der Bürger zu ihrer Republik auf die Sozialtheorie.

Daher hat die von der ANT erkundete Lösung, trotz ihrer etwas ungeschickten Bezeichnung, nichts damit zu tun, einen weiteren Kompromiß zwischen Mikro und Makro, Akteur und System anzubieten – und noch weniger damit, die Schaukel so heftig anzustoßen, daß sie einige dialektische Kreisbewegungen vollführt. Um unserer Argumentation zu folgen, ist es wichtig, nicht besonders clever zu sein und nicht mit einem noch raffinierteren Gleichgewicht zwischen den beiden Klischees der Sozialwissenschaft aufzuwarten. Weder behaupten wir, daß Interaktionen nicht wirklich existieren, weil sie in einen Kontext »gestellt« werden müßten, noch, daß der Kontext nie wirklich existiert, weil er stets durch die individuelle Praxis »instantiiert« werden müßte. Vielmehr sagen wir, daß eine andere Bewegung, vollkommen

8 Siehe Barbara Cassin (1995), *L'effet sophistique*. Zum wichtigen Begriff »autophyos« siehe Kapitel 7 und 8 von Latour (2000), *Die Hoffnung der Pandora*.

verschieden von der üblicherweise verfolgten, sich selbst am klarsten dadurch aufdrängt, daß es so schwierig ist, entweder an einem Ort zu bleiben, der als lokal betrachtet wird, oder an einem, der als Kontext des ersteren verstanden wird. Unsere Lösung lautet also: die *Unmöglichkeit* ernst nehmen, an einem der beiden Orte länger zu verweilen. Auch hier wieder müssen wir uns als gute Ameisen verhalten und so beschränkt, buchstäblich, positivistisch, relativistisch wie möglich sein. Wenn es keine Möglichkeit gibt, an einem der beiden Orte zu bleiben, so bedeutet das ganz einfach, daß diese Orte unerreichbar sind – entweder weil sie überhaupt nicht existieren oder weil sie existieren, aber nicht mit dem von der Soziologie angebotenen Fahrzeug erreicht werden können.

So wie wir uns schon in Teil I entschieden haben, von den Unbestimmtheiten zu zehren, anstatt sie aufzulösen, ist es auch jetzt wieder möglich, von diesem endlosen Wechsel zwischen polaren Gegensätzen zu profitieren und daraus etwas über die wirkliche Topographie des Sozialen zu lernen. ANT ist einfach diejenige Sozialtheorie, die »das große Problem« der Sozialwissenschaft aus einer Ressource in einen zu behandelnden Gegenstand verwandelt hat. Sie nimmt an, daß der zweimal auftretende Vermeidungsreflex der Soziologen – vom Lokalen zum Globalen und vom Makro zurück zum Mikro – nicht Kennzeichen einer bedauerlichen Schwäche ihrerseits ist, sondern ein sehr wichtiges Zeichen dafür, daß diese Orte nur das Schattenbild eines ganz anderen Phänomens darstellen. So wie ein Pferd eine Klippe vielleicht früher spürt als sein Reiter, sollten wir der Intuition der Soziologen folgen, aber nicht der Lösung, die sie angeboten haben, das heißt ihrer irrigen Definition des Sozialen. Wieder einmal hofft die ANT, der Tradition treu zu bleiben, während sie gleichzeitig das Gift extrahiert, das jene so geschwächt hat.

Auch wenn der politische Körper ein Schatten, ein Phantom, eine Fiktion ist, die durch die kreisförmige Bewegung des politischen Handelns hervorgebracht wird, so bedeutet das nicht, daß die soziale Welt denselben ätherischen Aspekt hätte. Wie wir noch sehen werden, ist Politik nur eine Weise, das Kollektiv zusammenzusetzen; sie kann nicht als generelles Muster für eine Soziologie der Assoziationen dienen. Doch da die Analytiker die Gesellschaft verwendet haben, um die Politik abzukürzen, befinden sie sich nie in einer guten Position, wenn sie die Landschaften differenzieren wollen, die von diesen verschiedenen Tracern vorgezeichnet werden. Vom Ziel besessen, das Ganze zu erreichen, haben sie die Aufgabe, es zu versammeln, sehr viel schwieriger gemacht. Wie die Natur ist die Gesellschaft eine verfrühte Versammlung: Sie sollte vor uns liegen, nicht hinter uns.

Anders als Platon in seinem *Staat* sagte, gibt es nicht ein, sondern mindestens drei »Große Tiere«: den politischen Körper, die Gesellschaft, das Kollektiv. Doch um diese verschiedenen Biester sichtbar zu machen, um ihre Bewegungen zu unterscheiden, ihrer Ethologie nachzuspüren und ihre Ökologien zu ermitteln, muß man sich wieder einmal weigern, intelligent zu sein. Man muß so kurzsichtig wie eine Ameise bleiben, um sorgfältig die übliche Bedeutung von »sozial« mißzuverstehen. Man muß sich zu Fuß aufmachen und bei der Entscheidung bleiben, kein schnelleres Fahrzeug zu besteigen. Ja, wir sollten dem Hinweis folgen, daß Interaktionen von vielen Ingredienzien überflutet werden, die bereits an Ort und Stelle sind und aus anderen Zeiten, anderen Räumen und von anderen Handlungsträgern stammen; ja, wir sollten die Idee akzeptieren, daß wir uns wegbewegen müssen, hin zu anderen Orten, um so die Ursprünge der vielen Zutaten zu finden. Aber sobald wir aus einer Interaktion heraustreten, sollten wir die riesigen Schilder ignorieren, die da lauten: »Zum Kontext« oder »Zur Struktur«; wir sollten von der Hauptstraße abbiegen, die Autobahnen verlassen und statt dessen einem kleinen Weg folgen, der nicht breiter als ein Trampelpfad ist.

Auch wenn die Sozialwissenschaftler stolz darauf sind, flachen Interaktionen Volumen verschafft zu haben, stellt es sich heraus, daß sie zu schnell vorgegangen sind. Weil sie diese dritte Dimension für selbstverständlich hielten – und sei es auch nur, um ihre Existenz zu kritisieren –, haben sie das Hauptphänomen der Sozialwissenschaft von der Untersuchung ausgenommen: nämlich die Produktion von Ort, Umfang und Maßstab. Gegen eine solche dreidimensionale Figur müssen wir den sozialen Bereich vollkommen *flach* halten. Es ist wirklich eine Frage der Kartographie. Aufgrund der latenten Präsenz des politischen Körpers dachten die Sozialwissenschaftler, die Gesellschaft stelle eine dritte Dimension bereit, *in der* alle Interaktionen ihren Platz fänden. Daher haben sie auch einen so übermäßigen Verbrauch an dreidimensionalen Bildern: Sphären, Pyramiden, Monumente, Systeme, Organismen, Organisationen. Um dieser Versuchung zu widerstehen, werde ich eine 2-D-Projektion anbieten. Um bei der topographischen Metapher zu bleiben: Es ist, als müßten wir in der Sozialtheorie dem wunderbaren Buch *Flächenland* nacheifern, das versucht, uns 3-D-Tiere in einer nur aus Linien bestehenden 2-D-Welt leben zu lassen. Es mag zunächst seltsam anmuten, doch wir müssen zu den Flächenländlern der Sozialtheorie werden.[9] Nur so läßt sich verfolgen, wie Dimensionen erzeugt und aufrechterhalten werden. Es ist, als wären die Karten, die uns die Tradition aushändigt, zu einem nutzlosen Knäuel zusammengedrückt, und wir müßten sie aus dem Papierkorb retten. Durch eine Reihe sorgfältiger Restaurationen werden wir sie auf einem Tisch mit unserer Hand glattstreichen, bis sie wieder lesbar und verwendbar sind. Auch wenn dieses Plätten kontraintuitiv erscheinen mag, so ist es doch die einzige Möglichkeit, um die wirkliche Entfernung zu ermessen, die jede soziale Verbindung überwinden muß, wenn sie irgendeine Art von Aufzeichnung hervorbringen soll. Was hoffnungslos zerknittert war, soll nun voll entfaltet werden.

Das Ziel dieses zweiten Teils besteht in so etwas wie korrek-

9 Dies als Anspielung auf das wunderbare Buch von Edwin Abbott (1999), *Flächenland. Ein mehrdimensionaler Roman.*

tiver Gymnastik. Ich werde in drei Schritten vorgehen: Zuerst werden wir das Globale *wieder lokal machen*, um den Automatismus zu brechen, der von der Interaktion zum »Kontext« führt; als nächstes werden wir das Lokale *neu verteilen*, um zu verstehen, wieso Interaktion eine solche Abstraktion ist; und schließlich werden wir die Stätten verknüpfen, die von den ersten beiden Schritten offengelegt worden sind, und die verschiedenen *Transportmittel* hervorheben, die das Soziale als Assoziation definieren.[10] Sobald diese alternative Topographie skizziert ist, läßt sich endlich die politische Relevanz der Soziologie diskutieren, ohne die bereits bestehende Gesellschaft mit der delikaten und riskanten Kreisbewegung der Öffentlichkeit zu verwechseln. Dann, und nur dann, wird das Kollektiv genug Raum haben, um sich selbst zu versammeln.

10 Um diesem zweiten Teil zu folgen, ist es vielleicht nützlich, Bruno Latour und Emilie Hermant (1998), *Paris ville invisible* zu lesen oder online die Seite zu *Paris ville invisible* (bzw. *Paris the Invisible City*) zu konsultieren (⟨www.bruno-latour.fr⟩), wo man zahlreiche Illustrationen derselben Phänomene des »Flachhaltens« findet.

Erster Schritt: das Globale lokalisieren

Der erste korrektive Schritt sieht ziemlich einfach aus: Wir müssen kontinuierliche Verbindungen erstellen, die von einer lokalen Interaktion zu jenen anderen Orten, Zeiten und Aktanten führen, durch die eine lokale Stätte *dazu gebracht wird*, etwas *zu tun*. Dazu müssen wir dem Pfad folgen, der durch den Delegations- oder Übersetzungsprozeß angezeigt wird, den wir in Teil I erklärt haben. Wie aus den vorangegangenen Seiten ebenfalls hervorgeht, könnte diese Entfaltung die Gestalt eines Netzwerks annehmen, sofern jeder Transport mit Transformationen bezahlt wird, das heißt, sofern wir sicherstellen, daß wir nicht den ganzen Weg von einem Ort zum anderen mit Zwischengliedern ausfüllen, sondern mit ausgewachsenen Mittlern. Damit werden wir die langen Ketten von Akteuren sichtbar machen, die Orte miteinander verbinden. Es mag empirisch anstrengend sein, doch größere theoretische Hürden sollten wir nicht erwarten.

Leider würde dies bedeuten, nicht zu berücksichtigen, daß wir die Wege an jener Weggabelung verwechseln könnten, von der ich sprach: Die beiden Routen haben denselben Ausgangspunkt – wir verlassen die Interaktionen, das Soziale Nr. 3 –, aber nicht das gleiche Ziel, denn die eine führt zum Kontext, zur Struktur, während wir das Soziale Nr. 2 erreichen wollen. Was sollen wir tun? Entweder wird Rotkäppchen imstande sein, das Haus der Großmutter zu erreichen, oder es wird im Wald gekidnappt. Wie kann man sicher von einem Mittler zum nächsten stapfen, ohne vom Wolf des Kontextes aufgefressen zu werden? Ein Trick muß gefunden werden, damit die beiden Sozialtheorien divergieren, so daß wir die Soziologie des Sozialen ihres Weges ziehen lassen können und die Soziologie der Assoziationen in die Lage versetzen, immer genauere Straßenkarten zu zeichnen.

Es erfordert kein tieferes Verständnis der Topologie, um zu

bemerken, daß die beiden Sozialtheorien sich nicht nur in ihrem Endpunkt unterscheiden, sondern ebenso durch den Typ von Deformation, den sie erlauben: Wenn man irgendeine lokale Stätte »innerhalb« eines größeren Rahmens situiert, ist man gezwungen, zu *springen*. Damit gibt es einen Abgrund zwischen dem, was einschließt, und dem, was eingeschlossen wird, zwischen dem Globaleren und dem Lokaleren. Was würde geschehen, wenn wir jeglichen Bruch und Riß verbieten würden und allein Krümmungen, Streckungen und Komprimierungen erlaubten? Könnten wir dann *kontinuierlich* von der lokalen Interaktion zu den vielen delegierenden Akteuren gelangen? Der Ausgangspunkt und all die Punkte, die als sein Ursprung erkannt worden sind, würden *Seite an Seite* bleiben, und eine Verbindung in Form einer Falte würde sichtbar werden.

Für unser Projekt ist es wichtig, daß man in einer solchen abgeflachten Topologie, wenn irgendeine Aktion von einem Ort zum nächsten transportiert werden soll, unbedingt einen Transportkanal und ein Transportmittel braucht. In der anderen Landschaft waren einbettender Kontext und eingebetteter Akteur derart inkommensurabel und durch einen unerklärlichen Abgrund getrennt, daß es nie irgendeine Möglichkeit gab, um festzustellen, durch welches mysteriöse Transportmittel Handeln ausgeführt wurde.* Doch wenn man strikt darauf achtet, die Landschaft flach zu halten, ist das nicht mehr der Fall. Die vollen Kosten jeder Verbindung können jetzt vollständig bezahlt werden. Wenn nun ein Ort einen anderen beeinflussen will, muß er die Mittel bereitstellen. Die Tyrannei der Entfernung wird wieder deutlich. Die Akteure sind *zurechnungsfähig* geworden. Sobald man jedoch zuläßt, daß etwas »in« etwas anderem eingebettet ist, wird die dritte Dimension der Gesellschaft hinzugefügt, und aus dem See taucht Merlins Schloß wieder in seiner vollen Größe auf. Um

* Außer, eine der hybriden Lösungen zu erfinden, die ich aber gerade verworfen habe, wie etwa die – durchaus effiziente – des Habitus.

diese Magie zu stoppen, müssen wir sicherstellen, daß keine zusätzliche Dimension hinzugefügt wird. Wir müssen eine Reihe von *Klammern* erfinden, die die Landschaft vollkommen flach halten und gewissermaßen jeden Kandidaten mit einer mehr »globalen« Rolle zwingen, *neben* der »lokalen« Stätte sitzen zu bleiben, die er zu erklären beansprucht, anstatt daß er auf oder hinter sie springt. Im folgenden will ich ein grobes Inventar einiger solcher Klammern skizzieren.

Lehrbücher in der Soziologie sind anhand verschiedener Themen organisiert – Familie, Institution, Nationalstaaten, Märkte, Gesundheit, Devianz etc. –, die das (nur von Zeit zu Zeit revidierte) Ergebnis der vielen Entscheidungen darstellen, welche die Sozialwissenschaftler über die richtigen Bestandteile der sozialen Welt treffen. Im Unterschied dazu bieten all die von mir eingeführten idiosynkratischen Begriffe nicht viel mehr als spezifische Kniffe, um der Versuchung zu widerstehen, zum Globalen zu springen. Wegen der korrektiven Natur dieser gymnastischen Übung sind die Tugenden der nun folgenden Begriffe vor allem negative. Sie gehören zu unserer *Infra*-Sprache, wie die schwachen Begriffe »Gruppe«, »Akteur«, »Handeln«, »Übersetzung« und »fluide«. Wie auch der Netzwerkbegriff bezeichnen sie nicht, *was* kartographiert wird, sondern *wie* es möglich ist, irgend etwas aus einem solchen Territorium kartographisch zu erfassen. Sie sind Teil der Ausrüstung, die auf dem Arbeitstisch des Geographen liegt und mit der er Umrisse auf ein Stück Papier projizieren kann. Daher werden die Begriffe, die ich nacheinander einführen werde, nichts Substantielles über den sozialen Bereich aussagen; sie erlauben nur den ANT-Forschern, das fluide Soziale wieder versammelbar zu machen; genauso wie Entomologen lernen, kleine Brükken zu bauen, so daß sie, ohne die Reisen der Ameisen zu stören, diese eine nach der anderen zählen können.[1]

1 Siehe Jacques Pasteels und Jean-Louis Deneubourg (1987), *From Individual to Collective Behavior in Social Insects* sowie Deborah Gordon (1999), *Ants At Work. How An Insect Society Is Organized.*

Vom Panoptikum zum Oligoptikum

Kurzsichtige ANT-Forscher haben einen großen Vorteil gegenüber scharfsichtigen, alles erfassenden Überblickenden. Sie können nicht nur grobe und dumme Fragen stellen, sondern sie können dies auch hartnäckig und kollektiv tun. Die erste Art von Klammer, die wir befestigen wollen, ist eine, die man durch die eher naive Frage gewinnt: »Wo werden die strukturellen Effekte tatsächlich produziert?« Ich bin mir bewußt, daß diese geographische Frage einen schrecklichen Mangel an guten Manieren zeigt, aber ich bin Wissenschaftsforscher und also gewohnt, für jedes Stück wissenschaftlichen Wissens seine unerläßlichen Produktionsbedingungen herauszufinden.[2] Beispielsweise brauchen selbst Linguisten ein Zimmer, ein Büro, eine Institution, eine Abteilung, Archivkästen, einen Aufenthaltsort, eine Kaffeetasse und einen Fotokopierer, um all die aus Tausenden lokaler Interaktionen und Millionen von Sprechakten extrahierten Elemente zu sammeln und sorgfältig eine sprachliche Struktur zu fabrizieren.[3] Und das gleiche gilt für Juristen: Das Rechtssystem wird zusammengestellt mit Hilfe von Ordnern, Bibliotheken, Zusammenkünften etc.[4] Selbst Karl Marx in der British Library brauchte einen Tisch, um die berühmten Produktivkräfte des Kapitalismus zu versammeln. Und wie Recht und Sprache lebt auch die Physiologie kein mysteriöses und ätherisches Leben: Sie wird immer irgendwo produziert, in diesem oder jenem Labor am Royal College of Surgeons, in einem frisch überarbeiteten Lehrbuch, im Sprechzimmer eines Arztes, nachdem auf einem Konsensustreffen das Standard-

2 Für einen jüngeren Versuch, die Wissenschaft zu verräumlichen, siehe David N. Livingstone (2003), *Putting Science in Its Place. Geographies of Scientific Knowledge*.

3 Siehe Sylvain Auroux (1999), *La raison, le langage et les normes*.

4 Siehe Martha Mundy und Alain Pottage (2004), *Law, Anthropology, and the Constitution of the Social: Making Persons and Things* sowie Bruno Latour (2002b), *La fabrique du droit. Une ethnographie du Conseil d'Etat*.

verfahren modifiziert worden ist, wie mit verstauchten Knöcheln zu verfahren sei. Und die Kultur agiert ebenfalls nicht heimlich hinter dem Rücken der Akteure. Diese äußerst sublime Produktion erfolgt an spezifischen Stätten und Institutionen, sei es in den chaotischen Büros im obersten Stockwerk von Marshal Sahlins' Haus auf dem Campus der Chicago University, sei es in den dicken *Area Files*-Archiven, die im Pitt Rivers-Museum in Oxford aufbewahrt werden.[5]

Andere Soziologen mögen diese Produktionsstätten als ebenso viele transparente Zwischenglieder ignorieren, denn nach ihrer Epistemologie spielen sie keine weitere Rolle, als die »grundlegenden Strukturen« menschlichen Handelns zu offenbaren. Doch Wissenschaftshistoriker und -soziologen schenken ihnen gründlich Aufmerksamkeit. Seitdem wir beschlossen haben zu verfolgen, wie die verschiedenen Disziplinen umstrittene Tatsachen erzeugen, müssen wir die praktischen Wege berücksichtigen, auf denen das Wissen über das Handeln der anderen tagtäglich produziert wird. Ist dies Relativismus? Ich hoffe es – und sogar Relativität. Wenn kein Signal sich schneller als Licht fortbewegt, dann reist auch kein Wissen ohne Wissenschaftler, Laboratorien und fragile Referenzketten. Unser Interesse an diesen bescheidenen Mitteln wird nicht durch irgendeinen reflexiven Drang diktiert oder durch Mißtrauen gegenüber der wirklichen Effizienz dieser Strukturen. Sondern sie bieten ganz einfach ideale *Tracer* an, um herauszufinden, welche Art von Verhältnis letzten Endes zwischen dem Mikro und dem Makro besteht. Wenn der physikalische Raum und die physikalische Zeit als Ganzes rekonfiguiert werden mußten, als klar wurde, daß keine zwei Signale wirklich gleichzeitig gesendet werden können, um wieviel eher müssen dann sozialer Raum und so-

5 Als materialistische Darstellung des Verfertigens von Anthropologie siehe die klassischen Arbeiten von George W. Stocking (Hg., 1983) *Observers Observed. Essays on Ethnographic Fieldwork*; Bourdieu (1979), *Entwurf einer Theorie der Praxis*; sowie Goody (1977), *The Domestication of the Savage Mind.*

ziale Zeit umgestaltet werden, sobald jede strukturelle Eigenschaft entschlossen auf ihre lokalen Produktionsbedingungen zurückbezogen wird?

Sobald die lokalen Stätten, die globale Strukturen verfertigen, deutlich herausgestellt werden, verändert sich natürlich die gesamte Topographie der sozialen Welt. Das Makro beschreibt nicht länger eine *umfassendere* oder *ausgedehntere* Stätte, in der das Mikro wie eine Russische Puppe eingebettet ist, sondern einen anderen, gleichfalls lokalen, gleichfalls Mikro-Ort, der mit vielen anderen durch irgendein Medium *verbunden* ist, das spezifische Typen von Spuren transportiert. Von keinem Ort kann es heißen, er sei größer als alle anderen, aber von einigen läßt sich sagen, daß sie von weitaus sichereren Verbindungen mit sehr viel *mehr* Orten profitieren als andere. Dieser Schritt hat den vorteilhaften Effekt, die Landschaft flach zu halten, denn was sich früher, in der prärelativistischen Soziologie, »oben« oder »unten« befand, bleibt nun Seite an Seite und fest auf derselben Ebene wie die anderen Orte, die man zu überblicken oder einzuschließen vorgab. Was nun sehr viel deutlicher als vorher sichtbar wird, sind all die Verbindungen, Kabel, Transportmittel, Vehikel, die Orte miteinander verknüpfen. Darin liegt ihre Stärke, aber auch, wie wir noch sehen werden, ihre Schwäche.[6] Wenn man irgendeine zugrundeliegende Struktur von ihrer lokalen Anwendung abschneidet, geschieht nichts: Sie bleibt weiterhin dort in ihrem geheimnisvollen Empyreum; wenn man dagegen einen strukturbildenden Ort von seinen Verbindungen abschneidet, kann er ganz einfach nicht länger irgend etwas strukturieren.

Wer diesen Punkt erreicht hat, sollte nicht versuchen, intelligent zu sein, zu springen, das Beförderungsmittel zu wechseln: Sonst verpaßt man die Abzweigung, und es gelingt ei-

6 Selbst riesige »große Erzählungen« können an solchen »lokalen« Orten prodziert werden. Siehe Michael Lynch und David Bogen (1996), *The Spectacle of History. Speech, Text and Memory at the Iran Contra Hearings.*

nem nicht, die neue Landschaft aufzuzeichnen. Man muß nur weiter kurzsichtig den Spuren folgen. Ameisen ward ihr, Ameisen werdet ihr bleiben! Wenn man obstinat genug bei der Entscheidung bleibt, eine kontinuierliche Spur anstelle einer diskontinuierlichen zu produzieren, dann taucht ein anderer Gebirgszug, ein anderes Massiv auf, das die früheren Orte der »lokalen Interaktion« und des »globalen Kontexts« durchzieht, durchschneidet und verlagert.

Es ist nicht so, daß es keine Hierarchie gäbe, kein Auf und Ab, keine Spalten, tiefen Täler, Gipfel. Bloß muß man, um von einem Ort an den anderen zu gelangen, die vollen Kosten der Verbindung, Beziehung, Fortbewegung und Information zahlen. Keine Aufzüge, Beschleunigungen oder Abkürzungen sind erlaubt. Die Millionen von Sprechakten beispielsweise, aus denen ein Wörterbuch, eine Grammatik oder eine Sprachstruktur in einem Linguistik-Institut besteht, sind aus lokalen Sprechakten extrahiert worden, die vorher auf verschiedene Weise aufgezeichnet, transkribiert, verglichen und klassifiziert worden sind, unter Zuhilfenahme vieler verschiedener Medien.[7] Daß nicht »unter« jedem Sprechakt eine Struktur unbewußt agiert, bedeutet nicht, daß sie von »lokalen« Linguisten in ihrem Büro willkürlich hervorgebracht worden wäre. Es bedeutet, daß die aufgeschriebene Struktur *auf bestimmte Weisen* in Beziehung, Verbindung, Verknüpfung steht zu all den Sprechakten, und diese Weisen sollte die Untersuchung entdecken. Natürlich könnte eine Beziehung zwischen dem Büro des Linguisten bestehen und dem, was »da draußen« gesprochen wird, aber wie soll diese Beziehung hergestellt werden ohne Verbindungen und Kosten, ohne einen ständigen Verkehr auf verschiedenen Kanälen, die zum Büro hin- und von ihm wegführen. Diese in beiden Richtungen verlaufenden Beziehungen haben sich sogar noch verstärkt, denn die Gramma-

7 Siehe Simon Winchester (2003), *The Meaning of Everything. The Story of the Oxford English Dictionary.*

tik ist ja durch Jahre des Schulunterrichts eine übliche Eigenschaft dessen geworden, was es für die Sprecher bedeutet, miteinander zu interagieren. Hat nicht jede Mutter mit Schulbildung die Grammatik gelernt, so daß sie ihre Kinder auf ihre Grammatikfehler hinweisen kann? Auf diese Weise gesehen, beginnt jedes akademische Büro – die Bude des Anthropologen, das Laboratorium des Physiologen, die Bibliothek des Juristen, das Studierzimmer des Sozialtheoretikers, das Studio des Architekten, das Büro des Betriebswirtschaftlers – im Bericht des Beobachters eine sternförmige Gestalt anzunehmen, es wird zu einem Zentrum umgeben von vielen strahlenförmig davon ausgehenden Linien mit verschiedenen in beiden Richtungen verlaufenden Kanälen. Eine Interaktion konnte der Wolf des Kontexts verschlingen, aber nicht ein derart umfangreiches, flaches, gefaltetes Netz, in dem er sich vielmehr selbst verfangen würde.

Sobald wir dieser Piste unbeirrt folgen, wird eine neue topographische Beziehung sichtbar, die zwischen dem früheren Mikro und dem früheren Makro besteht. Das Makro befindet sich weder »über« noch »unter« den Interaktionen, sondern wird ihnen *hinzugefügt* als eine *weitere* ihrer Verbindungen, die sie versorgt, die aber auch von ihnen zehrt. Kein anderer Weg ist bekannt, *um Veränderungen in der relativen Größenordnung zu bewältigen*. Für jeden Makro-Ort läßt sich derselbe Typ von Fragen stellen. Die durch die Feldforschung gelieferte Antwort lenkt die Aufmerksamkeit wieder zurück auf eine lokale Situation, die sich als Reihe sternförmiger Verbindungsnetze beschreiben läßt, auf denen Transportmittel verkehren (die bestimmte Typen von Dokumenten, Inskriptionen und Materialien transportieren).

Was am Ende von Teil I für den schriftlichen Bericht des Soziologen galt, gilt ebenfalls für all die anderen Struktur-Produzenten: Sie alle bauen kleine Brücken, um die Lücken zu überwinden, die durch disparate Bezugsrahmen geschaffen wurden. Die genaue Natur dieser beweglichen Entitäten ist hier nicht so wichtig: Die Untersuchung wird entscheiden, worin Transportmittel und Dokumente in jedem einzelnen Fall bestehen. Was zählt, ist die Möglichkeit des Untersuchers, diese Art von »netzwerkförmiger« Gestalt wo immer möglich zu registrieren, anstatt die Daten in zwei Haufen zu zerschneiden: einen lokalen und einen globalen. Eine Akteur-Netzwerk-Geschichte zu erzählen heißt, imstande zu sein, diese vielen Verbindungen einzufangen, ohne sie von Anfang an durch eine a priori-Entscheidung darüber durcheinanderzubringen, was die »wirkliche Größe« einer Interaktion oder eines sozialen Aggregats sei. Wie inzwischen klar sein sollte, ist ANT zunächst ein abstraktes *Projektionsprinzip,* um *jegliche* Gestalt zu entfalten, nicht eine arbiträre konkrete Entscheidung darüber, *welche* Gestalt auf der Karte erscheinen soll.

Rechenzentren (*centers of calculation*), wie ich sie genannt habe, weisen eine solche sternförmige Gestalt in sehr ausgeprägter Form auf.[8] Vielleicht ist der Kapitalismus eine mit einem »Geist« begabte, schwer zu handhabende Entität, aber der Handelsraum in der Wall Street ist mit der »ganzen Welt« durch die winzigen, aber schnellen Kanäle von Milliarden von Bits Information pro Sekunde verbunden, die, nachdem sie von Händlern verarbeitet worden sind, sofort an die Reuters- oder Bloomberg-Handelsbildschirme weitergegeben werden, die alle Transaktionen registrieren, bevor sie zum »Rest der Welt« (soweit angeschlossen) übermittelt werden, um so den Börsenwert eines Unternehmens zu bestimmen.[9]

8 Für eine Definition dieses Ausdrucks siehe Bruno Latour (1987), *Science In Action. How to Follow Scientists and Engineers through Society.*

9 Siehe Karin Knorr Cetina und Urs Bruegger (2002), »Global Microstructures: The Virtual Societies of Financial Markets«; Fabian Muniesa (2004), *Des marchés comme algorithmes*; Donald MacKenzie (2006), *An Engine, Not a Camera. How Financial Models Shape Markets*; Lépinay (2003), *Les formules du marché*; Mirowski (2001), *Machine Dreams*; Andrew Leyshon und Nigel Thrift (1996), *Money/Space: Geographies of Monetary Transformation*; sowie, obwohl schon ein Jahrhundert alt, Tarde (1902), *Psychologie économique*.

Sobald diese Kanäle berücksichtigt werden, haben wir die Wahl zwischen zwei Wegen: Entweder können wir weiterhin glauben, daß der Kapitalismus als »Basis« oder »Infrastruktur« aller Transaktionen in der Welt agiert, und in diesem Falle müssen wir von der lokalen Einschätzung des Werts einer spezifischen Firma zu ihrem »Kontext« springen; dazu müssen wir das Fahrzeug wechseln, in einen anderen Gang schalten und in stratosphärische Überlegungen entschwinden. Oder aber wir können weiterhin zu Fuß gehen und Stätten wie den Wall-Street-Handelsraum studieren, *ohne* das Beförderungsmittel zu wechseln, und einfach sehen, wohin diese Entscheidung uns führen wird. Die jeweils in beiden Fällen gezeichnete Landschaft, mit den beiden unterschiedlichen Definitionen von Tracern, wird vollkommen verschieden sein.

Und so wird es auch der Handlungsspielraum sein: Der Kapitalismus hat keinen plausiblen Feind, denn er ist »überall«, doch ein bestimmter *Handelsraum* in der Wall Street hat viele Konkurrenten in Shanghai, Frankfurt und London – ein Computerabsturz, der hinterlistige Schritt eines Konkurrenten, eine unerwartete Ziffer, eine vernachlässigte Variable in einer Preisformel, ein riskantes buchhalterisches Verfahren –, und schon kann die Bilanz von einem obszönen Profit in einen dramatischen Verlust umschlagen. Ja, die Wall Street ist mit vielen Plätzen verbunden, und in diesem Sinn, aber nur in diesem Sinn, ist sie »größer«, mächtiger, umfassender. Es ist jedoch kein umfassenderer, größerer, weniger lokaler, weniger interaktiver, weniger intersubjektiver Ort als das Einkaufszentrum in Moulins in Frankreich oder die duftenden und lärmerfüllten Marktstände in Bouaké an der Elfenbeinküste. Nicht auf den Kapitalismus fixiert sein, aber auch nicht am Bildschirm des Handelsraums klebenbleiben: sondern den Verbindungen folgen, »den Akteuren folgen«. Keine kalte Objektivierung hat hier stattgefunden, keine überlegene Vernunft hat sich entfaltet. Überall sind blinde Termiten damit beschäftigt, Daten zu verarbeiten. Man darf nur nicht aufhören, den Gängen weiter zu folgen, ganz gleich, wohin das einen führt.

Dieselbe Änderung der Topographie erfolgt jedesmal, wenn man eine mysteriöse Struktur durch vollkommen sichtbare und empirisch aufweisbare Stätten ersetzt. Eine Organisation ist nicht »größer« als jene, die von ihr organisiert werden. So wie Bill Gates körperlich nicht größer ist als all seine Microsoft-Beschäftigten, ist Microsoft selbst als Organisation auch kein riesiges Bauwerk, in dem sich individuelle Handlungsträger aufhalten. Vielmehr besteht es in einer bestimmten Art von Bewegungen, die durch sie alle hindurchgehen und von denen einige in Gates' Büro beginnen und enden.[10] Sogar noch weniger als der politische Körper ist eine Organisation eine »Gesellschaft«, denn sie besteht nur aus Bewegungen, die durch das ständige Zirkulieren von Dokumenten, Geschichten, Berichten, Gütern und Leidenschaften gewoben werden. Nur weil ein Büro von längeren, schnelleren und intensiveren Verbindungen durchquert wird, ist es noch lange nicht ausgedehnter.[11] Kontinuierlichen Fährten zu folgen ist etwas anderes, als zur Struktur zu springen. Beim Sichtbaren und Greifbaren zu bleiben ist etwas anderes, als sich an unsichtbaren Agenten zu weiden. Die ganze Zeit bei einem Typ von Fahrzeug zu bleiben ist etwas anderes als die Fahrt mit schnelleren und ausgefalleneren Transportmitteln. Es gibt keinen Ort, von dem man sagen könnte, er sei nicht-lokal. Wenn etwas »delokalisiert« wird, so heißt

10 Merkwürdigerweise gilt dies sogar für das Gebäude selbst, trotz der Metapher der Struktur, da kein Gebäude zu keinem Zeitpunkt seines Baus und seiner Verwendung je *in toto* sichtbar ist. Siehe Edward Robbins (1994), *Why Architects Draw* und für eine Ethnographie der Maßstabsveränderung: Albena Yaneva (2005), »Scaling Up and Down. Extraction Trials in Architectural Design«.

11 Ein erstaunliches Beispiel für die Fruchtbarkeit dieses Ansatzes wird geliefert durch das von Goodwin und Suchman geleitete Flughafen-Projekt. Siehe Françoise Brun-Cottan u. a. (1991), *The Workplace Project: Designing for Diversity and Change* sowie Goodwin und Goodwin (1996), »Formulating Planes«.

das, daß es von einem Ort an einen *anderen* Ort gebracht wird, nicht von einem Ort an *keinen* Ort. »Sollte das nicht Common sense sein?« murmelt die Ameise der ANT, die blind und entschlossen weiter ihrer Spur folgt.

Ein Akteur-Netzwerk wird immer dann aufgezeichnet, wenn im Laufe einer Forschung die Entscheidung getroffen wird, Akteure, welcher Größenordnung auch immer, durch lokale *und* verbundene Orte zu ersetzen, anstatt sie nach Mikro und Makro einzuteilen. Beide Bestandteile von »Akteur-Netzwerk« sind wesentlich, daher der Bindestrich. Der erste Teil (der Akteur) verweist auf den engen Raum, in dem all die großartigen Zutaten der Welt ausgeheckt werden; der zweite Teil (das Netzwerk) erklärt vielleicht, durch welche Transportmittel, Spuren, Fährten, welche Typen von Informationen die Welt *in* all diese Stätten hineingebracht wird und wie jene dann, transformiert, wieder *aus* diesen engen Wänden heraus zurückgepumpt werden. Daher bildet das Bindestrich-»Netzwerk« nicht die heimliche Präsenz des Kontexts, sondern bleibt das, was die Akteure miteinander verknüpft. Anstatt wie der Kontext eine andere Dimension zu sein, die einer engen und flachen Beschreibung Volumen verleiht, erlaubt das Netzwerk den Beziehungen, flach zu bleiben und die Rechnung für die »Transaktionskosten« vollständig zu bezahlen. Es gibt nicht eine Mikro-Soziologie und eine Makro-Soziologie, sondern zwei verschiedene Weisen, die Beziehungen zwischen Mikro und Makro zu sehen: Die erste baut eine Reihe von Russischen Puppen – das Kleine wird eingebettet, das Große ist das, was einbettet; und die zweite entfaltet Verbindungen – klein sein heißt unverbunden sein, groß sein heißt verbunden sein.

Es ist kein Zufall, daß die ANT mit der Erforschung der Wissenschaft anfing. Denn wenn man Ausschau nach einem aufschlußreichen Beispiel dafür hält, was das Aufgeben der Mikro/Makro-Unterscheidung für eine Sozialtheorie bedeuten könnte, dann bieten die Wissenschaften ausgezeichnete Modelle. Sie sind nicht nur sehr viel leichter zu studieren, sie bieten auch die extremsten Beispiele dafür, wie kleine Innovationen schließlich zu einer »Makro«-Eigenschaft der »ganzen« Welt werden können.[12] Wissenschaften haben keine bestimmte Größe, oder vielmehr, wenn es etwas gibt, das nicht gut Rechenschaft über ihre Macht ablegt, so ist es ihre winzige Größe. Es ist kein Zufall, daß Gabriel Tarde, wann immer er ein perfektes Beispiel für seine Theorie der »Nachahmungsstrahlen« suchte, er sich der (damals noch nicht existierenden) Wissenschaftssoziologie zuwandte. So beharrte er darauf, daß eine *indirekte, gleichwohl zur Gänze nachzeichenbare* Verbindung besteht zwischen Galileis Kabinett in Florenz im 16. Jahrhundert und dem, was jedes Schulkind lernt, wenn man von ihm verlangt, nicht zu glauben, was seine Augen ihm sagen, wenn abends die Sonne untergeht.[13] *Potentiell* ist jeder Maßstab für ein Labor ungeheuer klein oder ungeheuer groß. Es wäre ein großer Fehler, wenn der Beobachter im vorhinein und ein für allemal entscheiden wollte, welches seine wirkliche Größe ist. Wissenschaftliche Disziplinen, einschließlich der kleinen »Kameralwissenschaften« wie Betriebswirtschaft, Management und Unternehmensorganisation, stellen wunderbare Beispiele dafür

12 In einem Büro an der École des Mines begannen Schlumbergers frühe Versuche, Öl zu entdecken. Zu dieser bemerkenswerten Geschichte siehe Geffrey Bowker (1994), *Science on the Run, Information Management and Industrial Geographics at Schlumberger, 1920-1940*. Zur Macht der Netzwerk-Erweiterung bleibt das klassische Beispiel Hughes (1983), *Networks of Power.* Siehe ebenso das wunderbare Beispiel des indischen Kolonialismus in Headrick (1988), *The Tentacles of Progress –Technology Transfer in the Age of Imperialism, 1850-1940.*

13 »Wenn [...] ein junger Bauer vor dem Bild der untergehenden Sonne nicht weiß, ob er dem Worte seines Schullehrers glauben soll, der ihm versichert, daß das Verschwinden des Tages von einer Bewegung der Erde und nicht der Sonne herrührt, oder aber dem Zeugnis seiner eigenen Sinne, welches ihm das Gegenteil besagt, so ist das in diesem Falle nur ein Nachahmungsstrahl, der ihn vermittelst seines Schullehrers mit Galilei verknüpft. Dessenungeachtet genügt dies, um sein Zaudern, seine innerliche, individuelle Opposition, ihrer Ursache wegen, zu einer sozialen zu machen.« (Gabriel Tarde [1908], *Die sozialen Gesetze. Skizze einer Soziologie*, S. 51).

bereit, denn wie die Fruchtfliegen der Genetiker zeigen sie uns eine übertriebene Version dessen, was woanders auf weniger klare, weniger nachzeichenbare Weise geschieht. Wie wir in Teil I gesehen haben, ist es um so leichter, soziale Verbindungen physisch nachzuzeichnen, je mehr Wissenschaft und Technik sich entwickeln. Satelliten, Glasfasernetze, Rechner, Datenströme und Laboratorien sind die neue materielle Ausrüstung, die die Bindungen hervorhebt: Als würden die Punkte mit Hilfe eines riesigen roten Stifts verbunden, so daß jeder die vorher kaum sichtbaren Verbindungslinien betrachten kann.[14] Doch was für Laboratorien und Büros gilt, gilt ebenso für all die anderen verbindenden und strukturierenden Orte.

Um diese erste Kategorie von Orientierungspunkten zu bezeichnen, schlage ich das Wort *Oligoptikum* als Oberbegriff vor und reserviere den Ausdruck »Rechenzentren« für jene Stätten, an denen buchstäbliche und nicht bloß metaphorische Berechnungen durchgeführt werden, ermöglicht durch das mathematische oder zumindest arithmetische Format der dort hin- und von dort wegbeförderten Dokumente.[15] Wie jeder Leser Michel Foucaults weiß, ist das »Panoptikum« – jenes ideale Gefängnis, das eine totale Überwachung der Gefangenen erlaubt, wie es zu Beginn des 19. Jahrhun-

14 Mit quantitativen Werkzeugen stimmt das heutzutage noch mehr. Siehe Peter Keating und Alberto Cambrosio (2003), *Biomedical Platforms. Realigning the Normal and the Pathological in Late-Twentieth-Century Medicine*.

15 Das eingehende Studium des Formalismus erlaubt es, zwischen den beiden Situationen zu unterscheiden. Siehe Claude Rosental (2003), *La trame de l'évidence*; David Kaiser (2005), *Drawing Theories Apart. The Dispersion of Feynman Diagrams in Postwar Physics*; und andererseits das Studium von Dateien und Bürokraten in Christian Jacob (1992), *L'empire des cartes. Approche théorique de la cartographie à travers l'histoire*. Suchman verwendet den Ausdruck »Koordinationszentren« (*centers of coordination*), um die praktischen Aspekte des Arbeitsplatzes hervorzuheben, den sie für einen hybriden Raum aus Formularen, Berechnungen, Organisationstechniken und Interaktionen hält. Siehe Brun-Cottan et al. (1991), *The Workplace Project*.

derts von Jeremy Bentham erdacht wurde – eine Utopie geblieben, das heißt eine Welt des Nirgendwo, aus der sich die doppelte Krankheit totaler Paranoia und totalen Größenwahns speist.[16] Nach Utopia halten wir jedoch nicht Ausschau, sondern nach Orten auf der Welt, die konkret und vollständig erforschbar sind. Oligoptiken sind genau solche Orte, denn sie leisten das genaue Gegenteil von Panoptiken: Sie sehen ganz eindeutig *zu wenig*, um den Größenwahn des Inspektors oder die Paranoia des Inspizierten zu nähren, doch was sie sehen, *sehen sie gut* – daher die Verwendung dieses griechischen Worts, mit dem auch ein Ingredienz bezeichnet wird, das gleichzeitig unerläßlich ist und in winzigen Mengen vorkommt.[17] Von Oligoptiken aus sind robuste, aber extrem schmale Ansichten des (verbundenen) Ganzen möglich – solange die Verbindungen halten. Den absolutistischen Blick von Panoptiken kann offenbar nichts gefährden, weshalb sie auch von den Soziologen so geliebt werden, die davon träumen, im alles überblickenden Zentrum von Benthams Gefängnis zu sitzen; dagegen kann der winzigste Käfer Oligoptiken erblinden lassen.

Manchmal sind diese Stätten leicht zu lokalisieren, weil physische Verbindungen das Nachzeichnen für uns auf dieselbe Weise erledigen wie bei Laboratorien: Beispielsweise ist es offensichtlich, daß die Kommandozentrale einer Armee nicht »größer« und »umfassender« ist als die lokale Front Tausende Meilen entfernt, an der Soldaten ihr Leben riskieren; gleichwohl ist klar, daß – wie der Name sagt – eine solche Kommandozentrale *nur so lange* alles kommandieren und steuern kann, wie sie mit dem Schauplatz der Operationen

16 Es ist klar, daß Bentham selbst von beiden Krankheiten stark befallen war. Siehe Jérémy Bentham und Michel Foucault (1977), *Le Panopticon précédé de l'œil du pouvoir. Entretien avec Michel Foucault*. Ein solcher Zusammenhang ist weniger klar im Falle von Foucaults ironischer Verwendung der Utopie des Panoptikums in Michel Foucault (1976), *Überwachen und Strafen. Die Geburt des Gefängnisses*.

17 [*Oligo-elements*: Spurenelemente. A. d. Ü.]

durch einen ständigen Transport von Informationen verbunden bleibt. Die richtige Topographie besteht hier daher nicht darin, die Front »in« irgendeine alles übergreifende Macht einzubeziehen, sondern beide zu *lokalisieren* und durch irgendeine Art von gut beschickten Kabeln zu *verbinden* (was man auf französisch *connectique* nennt).[18] Das ist es, was ich damit meine, die Landschaft flach zu halten. Daß dies keine leichte Aufgabe ist, weiß jeder Soldat, Kommandant und Historiker von Schlachten nur zu gut.[19]

Manchmal sind die sternförmigen Oligoptiken vielleicht schwieriger zu ermitteln: Das Büro eines Zeitungschefredakteurs gleicht einer Kommandozentrale, jedoch nur ein wenig, denn was hinausgeht und was hereinkommt, ist nicht so bindend und nicht in derselben Weise formatiert wie ein militärischer Befehl oder Rapport.[20] In wieder anderen Fällen sind die Verbindungen kaum sichtbar, etwa wenn man fragen würde, in welchem Büro der »Ödipuskomplex« oder »*governance*« oder »*re-engineering*« oder »soziales Kapital« produziert wird. Und doch könnte man auch hier Fährten verfolgen und eine Karte zeichnen, etwa der verschiedenen widersprüchlichen Sozialtheorien, die Paris durchreisen. Selbst wenn sie immateriell erscheinen, werden sie physisch transportiert über Feldforschung, Fragebögen, Statistikbü-

18 Viele Beispiele für diese Fragilität lassen sich finden in Barry (2001), *Political Machines*. Für eine *science studies*-Analyse der Bürokratie bei der Arbeit siehe Alberto Cambrosio, Camille Limoges und Denyse Pronovost (1990), »Representing Biotechnology: An Ethnography of Quebec Science Policy«.

19 Als souveräne Demonstration siehe John Keegan (1987), *The Mask of Command*. Der kürzliche Disput über Massenvernichtungswaffen bietet ein erstaunliches Beispiel für die Grenzen aller visuellen Metaphern von »Blick« und »Sicht«, siehe Hans Blix (2004), *Mission Irak. Wahrheit und Lügen*. Das literarische Meisterwerk bleibt nach wie vor Tolstois *Krieg und Frieden*.

20 Für einige klassische Beispiele siehe Walter Lippmann (1922), *Public Opinion*, zu Zeitungen; Chandler (1977), *The Visible Hand*, zu Firmen; sowie Peter Miller (1994), »The Factory as Laboratory«, zur Buchführung.

ros, akademische Polemiken, Zeitungsartikel, Bargespräche und Forschungsstipendien, bevor sie wieder ihren Weg zurück nehmen durch Leitartikel, Lehrbücher, Parteisprecher, Streikkomitees und Kommandozentralen, wo sie von einigen Teilnehmern verwendet werden, um, zumindest teilweise, zu entscheiden, wer sie sind und zu welcher Art von Gruppe sie gehören. Wie wir aus der ersten Quelle der Unbestimmtheit gelernt haben, kann man heutzutage kaum zu einer Gruppe gehören, ohne daß einem ein Sozialwissenschaftler zu Hilfe kommt. Was weiß man über »kulturelles Kapital«, »methodologischen Individualismus«, »organisatorische Trägheit«, »*downsizing*«, »*gender*«, »Vorsorgeprinzip«, wenn man nicht vorher den Weg durch irgendein Forschungsinstitut genommen hat?[21] Im Falle solcher dürftigen Spuren ist es vielleicht schwieriger, die Karte zu zeichnen, da die Fährten schwächer und die Verbindungen oft unterbrochen sind. Aber es zu versuchen bleibt notwendig, damit nicht der Eindruck entsteht, wir könnten ohne jegliche Kosten »in eine Kategorie« gesteckt werden.[22]

Um diesen ersten Typ von Klammer noch einmal zusammenzufassen: Selbst wenn die Frage zunächst recht seltsam – wenn nicht gar von schlechtem Geschmack zu zeugen – scheint: Wann immer jemand von einem »System«, einer »globalen Eigenschaft«, einer »Struktur«, einer »Gesellschaft«, einem »Imperium«, einer »Weltwirtschaft«, einer »Organisation« spricht, sollte der erste ANT-Reflex darin bestehen zu fragen: »In welchem Gebäude? In welchem Büro? Durch welchen Korridor erreichbar? Welchen Kollegen vorgelesen? Wie zu-

21 Ein gutes Beispiel dafür geben Boltanski und Chiapello in *Der neue Geist des Kapitalismus* (2003 [1999]), wenn sie Management-Literatur als Leitfaden verwenden, um zu verstehen, wie Firmen neue Sozialtheorien verwenden – einschließlich der ANT ...

22 Siehe Luc Boltanski (1990), *Die Führungskräfte: die Entstehung einer sozialen Gruppe* sowie die frühen Arbeiten von Thévenot über sozioökonomische Kategorie-Produktion, insbesondere den klassischen Text: Laurent Thévenot (1984), »Rules and Implements: Investment in Forms«.

sammengetragen?«[23] Wenn Forscher es akzeptieren, diesem Hinweis zu folgen, werden sie überrascht sein, wie viele Orte und Kanäle plötzlich auftauchen, sobald derartige Fragen gestellt werden. Die soziale Landschaft beginnt sich rasch zu wandeln. Und wie die Reisenden sofort bemerken, ist es ein anderes Gefühl, ob man von ihnen verlangt, in eine furchteinflößende, alles überspannende Machtpyramide einzudringen (das Soziale Nr. 1) oder die flachen Oberflächen zu durchstreifen, wo viele Versuche zirkulieren, fragile Verbindungen herzustellen und zu sichern (das Soziale Nr. 2). Es ist diese unterschiedliche Topographie, die erklären wird (im Schlußkapitel), wieso die beiden Sozialtheorien nicht zur selben Art von politischer Relevanz führen.

Panoramen

Und dennoch gibt es keinen Grund abzustreiten, daß sich der Schatten riesiger sozialer Pyramiden über unseren Häuptern erhebt. Es ist wie ein Pawlowscher Reflex oder ein Kniereflex: Wann immer wir von Gesellschaft sprechen, stellen wir uns ein massives Monument oder eine Sphäre vor, etwas wie ein riesiges Grabmal. Ich kann noch so viele Warnungen ausstoßen, jedes Oligoptikum, das die Landschaft flach halten soll, wird sofort irgendwo »in« einen größeren sozialen Kontext hineingesteckt, so sicher wie Post in das Postfach. Es gibt keine Möglichkeit, dieses Vorurteil direkt zu bekämpfen, denn seit mehr als zwei Jahrhunderten ist es die Standardeinstellung unseres Betriebssystems: Gesellschaft, ganz gleich was wir darunter verstehen, muß von der Dimension her etwas Großes sein. Und doch ist es gerade diese Standardeinstellung, die es unmöglich macht, irgendeine relativistische Soziologie zu entwickeln.

23 Anke te Heesen (2004), »Things That Talk: News, Paper, Scissors. Clippings in the Sciences and Arts around 1920«.

Das Problem ist, daß Sozialwissenschaftler die Größenordnung als eine der vielen Variablen verwenden, die sie aufstellen, *bevor* sie an ihre Studie gehen, während Größenordnung etwas ist, das die Akteure durch den Transport bestimmter Spuren in bestimmten Transportmitteln leisten, indem sie sich gegenseitig *skalieren*, *verräumlichen* und *kontextualisieren*.[24] Es nützt wenig, die Leistungen der Akteure zu respektieren, wenn wir ihnen letztlich eines ihrer wichtigsten Privilegien absprechen, nämlich daß sie es sind, die den relativen Maßstab definieren. Es ist nicht Aufgabe des Analytikers, ihnen einen absoluten Maßstab aufzuzwingen. Wie jeder Leser der Relativitätstheorie weiß, erzeugen absolute Bezugsrahmen nur fürchterliche Deformationen und machen jede Hoffnung zunichte, Dokumente in irgendein lesbares Format zu kopieren; weiche und schleimige »Bezugsmollusken« (der Ausdruck stammt von Einstein) erlauben es dagegen den Physikern, von einem Rahmen zum nächsten, wenn schon nicht glatt, so zumindest kontinuierlich zu reisen.[25] Entweder ist der Soziologe rigide, und die Welt wird zum Durcheinander, oder der Soziologe ist geschmeidig genug, und die Welt ordnet sich selbst. Auch hier wieder sind die Pflichten des empirischen Relativismus denen der Moralität verwandt.

Da das Vorurteil, innerhalb eines umfassenden Rahmens zu leben, anscheinend so schwer auszurotten ist, habe ich einen zweiten Typ von künstlicher Klammer ersonnen. Solange wir nicht die Stätten aufstöbern, an denen »oben«, »unten«, »ganz« und »global« so überzeugend in Szene gesetzt werden, läßt sich die Versuchung, zum »Kontext« zu springen, nicht mindern, und es wird nie dafür Raum sein, die dimen-

24 Diese Spuren werden weiter unten im dritten Schritt genauer dargelegt. Wieder einmal ist Geduld gefragt.

25 Wie man mir oft genug vorgeworfen hat, habe ich Einstein stets auch als einen Sozialtheoretiker betrachtet, das heißt als einen Theoretiker von Assoziationen und selbstverständlich der relativen Dimensionen. Siehe Bruno Latour (1988), »A Relativist Account of Einstein's Relativity«.

sionierende Aktivität der Akteure deutlich zu entfalten. Die soziale Landschaft wird nie flach genug sein, damit die Kosten der verbindenden Transportmittel voll sichtbar werden. Die Menschen werden weiterhin glauben, daß das große Tier kein Futter braucht, um sich zu ernähren; daß Gesellschaft etwas ist, das besteht, ohne hervorgebracht, gesammelt, versammelt oder aufrechterhalten zu werden; daß sie gewissermaßen hinter uns steht und nicht als eine zu vollbringende Aufgabe vor uns liegt.

Wie wir im ersten Teil des Buches sahen, ist es nicht die Aufgabe der Soziologin, anstelle der Akteure zu entscheiden, aus welchen Gruppen die Welt besteht und welche Existenzformen diese zum Handeln bringen. Ihre Aufgabe besteht darin, ein künstliches Experiment einzurichten – einen Bericht, eine Geschichte, eine Erzählung, eine Beschreibung –, in dem diese Vielfalt voll entfaltet werden kann. Auch wenn es zunächst etwas seltsam erscheint, gilt dasselbe auch vom Maßstab: Es ist nicht Sache der Soziologen zu entscheiden, ob eine gegebene Interaktion »Mikro« ist, während eine andere »in der mittleren Dimension« oder im »Makro« läge. Die Teilnehmer verschwenden viel zuviel Geld, Einfallsreichtum und Energie darauf, die relative Größenordnung aller anderen Beteiligten zu modifizieren, als daß die Soziologen sich für einen festen Standard entscheiden sollten. Wie Boltanski und Thévenot gezeigt haben: Wenn es etwas gibt, was man nicht anstelle der Akteure leisten kann, so ist es das, zu entscheiden, wo sie auf einem Maßstab einzuordnen wären, der vom Kleinen zum Großen reicht, denn bei jeder Wendung ihrer vielen Versuche, ihr Verhalten zu rechtfertigen, mobilisieren sie die gesamte Menschheit, Frankreich, den Kapitalismus, die Vernunft, während sie eine Minute später wieder einen lokalen Kompromiß eingehen.[26] Angesichts solcher plötzlichen Maßstabswechsel besteht die einzige Lösung für die Analytiker darin, den Wechsel selbst als ihre Daten zu neh-

26 Boltanski und Thévenot (1991), *De la justification.*

men und in Erfahrung zu bringen, durch welche praktischen Mittel ein »absoluter Maßstab« verbreitet wird.

Maßstab ist die Leistung der Akteure selbst. Auch wenn dies die älteste und, in meinen Augen, die wichtigste Aussage ist, die die ANT getroffen hat,[27] bin ich nie irgend jemandem begegnet, der es akzeptieren konnte, nur einen flüchtigen Blick auf die so sichtbar werdende Landschaft zu werfen – genausowenig, wenn mir die Parallele gestattet sei, wie Galilei seine »lieben und geschätzten Kollegen« dazu bringen konnte, einen Blick durch sein improvisiertes Teleskop zu werfen.* Das liegt daran, daß wir dazu neigen, uns die Größenordnung – Makro, Meso, Mikro – als ein wohlgeordnetes *Zoom* vorzustellen. Das erinnert ein wenig an das wunderbare, aber grotesk irreführende Buch *Zehn hoch*,[28] in dem jede Seite ein Bild zeigt, das eine Größenordnung näher rückt als das vorhergehende, angefangen bei der Milchstraße bis zu den DNA-Strängen, mit einem Photo irgendwo in der Mitte, das zwei junge Menschen beim Picknick in der Nähe des Lake Superior zeigt. Eine Mikrosekunde Nachdenken genügt, um sich klarzumachen, daß diese Montage irreführend ist – wo sollte eine Kamera lokalisiert sein, um die Milchstraße als

27 Siehe Michel Callon und Bruno Latour (2006 [1981]), »Die Demontage des großen Leviathans: Wie Akteure die Makrostruktur der Realität bestimmen und Soziologen ihnen dabei helfen«.

* Tarde hatte dieselbe Erfahrung gemacht, er, von dem man glaubte, sein Anti-Zoom-Argument liefe auf Psychologismus und Individualismus hinaus, während er den Finger auf die Gegenevidenz jeder Sozialtheorie legte: »Beachten Sie das enorme Postulat, das mit diesen gängigen Vorstellungen einhergeht, auf die sich Durkheim ausdrücklich stützt; dieses Postulat lautet, daß das Verhältnis mehrerer Wesen selbst zu einem neuen, oft den anderen überlegenen Wesen werden kann. Es ist seltsam zu sehen, wie Geister, die sich rühmen, in erster Linie positiv, methodisch zu sein, die selbst noch den Schatten des Mystizismus überall verjagen wollen, einer derart phantastischen Vorstellung anhängen« (G. Tarde [1889], »Les deux éléments de la sociologie«, S. 75 f.). Seit einem Jahrhundert hat sich nichts geändert: das Große schließt immer noch das Kleine ein.

28 Philip Morrison und Phylis Morrison (1985), *Zehn hoch. Dimensionen zwischen Quarks und Galaxien.*

Ganzes zeigen zu können? Wo ist das Mikroskop, das in der Lage wäre, diesen DNA-Strang anstelle des anderen zu zeigen? Entlang welchen Maßstabs ließen sich die Bilder so regelmäßig anordnen? Eine schöne Assemblage, doch grotesk falsch. Dasselbe gilt für den Zoomeffekt im sozialen Bereich, außer daß man ihn in diesem Fall nicht für einen cleveren künstlerischen Trick hält, sondern als die allernatürlichste Eingebung ansieht, die auf dem robustesten Common sense beruht. Ist es nicht offenkundig, daß IBM größer ist als seine Verkaufsabteilung? Daß Frankreich umfangreicher ist als die École des Mines, die wiederum viel »größer« ist als ich? Und wenn wir uns IBM und Frankreich in derselben sternförmigen Gestalt vorstellen wie die Kommandozentrale, von der ich weiter oben sprach, was machen wir dann mit dem Organisationsdiagramm der Unternehmensstruktur von IBM, mit einer *Karte* Frankreichs, mit einem *Bild* der gesamten Erde? Stellen sie nicht ganz offensichtlich jeweils einen sehr viel umfassenderen Rahmen bereit, in dem »kleinere« Dinge »situiert« sein müssen? Ist es nicht vollkommen sinnvoll zu sagen, daß Europa größer ist als Frankreich, das wiederum größer ist als Paris, das größer ist als die rue Danton, die größer ist als meine Wohnung? Oder daß das 20. Jahrhundert den Rahmen bildet, »in dem« der zweite Weltkrieg »stattgefunden« hat? Daß die Schlacht von Waterloo, in Stendhals *Die Kartause von Parma*, ein sehr viel wichtigeres Ereignis ist als die Erfahrung, die Fabrizio del Dongo von ihr gemacht hat? Während die Leser vielleicht bereit waren, sich die Argumente der ANT für eine neue Topographie geduldig anzuhören, werden sie ihr nicht mehr folgen, wenn sie jeden gesunden Menschenverstand vermissen läßt. Wieso sollte es nicht das allervernünftigste sein, Dinge »in einen Rahmen« zu stellen?

Ich stimme zu, daß es darum geht, ob man dem Common sense folgt. Ich stimme ebenfalls zu, daß die Rahmung von Dingen innerhalb irgendeines Kontextes etwas ist, was Akteure ständig tun. Allerdings meine ich, daß gerade diese

Rahmungsaktivität, dieses Kontextualisieren in den Vordergrund gerückt werden sollte; das aber geht so lange nicht, wie der Zoomeffekt für selbstverständlich gehalten wird. Den Maßstab im vorhinein festzusetzen würde heißen, bei einem einzigen Maß und Bezugsrahmen zu bleiben, obwohl es doch gerade das *Maßnehmen* ist, was uns interessiert. Wieder einmal sind die Soziologen des Sozialen nicht abstrakt genug. Sie glauben, daß sie dem Common sense folgen müssen, obwohl diesem hier jegliche Vernunft fehlt, wenn er sich ein »soziales Zoom« vorstellt; als könnte man eine Kamerafahrt zustande bringen ohne Kamera, Kameraschienen, Kamerawagen und Koordination des Kamerateams. Jedes Zoom jeglicher Art, mit dem man versucht, Sachen wie einen Satz Russischer Puppen sauber zu ordnen, ist stets das Resultat eines sorgfältig geplanten Skripts eines Aufnahmeleiters. Wer das bezweifelt, sollte Universal Studios besuchen. »Auf« und »Ab«, »Lokales« und »Globales« müssen hergestellt werden, sie sind niemals bloße Gegebenheit. Wir alle wissen das nur zu gut, da wir viele Fälle erlebt haben, in denen sich die relative Größe von einem Moment auf den anderen umkehrte – durch Streiks, Revolutionen, Staatsstreiche, Krisen, Innovationen, Entdeckungen. Denn Ereignisse sind nicht geordnet nach S, M, X, XL wie Kleider auf dem Kleiderständer in einem Geschäft. Sie schwinden und wachsen ziemlich schnell; sie schrumpfen oder vergrößern sich mit Lichtgeschwindigkeit. Aber wir sind nicht bereit, die Konsequenzen aus unseren täglichen Beobachtungen zu ziehen, derart besessen sind wir von jener Geste, mit der wir gerne »die Dinge in ihren größeren Rahmen« einordnen.

Und dennoch sollte auch diese Geste sorgfältig dokumentiert werden! Haben wir nicht alle schon oft gesehen, sei es auf soziologischen Konferenzen, bei politischen Zusammenkünften oder Bargesprächen, welche Handbewegungen die Redner vollführen, wenn sie auf das »große Bild« zu sprechen kommen, in das sie das einordnen wollen, was wir ihnen gerade gesagt haben, damit es in den Kontext so leicht faßlicher Entitäten hineinpaßt wie »der Spätkapitalismus«, »der Aufstieg der Zivilisation«, »der Westen«, »die Moderne«, »die menschliche Geschichte«, »der Postkolonialismus« oder »die Globalisierung« ? Ihre Handbewegungen umschreiben in der Regel eine Kugel, die nicht viel größer ist als der Umfang eines Kürbisses ! Ich werde Ihnen nun endlich die wahre Größe des »Sozialen« in all seiner Großartigkeit enthüllen: Nun …, es ist nicht so groß. Es wird nur dazu gemacht durch die große Geste und den professoralen Ton, in dem stets das »große Bild« beschworen wird. Wenn es etwas gibt, das *kein* Common sense ist, dann einen einigermaßen großen Kürbis für »die Gesellschaft im Ganzen« zu halten. Für diese Art von Sozialtheorie hat die Mitternachtsglocke geschlagen, und die wunderbare Märchenkutsche ist wieder in das zurückverwandelt worden, was sie die ganze Zeit hätte bleiben sollen: ein Mitglied der Familie *Cucurbitaceae*. Ich bin gemein, ich weiß, doch im guten, wie etwa ein Chirurg, der eine schmerzhafte Warze schnell entfernt …

Größe und Zoom sollten nicht mit *Verbundenheit* verwechselt werden. Entweder ist dieser kürbisgroße Maßstab durch viele Verbindungen mit vielen anderen Orten verknüpft, genauso wie ein Handelsraum in der Wall Street mit einem ganzen Ensemble von Elementen, aus denen die Weltwirtschaft besteht – und in diesem Fall möchte ich mich davon überzeugen, daß diese Verbindungen existieren, ich möchte die Leitungen berühren, ihre Festigkeit überprüfen, ihren Realismus testen –, oder er ist *nicht* verbunden, und in diesem Fall gibt es etwas, was diese drohende Geste der Hand nicht tun kann, nämlich mich zwingen zu glauben, meine kleine »lokale« Beschreibung sei »eingerahmt« von etwas »Größerem«. In der Tat, ich möchte nicht »reingelegt« werden! Aber ich bin bereit, das Einrahmen selbst sehr sorgsam zu studieren und aus einer derart automatischen Ressource einen neuen faszinierenden Gegenstand zu machen. In der Inszenierung durch den Zoomeffekt betritt das Soziale der Sozialtheoretiker die Bühne und erhebt auf diese Weise den

Anspruch, lokale Interaktionen »einzubetten«, bis es zuletzt das Bewußtsein jedes Akteurs derart stark im Griff hat. Es ist so mächtig, daß es scheint, als wäre Gott erneut gestorben, wenn eine alternative Sozialtheorie anbietet, einen solchen Zugriff loszuwerden – und in der Tat gibt es mehr als ein gemeinsames Merkmal zwischen dem immer wieder sterbenden Gott früherer Zeiten und jener Position, die einzunehmen der gottgleiche Soziologe sich manchmal erträumt.

Das ›Große Bild‹ ist nämlich nicht mehr als das: ein Bild. Dann läßt sich allerdings die Frage formulieren: In welchem Kino, in welcher Ausstellung wird es *gezeigt*? Durch welche optischen Hilfsmittel wird es *projiziert*? An welches Publikum ist es *adressiert*? Indem ich geradezu obsessiv solche Fragen stelle, schlage ich vor, diese neue Art von Klammer *Panoramen* zu nennen. Wie die Etymologie nahelegt, sehen Panoramen, im Unterschied zu Oligoptiken, *alles*. Doch sie sehen ebenfalls *nichts*, denn sie *zeigen* bloß ein Bild, das auf die dünne Wand eines Raums gemalt (oder projiziert) wurde, der nach außen hin völlig *abgeschottet* ist. Die Metapher stammt von jenen Räumen, die im frühen 19. Jahrhundert erfunden wurden und deren Nachfahren heute in den Omnimax-Kinosälen zu finden sind, wie es sie manchmal in der Nähe von Einkaufspassagen und Wissenschaftszentren gibt.[29] Das griechische Wort *pan*, das »alles« bedeutet, meint nicht, daß diese Bilder alles oder »das Ganze« überblicken, sondern daß sie, im Gegenteil, über eine Wand in einem abgeschlossenen Raum tapeziert sind, auf der eine *vollständig* zusammenhängende Szenerie erscheint, weil diese auf eine kreisförmige, 306° große Projektionsfläche projiziert wird. Die volle Kohärenz ist ihre Stärke – und ihre größte Schwäche.

Wo können wir sie heute finden, nachdem all die durch Walter Benjamin berühmt gemachten realen Panoramen zerstört

29 Zur Geschichte dieser Medien des 19. Jahrhunderts siehe Stephan Oettermann (1980), *Das Panorama: die Geschichte eines Massenmediums*; Bernard Comment (2003), *The Panorama*; und natürlich Walter Benjamin (1998), *Das Passagen-Werk.*

worden sind? Überall. Sie werden jedesmal gemalt, wenn ein Zeitungskommentator mit Autorität die »Gesamtsituation« Revue passieren läßt; wenn ein Buch die Ursprünge der Welt vom Big Bang bis zu Präsident Bush erzählt; wenn ein Handbuch der Sozialtheorie die Neuzeit aus der Vogelperspektive betrachtet; wenn der Chef eines großen Unternehmens seine Aktionäre versammelt; wenn ein berühmter Wissenschaftler zum Nutzen des Publikums »den gegenwärtigen Stand der Wissenschaft« zusammenfaßt; wenn eine Militante ihren Zellengenossinnen die »lange Geschichte der Ausbeutung« erzählt; wenn irgendeine mächtige Architektur – ein großer Platz, ein Wolkenkratzer, eine Rolltreppenanlage – einen mit Ehrfurcht erfüllt.[30] Manchmal sind es großartige Leistungen wie im *Palazzo della Ragione* in Padua (ja, Palast der Vernunft!), wo die große städtische Halle mit einem Fresko bedeckt ist, das die gesamte klassische und christliche Mythologie bildlich darstellt, zusammen mit einem Kalender aller städtischen Ereignisse und Gewerbe. Manchmal sind die Panoramen nur ein grobschlächtiges Durcheinander von Klischees, wie in den windungsreichen Plots von Verschwörungstheorien. Manchmal offerieren sie gänzlich neue Programme, etwa wenn ein neues Schauspiel gegeben wird mit dem Titel »Das Ende der Geschichte«, »Der Kampf der Kulturen« oder »Die Risikogesellschaft«. Manchmal haben sie einen wichtigen Einfluß auf die Geschichte, wenn sie eine vollständige Neuinterpretation des Zeitgeistes vorschlagen wie die *Phänomenologie des Geistes* oder das *Kommunistische Manifest*.

Die Stärke dieser Vorrichtungen liegt darin, daß sie geschickt die Totalität in Szene setzen, das Auf und Ab ordnen, das »Mikro«, »Meso« und »Makro« ineinander verschachteln. Aber nicht, indem sie Zwei-Wege-Verbindungen mit ande-

30 Über die Verbindung zwischen Archtitektur und Macht siehe Jean-Philippe Heurtin (1999), *L'espace public parlementaire. Essais sur les raisons du législateur.*

ren Stätten vervielfachen – wie es Kommandozentralen und Kontrollräume, Rechenzentren und, allgemeiner, Oligoptiken tun.[31] Panoramen zeichnen vielmehr ein Bild, das keine Lücke aufweist, sie geben dem Betrachter den starken Eindruck, er sei vollkommen eingetaucht in die wirkliche Welt, ohne irgendwelche künstlichen Vermittlungen oder kostenaufwendigen Informationsströme, die von außen kommen und nach außen gehen. Während Oligoptiken nicht nur ständig die Fragilität ihrer Verbindungen offenbaren, sondern auch ihre fehlende Kontrolle über das, was außerhalb ihrer Reichweite in den Zwischenräumen ihrer Netzwerke liegt, vermitteln Panoramen den Eindruck vollständiger Kontrolle über das, was überblickt wird, auch wenn sie partiell blind sind und nichts in ihre Wände hinein- oder hinausgelangt außer interessierten oder verblüfften Zuschauern. Sie mit den Oligoptiken zu verwechseln wäre dasselbe, als würde man eine Kriegsepisode, die von der Kommandozentrale der U.S. Armee in Rampa, Florida, überwacht wird, mit derselben Episode verwechseln, wie sie in Fox News übermittelt wird, wo ein pensionierter General den »Tag an der Front« kommentiert. Der erste Bericht, der ein realistischer ist, wird vom schmerzlichen Bewußtsein begleitet, daß er unwirklich werden kann, sobald die Verbindungswege gekappt werden; der zweite kann vielleicht genauso real sein, doch er hat eine geringere Chance, uns zu sagen, ob er eine Fiktion ist oder nicht. Meist verrät gerade dieses Übermaß an Kohärenz die Illusion.

Auch wenn diese Panoramen nicht allzu ernst genommen werden sollten, da solche kohärenten und vollständigen Berichte zu den blindesten, lokalsten und parteiischsten Gesichtspunkten werden können, müssen sie gleichwohl sehr sorgfältig studiert werden, denn sie bieten die einzige Gelegenheit, die »ganze Geschichte« *als ein Ganzes* zu sehen. Ihre

31 Peter Sloterdijk hat eine Beschreibung vieler Panoramen unter der Bezeichnung »Globen« gegeben in: Sloterdijk (1999), *Sphären. Bd. 2 Globen.*

totalisierenden Ansichten sollte man nicht als Akt professionellen Größenwahns verachten, sondern, wie alles andere auch, der Vielfalt der Stätten hinzufügen, die wir in unseren Untersuchungen entfalten wollen.[32] Denn sie sind bei weitem nicht der Ort, an dem sich alles abspielt, wie in den Träumen ihrer Regisseure, sondern lokale Stätten, die zu den anderen lokalen Stätten in der abgeflachten Landschaft, die wir zu kartographieren versuchen, hinzugefügt werden sollten. Aber auch nach einer solchen Herabstufung können sie möglicherweise eine zentrale Rolle spielen, indem sie Zuschauern, Zuhörern und Lesern die Gelegenheit bieten, *ein Verlangen nach Totalität und Zentralität zu entwickeln.* Aus diesen machtvollen Geschichten gewinnen wir unsere Metaphern für das, »was uns miteinander verbindet«, für die von uns angeblich geteilten Leidenschaften, für den allgemeinen Grundriß der Gesellschaftsarchitektur und die großen Erzählungen, mit denen wir diszipliniert werden. Innerhalb ihrer engen Schranken gewinnen wir unsere Common-sense-Vorstellung, daß Interaktionen in einem »größeren« Kontext stattfinden; daß es ein »Oben« und »Unten« gibt; daß es etwas »Lokales« gibt, eingebettet in etwas »Globales«; und daß es einen *Zeitgeist* geben könnte, dessen Geist allerdings noch gefunden werden muß.

Der Status dieser Panoramen ist seltsam doppeldeutig: Sie sind gleichzeitig das, was gegen Totalisierung immun macht – denn sie sind offensichtlich lokal und in blinde Räume eingesperrt – und was einen Vorgeschmack auf eine geeintere Welt gibt. Sie sammeln, sie rahmen, sie reihen, sie ordnen, sie orga-

32 John Tresch hat gezeigt, wie viele dieser sammelnden Apparate in einer bestimmten historischen Situation existieren und wie sie produzieren können, was er Kosmogramme nennt. Siehe John Tresch (2001), *Mechanical Romanticism. Engineers of the Artificial Paradise*. Diese Vielfalt verschwindet, sobald sie in einen kohärenten *Zeitgeist* gesteckt wird, anstatt in ihrer widersprüchlichen Zirkulation verfolgt zu werden – mehr dazu im Abschnitt über das Sammeln von Aussagen S. 382. Vgl. auch den schönen Artikel von John Tresch (2005), »Cosmogram«, im Buch gleichen Titels.

nisieren; sie sind die Quelle dessen, was unter einem wohlgeordneten Zoom zu verstehen ist. Ganz gleich, wie sehr sie uns überlisten, sie bereiten uns auf die vor uns liegende politische Aufgabe vor. Durch ihre vielen klugen Spezialeffekte bieten sie eine Vorschau auf das Kollektiv, mit dem sie nicht verwechselt werden sollten. Wie nun langsam klar wird, gibt es stets die Gefahr, den Aufbau solcher Panoramen mit der sehr viel schwierigeren politischen Aufgabe zu verwechseln, die darin besteht, die gemeinsame Welt allmählich zusammenzusetzen. In diesen Omnimax-Kinos die Filme der Sozialtheorien zu betrachten ist eine Sache, Politik zu machen eine andere. Durkheims Gesellschaft »sui generis«, Luhmanns »autopoietische Systeme«, Bourdieus »symbolische Ökonomie« oder Becks »reflexive Modernisierung« sind ausgezeichnete Erzählungen, wenn sie uns darauf vorbereiten, nach Abschluß der Vorstellung die politische Aufgabe der Zusammensetzung aufzunehmen; sie sind irreführend, wenn sie als Beschreibung dessen verstanden werden, worin die gemeinsame Welt besteht. Bestenfalls bieten Panoramen einen prophetischen Ausblick auf das Kollektiv, schlimmstenfalls sind sie nur dessen sehr dürftiger Ersatz. Eine der Ambitionen der ANT ist es, den stets mit den Sozialwissenschaften verknüpften prophetischen Drang beizubehalten, aber die großen Erzählungen dann wieder sicher in jene Räume zurückzugeleiten, an deren Wände sie projiziert werden.[33]

Auch hier wieder sollte der bewußt blinde ANT-Forscher weiterhin dieselben gemeinen und törichten Fragen stellen, wenn wieder einmal eine wohlgeordnete Hierarchie zwischen verschiedenen Größenordnungen in Szene gesetzt

33 Die Kritik an den großen Erzählungen und der Aufruf zu Vielheit, Fragmentierung und kleinen Erzählungen wird überflüssig, sobald Panoramen zur Landschaft hinzugefügt sind; an Vielheit besteht wirklich kein Mangel. Dies in der Dekonstruktion noch »überbieten« zu wollen heißt, daß man die politische Aufgabe des Versammelns aufgegeben hat. Siehe das Schlußkapitel.

worden ist: »In welchem Raum? In welchem Panorama? Mit welchem Medium? Wer ist der Regisseur? Wie hoch sind die Kosten?« Sobald derartige Fragen gestellt werden, tauchen aktive, manchmal sogar wunderschöne komplexe Stätten an jeder Ecke auf. Wer daran zweifelt, versuche einmal übungshalber, die Plätze, Theater und Bühnen zu lokalisieren, auf die »Globalisierung« gemalt ist. Sehr bald wird man feststellen, daß trotz allem Gerede über Globalisierung diese entlang winziger Schienen zirkuliert, die in einer glorifizierten Form von Provinzialismus münden ...[34]

Nach dem Ruf »langsam machen!« heißt es nun »nicht springen« und »alles flach halten!« Die drei Ratschläge verstärken sich gegenseitig, denn nur wenn die großen Entfernungen zwischen verschiedenen Punkten des Territoriums ausgemessen sind, lassen sich die vollen Transaktionskosten errechnen, um sie jeweils zu erreichen. Wie könnte ein Bergsteiger die Zeit einschätzen, die es braucht, einen Gipfel zu erklimmen, wenn nicht erst in mühsamer Kleinarbeit isometrische Linien gezeichnet worden wären? Wie könnten wir den Umfang der politischen Aufgabe, die vor uns liegt, ermessen, wenn nicht zuvor *Entfernungen* zwischen inkommensurablen Gesichtspunkten ausgelotet worden wären?

34 Zur Lokalisierung des Globalen siehe insbesondere die Arbeit von Stephan Harrison, Steve Pile und Nigel Thrift (2004), *Patterned Ground. Entanglements of Nature and Culture.*

Zweiter Schritt: das Lokale neu verteilen

Nachdem wir nun die Werkzeugkisten der Forscher mit verschiedenen Instrumenten ausgerüstet haben (Oligoptiken und Panoramen), läßt sich das Globale lokalisieren und sicher in die Kreisläufe zurückgeleiten, in denen es in beiden Richtungen zirkuliert. Wann immer der Drang sich regte, die lokalen Interaktionen zu verlassen und irgendeinen *salto mortale* zu wagen hinein in die unsichtbare Hinterwelt des sozialen Kontexts, schlug ich vor, zu den vielen lokalen Stätten hinzustapfen, an denen das Globale, das Strukturelle und das Totale versammelt werden und von wo aus sie dank der Verlegung spezifischer Kabel und Kanäle in die Außenwelt expandieren. Wenn man lange genug dabeibleibt, werden dieselben vorher sichtbaren Hierarchie- und Asymmetrieeffekte nun aus Reihen nebeneinanderliegender Orte auftauchen. Da diese Effekte innerhalb der vielen Oligoptiken und Panoramen lokalisiert sind, ist es nun nicht mehr verkehrt, für sie das Wort »Kontexte« zu verwenden. Die Transportmittel, mit denen Struktur- und Kontexteffekte transportiert werden, haben nun deutlich lesbare Aufschriften und Nummernschilder, fast wie Lieferwagen. Von Zeit zu Zeit werden Kontexte zusammengebracht, zusammengefaßt und in Szene gesetzt in Panoramen *innerhalb* spezifischer Räume, wobei diese ihre vielen widersprüchlichen strukturierenden Effekte den Stätten hinzufügen, die »strukturiert« und »kontextualisiert« werden.

Überflüssig zu sagen, daß es keinen weiteren Ort gibt, an dem alle diese Stätten nochmals zusammengefaßt werden – zumindest noch nicht. So wäre es ziemlich albern zu fragen, »in welcher« Super-Mega-Makro-Struktur sie alle liegen – genauso, wie es völlig irrelevant geworden ist, den Ätherwind zu finden, »durch den« sich die Erde bewegt. Es gibt keinen globalen, alles umfassenden Ort, an dem beispielsweise die Kommandozentrale des Strategic Air Command, das Wall-Street-Handelsparkett, die Wasserverschmutzungskarte, das Volkszählungsbüro, das Pressebüro des Vatikans sowie die Vereinten Nationen versammelt und zusammengefaßt werden könnten. Und wenn jemand dies zu tun versucht – wie ich in diesem Absatz –, so ist das wiederum ein *weiterer* Ort, eine weitere gewundene Straße, die lose mit den übrigen verbunden ist und nicht beanspruchen kann, sie »einzubetten« oder zu »kennen«. Wenn ein Ort all die anderen ein für allemal dominieren will, meinetwegen. Aber er wird für jedes Stückchen Zubehör bezahlen müssen, das notwendig ist, um jeden der anderen Orte zu erreichen, die er angeblich zusammenfaßt, und mit ihnen irgendeine Art von ständiger, kostenaufwendiger Zweiwegebeziehung aufbauen müssen – und wenn er die Miete nicht bis auf den letzten Cent bezahlt, wird er zu einem Panorama wie die anderen. Selbst wenn Leibniz es nie präzisiert hat: Damit eine Monade die schwache Präsenz all der anderen widerspiegeln kann, ist einige zusätzliche Arbeit erforderlich.

Doch die Re-Kontextualisierung des Kontexts ist nur ein Teil der Aufgabe, sich wieder daran zu gewöhnen, in einer abgeflachten Landschaft zu Fuß unterwegs zu sein. Wir müssen immer noch verstehen, wieso wir vorhin sagen konnten, Interaktionen seien ein derart unbefriedigender Startpunkt, weil eine Vielzahl anderer Zutaten sich bereits an Ort und Stelle befinden. Der Reflex der Sozialwissenschaftler, der sie von Interaktionen wegführte – und sie dazu trieb, hinter, über oder unter ihnen nach irgendwelchen anderen Orten von Aktivität Ausschau zu halten –, ging vielleicht in die falsche Richtung, könnte aber dennoch eine gültige Intuition sein. Würden wir den ersten Schritt, die Lokalisierung des Globalen, nur als Plädoyer dafür verstehen, »lokale Interaktionen« zu bevorzugen, so hätten wir nicht viel gewonnen.

Hartnäckig an dem Slogan festzuhalten, »das Globale lokalisieren«, erklärt nicht, was »lokal« ist, insbesondere wenn Handeln, wie wir oft genug sehen konnten, so deutlich »dislokal« ist. Im Gegenteil, alles ginge verloren; nachdem wir den früheren »globalen Kontext« renoviert haben, würden wir wieder zurückfallen auf die andere bevorzugte Stätte der Sozialwissenschaft: die Begegnung von Angesicht zu Angesicht zwischen individuellen, intentionalen und zweckgerichteten menschlichen Wesen, also das Soziale Nr. 3. Wenn die Reise von den Interaktionen zum Kontext nirgendwohin führte, wie wir gerade sahen, so gibt es keinen Grund anzunehmen, daß die Rückreise zu den lokalen Stätten auf ein präzises Ziel gerichtet wäre. Weit davon entfernt, endlich die konkrete Grundlage einer »sozialen Hypostase« zu erreichen, wären wir bloß von einem Artefakt zum nächsten gelangt.[1] Wenn das Globale keine konkrete Existenz hat – es sei denn, es wird wieder in seine winzigen Leitungen und auf seine vielen Bühnen gebracht –, hat auch das Lokale keine. Also müssen wir nun genau dieselbe Frage stellen wie vorhin, nun aber in umgekehrter Richtung: *Wie wird das Lokale hervorgebracht?* Diesmal ist es nicht das Globale, das lokalisiert wird, sondern das Lokale, das *neu arrangiert* und *umverteilt* werden muß.

Diese symmetrische Operation ist so wichtig, weil nach diesen beiden korrektiven Schritten ein anderes, vollkommen verschiedenes Phänomen in den Vordergrund treten wird: Unsere Aufmerksamkeit wird beginnen, sich auf die »Konnektoren« zu richten, die dann, und nur dann, frei zirkulie-

1 Es ist ziemlich erstaunlich daß sogar Garfinkel diese Unterscheidung zwischen formal und informell beibehält: »Entsprechend der weltweiten Bewegung der Sozialwissenschaften und dem Corpus ihrer Bibliographien gibt es keine Ordnung in der Konkretheit der Dinge. Die Forschungsunternehmen der sozialwissenschaftlichen Bewegung werden vereitelt durch die überwältigenden Details der offenbar hoffnungslos umstandsbezogenen Alltagsaktivitäten – das Plenum, die Fülle, das Plenilunium (sic). Als Gegenmittel haben die Sozialwissenschaften Verfahren und Methoden der formalen Analyse ausgearbeitet. Diese spezifizieren die konkreten Details der gewöhnlichen Aktivitäten als Details der analytischen Instrumente und der Methoden, die den Einsatz dieser Instrumente gewährleisten.« Und er fügt hinzu, daß die Ethnomethodologie »im Beweis des Gegenteils besteht« (Garfinkel [2002], *Ethnomethodology's Program*, S. 95).

ren dürfen, ohne je an einer Stelle, genannt »Kontext« oder »Interaktion«, haltzumachen.* Werden die beiden Schritte zusammen ausgeführt, dann beginnt sich die soziale Welt ein für allemal zu verändern; sie wird eine neue und plausiblere Gestalt annehmen – eine Gestalt, die es einem erlaubt, ohne plötzlichen Schluckauf zu reisen, eine Gestalt, die sich möglicherweise für die spätere Arbeit des Sammelns, Zusammensetzens und Versammelns eignet.

Artikulatoren und Lokalisatoren

Daß jede lokale Interaktion durch viele Elemente »formatiert« wird, die bereits an Ort und Stelle sind, sagt uns nichts über den Ursprung dieser Elemente. Und dennoch haben wir nun überprüft, woher sie *nicht* stammen: Sie strömen nicht aus einem globalen Kontext, Rahmen, einer Tiefenstruktur heraus. Wir sind soeben dort gewesen; dort gibt es nichts zu sehen außer dem Schatten des politischen Körpers – den wir erst später erörtern wollen. Dieses Resultat, auch wenn es durch und durch negativ ist, macht einigermaßen den Weg frei. Wir haben nun die Freiheit, nach der Existenz einer anderen Route zu suchen, die kontinuierlicher und empirisch besser zu verfolgen ist, um an die Orte zu gelangen, von denen die Zutaten der Interaktionen herzustammen scheinen. Zwar hilft uns kein Etikett, Barcode, Ursprungszertifikat oder Markenzeichen, den »Akteuren selbst« zu folgen, aber es gibt immer noch eine exzellente *Rückverfolgbarkeit*, wie es in der Industrie heißt, zu den Produktionsstätten lokaler Interaktionen, sofern wir uns die Lektion von Teil I in Erinnerung rufen und guten Gebrauch von allen Quellen der Unbestimmtheit machen.

* Die Sphärologie von Peter Sloterdjik ist eine andere Form, diese Situierung und diese Relokalisierung zu betreiben; siehe insbesondere P. Sloterdjik (2004), *Sphären. Bd. 3 Schäume.*

Der mäandernde Weg, auf dem die meisten Handlungszutaten jede gegebene Interaktion erreichen, ist durch die Multiplizierung, Mobilisierung, Einbeziehung und Faltung von nicht-menschlichen Akteuren vorgezeichnet. Wenn man dem Analytiker nicht das Recht zugesteht, multiple Typen von Handlungsträgern zu verfolgen, dann läßt sich die ganze Frage des Lokalen und Globalen kaum noch handhaben. Doch sobald nicht-menschliche Handlungsträger einbezogen werden, erscheint ein weiterer Typ von Verbindungen, die so verschieden von denen im vorangegangenen Kapitel sind wie Adern von Nervenbahnen.[2] Die zutreffende Intuition, daß die meisten Zutaten der Situation »bereits« an Ort und Stelle sind, daß wir bloß eine vorherbestimmte Position »in« einer vorformatierten Ordnung »einnehmen«, wird stets durch *andere Dinge* im buchstäblichen Sinne hervorgebracht: andere Stätten, andere Momente, andere Akteure, andere Agenten, die es verstanden haben, durch manchmal subtile, manchmal radikale Veränderungen ein riesiges Repertoire von Existenzformen zu mobilisieren, die nicht (noch nicht) sozial sind. Die Aktionen anderer werden immer noch in einiger Entfernung ausgeführt, allerdings auf dem Umweg über neue Typen von Mittlern. Paradoxerweise wird das Soziale erst sichtbar, wenn ihm erlaubt wird, *nicht*-soziale Existenzformen zu durchlaufen.

Der Prozeß der Delegation, Delokalisierung und Übersetzung ist nirgendwo klarer als bei der Rolle materieller Objekte – sofern wir »Materie« in der erweiterten Bedeutung verstehen, wie sie weiter oben dargelegt wurde (siehe S. 189). Wenn wir von einem »Grundgerüst« sprechen, von »Säulen«, »Basis«, »Rahmen«, so verwenden wir in loser

2 Ein gutes Beispiel dafür, wie wichtig es ist, die relative Größe der Entitäten nicht als Gegebenheit zu nehmen, wird geliefert für den Fall der französischen Wasserpolitik in Jean Pierre Le Bourhis (2004), »La publicisation des eaux. Rationalité et politique dans la gestion de l'eau en France (1964-2003)«.

Form technische Ausdrücke, die aus Architektur, Metallurgie und Film stammen. Warum nicht wörtlich nehmen, daß eine Interaktion eine andere *rahmt*, *strukturiert* oder *lokalisiert*? Solange wir diese Metaphern in ihrer übertragenen Bedeutung verwenden, sehen wir nicht, was einen Ort mit einem anderen mittels einer Formatierungsschablone verbinden könnte. Wir glauben vielleicht weiterhin, daß einen lokalen Schauplatz zu verlassen tatsächlich bedeutet, in den Kontext zu springen, oder daß alle Zutaten lokaler Interaktionen durch soziale Fertigkeiten (Soziales Nr. 3) an Ort und Stelle improvisiert werden müssen.[3] Doch sobald wir die technischen Metaphern im wörtlichen Sinn verwenden, werden die Verbindungen zwischen Stätten sichtbar, selbst wenn sie aus vielen verschiedenen Arten von Stoff gemacht sind. Diese Heterogenität stellt für uns jedoch nicht länger eine Schwierigkeit dar, denn wir haben inzwischen gelernt, wie diverse inkommensurable Materialien kommensurabel gemacht werden können. Wir wissen, daß Objekte die merkwürdige Fähigkeit besitzen, sowohl mit sozialen Fertigkeiten während gewisser kritischer Momente kompatibel als auch dann wieder jedem menschlichen Handlungsrepertoire vollkommen fremd zu sein. Dieses Hin-und-her-Oszillieren macht die Untersuchung schwieriger, aber nicht so sehr, daß es das neu gesponnene Soziale zerstören könnte, das wir als unseren Ariadnefaden verwenden. Denn was mit dem Ausdruck »lokale Interaktion« bezeichnet wurde, ist die Versammlung all der *anderen* lokalen Interaktionen, die woanders in Zeit und Raum verteilt und dazu gebracht worden sind, durch das Relais verschiedener nicht-menschlicher Akteure auf den Schauplatz einzuwirken. Diese transpor-

3 Dies ist eine der Lösungen, die der Symbolische Interaktionismus ersonnen hat, um dem individuellen intentionalen Agenten einigen Handlungsspielraum zu gewähren, ohne die Grundstruktur der Sozialtheorie zu verändern.

tierte Präsenz von Orten an andere Orte will ich als *Artikulatoren* oder *Lokalisatoren* bezeichnen.[4]
Wenn, um ein möglichst triviales Beispiel zu nehmen, man auf einem Stuhl in einem Hörsaal sitzt, umgeben von wohlgeordneten Reihen von Studenten wie in einem Amphitheater, dann braucht es nur einen halben Tag Arbeit in den Archiven der Universität, um herauszufinden, daß vor fünfzehn Jahren und zweihundert Kilometer entfernt eine Architektin, deren Namen ich gefunden und deren Modelle ich ausgegraben habe, die Spezifikationen dieses Ortes bis auf den Zentimeter genau vorgezeichnet hat. Sie hatte keine präzise Vorstellung davon, daß man heute eine Vorlesung halten würde, und doch antizipierte sie, im groben, einen Aspekt des *Skripts* einer solchen Szene: Man muß zu hören sein, wenn man spricht; man wird auf dem Podium sitzen; man wird einer bestimmten Anzahl von Studenten gegenübersitzen, deren maximale Anzahl, notwendiger Bewegungsspielraum etc. in Betracht gezogen werden mußten. Kein Wunder, daß man fünfzehn Jahre später, wenn man diesen Schauplatz betritt, das Gefühl hat, daß man das alles nicht improvisiert hat und daß das meiste von dem, was man braucht, um zu handeln, bereits *an Ort und Stelle* ist.* Natürlich, denn der Raum wurde tatsächlich auf Sie zugeschnitten – auf ein allgemeines Sie, das heißt einen großen Teil von Ihnen.
Selbstverständlich »determiniert« kein Aspekt dieser Struktur – und nun kann ich den Ausdruck Struktur ohne Anführungszeichen verwenden, denn es liegt nichts Verborgenes oder Diskontinuierliches mehr darin –, was man tut oder sagt, noch nicht einmal, wo man sitzen wird. Man entschei-

4 In der Computersprache kann das Wort Lokalisator ein wenig irreführen, da es die Auswirkung einer Standardisierung bezeichnet, die noch allgemeiner ist, so daß das Lokale als bloße Variation einer abstrakteren Kombinatorik definiert wird. Die Frage der Standardisierung werden wir im nächsten Kapitel behandeln.

* Ich greife hier das schöne Argument von Madeleine Akrich (2006 [1992]), »Die De-Skription technischer Objekte«, auf.

det sich vielleicht aufzustehen, die Saalreihen auf und ab zu gehen oder die Rolle des rebellischen Lehrers vom Mai 1968 zu spielen, indem man Stühle umstellen läßt, um eine weniger »autoritäre« Sitzordnung zu bilden – und nichts kann die Studenten daran hindern zu schlafen, sobald Sie mit Ihrer Vorlesung anfangen. Aber nur, weil kein materielles Element des Ortes eine bestimmte Handlung »determiniert«, kann noch lange nicht der Schluß gezogen werden, daß diese Elemente nichts tun. Wir sind inzwischen mit weitaus mehr ontologischen Stufen vertraut als mit den beiden albernen Extremen des Seins und des Nichts. Man stelle sich nur kurz einmal vor, was einem erlaubt, mit den Studenten zu interagieren, ohne allzusehr vom Straßenlärm gestört zu werden oder von den draußen im Korridor für die nächste Veranstaltung wartenden Massen. Wenn man das Transportvermögen all dieser bescheidenen Mittler bezweifelt, diesen Ort *lokal* zu machen, so öffne man einmal Fenster und Türen und sehe zu, ob man noch irgend etwas lehren kann. Wenn Sie daran zweifeln, dann versuchen Sie eine Vorlesung zu halten inmitten einer künstlerischen Aufführung mit schreienden Kindern und Lautsprechern, aus denen Technomusik dröhnt. Das Resultat lautet unweigerlich: Wenn man nicht sorgfältig »eingerahmt« (*framed*) ist von anderen Aktanten, die stillschweigend auf den Schauplatz gebracht worden sind, können weder die Dozentin noch die Studenten sich für eine Minute auf das konzentrieren, was »lokal« geleistet wird. Mit anderen Worten, was geschähe, wenn Inter-Subjektivität *wirklich* erreicht wäre – das Soziale Nr. 3 –, nachdem alle Spuren von *Inter-Objektivität* – das Soziale Nr. 2 –, eine nach der anderen, beseitigt wären?

In vielen Fällen ist es relativ einfach, kontinuierliche Verbindungen festzustellen, die sich noch genauer untersuchen lassen, Verbindungen zwischen den Träumen und Zeichnungen von jemand *anderem*, zu einer *anderen* Zeit, an einem *anderen* Ort, und dem, was immer Sie und Ihre Studenten nun lokal und *face to face* tun. Diese lokale Stätte ist dank eines anderen Ortes eine Stätte – durch die inzwischen stumme Vermittlung von Zeichnungen, Spezifikationen, Holz, Beton, Stahl, Farbe und Lack; durch die Arbeit vieler Arbeiter und Handwerker, die nun den Schauplatz verlassen haben, weil sie ihr Handeln in ihrer Abwesenheit an Objekte übertragen haben; durch das Handeln von Sponsoren, an deren großzügige Taten vielleicht eine Bronzeplakette erinnert. Lokalitäten werden *lokalisiert*. Plätze werden *plaziert*.[5] Und damit sie es bleiben, damit die Dozentin mit ihren Studenten sicher »in ihnen« bleiben kann, sind Myriaden von Leuten, hinter den Türen, zugange, die Räumlichkeiten instand zu halten. Dementsprechend kann man in der face-to-face-Interaktion keine primordiale Autochthonie sehen, die »um so vieles konkreter« wäre als »abstrakte Kontexte«, sondern man muß sie als Endpunkt einer großen Zahl von Existenzformen verstehen, die zu ihr hinströmen.

Auch wenn es keine »verborgene, zugrundeliegende Struktur« gibt, heißt das noch lange nicht, daß es keine *strukturierenden Schablonen* gäbe, die durch auffindbare Kanäle zirkulieren und die am offensichtlichsten in Techniken materialisiert werden – wobei Papiertechniken und, allgemeiner, intellektuelle Technologien eine genauso wichtige Rolle spielen wie Zahnräder, Hebel und chemische Bindungen. Zur inter-subjektiven Beziehung zwischen Ihnen und Ihren Studenten sollte man die Inter-Objektivität hinzufügen, die Aktionen so sehr delokalisiert hat, daß jemand anders, von einem anderen Ort und aus einer anderen Zeit, immer noch in ihr durch indirekte, aber vollständig nachzeichenbare Verbindungen agiert.[6] Das bedeutet nicht, daß diese weit ent-

5 Koolhaas und Mau (1995), *Small, Medium, Large, Extra-Large*.

6 Sofern es sorgfältig geführte Archive gibt. Archäologen müssen sich sehr viel länger abmühen, um die Verbindungen zu rekonstruieren. Noch einmal: Es ist diese ausgeprägtere Rückverfolgbarkeit, die, entgegen dem Vorurteil, erklärt, wieso die Forschungen über die Wissenschaften und die Techniken einfacher sind. Für eine detaillierte Fallstudie siehe Latour (1992), *Aramis, ou l'amour des techniques*.

fernte Stätte zu einem mysteriösen Kontext gehörte. Es wird nur deutlich, daß zwischen diesen beiden Orten – dem Studio der Architektin und diesem Vorlesungssaal heute – ein anderer Kanal existiert, durch den Massen von Entitäten zu zirkulieren beginnen. Mehr noch als nach dem ersten korrektiven Schritt rücken jetzt die Transportmittel in den Vordergrund, die Bewegungen, die Verlagerungen und die Übersetzungen *zwischen* Orten, und nicht so sehr die Orte selbst. Orte eignen sich nicht gut als Ausgangspunkt, weil jeder von ihnen durch andere Orte gerahmt und lokalisiert wird – einschließlich natürlich das Studio der Architektin, das ich als provisorischen Ursprung für mein Beispiel gewählt habe. Wir verstehen jetzt, wieso wir, gemäß Horaz' berühmtem Ausdruck, *in medias res* anfangen mußten, mitten unter den Dingen. Die Zirkulation kommt zuerst, die Landschaft, *in der* Agenten und Formatierungsschablonen aller Art zirkulieren, ist sekundär. Dies ist vielleicht die älteste Intuition der Sozialwissenschaften, die uns ausrufen ließ, das Soziale sei ein objektives, transzendentes, allgegenwärtiges Phänomen sui generis. Wie gewöhnlich war die Intuition richtig, doch sie war schwieriger zu registrieren, solange die Zirkulation des Sozialen mit dem Auftauchen einer Gesellschaft verwechselt wurde – und selbige dazu noch mit dem politischen Körper durcheinandergebracht wurde.

Daß der Maßstab nicht von einer absoluten Größenordnung abhängt, sondern von der Anzahl und den Qualitäten von Distributoren und Artikulatoren, ist etwas, das ich von Shirley Strum und ihren Pavianen lernen durfte. Als ich ihr auf der ersten je abgehaltenen »Paviankonferenz« begegnete, in einem luxuriösen Landsitz in der Nähe von New York City, war sie eine junge Forscherin, der es gelungen war, wilde Affen an ihre regelmäßige Nähe und Anwesenheit zu gewöhnen. Frühere Beobachter, die Paviane von weitem und aus sicherer Entfernung vom Jeep aus studiert hatten, hatten eine Menge interessanter Eigenschaften registriert, aber sie hatten agonistische Begegnungen »innerhalb« nicht vorhandener

Strukturen situiert – sie wandten auf die Paviane das übliche Begriffsrepertoire der Soziologie an. So hieß es beispielsweise, daß Tiergesellschaften eine rigide Dominanzstruktur aufwiesen, »in die« die männlichen Affen sich einordnen müßten. Während dieser Konferenz versuchte Strum zu beweisen, daß die Dominanz-»Struktur« nicht etwas war, in dem die Männchen ihren Platz zu finden versuchten, sondern vielmehr eine *Frage*, die alle Tiere stellten und zu beantworten versuchten, indem sie einander in sorgfältig kontrollierten agonistischen Begegnungen testeten.[7] Mit anderen Worten, Strum *und* die sich in den Herden bewegenden jungen Männchen stellten sich dieselben grundlegenden Fragen darüber, was es bedeutete, sozial strukturierende Effekte hervorzubringen.[8] Und beide entdeckten langsam, in einer Reihe von Versuchen, daß es die Weibchen und nicht die Männchen waren, die durch tägliche Interaktionen eine ziemlich solide Dominanzordnung webten, die den (zumeist männlichen) Beobachtern verborgen geblieben war; sie waren zu weit entfernt gewesen, um diese subtilen Versuche zu bemerken. So folgte ich in der Tat in dieser wunderschönen kenianischen Landschaft einer Art von Garfinkel-Primatologin, die versuchte, Paviane zu verstehen, welche sie freundlich hinausführte aus ihrer jahrhundertealten Rolle »kultureller Trottel«, damit sie zu den neuen reflexiven Aktionen kompetenter Mitglieder aufsteigen konnten. In einem Wort: Paviane waren intelligent, sozial intelligent.[9]

Wenn es einen zu vermeidenden sozialtheoretischen Fehler

7 Shirley Strum (1982) »Agonistic Dominance among Baboons. An Alternative View« und siehe weiter oben den Exkurs S. 119.

8 Diese dramatische Episode wird erzählt in Shirley Strum (1990), *Leben unter Pavianen. Fünfzehn Jahre in Kenia.*

9 Seit ihren frühen Arbeiten ist dies allmählich ein Standard für viele andere Tiere geworden. Siehe Richard Byrne und Andrew Whiten (1988), *Machiavellian Intelligence. Social Expertise and the Evolution of Intellects in Monkeys, Apes and Humans*; Strum und Fedigan (2000), *Primate Encounters*; Vinciane Despret (1996), *Naissance d'une théorie éthologique*; sowie Vinciane Despret (2002), *Quand le loup habitera avec l'agneau.*

gab, so bestand er darin, davon auszugehen, Paviane hätten eine Rolle innerhalb einer präexistierenden Struktur – dem Sozialen Nr. 1 – gefunden. Aber ebenso falsch wäre es gewesen anzunehmen, daß sie einfach miteinander interagierten – im Sinne des Sozialen Nr. 3. Diese kleinen pelzigen Biester leisteten ebensoviel soziale Arbeit wie ihre Beobachter und lebten in einer ebenso komplexen Welt – dem Sozialen Nr. 2. Und doch gab es einen klaren Unterschied in der *Ausrüstung*. Dieselbe grundlegende Aufgabe des Testens, Vollbringens und Erzeugens aller Ingredienzien des sozialen Lebens wurde hier wie dort erledigt, im einen Fall jedoch nur mit »sozialen Werkzeugen«, während die menschliche Beobachterin zusätzlich mit Materialien und intellektuellen Technologien ausgerüstet war. Die Primaten hatten kein anderes Werkzeug, um die Bedeutung der Interaktionen zu entziffern, als die Interaktionen selbst: Sie mußten entscheiden, wer Freund und wer Feind war, wer wen verdrängte, wer wen führte, und wer bereit war, eine Koalition einzugehen, indem sie die Grundressource des Erprobens und des *Grooming* einsetzten, immer mehr *Grooming* und immer mehr Erprobungen. Wenn sie Buch führten, mußte diese Buchführung mit ihren eigenen Körpern und auf ihren eigenen Körpern »eingeschrieben« werden. Die Primatologin dagegen stützte sich auf geschriebene Namen, statistische Diagramme, auf Notizbücher, Dokumentationen, Blutproben, genetische Fingerabdrücke und visuelle Hilfsmittel aller Art.* Beide kamen sie der gleichen Aufgabe nach, eine Gesellschaftsordnung zusammenzuhalten, aber mit äußerst verschiedenen Ressourcen. Die Frage drängte sich auf: Was war der Unterschied zwischen Affen und Menschen, wenn es nicht länger einen trennenden Graben gab zwischen Natur und Kultur, Instinkt und Reflexion, »kulturellen Trotteln« und kompeten-

* Ich erinnere daran, daß es diese Intuition war, die am Ursprung der Argumente des Akteur-Netzwerks stand, siehe M. Callon, B. Latour (2006 [1981]), »Die Demontage des großen Leviathans«; B. Latour, S. Strum (1986), »Human Social Origins«.

ten intentionalen Agenten? In Strums Beschreibung kamen Paviane den Menschen gefährlich nahe, und doch war ich nicht bereit, trotz des Titels ihres Buches, mich selbst »beinahe« als einen Pavian zu betrachten. Oder vielmehr, alles hing nun davon ab, was mit diesem kleinen »beinahe« gemeint ist.

Oberflächlich könnten wir sagen, daß der offensichtliche Unterschied in der Technologie liegt. Pavianen fehlen stabilisierende Werkzeuge nicht vollkommen. Doch selbst wenn die Männchen ihre berühmten Eckzähne zeigen und die Weibchen ihre (für die Männchen) unwiderstehlichen geschwollenen Hintern, können Paviane ihre Stärke nur durch *noch mehr* soziale Fertigkeiten aufrechterhalten. Schimpansen verfügen über einige Werkzeuge,* aber Paviane nur über ihre »sozialen Werkzeuge«, nämlich ihre Körper, die langsam transformiert werden durch Jahre ständigen Verführens, *Grooming* und Gemeinschaftslebens. In einem gewissen Sinn können Pavianherden wirklich das ideale natürliche Experiment darstellen, um zu überprüfen, was geschieht, wenn soziale Verbindungen streng auf soziale Fertigkeiten begrenzt bleiben – das Soziale Nr. 3. In diesem Fall verfügen die Teilnehmer über keine Technologie irgendwelcher Art, um den »Überbau« ihrer »Gesellschaft« zu »bauen«. Da diese Architekturbegriffe für sie wie für die menschlichen Beobachter vollkommen metaphorisch sind, müssen die Paviane, wie man sagen könnte, übermäßig viel Zeit aufwenden, um den wackeligen »Bau« der Gesellschaft zu reparieren, um ständig ihre schwankenden Hierarchien instand zu halten, um immer wieder neu festzulegen, wer wen auf Beutezügen zur Nahrungssuche anführt. Nie können sie sich ausruhen, und sie können auch nicht aus der Entfernung aufeinander einwirken. Wenn sie letzteres tun, so geschieht es durch das hochkomplexe Medium noch subtilerer inter-subjektiver

* W. C. McGrew (1992), *Chimpanzee Material Culture. Implications for Human Evolution.*

Koalitionen. Es ist gut sichtbar, wie die Paviane in jedem Moment ihre sich rasch auflösende Gesellschaftsordnung reparieren, da sie über weniger Werkzeuge verfügen. Paviane kleben das Soziale mit stets noch komplexeren sozialen Interaktionen zusammen, während wir Interaktionen verwenden, die etwas weniger sozial und in gewisser Weise etwas weniger komplex sind, auch wenn sie *komplizierter* sind, das heißt, aus noch mehr *Faltungen* bestehen.[10]
Aber dieses wunderbare Beispiel der nicht-menschlichen Primaten ließe sich noch auf andere Weise als eine Art theoretische Grundlinie verwenden. Eine der Schlußfolgerungen, die wir ziehen könnten, wäre, daß face-to-face-Interaktionen – das Soziale Nr. 3 – kein plausibler Ausgangspunkt sind, um soziale Verbindungen nachzuzeichnen, weder bei Menschen noch bei Affen, denn in beiden Fällen *interferieren* ständig andere Existenzformen. In beiden Fällen wird Handeln delokalisiert, gebrochen, neu arrangiert und neu verteilt, ganz zu schweigen davon, daß es sich auf sukzessive Schichten von Vermittlungen stützen muß, die aufeinandergeschichtet sind. Auch Paviane verwenden einen Typ von »intellektueller Technologie«: ihr Wohngebiet, die Lebensgeschichte jeder Interaktion, der Verlauf von Freundschaften und Koalitionen, die eingebauten Variationen von Größe, Geschlecht, anatomischen Eigenschaften etc. Es ist diese ständige Interferenz durch das Handeln anderer, die das Leben in einer Paviangruppe zu einer ebenso selektierenden, ebenso Druck ausübenden und ebenso taxierenden Umwelt macht wie jene, die aus Nahrungsressourcen und Raubtieren besteht. Ein Pavian, der nicht sozial intelligent ist, wird genauso umgehend ausgeschlossen wie einer, der keine Nahrung oder keine Geschlechtspartner findet. Die Menschen haben in einer ebenso

10 Zum Unterschied zwischen kompliziert und komplex siehe Strum und Latour (1987), »The Meanings of Social: from Baboons to Humans«. Zur Definition sozialer Werkzeuge siehe Kummer (1992), *Weiße Affen am Roten Meer.*

taxierenden, selektierenden und Druck ausübenden Umgebung gelebt; allerdings besteht sie aus mehr Mittlern, Distributoren und Delokalisatoren, die lokale Interaktionen noch weniger lokal machen.[11] Wenn Kontext ein unmöglicher Ausgangspunkt war, dann sind es face-to-face-Interaktionen ebenfalls. Der Unterschied ist nicht länger der zwischen »einfachen« Pavianen und hoch»komplexen« Menschen, sondern zwischen komplexen Pavianen, die sich innerhalb vieler Entitäten verbunden, gefaltet, angepaßt haben – Landschaft, Raubtiere, Gruppen –, und komplizierten Menschen, die sich innerhalb weitaus zahlreicherer Entitäten verbunden, gefaltet, angepaßt haben; von diesen Entitäten besitzen einige den großen Vorteil, an Ort und Stelle zu bleiben, womit sie, lokal zumindest, die Aufgabe des Ordnens vereinfachen. Bei Menschen mehr noch als bei Affen sind Interferenz, Umlenkung, Delegation und Artikulation sichtbar und sollten uns einen ausgezeichneten Ausgangspunkt bieten, eher als lokale face-to-face-Interaktionen es tun.

Der unplausible Ort der face-to-face-Interaktionen

Weil Interaktionen als »konkreter« empfunden werden, ist es für den Leser vielleicht einfacher, das Globale loszuwerden als das Lokale. Als wir die zweite Quelle der Unbestimmtheit untersuchten, haben wir gesehen, daß man demselben Aktanten unterschiedliche Figurationen geben kann (siehe S. 101). Auch wenn individualisierten Charakteren mehr Plausibilität zugebilligt wird, weil wir es gewohnt sind, Geschichten zu lesen, ist, wenn man so sagen darf, genau dieselbe semiotische Arbeit dafür erforderlich, sich einen Charakter vorzustellen, wie dafür, sich einen Begriff

11 Dieser Ansatz der Technik als zweiter Natur ist wesentlich für André Leroi-Gourhan (1988), *Hand und Wort*, Lewis Mumford (1977), *Der Mythos der Maschine. Kultur, Technik und Macht* sowie Tom Hughes (2004), *Human-Built World. How to Think about Technology and Culture*.

oder eine juristische Person vorzustellen. Auch wenn wir für die kleinen Unterschiede in der Figuration sensibel bleiben sollten, gibt es keinen Grund zu vergessen, daß unser eigener relativistischer Bezugsrahmen der Größenordnung gegenüber indifferent bleiben sollte. Ebenfalls richtig ist jedoch, daß der Glaube an die unbestreitbare Existenz von Individuen so fest verankert ist, zumindest in unseren westlichen Breiten, daß man zwar akzeptiert, wenn Abstraktionen wie Struktur, Kontext oder Gesellschaft kritisiert werden, doch darauf besteht, daß das Ich davon ausgenommen bleiben sollte.[12] Daher ist es vielleicht klug, noch mehr korrektive Gymnastik zu betreiben, um das Lokale neu zu verteilen, als nötig war, um das Globale zu lokalisieren. Aus diesem Grund will ich nun all das auflisten, was Interaktionen entgegen so vielen Erwartungen unmöglich leisten können. Auch hier wieder werden die Lektionen der ANT nur negative sein, denn wir wollen den Weg frei machen, um das Soziale ausreichend entfalten zu können, damit es wieder neu versammelt werden kann.

Erstens: Keine Interaktion ist, wie man es nennen könnte, *isotopisch*. Was im gleichen Moment an irgendeinem Ort agiert, kommt von vielen anderen Orten, vielen entfernten Materialien und vielen weit entfernten Akteuren. Wenn wir auf einer gewöhnlichen geographischen Karte die Verbindungen projizieren wollten zwischen einem Vorlesungssaal und all den Orten, die in ihm zur gleichen Zeit wirksam sind, müßten wir Bündel von Pfeilen zeichnen, um beispielsweise den Wald einzuschließen, aus dem der Tisch stammt, das Managementbüro der Hochschule, von dem die Raumbelegung geplant wurde, die Werkstatt, die den Stundenplan gedruckt hat, mit dessen Hilfe wir den Raum fanden, den Pförtner, der

12 Diese Verwurzelung des Individuums ist am extremsten in der *rational choice*-Mythologie, da sie ebenfalls eine stabilisierte Psychologie und eine stabilisierte Kognition voraussetzt.

sich um das Gebäude kümmert, und so weiter.[13] Und dies wäre keine müßige Übung, denn jeder dieser weit entfernten Orte hat, in irgendeiner unentbehrlichen Weise, diesen Vorlesungssaal vorweggenommen und vorformatiert, indem er durch viele verschiedene Medien die Masse von Formatierungsschablonen transportiert hat, die aus dem Saal eine geeignete Lokalität machen – und die ihn immer noch stützen.

Zweitens: Keine Interaktion ist *synchron*. Der Tisch ist vielleicht aus einem Baum gemacht, der in den fünfziger Jahren des letzten Jahrhunderts gepflanzt und vor zwei Jahren gefällt wurde; das Tuch des Kleids der Dozentin wurde vor fünf Jahren gewoben, während das Feuern von Neuronen in ihrem Kopf eine Millisekunde alt ist und der Bereich des Gehirns, der sich mit der Sprache beschäftigt, seit gut hunderttausend Jahren existiert (oder vielleicht weniger, diese Frage wird unter Paläontologen heftig diskutiert). Was die Wörter, die sie verwendet, angeht, so wurden manche vor vierhundert Jahren aus anderen Sprachen in das Englische eingeführt, während die benutzte grammatische Regel noch älter sein dürfte; die Metapher wiederum, die sie gebraucht, ist gerade einmal sechs Jahre alt, und jene rhetorische Figur stammt direkt von Cicero; doch die Computertastatur, auf der sie ihre Vorlesung getippt hat, ist frisch von Apple geliefert worden, während die Schwermetalle, die für die Koordination einiger der Kontakte im Rechner sorgen, so lange dauern werden wie das Universum. Zeit ist immer gefaltet.[14]

13 Ich folge hier einem einfachen didaktischen Beispiel, siehe jedoch Kapitel 3 von Latour and Hermant (1998), *Paris ville invisible*. Dies ist genau der Kartentyp, den Cronon aufzuzeichnen vermochte mit seiner meisterhaften Studie von Chicago in William Cronon (1991), *Nature's Metropolis. Chicago and the Great West* und den Hutchins imstande war mit seiner Studie der Schiffsnavigation zu entfalten in Hutchins (1995), *Cognition in the Wild*. Siehe ebenso, was Law mit dem Flugzeug gelungen ist in Law (2002), *Aircraft Stories*.

14 Siehe Michel Serres (1992), *Eclaircissements. Entretiens avec Bruno Latour.*

Somit entbehrt die Vorstellung irgendeiner synchronen Interaktion, in der alle Bestandteile dasselbe Alter und Tempo hätten, jeder Bedeutung – sogar für Paviane. Handeln wurde stets weitergegeben, weil man die Last der Verbindung auf länger oder kürzer währende Entitäten verlagern konnte.

Drittens sind Interaktionen nicht *synoptisch*. An einem gegebenen Punkt in einem beliebigen Handlungsverlauf sind sehr wenige der Beteiligten gleichzeitig sichtbar. Die Dozentin mag denken, sie stehe im Mittelpunkt, aber das heißt nicht, daß viele andere Entitäten nicht ebenfalls agieren, sondern nur, daß es nicht möglich ist, sie alle aufzuzählen. Der Holztisch war nicht Teil der Vorlesung, bevor sie ihn als Beispiel für Design herausgriff, und doch tut er etwas; er ist eine der Zutaten, die helfen, der Interaktion Gestalt zu geben, sie zu rahmen. Desgleichen das Papierblatt, auf dem die Vorlesung angekündigt war und das Raum und Zeit angab, auch wenn die Dozentin es nicht erwähnt hat. Wenn wir jedoch wollten, daß alle Bestandteile dieser Szene sich erheben, damit wir sie zählen können, so wären wir dazu nicht in der Lage, denn es ist nicht möglich, alle gleichzeitig hervorzuheben; sei es, weil es zu viele sind, sei es, weil sie Teil komplizierter Maschinerien sind, die notwendigerweise verborgen bleiben müssen, damit sie ihren Part als effiziente Zwischenglieder spielen können. Wie viele unterschiedliche Entitäten stecken allein in diesem Mikrophon? In diesem Körper? In der Organisation dieser Hochschule? Man wird nie dieselbe Anzahl erhalten, ganz gleich, wie oft man zählt, weil jedesmal verschiedene Agenten sichtbar gemacht werden, während andere in den Hintergrund treten.

Viertens: Interaktionen sind nicht *homogen*. Diesen Punkt haben wir bereits früher verstanden, denn die Relais, über die Handeln verläuft, haben nicht die ganze Zeit hindurch dieselbe materielle Qualität. Wie viele sukzessive Verlagerungen von einer Existenzform zur anderen müßten wir aufspüren, wenn wir uns vom Kabinett der Architektin vor fünfzehn Jahren in den Vorlesungssaal heute bewegen wollten? Wenn eine Bildschirmpräsentation auf eine Leinwand projiziert wird, wie viele verschiedene sukzessive Zutaten sind nötig, damit das Schreiben auf der Tastatur digitalisiert wird, dann wieder in ein analoges Signal umgewandelt wird, bevor es wieder in eine Art langsame Gehirnwelle im Bewußtsein von halb dösenden Studenten transformiert wird? Verblüffend in jeder gegebenen Interaktion ist nicht das, was Soziologen mit einem Hang zu »lokalen Stätten« so großartig finden, wenn sie endlich face-to-face-Begegnungen erreichen, sondern es ist im Gegenteil die Menge nicht-menschlicher, nicht-subjektiver, nicht-lokaler Teilnehmer, die zusammenströmen, um den Handlungsverlauf ausführen zu helfen und durch Kanäle zu transportieren, die alle miteinander verknüpft sind, auch wenn sie nicht einer üblichen sozialen Bindung gleichen.

Fünftens: Interaktionen sind nicht *isobar*, wenn ich diese Metapher verwenden darf, mit der in den Wetterkarten die Linien gleichen Drucks bezeichnet werden, wenn man nach Tief- oder Hochdruckgebieten Ausschau hält. Einige der Beteiligten üben sehr viel Druck aus und verlangen, gehört und berücksichtigt zu werden, während andere zu vollkommen routinierten Gebräuchen geworden sind, die auf eher mysteriöse Weise in körperliche Gewohnheiten eingesickert sind. Andere sind als Black Box in irgendeiner Hardware verschaltet, die nur Ingenieuren in weit entfernten Orten in Asien bekannt ist sowie sehr vage noch einem Technikfreak aus der Wartungsabteilung irgendwo auf dem Campus. Besonders wichtig ist der unterschiedliche Druck, der von Mittlern und Zwischengliedern ausgeübt wird, von denen letztere, wie wir wissen, der Situation Vorhersagbarkeit hinzufügen, erstere dagegen dazu beitragen, daß sie sich plötzlich auf unerwartete Weise gabelt. An jedem Punkt während der Vorlesung kann etwas zusammenbrechen, sei es das Mikrophon, der Lautsprecher, vielleicht sogar die Dozentin. Wenn irgendeines der Zwischenglieder zu einem Mittler mutiert, wird die ganze Situation, egal, wie feierlich oder kontrolliert sie war, unvorhersehbar.

Kein Wunder, daß Interaktionen bei Sozialwissenschaftlern den starken Eindruck hervorriefen, daß sie in alle Richtungen überborden. Sie tun es! Das bedeutet jedoch nicht, daß irgendein solider, alles umspannender Kontext sie an Ort und Stelle hielte und unter die Gewalt einer verborgenen strukturellen Kraft zwänge. Es bedeutet nur, daß in ihnen eine verwirrende Vielzahl von Beteiligten gleichzeitig am Werk sind und ihre klaren Grenzen auf jede mögliche Weise verschieben, sie woandershin umverteilen und es unmöglich machen, von irgendeiner Stelle zu starten, von der man sagen könnte, sie sei »lokal«.

Relativität in den Sozialwissenschaften wäre eine recht einfache Sache, wenn sie nur das Globale zu lokalisieren hätte; relevant wird sie erst, wenn die solide Grundlage des Lokalen sich auflöst. In den meisten Situationen sind Handlungen bereits von Anfang an der Interferenz von heterogenen Entitäten unterworfen, die nicht dieselbe lokale Präsenz haben, nicht aus derselben Zeit stammen, nicht gleichzeitig sichtbar sind und nicht gleich viel Druck ausüben. Das Wort »Inter-Aktion« war nicht schlecht gewählt; nur Anzahl und Typus der »Aktionen« sowie die Spanne ihrer »Inter«-Dependenzen wurden gewaltig unterschätzt. Man braucht eine gegebene Inter-Aktion nur auseinanderzuziehen, schon wird sie zu einem Akteur-Netzwerk.

Eine Ausnahme ist natürlich dann gegeben, wenn wir in eine ungenaue Redeweise zurückfallen und die mühselige Aufgabe sein lassen, all die Interferenzen zu verfolgen. In diesem Fall ist es ganz richtig, von »Struktur« und »face-to-face-Interaktionen« zu sprechen. Es bedeutet allerdings, daß wir es eher mit Routinesituationen zu tun haben und einen prärelativistischen Bezugsrahmen verwenden. In einer solchen abgekürzten Redeweise ist eine »Struktur« einfach ein Akteur-Netzwerk, über das man nur spärliche Informationen hat oder dessen Beteiligte so still sind, daß keine neue Information erforderlich ist. Und eine »Interaktion« ist eine Stätte, die so sorgfältig von sich als Zwischenglieder verhaltenden

Lokalisatoren gerahmt wird, daß sie ohne allzu viele Probleme als »lokales« Geschehen betrachtet werden kann.

Wenn man sich all das vor Augen hält, was face-to-face-Interaktionen unmöglich leisten können, begegnet man allen Versuchen mit Mißtrauen, die Soziologie in inter-subjektiven Interaktionen, individuellen Kalkülen oder personaler Intentionalität zu verankern.[15] Es ist vielmehr klar, daß die Vorstellung einer lokalen Interaktion genausowenig Realität besitzt wie die einer globalen Struktur. Ein solches Ergebnis läßt retrospektiv die in der Geschichte der Sozialwissenschaften immer wieder unternommenen Versuche sogar noch seltsamer erscheinen, eine Art Kompromiß zwischen sogenanntem globalem Kontext und sogenannter Interaktion finden zu wollen, einen »Mittelweg« zwischen »System« und »Akteur«. Diese Projekte machen nun ebensoviel Sinn wie das gewissenhafte Bemühen der Kompilatoren in der Renaissance, die versuchten, die Daten der griechischen Mythologie mit denen der Bibel abzugleichen. Der mittlere Punkt zwischen zwei Mythologien ist immer noch eine Mythologie.

Wenn wir jedoch den Fährten folgen, die nicht-menschliche Akteure hinterlassen, verstehen wir, wo der zu Recht bestehende Eindruck, »gerahmt« zu werden, herkommt. Jede lokale Stätte wird lokalisiert von einer Flut von Lokalisatoren, Distributoren, Artikulatoren, Deviatoren – oder wie immer wir sie nennen wollen. Die Rolle der Inter-Objektivität besteht darin, in lokale Interaktionen ein wenig grundlegende Delokalisierung einzuführen. Was wäre die Bedeutung eines *relativen* Maßstabs ohne Inter-Objektivität? Woher sollten wir wissen, daß wir kleine Teilnehmer in einem »umfassenderen« Schema der Dinge sind, wenn wir nicht beispielsweise die Erfahrung gemacht hätten, durch die tiefen und

15 Insbesondere aus methodologischen Gründen scheint daher der methodologische Individualismus als Ausgangspunkt sehr unglücklich gewählt, trotz des Versuchs von Raymond Boudon (1981), *The Logic of Social Action. An Introduction to Sociological Analysis.*

dunklen Canyons der Straßen zwischen massigen Wolkenkratzern zu laufen? *Sich klein zu fühlen* hängt größtenteils davon ab, wie viele andere Menschen, verteilt in Zeit und Raum, einen Ort vorformatiert haben, damit der anonyme Reisende sich nun beispielsweise durch die Straßen New Yorks bewegen kann. Größe ist in der Tat relativ – relativ zur Sorgfalt, mit der sie entworfen *worden ist* und zur Sorgfalt, mit der sie *immer noch* durchgesetzt wird. Aber das bedeutet nicht, daß wir wirklich kleine Teilnehmer »in« einem Rahmen wären. Wie lange brauchen wir, um diese mühevolle Lektion zu lernen? Der traurigste experimentelle Beweis wurde vor kurzem geliefert, als eine Gruppe nur mit Teppichmessern ausgerüsteter Fanatiker zugrunde richtete, was viele andere so sorgfältig aufgebaut hatten: Innerhalb weniger Stunden wurden die Twin Towers zerstört mitsamt dem langen schweren Schatten, den sie auf die engen Straßen geworfen hatten, auch wenn der dunkle Schatten des Todes bleibt. Sollten wir nach einem solchen Ereignis nicht außerordentlich sensibel sein für die Zerbrechlichkeit der Größenordnung?

Eine relative Größenordnung zu konstruieren hat eine vollkommen andere Bedeutung, je nachdem, ob wir es als lose Metapher verwenden, um die stets präsente soziale Struktur »auszudrücken«, zu »reproduzieren« oder zu »reflektieren«, oder ob es für uns keine andere Möglichkeit gibt, etwas Größeres zu konstruieren, als durch das Medium von Architektur und Technik im buchstäblichen Sinne. In der traditionellen Version der Sozialtheorie ist die Gesellschaft stark, und nichts kann sie zerstören, da sie sui generis ist; in der anderen Version ist sie so schwach, daß sie aufgebaut werden muß, repariert, fixiert, und vor allem, daß sich um sie *gekümmert* werden muß. Diese beiden Karten des Sozialen, gezeichnet mit verschiedenen sozialen Tracern, führen zu völlig verschiedenen Ästhetiken, Ethiken und Politiken – und natürlich bringen sie sehr verschiedene Berichte hervor.

Wie man sich vom sozialen Milieu befreit

Es gibt einen Fetisch, einen deus ex machina, *den die neuen Soziologen jedesmal wie einen* Sesam öffne dich *verwenden, wenn sie ein Problem haben, und es ist an der Zeit, auf diesen Mißbrauch hinzuweisen, der allmählich besorgniserregend wird. Dieser Erklärungs-Talisman ist das Milieu. Ist dieses Wort ausgesprochen, ist alles gesagt. Das Milieu ist eine Allzweckformel, deren illusorische Tiefe die Leere der Idee verdecken soll. So hat man beispielsweise nicht versäumt, uns zu sagen, der Ursprung jeder gesellschaftlichen Entwicklung sei ausschließlich in den Eigenschaften »des inneren sozialen Milieus« zu suchen. – Was mag das wohl sein, die Eigenschaften des inneren oder äußeren sozialen Milieus, wenn nicht all das, was an Vorstellungen und Erinnerungen, an Fähigkeiten und Gewohnheiten am Grunde der in Gesellschaft versammelten Gehirne enthalten ist? Gewiß, ich weiß, allein durch die Tatsache, daß die Menschen als Masse handeln und nicht* ut singuli, *insbesondere im Fall der impulsiven Menge, des zum Angriff schreitenden Regiments und auch in dem Fall, bei dem das Denken der anderen Menschen, en bloc und nicht individuell betrachtet, sich dem Geist des Individuums präsentiert und ihn als solches beeindruckt – in all diesen Fällen, das heißt in jedem Moment des sozialen Lebens, hat die Vorstellung des sozialen Milieus eine wirkliche Bedeutung. Aber darunter ist zu verstehen, daß jeder einzelne der durch das Milieu Angetriebenen und Beeindruckten Teil des Milieus ist, das seinesgleichen antreibt und beeindruckt. Was aber jenes Phantom-Milieu betrifft, das wir nach Belieben heranziehen, dem wir alle Arten von wunderbaren Vermögen zuschreiben, um uns davon zu entbinden, die Existenz wirklicher und wirklich wohltätiger Genies anzuerkennen, durch die wir leben, in denen wir uns bewegen, ohne die wir nichts wären, so sollten wir es so schnell wie möglich aus unserer Wissenschaft verbannen. Das Milieu ist etwas Nebulö-*

> *ses, das sich von nahem in unterschiedliche Sterne von sehr unterschiedlicher Größe auflöst. Ich nehme wohl Individuen wahr, die sich wechselseitig beeinflussen und von denen die einen sich nach den anderen richten; doch nirgendwo sehe ich sie zusammen in dieser Art imaginärer und subtiler Atmosphäre schwimmen, die man als Milieu bezeichnet, und die, wie der Äther in der Physik, wenn auch sehr viel unbegründeter, das* Faktotum *in der Soziologie ist.* (Tarde [1898], S. 79 f.)*

Plug-ins

Kein Ort ist beherrschend genug, um global zu sein, und kein Ort ist selbstgenügsam genug, um lokal zu sein. Solange wir es entweder mit lokalen Interaktionen oder mit der Struktur versuchen oder irgendeinen Kompromiß zwischen den beiden finden wollen, besteht keinerlei Chance, soziale Verbindungen nachzuzeichnen – und je cleverer der Kompromiß, desto schlimmer, denn damit verlängern wir bloß die Pacht zweier nicht existierender Orte. Ich versuche hier dagegen so dumm wie möglich zu sein und die Klammern zu vermehren, um sicherzustellen, daß wir der Versuchung widerstehen, das, was die Akteure tun, in zwei Schubladen zu stecken – lokal und global –, womit wir nämlich die Entfaltung ihrer vielen fragilen und manchmal bizarren Reiserouten unterbrechen würden. Wenn wir genug von diesen Klammern fest anbringen, werden wir beginnen können, ein anderes Landschaftsrelief aufzuzeichnen, das die früher vom Lokalen zum Globalen und zurück führenden Wege sozusagen quer durchschneidet, so als hätten wir durch eine merkwürdige kartographische Operation allmählich die Karte eines hydrographischen Bassins in eine andere umgewandelt:

* Ich danke Eduardo Vargas, daß er mich auf diesen Artikel aufmerksam gemacht hat, zu dem mein Buch im Rückblick nur noch ein Kommentar zu sein scheint, siehe E. Vargas (2006), *La polémique Tarde vs. Durkheim*.

etwa einen von Ost nach West verlaufenden Fluß dazu gebracht, entlang eines Nord-Süd-Gradienten zu fließen. Bemerkenswert an dieser Veränderung der Topographie ist, daß sowohl das frühere Globale als auch das frühere Lokale nun dasselbe sternförmige Aussehen angenommen haben – in unserem Projektionsraster natürlich, nicht »da draußen«. Kontextbauende Stätten sehen nun aus wie die Schnittpunkte vieler Fährten von Dokumenten, die hin und her reisen, aber auch die lokalen Baustellen sehen aus wie vielfältige Kreuzungen, zu denen Schablonen und Formate hin zirkulieren. Wenn wir diese beiden »netzwerkförmigen« Gestalten ernst nehmen, dann flacht sich die frühere Landschaft ein für allemal selbst ab, denn diese beiden Typen sternförmiger Gestalten können in keiner dreidimensionalen Struktur übereinander angeordnet werden. Sie liegen nun Seite an Seite, jeder Schritt zwingt den Analytiker, ohne Sprung oder Bruch den Sternstrahlen zu folgen, vergleichbar dem zweidimensionalen Raum, den Edwin Abbott in *Flächenland* imaginiert hat. Bewegungen und Ortsveränderungen kommen zuerst, Orte und Umrisse später. So erweisen sich letztlich das Lokalisieren des Globalen und das Umverteilen des Lokalen als nicht so schwierig, wie es zunächst schien. Nach einigen Anpassungsschwierigkeiten wird die Anzahl der Spuren so groß, daß man blind sein müßte, um ihnen nicht zu folgen. Stätten differieren nicht länger nach Größe und Gestalt, sondern in der Richtung der hin- und wegführenden Bewegungen sowie, wie wir nun sehen werden, in der *Natur* dessen, was transportiert wird: Information, Spuren, Güter, Pläne, Formate, Schablonen, Koppelungen etc. Es sind nun die mythischen Gegenden des Lokalen und des Globalen, die nicht mehr so recht auf einer Karte zu lokalisieren sind. Wo konnten diese magischen Utopias bloß gelegen haben?

In diesem flach gehaltenen Raum navigieren zu lernen ist deswegen so wichtig, weil wir, sobald wir besser darin werden, auf das Zirkulierende zu achten, viele andere Entitäten ausmachen können, deren Ortsveränderung vorher kaum sichtbar war. Ja, man glaubte überhaupt nicht, daß sie zirkulierten. Damit kann man vielleicht auf sehr viel subtilere Phänomene aufmerksam werden, die früher, aufgrund ihrer augenscheinlichen Subtilität, im Innersten des Subjekts aufbewahrt werden mußten. So wie eine flache, trockene und staubige Landschaft die Fährten aller Tiere zeigt, die sie durchquerten, sind wir nun vielleicht in der Lage, sich bewegende Entitäten auszumachen, die im buschigen Gestrüpp der Soziologie des Sozialen keinerlei Spur hinterlassen konnten.

Besonders wichtig ist dasjenige, was den Akteuren erlaubt, die Umgebung zu *interpretieren*, in der sie sich befinden. Ganz gleich, wie viele Rahmen durch Lokalisatoren heranströmen, um eine Umgebung zu formatieren, ganz gleich, wie viele Dokumente von dieser Umgebung in Oligoptiken strömen und zurück, es gibt immer noch einen riesigen Abstand zwischen den *generischen* Akteuren, die von diesen Bewegungen vorformatiert werden, und dem Handlungsverlauf, der durch voll involvierte *individualisierte* Teilnehmer ausgeführt wird. Wir alle kennen dies als gewöhnliche Erfahrung, wenn wir etwa versuchen, ein Benutzerhandbuch zu verstehen, und sei es auch noch so sorgfältig geschrieben. Ganz egal, für wie viele *generische* Personen eine Montagezeichnung entworfen worden ist – nachdem man Stunden über der neuen Digitalkamera gebrütet hat, knurrt man und hat das Gefühl, keine dieser Personen zu sein. Während man die Distanz zwischen Instruktionen ermißt, die an niemanden im besonderen gerichtet sind, und einem selbst, wird man schmerzhaft an die »Kluft der Ausführung« erinnert, wie Don Norman sie genannt hat.[16] Es wäre töricht zu ignorieren, was den Eindruck vermittelte, daß face-to-face-Interaktionen so »konkret« und im Maßstab des »wirklichen Lebens« waren,

16 Siehe Norman (1989), *Dinge des Alltags*; Madeleine Akrich und D. Boullier (1991), »Le mode d'emploi: genèse et usage«; sowie Garfinkel (2002), *Ethnomethodology's Program*, Kapitel 6.

und was einem das Gefühl gab, daß es Individuen waren, die die Handlung ausführten.

Ein solches Gefühl ging natürlich sofort verloren, als die Soziologen des Sozialen diese gesunde Intuition durch die verborgene Aktion irgendeiner unsichtbaren Stuktur ersetzten – und ohnehin vollführte nun *niemand* im besonderen mehr irgendeine Handlung! Es ging ebenfalls verloren, als die Interaktionisten einen intentionalen und personalisierten Akteur wiederfanden, aber ohne jenen »Rahmen« aufzulösen, »in dem« die Interaktionsteilnehmer angeblich ihre Kompetenz entfalten. *Ein menschlicher Handlungsträger* machte Sinn aus einer Welt von Objekten, die für sich genommen jeglicher Bedeutung *entbehrten*. Damit wären wir wieder am Ausgangspunkt und müßten wählen zwischen Bedeutung ohne Objekt und Objektivität ohne Bedeutung. Doch die Intuition ginge ebenso rasch verloren, wenn die Akteure einfach durch Kräfte lokalisiert würden, die von anderen Orten stammen, und durch Vermittlung materieller oder intellektueller Techniken, ohne daß sie selbst in der Lage wären, die von der Umgebung gemachten Vorschläge zu verstehen und zu interpretieren.[17] Daher müssen wir sensibel werden für schwerer zu registrierende Tracer als die bisher berücksichtigten.

Nehmen wir noch einmal das etwas banale Beispiel des Vorlesungssaals. Ganz gleich, wie schön er entworfen sein mag, für die Professoren und Studenten ist immer noch eine Menge Arbeit nötig, um zu wissen, was dort zu tun ist. Selbst inmitten eines noch so gut gestalteten Rahmens würden die menschlichen Akteure ohne irgendeine mitgebrachte Ausrüstung unfähig bleiben, das Gegebene zu interpretieren; sie wären so unverbunden mit der Bedeutung des Ortes wie eine Katze, die auf der Akropolis herumstreunt.

17 Das ist die Verschiebung, die Boltanski und Thévenot an Bourdieus Feldtheorie vorgenommen haben: Die Akteure sind vollkommen in der Lage, sich selbst zu rechtfertigen, und verbergen nicht ihre wirklichen Motive. Siehe Luc Boltanski (1990), *L'amour et la justice comme compétences*.

Also müssen wir etwas hinzufügen, doch was und wie? Wir wissen bereits, was wir nicht wollen, wenn wir weiterhin entschlossen sind, die Landschaft von Anfang bis Ende »flach zu halten«: Wir wollen nicht springen, indem wir auf eine andere »Ebene« oder einen anderen »Typ« von Ressource zurückgreifen. Und doch wäre dies die leichteste, sicherste und vernünftigste Strategie. Wie der Leser inzwischen nur zu schmerzlich gemerkt hat, ist Vernünftigkeit nicht das, worauf ich aus bin! Ich verfolge hier ein Gedankenexperiment, das sich erst auszahlen wird, wenn es von Anfang bis Ende durchgeführt ist: Wie lange können wir einen Gesichtspunkt beibehalten, der davon absieht, das Repertoire lokal/global oder Akteur/System zu verwenden? Ist es möglich, der Versuchung zu widerstehen? Noch einmal: Ich versuche nicht, substantiell oder positiv zu beschreiben, was die Landschaft ist, sondern Wege zu finden, um der Versuchung zu widerstehen, einen Bruch in ihrer Beschreibung zuzulassen.
Um die »Kluft der Ausführung« auszufüllen, besteht die Lösung normalerweise darin, in einen anderen Gang zu schalten und abrupt »Subjektivität«, »Intentionalität« und »Innenwelt« einzuführen oder zumindest auf irgendeine Art von »mentaler Ausstattung« zurückzugreifen. Wenn die soziale Rahmung von »außen« nicht ausreicht, um den Handlungsablauf zu komplettieren, dann müssen die verbleibenden Ressourcen von »innen« kommen oder von der lokal versammelten menschlichen Gruppe. Hier überläßt dann der Positivismus gerne der Hermeneutik das Feld, und die Soziologen übergeben den Stab an Psychologen und Kognitionswissenschaftler, während strukturelle Soziologen zur interpretativen Soziologie überwechseln. Aber wenn wir uns solche Sprünge in der Methode gestatteten, würde die kontinuierliche Fährte plötzlich unterbrochen, die ich von Anfang an versucht habe durchzuhalten; die flache Karte würde wieder einmal zerknittert; der Schauplatz eines individuellen, subjektiven Akteurs, der »innerhalb« eines umfassenderen Systems »etwas Spielraum« hat, würde wieder reaktiviert;

die beiden mythischen Gegenden des Lokalen und des Globalen würden wieder auf der Karte verzeichnet werden: Merlins Schloß würde wieder auftauchen. Daher müssen wir mit unserer kurzsichtigen ANT-Besessenheit in der Dunkelheit nach einer weiteren Klammer herumtasten.

Die Frage, die wir dann stellen müssen, lautet, wo die anderen Transportmittel sind, die Individualität, Subjektivität, Persönlichkeit und Innerlichkeit befördern. Wenn wir zu zeigen vermochten, daß glorifizierte Orte wie das Lokale und das Globale aus zirkulierenden Entitäten bestehen, warum dann nicht annehmen, daß Subjektivitäten, Rechtfertigungen, Unbewußtes und Persönlichkeiten ebenfalls *zirkulieren*?[18] Und natürlich: Sobald wir diese sehr seltsame, aber unausweichliche Frage stellen, bieten sich neue Typen von Klammern an, um uns bei unserer Untersuchung zu helfen. Man könnte sie *Subjektivierer*, *Personalisierer* oder *Individualisierer* nennen, doch ich ziehe den neutraleren Ausdruck *Plug-ins* vor und borge mir diese wunderbare Metapher aus unserem neuen Leben im Web aus. Bei mancher Website im Cyberspace kommt es vor, daß man nichts auf dem Bildschirm sieht. Aber dann teilt uns ein freundlicher Warnhinweis mit, daß wir »nicht das richtige Plug-in« haben, und legt uns nahe, ein wenig Software »herunterzuladen«; nachdem diese im eigenen System installiert ist, können wir *aktivieren*, was wir vorher nicht sehen konnten.[19] Aufschlußreich an dieser Metapher der Plug-ins ist, daß Kompetenz nicht mehr an einem Stück daherkommt, sondern buchstäblich in Bits

18 Madeleine Akrich und B. Pasveer (1996), *Comment la naissance vient aux femmes. Les techniques de l'accouchement en France et aux Pays-Bas*; Mol (2003), *The Body Multiple*; Cussins (1996), »Ontological Choreography«; sowie Myriam Winance (2001), *Thèse et prothèse. Le processus d'habilitation comme fabrication de la personne: l'association française contre les myopathies, face au handicap*. Sie zeigen jeder auf ihre je eigene Weise, welche Ausrüstung nötig ist, um ein Subjekt zu werden, und wie fragil sie ist.

19 Ich habe oft gedacht, daß meine Leser sich sehr viel weniger über meine Schriften beschweren würden, wenn sie ANT Version 6.5 herunterladen könnten, anstatt sich dauernd mit der Betaversion herumzuschlagen!

und Bytes. Man muß sich nicht mehr einen Menschen en gros vorstellen, der Intentionalität besitzt, rational kalkuliert, sich für seine Sünden verantwortlich fühlt oder sich über seine Sterblichkeit grämt. Sondern man bemerkt, daß, um »vollständige« menschliche Akteure zu erhalten, man diese aus vielen sukzessiven *Schichten zusammensetzen* muß, von denen sich jede von der nächsten empirisch unterscheidet. Ein vollständig kompetenter Akteur zu sein kommt nun in einzelnen *Kügelchen* daher, oder, um die Metaphern aus dem Cyberspace zu entlehnen, in *patches* und *applets*, deren genauen Ursprungsort man »googeln« kann, bevor man sie einzeln herunterlädt und speichert.[20]

Wie wir in diesem Buch schon oft gesehen haben, ermöglichen uns die Informationstechnologien, Assoziationen in einer Weise zu verfolgen, wie es bisher nicht möglich war. Nicht weil sie die alte »menschliche« Gesellschaft umstürzen und uns in formale Cyborgs oder »posthumane« Geister verwandeln, sondern genau aus dem entgegengesetzten Grund: Sie machen *sichtbar*, was vorher nur virtuell präsent war. In früheren Zeiten war Kompetenz eine eher mysteriöse Angelegenheit, die schwer zurückzuverfolgen war; daher konnte man sie sozusagen nur en gros bestellen. Sobald Kompetenz jedoch in Bauds und Bytes entlang von Modems und Routern gezählt werden kann, sobald sie Schicht für Schicht geschält werden kann, öffnet sie sich der Feldforschung. Jede einzelne Schicht hinterläßt eine Spur, die nun einen Ursprung hat, ein Etikett, ein Transportmittel, eine Zirkulationsbahn, manchmal sogar ein Preisschild.[21] Dank der Informationstechnologien können wir verstehen, daß es niemals

20 Diese Vielfalt von Plug-ins ist deutlich sichtbar in Thévenots Liste von Handlungsregimen. Siehe Thévenot (2002), »Which Road to Follow?«.

21 Die massive Digitalisierung vieler Typen von Dokumenten bietet Tarde vielleicht eine späte Revanche. Die dürftige Statistik, die am Ende des 19. Jahrhunderts verfügbar war, konnte seinen Ansprüchen nach einer Punkt-zu-Punkt-»Epidemiologie« nicht Geltung verschaffen. Es ist interessant, darüber nachzudenken, daß die Möglichkeit einer in Tardescher

eine Frage des alles oder nichts ist, die Ausrüstung eines Menschen hervorzubringen, sondern das provisorische Resultat einer ganzen Versammlung von Plug-ins verschiedenster Herkunft. Ein realistisches Ganzes zu sein ist nicht unstrittiger Ausgangspunkt, sondern die provisorische Realisierung einer buntscheckigen Assemblage.[22]

So wie die von Bürokratien und Industrien geschaffene Arbeitsteilung Durkheim und Weber half, ihre eigenen Definitionen sozialer Verknüpfungen aufzuzeichnen, helfen uns die Informationstechnologien, die Arbeit zu erfassen, die bei der Akteur-Produktion geleistet wird. Es ist nun sehr viel leichter, den Akteur nicht als ein Subjekt zu betrachten, das mit irgendeiner primordialen Innerlichkeit ausgestattet ist und seinen Blick auf eine objektive Welt richtet, die aus rohen Dingen besteht, denen es sich widersetzen muß oder aus denen es sich ein symbolisches Gebräu brauen kann. Statt dessen sollten wir nun imstande sein, empirisch zu beobachten, wie ein anonymer und generischer Körper dazu gebracht wird, eine Person zu werden: Je intensiver der Schauer angebotener Subjektivitäten, desto mehr Innerlichkeit erhält

Tradition quantitativen Soziologie sich vielleicht jetzt eröffnet. Wir haben nun quasi-quantitative Werkzeuge, die uns erlauben, auf die gleiche Weise Gerüchte, Meinungen, Fakten und Phantasien zu verfolgen. Siehe Rogers (2005), *Information Politics on the Web*. Über das Aufzeichnen neuer *Quanten* siehe Michel Callon (2001), »Les méthodes d'analyse des grands nombres«.

22 Niemand hat dieses Argument emphatischer vertreten als Donna Haraway (2000), *How like a Leaf: an Interview with Thyrza Goodeve*. Doch vermutlich ist es die Queer-Theorie, in der die Vorstellung vielfacher Schichten und artifizieller Konstruktion am besten angewandt werden kann; vgl. F. Cusset (2002), *Queer critics. La littérature française déshabillée par ses homo-lecteurs*. Trotz einiger posthumanistischer Ideologien und Massen kritischer Soziologie bietet sie eine umfangreiche Baustelle hinsichtlich der Anzahl von Elementen, die abgelöst und zum Zirkulieren gebracht werden können. Für eine andere Argumentationslinie siehe Stefan Hirschauer (1998), »Performing Sexes and Genders in Medical Practice«.

man.[23] Subjekte sind nicht autochthoner als face-to-face-Interaktionen. Auch sie sind abhängig von einer Flut von Entitäten, die ihnen zu existieren erlauben. Ein »Akteur« zu sein ist nun endlich eine vollständig artifizielle und vollständig nachzeichenbare Versammlung: Was vorher nur für den Leviathan galt, gilt jetzt ebenso für jede seiner »Komponenten«. Dieses Resultat wird später für unsere Definition von Politik wichtig sein.

Einige Plug-ins sind recht leicht nachzuzeichnen. Beispielsweise gibt es all jene offiziellen und gesetzlichen Papiere, die »Sie« als *jemanden* bezeichnen. Wenn Sie die Fähigkeit dieser schlichten Papiertechniken bezweifeln, *Quasi-Subjekte* hervorzubringen, versuchen Sie einmal, in einer großen europäischen Stadt als »Ausländer ohne Papiere« zu leben oder sich dem Zugriff des FBI zu entziehen, in den Sie aufgrund einer falschen Schreibweise Ihres Namens geraten sind. Andere Transportmittel hinterlassen derart subtile Spuren, daß es scheint, als seien sie wirklich immateriell. Doch wenn wir unsere Einstellung beibehalten, können wir ihnen ebensogut folgen: Wie viele umlaufende Klischees müssen wir absorbiert haben, bevor wir die Kompetenz besitzen, eine Meinung über einen Film, einen Gefährten, eine Situation, eine politische Einstellung zu äußern? Wenn wir damit begännen, den Ursprung jeder unserer Eigenheiten zu überprüfen, wären wir dann nicht auch hier wieder in der Lage, dieselbe sternförmige Gestalt zu zeichnen, die uns zwänge, viele Orte, Menschen, Zeiten und Ereignisse wieder aufzusuchen, die wir größtenteils schon vergessen hatten? Dieser Ton der

23 Eine wunderbare Allegorie dieser geschichteten Zusammensetzung wird von der computer-generierten Bilderwelt geliefert. *Siggraph*-Meetings in Los Angeles haben beispielsweise ganze Sektionen, die sich damit beschäftigen. Es gibt einen Morgen, der sich mit dem Schimmern von Nylon beschäftigt, einen Nachmittag mit der Lichtbrechung auf roten Haaren, einen Abend mit der »realistischen Wiedergabe« von Schlägen und so weiter. Wie üblich ist die »virtuelle« Realität eine Materialisierung dessen, was für »natürliche« Realität benötigt wird.

Stimme, diese ungewöhnliche Ausdrucksweise, diese Handbewegung, diese Gangart, diese Körperhaltung – sind sie nicht alle ebenfalls zurückverfolgbar?[24] Und dann ist da noch die Frage Ihrer inneren Empfindungen. Sind sie Ihnen nicht gegeben worden? Hilft Ihnen die Lektüre von Romanen nicht dabei zu wissen, wie man liebt? Wie würden Sie wissen, zu welcher Gruppe Sie gehören, ohne ständig einige der kulturellen Klischees herunterzuladen, mit denen die anderen Sie bombardieren?[25] Ohne das Verschlingen zahlloser Modemagazine, wüßten Sie, wie man einen Kuchen backt? Und was ist damit, wie Sie ein Kondom anlegen, Ihre Geliebte trösten, Ihr Haar bürsten, für Ihre Rechte kämpfen oder die richtigen Kleider auswählen? Zeitschriften helfen auch hierbei. Wenn Sie in jeder Zeitschriftenrubrik nur den bloßen »Ausdruck« irgendeiner dunklen sozialen Kraft sehen, dann verschwindet deren Wirksamkeit. Doch wenn Sie sich daran erinnern, daß es nichts jenseits und darunterliegend gibt, daß es keine Hinterwelt des Sozialen gibt, kann man dann nicht fairerweise sagen, daß sie einen Teil Ihrer eigenen kostbaren Intimität ausmachen? Inzwischen sind wir vertraut mit dem, was nun nicht länger als paradox erscheint: Sobald die überall vorhandene Gesellschaft verschwindet, kann das volle Spektrum dessen, was »außen« zirkuliert, in den Vordergrund gerückt werden.

Aber nur, wenn wir einen anderen Strom, einen anderen Kreislauf hinzufügen, durch den Plug-ins den Akteuren die zusätzlichen Werkzeuge – die Seelensupplemente – bereitstellen, die erforderlich sind, um eine Situation interpretier-

24 Jean Claude Schmitt (1990), *La Raison des gestes dans l'Occident médiéval*; Jan Bremmer und Herman Roodenburg (1992), *A Cultural History of Gesture. From Antiquity to the Present Day*; sowie Geneviève Calbris (1990), *The Semiotics of French Gesture*.

25 Dies ist der Hauptgrund für den bleibenden Einfluß der exteriorisierten Psychologie von Lev Semjonovich Vygotskij (1978), *Mind in Society. The Development of Higher Cognitive Processes*.

bar zu machen.[26] Beispielsweise hat ein Supermarkt Sie als Verbraucher vorformatiert, aber nur als einen generischen. Damit Sie sich in einen aktiven und verstehenden Verbraucher verwandeln, müssen Sie ebenfalls mit der Fähigkeit ausgestattet sein, *zu rechnen* und *auszuwählen*. Für eine solche Kompetenz gab es in der Soziologie des Sozialen nur zwei Quellen: Entweder war man mit ihr geboren worden – so als hätte die Darwinsche Evolution vom Anbeginn der Zeiten Männer und Frauen darauf vorbereitet, Supermarkt-Kalkulierer und optimale Kosten-/Nutzen-Maximierer zu sein –, oder man wurde zu einem cleveren Verbraucher geformt durch den Einfluß einer mächtigen ökonomischen Basis. Doch mit der neuen Topographie, die wir entwerfen, ist eine andere Quelle der Kompetenz vielleicht an den Fingerspitzen zu lokalisieren: Dort zirkulieren Plug-ins, die sich *abonnieren* lassen und die man auf der Stelle herunterladen kann, um lokal und provisorisch kompetent zu *werden*.

Wenn man Supermärkte auf diese Weise betrachtet, beginnt sich ein Spektrum unzähliger Werkzeuge abzuzeichnen, von denen jedes einen mit der Möglichkeit ausstatten kann, Berechnungen irgendwie kompetenter durchzuführen. Selbst wenn man die banale Entscheidung zu treffen hat, welche Art von verpacktem Schinken man wählen soll, zieht man Nutzen aus Dutzenden von Meßinstrumenten, die einen ausrüsten, um zu einem sachkundigen Verbraucher zu werden – Etiketten, Marken, Barcodes, Gewichts- und Meßketten, Indices, Preise, Verbraucherzeitschriften, Gespräche mit anderen Käufern, Anzeigen und so weiter.[27] Das Entscheidende ist, daß man diese mentale und kognitive Kompetenz so lange aufrechterhält, solange man diese Ausrüstung *bezieht*. Man trägt sie nicht mit sich herum; sie gehört einem

26 Aus diesem Grund bleibt Bourdieus Begriff des Habitus, sobald er von seiner Sozialtheorie befreit ist, ein solch exzellentes Konzept. Das gleiche gilt für den Begriff der Ausrüstung, wie ihn Thévenot entwickelt in Thévenot (2002), »Which Road to Follow?«

27 Siehe Cochoy (2002), *Une sociologie du packaging*.

nicht. Vielleicht hat man sie ein wenig verinnerlicht, doch selbst für diese Leistung des Verinnerlichens muß man ein weiteres Plug-in herunterladen! Wenn Sie versuchen, eine rationale Berechnung *ohne* solch eine Ausrüstung durchzuführen – beispielsweise die Entscheidung zu treffen, Universal Panoramas zu kaufen, um zur World Company zu werden –, dann haben Sie für ihre »Makro-Entscheidung« vielleicht nicht mehr zur Verfügung als grobe Schätzungen auf der Rückseite eines Briefumschlags; Sie werden nicht länger die Kompetenz *besitzen*, überhaupt rational zu sein.[28] Auch hier wieder ist es realistisch gesehen sehr viel sinnvoller, die beiden bekannten Stätten – die Marktkräfte und den individuellen Agenten – vollständig zu umgehen.

Marcel Mauss definiert den »Habitus« und skizziert dasselbe Soziale wie Tarde

Eine Art Erleuchtung kam mir im Krankenhaus. Ich war krank in New York. Ich fragte mich, wo ich junge Mädchen gesehen hatte, die wie meine Krankenschwestern gingen. Ich hatte genug Zeit, darüber nachzudenken. Ich fand schließlich heraus, daß es im Kino gewesen war. Nach Frankreich zurückgekehrt, bemerkte ich vor allem in Paris die Häufigkeit dieser Gangart; die jungen Mädchen waren Französinnen und gingen auch in dieser Weise. In der Tat begann die

28 Wie die jüngere Wirtschaftsgeschichte zeigt, sind große Entscheidungen weniger rational als kleine, weil sie viel weniger ausgerüstet erfolgen. Keine Ausrüstung – keine Rationalität: in MacKenzies Werk gibt es einen direkten Zusammenhang zwischen seiner früheren Untersuchung von Theoremen und seiner gegenwärtigen Untersuchung von Märkten. Siehe Donald MacKenzie (2001), *Mechanizing Proof. Computing, Risk, and Trust (Inside Technology)* und MacKenzie (2006), *An Engine, Not a Camera*. Der gleiche Trend ist sichtbar in Karin Knorrs Schritten von der Laborwissenschaft – in Knorr Cetina (2002), *Wissenskulturen* – zur Markt-»Rationalität« – in Knorr Cetina und Bruegger (2006), »Global Microstructures«. Ohne Ausrüstung keine Rationalität.

amerikanische Gangart durch das Kino bei uns verbreitet zu werden. Dies war ein Gedanke, den ich verallgemeinern konnte. Die Stellung der Arme, der Hände während des Gehens, stellen eine soziale Eigenheit dar und sind nicht einfach ein Produkt irgendwelcher rein individueller, fast ausschließlich psychisch bedingter Handlungen und Mechanismen. Beispiel: Ich glaube, ein junges Mädchen erkennen zu können, das im Kloster erzogen wurde. Sie geht meistens mit geschlossenen Fäusten. Ich erinnere mich auch noch an meinen Lehrer in der Tertia, der mir zurief: »Du komische Kreatur, was läßt du beim Gehen immer deine großen Hände geöffnet!« Also gibt es ebenso eine Erziehung zum Gehen.

Anderes Beispiel: Es gibt Stellungen der Hand beim Essen, schickliche und unschickliche. So können Sie mit Sicherheit annehmen, daß, wenn ein Kind am Tisch mit an den Körper gepreßten Ellbogen sitzt und – wenn es nicht ißt – die Hände auf den Knien liegen hat, es sich um einen Engländer handelt. Ein junger Franzose hat keine gute Haltung mehr: Er hat die Ellbogen abgespreizt; er stützt sie auf den Tisch und so weiter.

Was schließlich das Laufen betrifft, habe ich – ebenso wie Sie alle – die Veränderung der Technik beobachtet. Stellen Sie sich vor, mein Sportlehrer, der einer der Besten um 1860 in Joinville war, hat mir beigebracht, mit den Fäusten am Körper zu laufen: eine Bewegung, die allen Laufbewegungen zuwider ist; ich mußte 1890 professionelle Läufer sehen, um zu begreifen, daß man anders laufen muß.

Ich hatte also während vieler Jahre diese vage Vorstellung von der sozialen Natur des »habitus«. Ich bitte Sie zu bemerken, daß ich in gutem Lateinisch, das in Frankreich verstanden wird, »habitus« sage. Dieses Wort ist weitaus besser als »Gewohnheit«, »das Bestehende«, »das Erworbene« und die »Fähigkeit« im Sinne von Aristoteles (der ein Psychologe war). Es bezeichnet nicht jene metaphysischen Gewohnheiten, jene mysteriöse »Erinnerung«, Thema umfangreicher Bücher oder kurzer, berühmter Abhandlungen. Diese »Ge-

> *wohnheiten« variieren nicht nur mit den Individuen und ihren Nachahmungen, sie variieren vor allem mit den Gesellschaften, den Erziehungsweisen, den Schicklichkeiten und den Moden, dem Prestige. Man hat darin Techniken und das Werk der individuellen und kollektiven praktischen Vernunft zu sehen, da, wo man gemeinhin nur die Seele und ihre Fähigkeiten der Wiederholung sieht.* (Mauss 1989, S. 202)

Kognitive Fähigkeiten liegen nicht »in mir«, sondern sind in der gesamten formatierten Umgebung verteilt, die nicht nur aus Lokalisatoren besteht, sondern auch aus vielen Vorschlägen, wie Kompetenz aufzubauen sei, aus zahlreichen kleinen intellektuellen Technologien.[29] Auch wenn sie von außen kommen, sind sie nicht aus irgendeinem mysteriösen Kontext herabgestiegen: Jede von ihnen hat ihre Geschichte, die sich – mehr oder weniger leicht – empirisch nachzeichnen läßt. Jedes Patch kommt mit seinem eigenen Transportmittel daher, dessen Gestalt, Kosten und Zirkulation kartographiert werden können – wie es Historiker der Buchführung, kognitive Anthropologen und Psychologen so eindrucksvoll demonstriert haben. Wenn es etwas gibt, das nicht »im« Agenten ist, so sind es diese vielen Schichten von Kompetenzproduzenten, die wir ständig herunterladen müssen, um für eine Weile irgendeine Art von Fähigkeit zu gewinnen. Darin sollte der Vorteil einer flach gehaltenen Landschaft bestehen: Wenn ich eine solche Aussage treffe, so bedeutet sie

29 Diese Ausbreitung steht im Zentrum des Forschungsfeldes der verteilten Kognition: »Verinnerlichung hatte lange die Konnotation eines Dings, das sich über eine Grenze bewegt. Beide Bestandteile dieser Definition sind irreführend. Was sich bewegt, ist kein Ding, und die Grenze, über die die Bewegung stattfindet, ist eine Linie, die, wenn sie zu fest gezogen wird, unser Verständnis von der Natur der menschlichen Kognition verdunkelt. In dieser größeren Analyseeinheit wird das, was früher als Verinnerlichung erschien, nun zu einer *graduellen Ausbreitung* oder Fortpflanzung organisierter funktionaler Eigenschaften durch eine Reihe von geschmeidigen Medien.« (Hutchins [1995], *Cognition in the Wild*, S. 312 [meine Hervorhebung]).

nicht länger, daß ich auf die andere symmetrische Lösung zurückfalle und sagen muß, daß diese Schichten »natürlich« von irgendeinem »sozialen Kontext« gehalten werden. Im Gegenteil: Daß sie in ihren eigenen Kanälen zirkulieren, bedeutet, daß sie weder aus dem Kontext noch aus der Subjektivität des Akteurs stammen noch schließlich aus irgendeinem schlauen Kompromiß zwischen den beiden.
Aber was ist mit mir, dem *Ego*? Bin ich nicht in der Tiefe meines Herzens, in den Windungen meines Gehirns, in der innersten Sphäre meiner Seele, in der Regsamkeit meines Geistes, ein »Individuum«? Natürlich bin ich es, doch nur solange ich individualisiert, spiritualisiert, interiorisiert worden bin. Gewiß ist die Zirkulation dieser »Subjektivierer« oft schwerer zu verfolgen. Doch wenn man nach ihnen sucht, findet man sie überall: Fluten, Schauer, Schwärme von Psycho-*Morphs*, wie man sie nennen könnte, weil sie einem buchstäblich die Form einer Psyche verleihen. Nehmen wir zum Beispiel Liebesgespräche. Wenn Sie die Wirksamkeit dieser Art von Transport bezweifeln, machen Sie das Experiment. Versuchen Sie, eine Weile ohne sie zu leben, und Sie werden sehen, wie schnell »Sie« – das primordiale »Ich« – einfach verdorren werden.[30] Sogar Liebe, ja Liebe im besonderen kann als das gedeutet werden, was von außen kommt, als eine irgendwie wunderbare Gabe, um ein Innen zu schaffen. Und es ist gewiß die Weise, wie sie in Gedichten, Liedern und Gemälden vorgezeichnet wird, nicht zu vergessen das endlose Gefolge von Engeln, Cherubinen, Putten und Pfeilen, deren objektive Existenz, ja *objektive*, ebenso in Betracht gezogen werden sollte. Selbst die Liebe muß ihr Transportmittel, ihre spezifischen Techniken, ihre Verhaltensweisen, ihre Ausrüstung haben, genauso wie ein Handelsraum, ein Hauptquar-

30 Es gibt eine kleine, doch aussagekräftige Reihe von Schriften, angefangen beim Klassiker Denis de Rougemont (1966), *Die Liebe und das Abendland*, bis hin zu Ulrich Beck und Elisabeth Beck-Gernsheim (1990), *Das ganz normale Chaos der Liebe*, und Sabine Chalvon-Demersay (1986), *Mille scénarios. Une enquête sur l'imagination en temps de crise.*

tier oder eine Fabrik. Natürlich wird das Medium ein anderes sein und somit auch das, *was* transportiert wird, doch die allgemeine abstrakte Form wird die gleiche sein – und es ist diese rein theoretische Form, die ich im Moment festhalten will. Was ich hier zu tun versuche, ist einfach, zu zeigen, wie die Grenzen zwischen Soziologie und Psychologie vielleicht ein für allemal umgekrempelt werden könnten. Dafür gibt es nur eine Lösung: Jede einzelne Entität, die die frühere Innenwelt bevölkerte, aus der Außenwelt kommen lassen, nicht als negativer Zwang, der »die Subjektivität einschränkt«, sondern als ein positives *Angebot* zur Subjektivierung.[31] Sobald wir dies tun, nimmt der frühere Akteur, Teilnehmer, Agent, Person, Individuum – ganz gleich, unter welchem Namen – dasselbe sternförmige Aussehen an, das wir früher schon beobachtet hatten, als wir das Globale flach machten und das Lokale um-verteilten. Er wird *dazu gebracht*, ein Individuum/Subjekt *zu sein*, oder er wird *dazu gebracht*, ein Statist, eine Nicht-Entität *zu sein*, und zwar durch einen Schwarm anderer Existenzformen. Jede Kompetenz, tief drinnen im Schweigen der Innenwelt, muß erst aus dem Außen kommen, damit sie langsam einsickern und in irgendeinem gut gebauten Keller abgelagert werden kann, dessen Türen dann sorgsam versiegelt werden.[32] Nichts von alledem stellt eine Gegeben-

31 Foucaults Spätwerk ist ein gutes Beispiel für die Fruchtbarkeit dieser Denklinie, auch wenn die Konstruktion der menschlichen Psyche hier etwas getrübt wird durch das eher überholte Thema vom »Tod des Subjekts«. Entgegen dem, was Foucault selbst dazu gesagt hat, sind die beiden parallel, nicht widersprüchlich. Doch keines dieser Werke hat die sukzessiven Schichten der notwendigen Ausrüstungen besser herausgearbeitet als Michel Foucault (1989), *Sexualität und Wahrheit*, Bd. 3: *Die Sorge um sich*.

32 Durkheim zeigte, wie all die logischen und persönlichen Kategorien innen die Übersetzung und Verinnerlichung des Außen sind. Doch dieses Außen wurde fälschlicherweise für eine Gesellschaft gehalten, und damit startete, trotz Tardes Warnungen, die leere Debatte zwischen Psycho-logie und Sozio-logie. Es ist interessant, die beiden folgenden Quellen der Soziologie zu vergleichen: zum einen Gabriel Tarde (1999 [1893]), *La logique sociale* und zum anderen Émile Durkheim und Marcel Mauss (1987 [1903]), »Über einige primitive Formen von Klassifikation. Ein Beitrag zur Erforschung der kollektiven Vorstellungen«.

heit dar. Innenwelten werden auf dieselbe komplizierte Weise gebaut wie die Grabkammer des Horus im Zentrum der Cheops-Pyramide. Das alte empiristische Motto war gar nicht so verkehrt: *nihil est in intellectu, quod non sit prius in sensu* (nichts ist innen, was nicht von außen gekommen ist), auch wenn man seine Bedeutung ein wenig modifizieren muß: Dem Subjekt gehört nichts, was ihm nicht vorher gegeben worden ist. Ist dies nicht auch die stärkste Intuition der Sozialwissenschaften: »Sind wir nicht von außen geformt worden?« Natürlich hängt die Bedeutung dieses kniffligen Satzes vollkommen davon ab, was man unter dem kleinen, unschuldigen Wort »außen« versteht.

Von Akteuren zu Verknüpfungen

Bin ich nicht von der Skylla zur Charybdis abgetrieben worden? Was bedeutet es, zu sagen, Psycho-Morphs kämen von außen? Habe ich die Dichotomie global/lokal so stark bekämpft, nur um sie schließlich in ihrer ältesten Verkleidung wieder zu inthronisieren, nämlich im Gegensatz zwischen Innenwelt und Außenwelt, dem bekannten Repertoire, aus dem sich der Streit zwischen Psychologie und Soziologie nährt? Was für ein gewaltiger Rückschritt! Will ich wirklich in jene Zeit zurückkehren, in der die Akteure als Marionetten betrachtet wurden, die gegen ihren Willen durch unzählige unsichtbare Fäden manipuliert werden?[33] Warum die globale Struktur und die unmittelbaren Interaktionen aufgeben, nur um dann die intimste Subjektivität der Per-

33 Wie der Name bereits impliziert, ist der Poststrukturalismus das Überbleibsel des Strukturalismus, nachdem die Struktur verschwunden ist, einem Huhn vergleichbar, das immer noch weiterläuft, nachdem ihm der Kopf abgeschlagen wurde. Obwohl er die Suche nach Kohärenz verabschiedet hat, hat der Poststrukturalismus dieselbe Definition von Kausalität beibehalten: einige wenige Ursachen, denen eine lange Reihe von passiven Platzhaltern oder, wie ich sie genannt habe, Zwischengliedern folgt.

son in Feldern anonymer Kräfte zu ertränken? Handeln ohne Akteure! Subjektivität ohne Subjekte! Zurück in die glorreichen sechziger Jahre! Doch was gewinnt man damit? Nun, genau hier findet sich vielleicht der durch die ANT erzielte Gewinn. Nachdem die Landschaft flach gemacht worden ist, hat sich die Außenwelt selbst erheblich verändert: Sie besteht nicht länger aus Gesellschaft – und auch nicht aus Natur. Indem man *sowohl* die unbegreifliche Subjektivität *als auch* die widerspenstige Struktur los wird, ist es vielleicht zuletzt möglich, die Flut *anderer* subtiler Kanäle in den Vordergrund bringen, die es uns erlauben, ein Individuum *zu werden* und etwas Innerlichkeit *zu gewinnen*.[34]

Die Schwierigkeit beim Verfolgen dieser Typen von »subjekt-transportierenden« oder psycho-morphen Mittlern besteht darin, daß sie, von »außen« kommend, *die gleiche Art von Zwängen* zu transportieren scheinen, wie sie von den Soziologen des Sozialen für ihre Definition von Gesellschaft in Anspruch genommen werden.[35] Und selbstverständlich gab es bei dem, was jene Soziologen unter »Außenwelt« verstanden – nämlich die zwingende Macht von sozialem Kontext oder kausaler Determination der Natur –, nicht die geringste Chance für Plug-ins, irgend etwas *Positives* im Akteur zu hinterlegen. Die strukturellen Kräfte mußten die meiste Arbeit erledigen – abgesehen von ein paar kleinen marginalen Anpassungen durch die Individuen. Für die Soziologen mit ihrer wirklichkeitsfremden Handlungstheorie war das die einzige vorstellbare Form, in der die Fäden des Puppenspie-

34 Mit seinem dreibändigen Werk über die verschiedenen Typen von Sphären bietet uns Peter Sloterdijk eine zugleich starke wie neue Metapher an, um der Dichotomie Innenwelt/Außenwelt zu entgehen. Vgl. Peter Sloterdijk (2004), *Sphären. Bd. 3 Schäume.*

35 Siehe die inzwischen klassischen Arbeiten, initiiert von Anne-Nelly Perret-Clermont (1979), *La Construction de l'intelligence dans l'intéraction sociale*, sowie die darin erfolgte frühe Kritik an Piagets Verbindung zwischen Sozialtheorie und Epistemologie.

lers die Marionette aktivieren konnten.[36] Doch für uns gibt es nicht länger irgendeinen Grund, uns von dieser seltsamen Art und Weise einschüchtern zu lassen, sich den Import einer Kraft von außen vorzustellen. Denn wir haben zwei sukzessive Fehler in der Soziologie des Sozialen entdeckt: den einen in der Definition der Ursache und den anderen im Transportmittel, das die Wirkung zu transportieren hatte. Das Verhältnis zwischen Puppenspielern und ihren Puppen ist weitaus interessanter, als es in diesem soziologischen Zerrbild erscheint.[37] Außerdem haben wir gelernt, wie wir zwei Mißverständnisse berichtigen können: Wir wissen, daß Mittler keine Ursachen sind und daß ohne Transformationen oder Übersetzungen kein Transportmittel irgendeine Wirkung übertragen kann. Entlang den Fäden passiert etwas, daß es den Marionetten erlaubt, sich zu bewegen.

Die hoffnungslose Arbeitsteilung zwischen Psychologie und Soziologie beginnt sich vielleicht zu verändern, wenn die Definition der »Außenwelt« aufgelöst und durch die Zirkulation von Plug-ins ersetzt wird. Während keines der Plug-ins die Macht hat zu determinieren, können sie vielleicht einfach jemanden *dazu bringen*, etwas *zu tun*. Wir sind nun in der Lage, beides zusammenzuführen und die Vorstellung der Außenwelt ein für allemal aufzufrischen: Sie ist nicht an derselben Stelle situtiert, und der Einfluß, den sie ausübt, macht sich durch eine vollkommen andere Handlungstheorie geltend. Die Außenwelt ist weder ein Kontext, der aus sozialen Kräften »besteht«, noch »determiniert« sie das Innen.

Die einschneidendste Konsequenz der Vorstellung eines Kontexts war, daß er uns zu einer doppelten Buchführung

36 Dieselbe Vorstellung vermittelt meine Version von *Roget's Thesaurus*! Es finden sich dort folgende Einträge: »dupe« (vorspiegeln), »image« (Abbild), »non-entity« (Nicht-Wesen), »slave« (Sklave). Kein Wunder, daß die Debatte zwischen der Psychologie und der Soziologie niemals auf einen grünen Zweig kommt.

37 Siehe S. 102 und Bruno Latour (1999a), »Factures/fractures. From the Concept of Network to the Concept of Attachment«.

zwang: Was immer von außen kam, wurde von der Gesamtsumme der Handlung *abgezogen*, die den Handlungsträgern »innen« zugestanden wurde. Aus einer solchen Bilanz ging hervor, daß man *um so weniger selbst* handelte, je mehr Fäden man hinzufügte, die einen von außen zum *Handeln bringen*: Bei einer solchen Buchführung war diese Schlußfolgerung unausweichlich. Und wollte man, aus moralischen oder politischen Gründen, die Intention, Initiative oder Kreativität des Akteurs retten, so gab es nur einen einzigen Weg: Die Gesamtsumme des Handelns, das von innen kam, mußte erhöht werden, indem man *einige der Fäden abschnitt* und so jede Rolle dessen zurückwies, was nun als »Fesseln«, »äußere Zwänge«, »Grenzen der Freiheit« etc. betrachtet wurde. Entweder war man ein freies Subjekt, oder man lebte in elender Unterwerfung. Und natürlich verstärkten die kritischen Soziologen diese Tendenz, denn über die »äußere Einwirkung« des Sozialen konnten sie nur sprechen, indem sie sich an den »engen Schranken« ergötzten, die das »anonyme Gewicht der Gesellschaft« der »persönlichen Freiheit« aufzwang. Aber diese seltsame Landschaft deprimiert uns nicht länger. Die Außenwelt gleicht nie jener Wüste Gobi, wie sie die Soziologen des Kontexts erfunden haben, noch ist sie einfach bevölkert von Fakten; die Innenwelt gleicht niemals einer innersten Sphäre, die von kalten sozialen Kräften umgeben wäre wie eine einsame Insel von hungrigen Haien.[38] Innen und Außen sind, wie Hochs und Tiefs, Resultate, keine Ursachen. Die Aufgabe des Soziologen besteht nicht darin, ihre Grenzen im vorhinein festzulegen.[39]

Der Unterschied zwischen den beiden Theorien liegt nicht

38 Dieser Schritt ist komplementär zu dem, den ich mit dem »Außen« der Natur in Kapitel 5 von Latour (2001a), *Das Parlament der Dinge* unternommen habe.

39 Daß die individualistische und psychologische Interpretation Tardes durch Durkheim völlig irreführend ist, sieht man bei denjenigen, die sich gerade für eine verallgemeinerte Epidemiologie auf Tarde berufen, wie etwa Dan Sperber (1996), *La contagion des idées.*

nur in der Anzahl der Bindungen, sondern auch in der Handlungstheorie, die diese Bindungen miteinander verknüpft. Wie wir bereits sahen, ist an der Metapher der Marionetten nicht ihre Aktivierung durch die vielen Fäden falsch, die fest in der Hand ihrer Puppenspieler liegen, sondern das unplausible Argument, daß Herrschaft einfach durch sie hindurch *transportiert* werde, ohne jede Übersetzung. Natürlich sind Marionetten gebunden! Doch die Konsequenz besteht gewiß nicht darin, daß man zu ihrer Emanzipation alle Fäden abschneidet. Der einzige Weg für den Puppenspieler, die Puppen zu befreien, besteht darin, ein *guter* Puppenspieler zu sein. Ähnlich kann es auch für uns nicht darum gehen, die *Anzahl der Verknüpfungen* zu reduzieren, um endlich die innerste Sphäre des Selbst zu erreichen. Im Gegenteil, wie William James so großartig gezeigt hat, gibt es nur durch die Vervielfachung der Verknüpfungen mit der Außenwelt eine Chance, zu erfassen, wie das »Innen« eingerichtet wird.[40] Man muß eine Menge Subjektivierer abonnieren, um ein Subjekt zu werden, und eine Menge Individualisierer herunterladen, um ein Individuum zu werden – genauso wie man eine Menge Lokalisierer zusammenschalten muß, um einen lokalen Ort zu erhalten, und eine Menge Oligoptiken, damit ein Kontext andere Orte »beherrschen« kann.

Nur wenn die Alternative zwischen Akteur und System ignoriert wird – man beachte, daß ich nicht sage: überwunden, versöhnt oder aufgelöst –, kann das wichtigste Thema der Soziologie allmählich durchscheinen. Dies war Tardes Hauptbeitrag gegen Spencers Organismus und Durkheims Gesellschaft. Er artikulierte klar die Verpflichtung für einen Sozialwissenschaftler, eine *Intra*-Psychologie durch die vielen Vermittlungen hervorzubringen, die durch die *Inter*-Psychologie geboten werden, wobei erstere als eine Art Brük-

40 Das klassische Werk über diese »Exteriorisierung« ist nach wie vor William James (1890), *The Principles of Psychology.*

kenkopf für die zweite verstanden wurde.[41] Am Ende gewinnen wir vielleicht nur dadurch etwas »Intra-Psyche«, daß wir in Beziehung treten zu einer Menge von »Extra-Psychen«, man könnte sie auch bewußtseinsdurchschüttelnde Substanzen, nämlich Psycho*tropen* nennen oder – um noch einen weiteren Ausdruck für eine Seele generierende Entitäten zu verwenden – Psycho*gene*.[42] Wenn man das von außen Kommende als Mittler begreift, die eine Gelegenheit für den nächsten Agenten bieten, sich als Mittler zu verhalten, ändert sich vielleicht ein für allemal der ganze Schauplatz von Innen- und Außenwelt. Noch immer hält die Puppenspielerin viele Fäden in ihren Händen, doch jeder ihrer Finger wartet nur darauf, sich auf eine von der *Marionette* angezeigte Weise zu bewegen. Je mehr Fäden die Marionetten haben dürfen, desto artikulierter werden sie.[43]

Endlich haben wir uns von einer ganzen Reihe von Diskussionen freigemacht, die sich um das »relative Gewicht« von »individueller Freiheit« gegenüber »struktureller Determination« drehen: Jeder Mittler entlang jeder Handlungskette ist ein individualisiertes Ereignis, weil er mit vielen anderen individualisierten Ereignissen verknüpft ist. Dies ist vielleicht eine gute Gelegenheit, sich vom Begriff des »Akteurs« zu verabschieden, den ich die ganze Zeit als provisorischen Platzhalter verwendet habe. Falsch an dem Wort ist nicht, daß es so oft begrenzt wird auf Menschen – diese Schranke zu überschreiten haben wir gelernt –, sondern daß es stets einen

41 Doch leider verfügte er nicht über die Allegorie der Informationstechnologien, um sein Gewebe von Verknüpfungen zu materialisieren, und mußte sich statt dessen auf die unklare Metapher der »Nachahmungsstrahlen« stützen. Zu Tardes Grenzen siehe Karsenti (2002), »L'imitation: Retour sur le débat entre Durkheim et Tarde«.

42 Siehe Gomart (1999), *Surprised by Methadone* und Gomart (2002), »Methadone: Six Effects in Search of a Substance«.

43 Davon zeugt die starke Wirkung von Puppen auf das Publikum, die von einem sichtbaren Puppenspieler gehalten werden, wie es der Fall ist im japanischen *Bunraku*-Theater.

Ursprung von Initiative, einen Ausgangspunkt bezeichnet, das äußerste Ende eines in die andere Richtung verlaufenden Vektors. Solange die Soziologie des Sozialen herrschte, war es natürlich wichtig, die Betonung zu legen auf Akteure, Aktivität, Initiative, Interpretation, Improvisation, Legitimation, Interaktionen und so weiter, denn die einzig mögliche Aktivität, die der Kontext beisteuern konnte, bestand in einer Ursache auf der Suche nach Wirkungen, eines Mittlers auf der Suche nach passiven Zwischengliedern, die seine Kräfte getreu übertrugen. Doch in der ANT ist dies nicht länger notwendig: Die Handlungstheorie selbst ist eine andere, denn uns interessieren Mittler, die andere Mittler *dazu bringen*, Dinge *zu tun*. »Dazu bringen« ist nicht dasselbe wie »verursachen« oder »tun«: Im Zentrum dieser Tätigkeit gibt es eine Verlagerung, eine Verdoppelung, eine Übersetzung, die sofort das ganze Argument modifiziert. Vorher war es unmöglich, einen Akteur mit dem zu verknüpfen, was ihn zum Handeln brachte, ohne dafür angeklagt zu werden, ihn zu »beherrschen«, »einzuschränken« oder zu »versklaven«. Dies ist nicht länger der Fall. Je mehr *Verknüpfungen* er hat, desto mehr existiert er. Und je mehr Mittler es gibt, um so besser.[44]

Nun ist es der bislang in diesem Buch als Punkt, Atom oder Ursprung beibehaltene Akteur, der ebenfalls flach werden und gezwungen werden muß, eine sternförmige Gestalt anzunehmen. Wie sollen wir dieses neue »abgeflachte« und »umverteilte« Element nennen?* Ist es etwas, das »zum

44 Verknüpfung (*attachment*) ist ein anderes Wort für das, was ich mit dem improvisierten Ausdruck »*faitiche*« zu erfassen versuche. Siehe Latour (1996b), *Petite réflexion sur le culte moderne des dieux Faitiches*; Latour (2000), *Die Hoffnung der Pandora.* Siehe ebenfalls Emilie Gomart und An-

* Man findet bei Greimas, insbesondere in seiner Theorie der Modalitäten, wie auch in den Forschungen von Ducrot ein sorgfältig ausgearbeitetes Dossier, wenn auch nur linguistisch, zum selben Problem, von dem sich die Soziologie mit großem Nutzen inspirieren lassen kann. Vgl. O. Ducrot (1984), *Le Dire et le dit*; bei Greimas ist das »*faire faire*« [dazu bringen, zu tun] nur eine der möglichen Modalitäten; siehe A. J. Greimas und J. Courtès (1979), *Sémiotique*.

Handeln gebracht« wird? Ist es etwas, dessen Auslösung das Handeln auslöst?[45] Warum nicht »Akteur-Netzwerk« verwenden? Ich weiß, dieser Ausdruck ist seltsam, denn er kann genausogut das Gegenteil bedeuten, nämlich eine Lösung für das Akteur/System-Dilemma, und eine solche haben wir soeben verworfen. Aber das Wort ist bereits zur Hand und letztlich gar nicht so schlecht gewählt. Somit ist ein Akteur-Netzwerk das, was zum Handeln gebracht wird durch ein großes sternförmiges Geflecht von Mittlern, die in es und aus ihm herausströmen. Es wird durch seine vielen Bande zum Existieren gebracht: Zuerst sind die Verknüpfungen da, dann folgen die Akteure. Eine solche Formulierung hat selbstverständlich einen »soziologistischen« Beigeschmack, allerdings nur, solange wir zuviel Wert auf das »sein« legen und nicht genügend auf das »haben«. Wie Tarde schon vor langer Zeit betont hat, ist die Wortfamilie von »haben« sehr viel reicher als die von »sein«, denn bei letzterem kennt man nie Grenze oder Richtung. Besitzen dagegen heißt auch, besessen zu werden; verbunden zu sein heißt, sowohl zu halten als auch gehalten zu werden.[46] Besitzen und seine Synonyme sind daher gute Wörter für eine überarbeitete Bedeutung dessen, was eine »soziale Marionette« sein könnte. Die Fäden sind noch da, aber sie transportieren Autonomie oder Verskla-

toine Hennion (1998), »A Sociology of Attachment: Music Amateurs, Drug Users«. [Eine pronociertere, wenn auch in vielen Kontexten nicht mehr durchzuhaltende Übersetzung für *attachment* könnte auch lauten: Halterung. Eine weitere wäre: Bindung. A. d. Ü.]

45 Siehe François Jullien (1999), *Über die Wirksamkeit.*

46 »Die gesamte Philosophie hat sich bisher auf das Verb *Sein* gegründet, und seine Definition galt als der zu entdeckende Stein des Weisen. Hätte man die Philosophie auf das Verb *Haben* gegründet, könnte man sagen, so wären viele fruchtlose Debatten [...] vermieden worden. Aus dem Grundsatz ›Ich bin‹ läßt sich mit noch so viel Subtilität keine andere Existenz als die meine ableiten; daher die Leugnung der Außenwelt. Wenn jedoch zunächst das Postulat ›*Ich habe*‹ als Grundtatsache aufgestellt wird, sind *Habender* und *Habe* gleichzeitig und untrennbar gegeben.« (Tarde [1999 (1895)], *Monadologie et sociologie*, S. 86).

vung je nachdem, *wie* sie gehalten werden.* Wenn wir von nun an von einem Akteur sprechen, sollten wir stets das große Netzwerk von Verknüpfungen hinzufügen, das ihn handeln macht. Und was die Emanzipation betrifft, so bedeutet sie nicht, »von Bindungen befreit«, sondern *gut* verbunden zu sein.

Trotz meiner Kritik am Gesellschaftsbegriff – dem Gegensatz zu dem von mir vorgeschlagenen Begriff des Kollektivs – bestünde eine noch radikalere Lösung darin, diese Bündel von Akteur-Netzwerken genau so zu betrachten, wie es Whitehead mit dem Wort »Gesellschaft« tut. Gesellschaften sind für ihn keine Gefüge sozialer Bindungen – in der Art, wie Durkheim oder Weber sie sich ausgemalt haben –, sondern sie sind all jene Bündel von zusammengesetzten Entitäten, die zeitlich und räumlich *dauern*.[47] In seinen Worten braucht eine Gesellschaft neue Assoziationen, um in ihrer Existenz fortzubestehen. Und natürlich erfordert eine solche Arbeit die Rekrutierung, Mobilisierung, Anwerbung und Übersetzung vieler anderer – möglicherweise des gesamten Universums. An dieser verallgemeinerten Definition von Gesellschaften fällt auf, daß die jeweiligen Bedeutungen von Subjektivität und Objektivität vollkommen umgekrempelt werden. Ist ein Subjekt alles das, was präsent *ist*? Ein Objekt alles das, was präsent *war*? So daß jede Assemblage, die den Preis für ihre Existenz in der harten Währung des Rekrutierens und Erweiterns zahlt, Subjektivität ist, oder eher: *hat*.

* Noch einmal Tarde: »Ein Wesen ist um so individueller, um so reeller, wie es reich ist an vielfachen und unterschiedlichen Bestimmungen, die im vorhinein unmöglich vorherzusehen und zu formulieren sind.« (Gabriel Tarde [1901], »La réalité sociale«, S. 463).

47 »Das Entscheidende an einer ›Gesellschaft‹, wie der Terminus hier verwendet wird, ist, daß sie sich selbst trägt; mit anderen Worten, daß sie ihre eigene Grundlage bildet.« (Alfred North Whitehead [1929 (1984)], *Prozeß und Realität. Entwurf einer Kosmologie*, S. 177). Siehe Didier Debaise (2006), *Un empirisme spéculatif. Lecture de* Procès et Réalité.

Dies gilt für einen Körper, eine Institution, sogar für ein historisches Ereignis, das Whitehead ebenfalls als Organismus bezeichnet. Subjektivität ist keine Eigenschaft menschlicher Seelen, sondern des Versammelns selber – natürlich nur, sofern es dauert. Wenn wir diese ungemein erweiterte Bedeutung von Gesellschaft bewahren könnten, würden wir wieder verstehen, was Tarde meinte, als er sagte, »daß jedes Ding eine Gesellschaft ist und jedes Phänomen eine soziale Tatsache«.*

* G. Tarde (1999 [1895]), *Monadologie et sociologie*, S. 58.

Dritter Schritt: Orte verknüpfen

Ist die Fabel »Vom Hasen und vom Igel« nicht eher die »Vom Hasen und von der Ameise«? Die eine Figur springt, rennt, hüpft, schlummert, wacht auf und schlägt einen Purzelbaum, so sicher ist sie, das Wettrennen zu gewinnen und sich die Siegesprämie schnappen zu können. Doch die andere Figur schläft nie. Sie stapft mühsam weiter, beißt sich unentwegt weiter durch; sie gönnt sich keine Pause vom Graben winziger Gänge, deren Wände aus nichts als Lehm und Speichel bestehen und durch die sie vor und zurück wandert. Und dennoch: Kann man nicht fairerweise sagen, daß die Ameise, zur großen Überraschung des Hasen, gewinnen wird? Indem wir hartnäckig bei der Vorstellung eines Flächenlands geblieben sind und jedesmal, wenn die Versuchung bestand, dreidimensionale Gestalten für selbstverständlich zu halten, Klammern befestigt haben, haben wir Verknüpfungstypen kenntlich gemacht, die vorher keine erkennbare Existenz besaßen – selbst wenn jeder die Empfindung hatte, daß sie da sein mußten. Weil wir uns weigerten, zum Kontext zu springen oder beim Lokalen zu bleiben oder eine Position dazwischen einzunehmen – können wir nun in unserem Bericht nicht eine Sicht des Sozialen erfassen, wie sie vorher selten zu sehen war?

Im ersten Kapitel von Teil II sahen wir, daß das abrupte Alternieren zwischen Mikro und Makro, Akteur und System vielleicht nicht einem wesentlichen Zug der Soziologie geschuldet war, sondern dem Schatten, der durch den politischen Körper auf die Gesellschaft projiziert wurde. Daher dachten wir uns zwei Lösungen aus, um den Drang zu unterbrechen, der den Beobachter von der lokalen Interaktion zum Kontext springen ließ oder von der Struktur zur situierten Praxis. Der erste Schritt verlegte das Globale, Kontextuelle und Strukturelle in winzige Orte hinein; er erlaubte uns herauszufinden, durch welche Zirkulationen in beiden Richtungen diese Orte eine Relevanz für andere erlangen konnten. Der zweite Schritt transformierte jede Stätte in den provisorischen Endpunkt einiger anderer Stätten, die in der Zeit und im Raum verteilt waren; jede Stätte wurde so zur Resultante von Existenzformen, die von ferne agieren. Wie ich den Leser mehrmals gewarnt habe, erscheint nur dann, wenn die beiden korrektiven Schritte beharrlich praktiziert werden, ein drittes Phänomen, das einzige, das die Mühen der Abstraktion wert war, die wir zu durchlaufen hatten.

Nun ist der Zeitpunkt gekommen, wo sich die Ameise ihre Siegesprämie abholen kann. Was geschieht, wenn wir die beiden Gesten – das Globale lokalisieren und das Lokale verteilen – *gleichzeitig* vollführen? Jedesmal, wenn eine Verbindung hergestellt werden muß, muß eine neue Leitung oder ein neuer Kanal gebahnt und ein neuer Typ von Entität durch sie transportiert werden. Was sozusagen »innerhalb« der Leitungen zirkuliert, sind gerade diejenigen Akte, die etwas eine Dimension verleihen. Wann immer ein Ort auf einen anderen einwirken will, muß er ein Medium durchlaufen und etwas den ganzen Weg hindurch transportieren; um mit dem Einwirken fortzufahren, muß er irgendeine mehr oder weniger dauerhafte Verbindung aufrechterhalten. Umgekehrt ist jeder Ort nun Zielpunkt vieler solcher Aktivitäten, die Kreuzung vieler solcher Fährten, der provisorische Aufenthaltsort vieler solcher Transportmittel. Die nun richtiggehend in Akteur-Netzwerke umgewandelten Orte treten in den Hintergrund; in den Vordergrund rücken Transportmittel, Verbindungen und Verknüpfungen. Damit gelangen wir zu einer Überlagerung verschiedener Kanäle, die so verwickelt und variationsreich ist wie jene, die ein Anatom sähe, wenn er gleichzeitig all die Nerven-, Blut-, Lymph- und Hormonbahnen farblich darstellen könnte, die den Organismus am Leben halten. »Wunderbare Netzwerke« (*retia mirabilia*) lautet ein Ausdruck, den die Histologen verwenden, um einige dieser außergewöhnlichen vom Mikroskop offenbarten Formen zu bezeichnen. Das Soziale erscheint nun so wunderbar wie der Körper. Könnte Soziologie, wie es Whitehead von der Philosophie sagte, nicht nur mit einem Wunder beginnen, sondern auch mit einem *enden*?

Es ist hoffentlich klar geworden, daß dieses bewußte Einebnen nicht bedeutet, die Welt der Akteure selbst sei eingeebnet worden. Im Gegenteil, ihnen wurde genug Raum gegeben, um ihre eigenen widersprüchlichen Gerundien zu entfalten: Skalieren, Zoomen, Einbetten, »Panoramisieren«, Individualisieren und so fort. Die Metapher des Flächenlands ist einfach ein Weg für die ANT-Beobachter, ihre Aufgabe deutlich von der Arbeit derer zu unterscheiden, denen sie überallhin folgen. Wenn die Analytiker es auf sich nehmen, im vorhinein und a priori den Maßstab festzulegen, in den alle Akteure hineingehören, dann wird ein Großteil der Arbeit der Akteure, die diese leisten, um Verbindungen *herzustellen*, ganz einfach aus dem Blickfeld verschwinden. Nur wenn Flachheit zur Standardeinstellung des Beobachters gemacht wird, kann die Aktivität, die notwendig ist, um einen Größenunterschied zu erzeugen, entdeckt und registriert werden. Wenn die geographische Metapher inzwischen ein wenig überstrapaziert erscheint, kann ich auch die Metapher der Buchführung heranziehen, obwohl ich sie vermutlich ebenfalls schon zu oft benutzt habe. Die Transaktionskosten für das Bewegen, Verbinden und Versammeln des Sozialen sind nun bis auf den letzten Cent zahlbar; denn wir können inzwischen der Versuchung widerstehen zu glauben, Skalierung, Einbettung und Zoomen seien umsonst zu haben, ohne Energieverbrauch, ohne die Rekrutierung manch weiterer Entität, ohne den Aufbau kostspieliger Verbindungen.

Ganz gleich, welche Metaphern wir vorziehen, sie können doch nichts weiter leisten, als ein Gegengewicht zum Gewicht der sozialen Trägheit zu bilden. Wieder einmal sieht es so aus, als sei für die ANT die Sozialtheorie nicht auf der gleichen Ebene lokalisiert wie für die Soziologen des Sozialen. Was letztere unter Theorie verstehen, ist ein positives, substantielles und überblickhaftes Bild der Ingredienzien, aus denen das Soziale gebildet wird – und solche Berichte können oft sehr suggestiv und eindrucksvoll sein. Mit der ANT zwingen wir die Theorie einen Schritt weiter in die Abstraktion hinein: Sie ist ein negatives, leeres, relativistisches Raster, das es uns erlaubt, *nicht* anstelle der Akteure die Zutaten des Sozialen zusammenzufassen. Da sie nie substantiell wird, besitzt sie nicht die Macht der anderen Berichtstypen. Doch genau darum geht es. Soziale Erklärungen sind in letzter Zeit zu billig, zu automatisch geworden; sie haben ihre Haltbarkeitsdaten weit überschritten – und für die kritischen Erklärungen gilt das um so mehr. Derart viele Zutaten sind in die Gesellschaft hineingepackt worden – Individuum, Kognition, Markt, Imperium, Struktur, face-to-face-Interaktionen –, daß es ebenso unmöglich geworden ist, sie wieder auszupacken, wie es unmöglich ist, die hunderttausend Zeilen Code zu lesen, aus denen ein Betriebssystem besteht, ganz zu schweigen davon zu versuchen, es neu zu schreiben. Aus diesem Grund müssen wir sicherstellen, daß jede Entität umgruppiert, neu verteilt, aufgetrennt, »de-sozialisiert« wird – im Sinne des Sozialen Nr. 1 –, so daß die Aufgabe, sie wieder zu versammeln – im Sinne des Sozialen Nr. 2 –, ernsthaft angegangen werden kann. Wenn wir zur ANT übergehen, gleichen wir trägen Autofahrern, die gerade angefangen haben, wieder zu Fuß zu laufen; wir müssen neu lernen, daß wir den Gipfel des Berges nur dann erreichen werden, wenn wir einen Schritt nach dem anderen tun, ohne zu springen oder zu rennen, den ganzen Weg hinauf bis zum bitteren Ende! Im Schlußkapitel werde ich zeigen, warum das nicht nur für die Wissenschaft, sondern auch für die Politik so wichtig ist.

Drei neue Fragen können nun angegangen werden. Die erste besteht darin, den Typus von Konnektoren auszumachen, die den Transport von Existenzformen über große Entfernungen ermöglichen, und zu verstehen, wieso sie das Soziale so effizient formatieren können. Die zweite Frage lautet, worin die Natur der so transportierten Existenzformen besteht, was uns dazu führt, dem von mir verwendeten Begriff des Mittlers eine präzisere Bedeutung zu verleihen. Und drittens, wenn das Argument der Verknüpfungen und Konnektoren richtig ist, dann sollte es möglich sein, uns einer logischen Konsequenz zu stellen, die die Leser sicher bereits beschäftigt hat: Was liegt *zwischen* den Verbindungen? Wie groß ist unser Nichtwissen bezüglich des Sozialen? Mit anderen Worten: Wie groß ist die *terra incognita*, die wir auf unseren Karten weiß lassen müssen? Nachdem wir uns in diesem Buch allzuoft darüber beklagt haben, daß das Soziale der Soziologen so schlecht verpackt sei – weder konnten wir seine Zusammensetzung inspizieren noch sein Haltbarkeitsdatum überprüfen –, ist nun der Zeitpunkt gekommen, die Arbeit der Sozialwissenschaften beim Aufzeichnen des Sozialen sehr viel positiver zu verstehen.

Von Standards zu versammelnden Aussagen

Bevor wir weitergehen, wollen wir einen kleinen Test durchführen, um zu sehen, ob wir in der Lage sind, einen Gegenstand anzugehen, bei dem die Größenordnung offensichtlich beteiligt ist, *ohne* daß wir selbst irgendeine Annahme über die jeweiligen Dimensionen all der Agenten entlang der Kette machen. Damit können wir überprüfen, wie geschickt wir darin geworden sind, sowohl das Lokale als auch das Globale zu umgehen.

Betrachten Sie etwa diese Serie von Photos, die zeigen, wie Alice in Frankreich an einer Parlamentswahl teilnimmt. Gehen Sie vom ersten bis zum letzten und versuchen Sie zu entscheiden, welches lokaler oder globaler als das andere ist. Das erste, auf dem Alice die Zeitung *Le Monde* studiert, um sich darüber klarzuwerden, welche Partei sie wählen soll, kann nicht deshalb als lokal bezeichnet werden, weil sie ganz allein an ihrem Frühstückstisch sitzt und liest. Dieselbe Ausgabe dieser Zeitung wird an diesem Tag von Millionen gelesen. Alice wird bombardiert mit einer Flut von Klischees, Argumenten, Kolumnen und Meinungen, aus denen sie einen eigenen Entschluß bilden soll. Das letzte Bild, das die Wahl zusammenfaßt, kann ebensowenig als global betrachtet werden, nur weil hier angeblich »ganz Frankreich« in einem Diagramm auf dem Bildschirm zusammengefaßt ist (mit dem überraschenden Resultat eines Siegs der Linken). Auf dem Bildschirm in Alicens Wohnung nimmt dieses Diagramm nur ein paar Zentimeter ein. Sobald wir also gewahr werden, daß keines der aufeinanderfolgenden Bilder in dieser Photomontage für größer oder kleiner als das andere gehalten werden kann, wird das entscheidende Merkmal ihrer Verknüpftheit vollständig sichtbar – auch wenn es nicht auf einer einzigen Photographie allein zu erfassen ist![1] Etwas zirkuliert hier vom ersten bis zum letzten Bild. In der Wahlkabine wird Alicens Meinung in ein Stück Papier transformiert, das, durch ihre Signatur beglaubigt, von den Wahlhelfern in eine Wahlurne gesteckt wird, wo es als eine anonyme Zahl in einer Zählung abgearbeitet wird, deren Summe an das zentrale Büro des Innenministeriums übermittelt wird, wo diese in zweifach überprüften Verfahren zu anderen dort eintreffenden Zählungen hinzuaddiert wird. Was ist die Beziehung zwischen der »kleinen« Alice und Frankreich »als ganzem«? *Dieser Pfad*, registriert durch *dieses* Instrument, macht es physisch möglich, durch die Zirkulation von Papiertechnologien eine Verknüpfung zwischen Alice und Frankreich zu sammeln, deren strenge Nachprüfbarkeit allmählich ausgearbeitet worden ist, im Laufe von zwei Jahrhunderten umstrittener Wahlrechtsreformen und gewalttätiger politischer Geschichte.[2] Sobald man eine Kluft zwischen »Interaktion« und »Kontext« einführt, verdunkelt man die komplexe Ma-

1 Für eine ausführlichere Entwicklung siehe Latour und Hermant (1998), *Paris ville invisible* und im Web ⟨http://bruno-latour.fr/virtual⟩, chapitre 2, plan 28. Man kann die Erfahrung anhand zahlreicher anderer Kapitel dieser Website wiederholen.

2 Siehe Latour und Weibel (2005), *Making Things Public*; Heurtin (1999), *L'espace public parlementaire*.

Monde

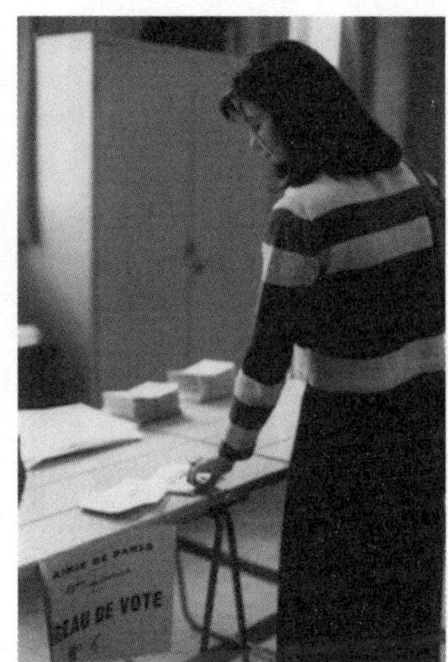
DE VOTE

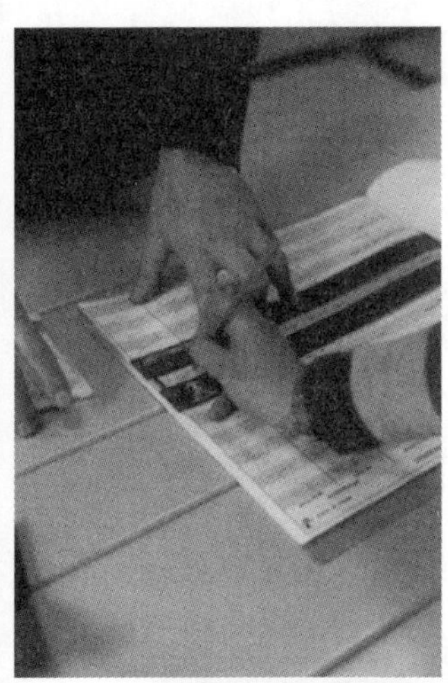

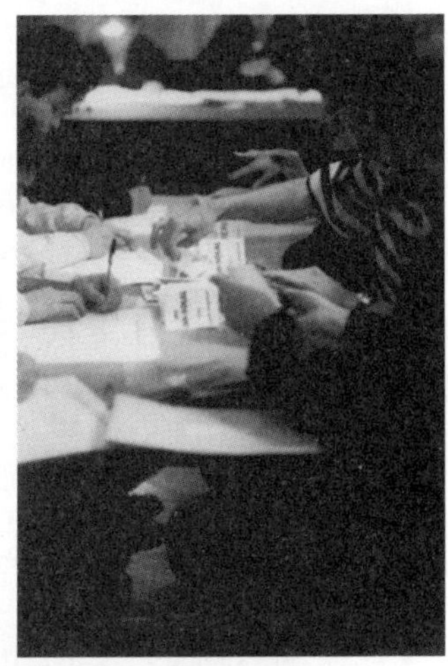

GAUCHE
DROITE
331
245
FN
1

schinerie, die kontinuierlich Verbindungen zwischen den verschiedenen Orten herstellt, von denen keiner groß oder klein ist.

Sobald wir uns darauf konzentrieren, was von Ort zu Ort zirkuliert, ist der erste Typ von Entitäten, der in den Fokus gerät: *Formen.*[3] Nur wenige Wörter sind mehrdeutiger, und doch ist dies die Art von Gegenstand, den uns der Wechsel in der Sozialtheorie in neuem Licht zu sehen erlaubt.[4] Gewöhnlich wird Form nicht in einem materialen, sondern formalen Sinn verstanden. Und wenn man vergißt, daß in einer flachen Welt keine Sprünge erlaubt sind, ist das Formale eine adäquate Beschreibung seiner selbst: Man wird versuchen, eine formale Beschreibung des Formalismus zu geben – und an solchen Unternehmen mangelt es weiß Gott nicht. Doch sobald man bemerkt, daß jeder Ort die Verbindung mit einem anderen Ort durch eine Fortbewegung bezahlen muß, nimmt der Begriff »Form« eine sehr konkrete und praktische Bedeutung an: Eine Form ist einfach etwas, das es erlaubt, etwas anderes von einem Ort an einen anderen zu transportieren. Form wird somit zu einem der wichtigsten Typen von Übersetzungen.
Eine solche Verlagerung vom Ideellen zum Materiellen läßt sich auf den heutzutage so wichtig gewordenen Begriff der *Information* erweitern. Eine Information zu liefern ist eine

3 Behalten wir im Sinn, daß »Ort« kein Synonym für die Vorstellung des »Lokalen« ist, die wir im letzten Kapitel verabschiedet haben. [Es sollte im folgenden ebenfalls im Sinn behalten werden, daß im Englischen *forms* auch Formulare bedeutet. A. d. Ü.]

4 Ich habe dafür den Ausdruck »Inskriptionen« (*inscription devices*) eingeführt in Bruno Latour und Steve Woolgar (1986), *Laboratory Life: The Construction of Scientific Facts*. Zu diesen Fragen der nicht-formalen Beschreibung des Formalismus siehe etwa die Einleitung von Serres in Michel Serres (Hg., 1994), *Elemente einer Geschichte der Wissenschaften* und selbstverständlich die ersten Arbeiten von Derrida: Jacques Derrida (1994), *Grammatologie.*

Handlung, die darin besteht, etwas in eine Form zu bringen.[5] Doch jetzt gewinnt das Wort eine sehr banale, praktische Bedeutung; es kann ein Papierschnipsel sein, ein Dokument, ein Bericht, ein Konto, eine Karte, was auch immer erfolgreich die unglaubliche Großtat vollbringt, eine Stätte ohne Deformation, aber mit massiven Transformationen an eine andere zu transportieren.[6] Man beachte im Fall von Alicens Stimmabgabe, wie viele Metamorphosen ihre Meinung durchlaufen hat, obwohl sie getreulich registriert wurde – sofern es unterwegs keinen Betrug gab. Um solche widersprüchlichen Anforderungen an den Formalismus festzuhalten, habe ich vor langer Zeit den Ausdruck »unveränderliche mobile Elemente« (*immutable mobiles*) vorgeschlagen.[7] Wieder einmal bietet die wissenschaftliche Aktivität viele privilegierte Fälle von Transport durch Transformationen: von der bescheide-

5 Die Französischsprechenden haben den großen Vorteil, im Wort *forme* noch die gleiche Etymologie herauszuhören wie in ihren geliebten *fromages*, denn Käse ist eigentlich fermentierte Milch, die in eine *forme* oder eine *fourme* hineingebracht wird. Für sie liegen Gastronomie und Epistemologie nicht so weit auseinander!

6 Es gibt eine umfangreiche Literatur zur »Materie der Form«: François Dagognet (1974), *Ecriture et iconographie*; Elizabeth Eisenstein (1979), *The Printing Press as an Agent of Change*; sowie Goody (1977), *The Domestication of the Savage Mind*. Als jüngere Arbeiten zum Formalismus siehe Eric Livingston (1985), *The Ethnomethodological Foundations of Mathematical Practice*; MacKenzie (2001), *Mechanizing Proof*; Hélène Mialet (2003), »Reading Hawking's Presence: An Interview with a Self-Effacing Man«; Rosental (2003), *La trame de l'évidence*; Bryan Rotman (1993), *Ad Infinitum. The Ghost in Turing Machine. Taking God out of Mathematics and Putting the Body Back in*; sowie Andrew Warwick (2003), *Masters of Theory: Cambridge and the Rise of Mathematical Physics*. Derrida hat nie aufgehört, über die merkwürdige Art von Materialität nachzudenken, die mit Archiven verbunden ist – siehe Jacques Derrida (1997), *Dem Archiv verschrieben. Eine Freudsche Impression.*

7 Ich habe den Ausdruck eingeführt in Latour (1987), *Science In Action*, nicht um eine Ortsveränderung ohne Transformation zu beschreiben, sondern Ortsveränderung *durch* Transformation. Siehe ebenfalls den grundlegenden Artikel von Thévenot (1984), »Rules and Implements: Investment in Forms«, der eine Verbindung zwischen Standardisierung, Ökonomisierung und Formatierung herstellt.

nen und mit üblem Geruch verbundenen Aufgabe des Ausstopfens seltener Tierexemplare[8] bis hin zu den erhabensten, gleichwohl ebenso praktischen, wie dem Schreiben von Gleichungen, über das Bauen eines statistischen Apparats oder der bescheideneren Aufgabe des Anfertigens von Papierschnipseln und Dateien in allen möglichen Farben und Schattierungen. Was auch immer das Medium sein mag, nun ist eine materielle Beschreibung des Formalismus möglich, die das Verknüpfungsvermögen von Formen – die als so physisch wie möglich begriffen werden – sehr ernst nimmt, während sie die Vorstellung aufgibt, daß Formalismen selbst formal beschrieben werden könnten.[9]

Die erste wichtige Konsequenz, wenn man für die materielle Rückverfolgbarkeit unveränderlicher mobiler Elemente aufmerksam wird, besteht darin, daß sie uns helfen zu lokalisieren, was der Soziologie des Sozialen von Anfang an so wichtig war. Dies wird ebenfalls eine Gelegenheit bieten, die etwas anmaßende Weise zu berichtigen, mit der ich meine älteren Kollegen und Lehrmeister behandelt habe. Ich kann nun gestehen, daß ich im Verlauf dieses Buchs doch gewisse Skrupel hatte, so kritisch gegenüber dem sein zu müssen, wie die Sozialwissenschaften mit der Frage der Formatierung verfahren sind. In Wahrheit ist die Soziologie des Sozialen erstaunlich erfolgreich gewesen. Ihre Leistungen sind wirklich beeindruckend, und sie hat es für uns alle möglich gemacht, eine Gesellschaft zu »haben«, in der wir leben.[10] Ich

8 Susan Leigh Star und Jim Griesemer (1989), »Institutional Ecology, ›Translations‹ and Boundary Objects: Amateurs and Professionals in Berkeley's Museum of Vertebrate Zoology, 1907-1939«.

9 Harry Collins (1990), *Artificial Experts. Social Knowledge and Intelligent Machines* sowie MacKenzie (2001), *Mechanizing Proof*, liefern viele eindrucksvolle Beispiele für den Reichtum einer Neubeschreibung des Formalismus; siehe ebenfalls Galison (1997), *Image and Logic.*

10 Siehe Alain Desrosières (1993), *La politique des grands nombres. Histoire de la raison statistique*; Theodore M. Porter (1995), *Trust in Numbers. The Pursuit of Objectivity in Science and Public Life*; sowie Norton Wise (1995), *The Values of Precision and Exactitude.*

wußte von Anfang an, daß diese Soziologien, obwohl sie oft eine schlechte Sozialtheorie hervorbringen, da sie die Aufgabe der Versammlung des Sozialen – Nr. 2 – unterbrechen, dennoch, und zwar aus genau diesem Grund, so gut in der *Performanz*, im Vollzug des Sozialen, sind, das heißt darin, die Beziehungen zwischen Orten zu *formatieren*. Ihre Schwäche ist genau das, was sie so stark macht, oder vielmehr, ihre Stärke bei der Intervention in das Soziale macht sie so schwerfällig, wenn es darum geht, es zu versammeln. Alles in allem sind also Kritiken der Soziologie des Sozialen dann fehlgeleitet, wenn sie es vernachlässigen, die außerordentliche Effizienz miteinzubeziehen, mit der diese Soziologie eine bestimmte Form von Verknüpfungen generiert: die sozialen, oder zumindest den Teil der sozialen, der stabilisiert worden ist und den ich das Soziale Nr. 1 genannt habe. Es kann nichts Falsches daran sein, die soziale Welt zu formen, zu formatieren oder zu informieren.[11]

Den Sozialwissenschaften vorzuwerfen, formal zu sein, wäre so, als würde man ein Wörterbuch dafür kritisieren, daß es die Wörter von A nach Z ordnet, oder einen Apotheker dafür, daß er auf seinen Fläschchen und Schachteln Etiketten angebracht hat. Die Aufgabe, die fünf Quellen der Unbestimmtheit zu stabilisieren, ist genauso wichtig wie die, sie offen zu halten. Auch wenn es ein gefährlicher Fehler wäre, die beiden Aufgaben zu verwechseln, wäre es lächerlich, die zweite unter dem Vorwand zu ignorieren, man müsse sich mit der ersten beschäftigen. Im Gegenteil, sobald man die Arbeit der Entfaltung von Kontroversen über die soziale Welt ernstlich angeht – wie ich es in Teil I getan habe –, muß die entscheidende Bedeutung der zweiten Aufgabe, die darin

11 Daher gibt es keinen Grund, das zu beklagen, was Garfinkel, etwas abschätzig, als FA bezeichnet, das heißt die »formale Analyse« der »weltweiten sozialen Bewegung«: »Wie ein Soziologe zu denken heißt, auf den Glauben verpflichtet zu werden, daß es keine Ordnung in der Konkretheit des Alltagslebens gibt.« (Garfinkel [2001], *Ethnomethodology's Program*, S. 136).

besteht, Grenzen zu sichern, Kategorien aufzustellen und Arrangements zu stabilisieren, ebenfalls voll anerkannt werden.[12] Wenn es einen so schwerwiegenden methodologischen Fehler bedeutet, im vorhinein und anstelle der Akteure das Spektrum der Entitäten zu begrenzen, die die soziale Welt bevölkern können, wäre es ebenso erbärmlich, wollte man die ständige Arbeit ignorieren, die sie leisten, um das Repertoire von Aktanten einzuschränken und Kontroversen in Schach zu halten. Noch einmal: Auch wenn er ein wenig irritierend geworden ist, der einzige brauchbare Slogan lautet: »den Akteuren folgen«; ja, man muß ihnen folgen, wenn sie Entitäten *vervielfachen*, und auch dann wieder, wenn sie sie *rar machen*.

Wir müssen nun lernen, den Formalisierern, Klassifizierern, Kategorisierern und Zahlenverarbeitern Respekt zu zollen, genauso wie wir vorhin lernen mußten, sie dafür zurückzuweisen, die Aufgabe der Zusammensetzung und Assoziation zu früh unterbrochen zu haben. Ich gestehe, daß diese neue korrektive Gymnastik uns vielleicht Gliederschmerzen bereiten wird, doch wer hat gesagt, die Praxis der Sozialwissenschaft sei schmerzlos? Wenn die Akteure geschäftig mehrere Dinge gleichzeitig tun, müssen wir dann nicht genauso plastisch, artikuliert und geschickt werden wie sie? Wenn die Sozialwissenschaften sich um die Per-*Form*anz des Sozialen kümmern, dann müssen die *Formen* mit ebensoviel Sorgfalt verfolgt werden wie die Kontroversen. Erst recht, da wir nun nicht länger Gefahr laufen, eine solche Untersuchung des Formalen mit seiner formalistischen Beschreibung zu verwechseln. In Formen geht nichts »verloren«. In ihnen wird nicht irgendeine menschliche, konkrete, lebensweltliche Dimension »vergessen«. Sie sind weder »kalt« noch »herzlos«, noch fehlt ihnen ein »menschliches Gesicht«. Wenn wir die Herstellung, Abstimmung, Verbreitung und Instandhaltung

12 Dies ist eine Neuformulierung des Irreduktionsprinzips, wie es definiert wird in Latour (1984), *Les microbes*, Teil II.

von unveränderlichen mobilen Elementen verfolgen, werden wir uns nicht für eine Sekunde aus den engen Gängen der Praxis entfernen.[13] Wenn es einen Gegensatz gibt, der uns nicht länger zurückhält, so ist es der, der einst interpretative Soziologien gegen positivistische in Stellung brachte. Sorgfältig eingesetzt, offenbaren ihre jeweiligen Intuitionen zwei sukzessive Aspekte sozialer Assemblagen.[14]

Beim Verfolgen der Stabilisierung von Kontroversen wird uns sehr geholfen, wenn wir den äußerst wichtigen Begriff der *Standardisierung* in den Vordergrund rücken. Wir können sagen, daß die Soziologie des Sozialen auf dieselbe Weise zirkuliert wie physikalische Standards, oder besser noch, daß die Sozialwissenschaften ein Teilgebiet der *Metrologie* sind. Vor den *science studies* und insbesondere der ANT galten Standardisierung und Metrologie sozusagen als staubige, wenig beachtete, spezialisierte, enge Forschungsfelder. Kein Wunder, denn ihre wahrhaft wunderbaren Errungenschaften wurden durch die Kluft zwischen dem Lokalen und Globalen abgeschnitten, die sich für uns nun als Artefakt herausgestellt hat. Sobald das Lokale und das Globale verschwinden, wird offensichtlich, wie wichtig Standards sind und welche immensen Vorteile wir aus der Metrologie – im weitesten Sinne des Begriffs – ziehen können.

13 Ein eindrucksvolles Beispiel bieten Bowker und Star (1999), *Sorting Things Out*. Es wäre ein Fall von »unzutreffender Konkretheit«, dieses Formatieren als »abstrakt« zu kritisieren. Hierin liegt auch die Begrenzung von Lave (1988), *Cognition in Practice*, das andererseits der Praxis des Rechnens eine sehr willkommene Aufmerksamkeit widmet.

14 Wenn wir uns später mit dem Plasma beschäftigen, werden wir wieder einmal den großen Vorteil von Garfinkels Position zu schätzen lernen: »Die Ethnomethodologie erfaßt diese objektive Realität der sozialen Tatsachen als eine fortgesetzte praktische Realisierung jeder Gesellschaft, die einzig und gänzlich, immer und überall aus der Arbeit der Mitglieder hervorgeht; es handelt sich um eine natürlich organisierte und natürlich beschreibbare Realisierung, die lokal und endogen produziert wird, ohne Unterlaß und ohne Möglichkeit des Entkommens, der Verschleierung, des Ausweichens, der Vertagung oder der Unparteilichkeit.« (H. Garfinkel [2001], »L'ethnométhodologie et le legs oublié de Durkheim«, S. 443).

Nehmen wir beispielsweise den Fall des Platin-Kilogramms, das vom Internationalen Büro der Maße und Gewichte (*Bureau international des poids et mesures*) in einem unterirdischen Tresorraum im Breteil-Pavillon im Sèvre-Park in der Nähe von Paris aufbewahrt wird. Ist es eine Konvention? Ja. Ist es ein materieller Gegenstand? Ja. Ist es eine internationale Institution? Wieder einmal: ja. Repräsentiert es das Kopfende einer metrologischen Kette, das ideale Modell, mit dem all die anderen nachgeordneten Kopien in einem feierlichen Zeremoniell alle zwei Jahre verglichen werden? Noch einmal: ja. Es besteht kein Zweifel, daß es eine Hybride ist. Und doch sind es solche verwirrenden Entitäten, die es allen metrologischen Netzwerken auf der Welt erlauben, so etwas wie gemeinsame »Maße und Gewichte« zu haben. Ist ein metrologischer Bezugspunkt wie das Kilogramm lokal oder global? Lokal, denn stets liegt er irgendwo und zirkuliert innerhalb spezieller Kästen, die spezifische Signale verwenden und zu bestimmten, spezifischen Zeitpunkten spezifischen Protokollen folgen.[15] Ist der Bezugspunkt global? Sicher, denn ohne Standards wie das Watt, das Newton, das Ohm, das Ampère, das heißt ohne das *Système international d'Unités*, gäbe es nichts Globales irgendeiner Art, denn kein Ort hätte »dieselbe« Zeit, »dieselbe« Entfernung, »dasselbe« Gewicht, »dieselbe« Stromstärke, »dieselben« chemischen »Reagenzien«, »dieselben« biologischen Referenzmaterialien etc. Es

15 Inzwischen gibt es eine umfassende Literatur zur praktischen Ausdehnung von Netzwerken durch Standards. Siehe Ken Alder (1995), »A Revolution to Measure: The Political Economy of the Metric System in France«; Rexmond Canning Cochrane (1976), *Measures for Progress. A History of the National Bureau of Standards*; Alexandre Mallard (1996), *Les instruments dans la coordination de l'action. Pratique technique, métrologie, instrument scientifique*; F. Mélard (2001), *L'autorité des instruments dans la production du lien social*; sowie Joseph O'Connell (1993), »Metrology: The Creation of Universality by the Circulation of Particulars«. Die wichtigste Arbeit wurde geleistet in Simon Schaffer (1988), »Astronomers Mark Time: Discipline And The Personal Equation« sowie in Simon Schaffer (1991b), »A Manufactory of OHMS, Victorian Metrology and Its Instrumentation«.

gäbe keine Grundlinie, keine Bezugsgröße. Alle Orte wären schlicht und einfach inkommensurabel.

Standards und Metrologie lösen praktisch die Frage der Relativität, die so viele Menschen zu ängstigen scheint: Können wir eine Art von universaler Übereinkunft erzielen?[16] Natürlich! *Sofern* wir eine Möglichkeit finden, unser lokales Instrument an eine der vielen metrologischen Ketten anzuschließen, deren materielles Netzwerk vollständig beschreibbar ist und deren Kosten ziemlich genau angegeben werden können.* Sofern es künftig keine Unterbrechung, keine Zäsur, keine Lücke und keine Unbestimmtheit an irgendeinem Punkt der Übermittlung gibt. In der Tat ist Rückverfolgbarkeit genau das, worum es in der gesamten Metrologie geht! Keine Diskontinuität ist erlaubt, also genau das, was die ANT braucht, um die Spuren der sozialen Topographie zu verfolgen. Unsere Sozialtheorie hat die Metrologie als das hervorragende Beispiel dafür genommen, was es bedeutet, sich *lokal überallhin* auszubreiten, womit nicht nur das Lokale, *sondern auch* das Universale umgangen wird. Die praktischen Bedingungen für die Ausbreitung von Universalität sind damit empirischen Untersuchungen zugänglich geworden. Nicht zufällig haben Wissenschaftshistoriker so viel Arbeit in die situierte und materielle Ausweitung von Universalien investiert. Dies ist keine geringe Leistung, wenn man berücksichtigt, wieviel die Modernisierer in Universalität investiert haben.

Sobald man das Beispiel wissenschaftlicher Metrologie und Standardisierung als Bezugspunkt heranzieht, um die Zirku-

* Siehe die Sondernummer von *Science*, Bd. 306, Nr. 5700, 19. November 2004. Leider gibt es meines Wissens keine Aktualisierung des wunderbaren Artikels von P. Hunter (1980), »The National System of Scientific Measurement«.

16 Ein verblüffendes Beispiel für den Einsatz der Metrologie in der Debatte um den Rüstungswettlauf liefert Don MacKenzie (1990), *Inventing Accuracy. A Historical Sociology of Nuclear Missile Guidance*. Siehe ebenso Galison (2003), *Einsteins Uhren, Poincarés Karten.*

lation von Universalien zu verfolgen, läßt sich dieselbe Operation für andere, weniger leicht nachzeichenbare, weniger materialisierte Zirkulationen wiederholen: Die Koordination zwischen Handlungsträgern wird hauptsächlich durch die Verbreitung von *Quasi*-Standards erreicht. Für viele Typen von Spuren trägt die Metapher ziemlich weit: Was wäre der Stand irgendeiner wirtschaftlichen Aktivität ohne buchhaltungstechnische Codes und Zusammenfassungen der besten Praktiken? Wenn man beispielsweise vom nordamerikanischen Buchführungsformat auf das der europäischen Union umstellt, bietet man Investoren verschiedene Hilfsmittel für ihre Berechnungen an: Profitable europäische Firmen werden plötzlich in die roten Zahlen rutschen, andere dagegen in die schwarzen springen.[17] Diejenigen, die glauben, die Ökonomie sei eine Basis, wird natürlich dieser »kleine Unterschied« in der Buchführung gleichgültig lassen; sie werden sagen, er sei rein akademisch, verglichen mit dem »wirklichen Einfluß« tieferliegender ökonomischer Kräfte. Aber diejenigen von uns, die verstanden haben, was es heißt, etwas zu berechnen, nämlich einige Elemente zu externalisieren und andere zu internalisieren, um dann diese buchstäblich *in Rechnung zu stellen*, werden nichtsdestoweniger jedem kleinen Detail dieses »technischen Disputs« folgen, denn zu erklären, was Profit, was Ausbeutung oder Mehrwert ist, hängt vollständig von solchen Kleinigkeiten ab.[18]

17 Man sehe sich die Standards des *International Accounting Standards Board* (IASB – Internationales Komitee für Buchführungsstandards) an, eine private Organisation mit Sitz in London, an die die Europäische Union einen Teil der Arbeit delegiert hat. In der Zeitschrift *Accounting, Organizations and Society* findet man zahlreiche erstaunliche Beispiel dafür, wie die »Mikro«-Buchhaltungstechniken »Makro«-Konsequenzen des Profits und der ökonomischen Theorien beeinflussen. Siehe ebenso Tomo Susuki (2003), »The Epistemology of Macroeconomic Reality«.

18 Siehe Alexandra Minvielle (Erscheinen in Vorbereitung), *De quoi une entreprise est-elle capable? Comptabilité sociale des entreprises.* Zu all diesen Fragen der »Verbreitung« in Raum und Zeit, indem man Raum und Zeit »macht«, vgl. die Sondernummer von *Organization* und darin insbe-

Wenn *Ökonomien* das Ergebnis von *Wirtschaftswissenschaft* sind, wie Michel Callon behauptet hat, dann rücken die bescheidenen, Koordination ermöglichenden Papierwerkzeuge sofort in den Vordergrund.

Andere Zirkulationen von Standards scheinen feiner zu sein, obgleich auch sie sich recht gut nachzeichnen lassen, sofern der Beobachter nicht »soziale Erklärungen« einbrechen läßt, die seinen Ariadnefaden zerschneiden. Wie sollten wir etwas von unserer eigenen »sozialen Kategorisierung« wissen ohne die enorme Arbeit von statistischen Institutionen, die Einkommenskategorien kalibrieren, wenn nicht gar standardisieren? Wie sollte man sich selbst als »obere Mittelschicht«, »Yuppie« oder »Preppy« identifizieren, ohne die Zeitung zu lesen oder Fernsehen zu schauen? Wie sollte man das eigene »psychologische Profil« kennen, wenn es nicht weitere statistische Erhebungen gäbe, Fachtagungen, Konsensustreffen? Wie könnte ein Psychiater einen psychisch Kranken kategorisieren ohne den DSM?[19] Es hilft nichts zu sagen, diese Kategorien seien willkürlich, konventionell, unscharf oder, im Gegenteil, zu eng oder zu unrealistisch. Sie lösen auf praktische Weise das Problem, einen Standard lokal durch die Zirkulation eines verfolgbaren Dokuments überallhin zu verbreiten – selbst wenn die Metapher der Inskription schließlich ein wenig verblaßt. Es ist nicht so, daß irgendwelche mächtigen Leute andere Leute unfairerweise »in Schubladen stecken« und damit deren »unauslöschliche Innerlichkeit« ignorieren und verstümmeln. Vielmehr erlaubt die Zirkulation von Quasi-Standards anonymen und isolierten Aktanten, langsam, Schicht um Schicht, *vergleichbar* und *kommensurabel* zu werden – was sicherlich ein großer Teil von dem ist, was wir mit »menschlich sein« meinen. Dieses

sondere: G. Jones, C. McLean und Paolo Quattrone (2004), »›Spacing and Timing‹: Introduction to the Special Issue of Organization on ›Spacing and Timing‹«.

19 Stuart A. Kirk und Herb Kutchins (1992), *The Selling of DSM. The Rhetoric of Science in Psychiatry.*

gemeinsame Maß hängt natürlich von der *Qualität* dessen ab, was übermittelt wird. Es geht nicht darum, gegen Kategorien zu kämpfen, sondern zu fragen: »Unterwirft oder subjektiviert dich diese Kategorie?« Wie wir am Ende des letzten Kapitels gesehen haben, besteht Freiheit darin, sich von *schlechten* Fesseln zu befreien, und nicht in einem *Fehlen* von Bindungen.

Auf diese Weise betrachtet, können wir nun den großen Dienst erkennen, den die Soziologie des Sozialen unserer Untersuchung, wenn auch unbeabsichtigt, erweist. Sie hat jenen Teil des Sozialen aufzeichenbar gemacht, der stabilisiert gespeichert werden kann – das Soziale Nr. 1 –, genauso wie Informationstechnologien, Bürokratien, Metrologien und allgemeiner die Verbreitung von Formaten und Bezugsgrößen aller Art die Kosten sichtbar gemacht haben, die das Erzeugen von Universalität mit sich bringt. Daher sind die Sozialwissenschaften ebenso ein Teil des Problems wie der Lösung: Sie stoßen am laufenden Band das soziale Gebräu aus. Standards, die zu jedermanns Nutzen definieren, woraus *das Soziale selbst* besteht, sind vielleicht fein und winzig, gleichwohl aber mächtig. Theorien darüber, was eine Gesellschaft ist oder werden soll, haben eine enorme Rolle dabei gespielt, den Akteuren zu helfen zu definieren, wo sie stehen, wer sie sind, wen sie einkalkulieren sollen, wie sie sich rechtfertigen sollen und welcher Art von Kräften sie sich beugen dürfen. Wenn die Naturwissenschaften, wie Physik oder Chemie, die Welt verwandelt haben, um wieviel mehr haben dann die Sozialwissenschaften verwandelt, was es für die Menschen bedeutet, miteinander verbunden zu sein? Akteure können diese Theorien des Sozialen so effektiv herunterladen wie MP3-Dateien. Und natürlich zirkulieren die Ideen, daß wir »Mitglieder einer Gesellschaft sind«, oder daß wir »zurechenbar« sind, daß wir »juristisch verantwortlich sind«, daß »Gender etwas anderes ist als Geschlecht«, daß »wir eine Verantwortung gegenüber der nachfolgenden Generation haben«, daß wir »soziales Kapital verloren haben«

etc. durch Kanäle, die Ideengeschichtler fast genauso präzise rekonstruieren können, wie ihre Kollegen es mit der internationalen Standardzeit tun, mit dem Ohm, dem Meter, der doppelten Buchführung oder der Ausbreitung von ISO-9000-Standards. Sozialtheorien stehen nicht hinter all diesem im Hintergrund, sondern ganz im Vordergrund. Jede von ihnen versucht, sich zu verbreiten, oder träumt, in den Worten Tardes, »wie Alexander von der Eroberung der Welt«. Selbst wenn eine Sozialtheorie die Hegemonie erreicht hätte, wäre sie niemals universaler als der Meter, und sie würde, so wie er, nicht eine Minute länger leben als die metrologischen Ketten, von denen sie gestützt wird.[20]

Sobald wir gut darin geworden sind, diese Topographie nachzuzeichnen, können wir sie auch verwenden, um andere Kanäle anzugehen, die nicht kontinuierlich von irgendeinem Staatsapparat materialisiert werden, aber deren Bewegungen den gleichen Effekt haben. *Versammelnde Aussagen* spielen genau die gleiche Rolle, sofern wir darin keine bloße »Repräsentation« oder »Verzerrung« bestehender sozialer Kräfte sehen. Beispielsweise ist der mittelalterliche Ausdruck *vox populi, vox dei* nicht einfach der »Ausdruck« eines weithin gehegten volkstümlichen Glaubens, der in der ewigen Weisheit des Volkes beschlossen läge. Wie Alain Boureau gezeigt hat, kann man fast jedes Vorkommen dieses Sprechakts im Mittelalter dokumentieren, die netzwerkförmige Gestalt seiner Verwendung aufzeichnen und zeigen, daß er jedesmal, wenn er geäußert wurde, die Rollen- und Machtverteilung zwischen *deus, populus, vox* und *rex*, wenn auch nur leicht, modifiziert hat.[21] Anhand der ersten Quelle der Unbestimmt-

20 Kein Kraftakt an Reflexivität ist notwendig, um dieses Prinzip auf Tardes Soziologie und die ANT selbst anzuwenden. Weder eine privilegierte Position noch irgendein absoluter Bezugsrahmen sind erforderlich, um dieses Argument vorzubringen.

21 Neben Alain Boureau (1992), »L'adage *Vox Populi, Vox Dei* et l'invention de la nation anglaise (VIIIe-XIIe siècle)« und seinem großartigen »Quod Omnes Tangit« (1990) wird ein modernes Beispiel geliefert anhand des Wortes »Umwelt« in Florian Charvolin (2003), *L'invention de l'environ-*

heit haben wir gelernt, daß sogar eine leichte Veränderung der Redeweise über Gruppen die Performanz dieser Gruppen verändern wird. Dies gilt erst recht, wenn eine Aussage eine andere Sozialtheorie mit sich führt, wie es bei dem hoch instabilen Ausdruck *vox populi, vox dei* der Fall ist, der, wie ein zartes, auf die Oberfläche eines Edelsteins eingraviertes Relief, eine umfassende Interpretation der Verbindung zwischen Theologie und Politik impliziert.

Diese versammelnden Aussagen sind keine seltenen und exotischen Vorkommnisse. Man denke daran, was vor sich geht, wenn ein Amerikaner stolz erklärt: »Dies ist ein freies Land!« oder wenn ein Franzose zurückgibt: »*On est en République quand même!*« Man beachte, wie viele Positionen modifiziert werden, wenn das »Vorsorgeprinzip« von europäischen Bürokraten gegen die eher klassische amerikanische Definition von Risiko ins Feld geführt wird.[22] Man stelle sich vor, was in einem Publikum im Mittleren Osten ausgelöst wird, wenn von einer »Achse des Bösen« gesprochen wird oder wenn ein Islamwissenschaftler dafür plädiert, die Tore der Interpretation wieder zu öffnen.* Versammelnde Aussagen zeichnen nicht nur neue Verbindungen vor, sondern bieten ebenso hochelaborierte Theorien darüber an, was es heißt zu verbinden.[23] Sie liefern eine Performanz des Sozia-

nement en France. Chroniques anthropologiques d'une institutionnalisation. Für eine allgemeine Theorie von Makro-Akteuren siehe Cooren (2001), *The Organizing Property of Communication.* Auf einer anderen Linie bietet Jean-Pierre Faye (1972), *Langages totalitaires*, einen weiteren Weg, um die verbindende Macht spezifischer Aussagen ernst zu nehmen. Zum Einsatz soziolinguistischer Werkzeuge siehe Lorenza Mondada (2000), *Décrire la ville. La construction des savoirs urbains dans l'interaction et dans le texte.*

22 Zum Ausdruck »Vorsorgeprinzip« in europäischen Büros siehe Jim Dratwa (2003), *Taking Risks with the Precautionary Principle.*

* Reza Aslan (2006), *Kein Gott außer Gott. Der Glaube der Muslime von Muhammad bis zur Gegenwart.*

23 Ein wunderbares Beispiel für das Verknüpfungsvermögen von Argumenten wird geliefert in Michael Baxandall (1990), *Ursachen der Bilder. Über das historische Erklären von Kunst.* Timothy Mitchell (2002), *Rule of Experts. Egypt, Techno-Politics, Modernity,* liefert eine der besten Fallstu-

len bis zu dem Punkt, daß sie auch reflexive Theorien über das Soziale bereitstellen. Darin liegt die Macht der »Rechtfertigungen«, die Boltanski und Thévenot analysieren: Sie besitzen keine Größe, aber sie hinterlassen sozusagen »Größenordnungen« in ihrem Gefolge, insofern sie den Menschen erlauben, sich selbst, wie auch die strittigen Gegenstände in eine Rangordnung zu bringen. Jedesmal, wenn ein Ausdruck verwendet wird, um das eigene Handeln zu rechtfertigen, wird nicht nur das Soziale formatiert, sondern ebenfalls eine Beschreibung zweiten Grades davon geliefert, wie die sozialen Welten formatiert werden sollten.[24] Gerade weil die Größenordnung kein feststehendes Merkmal des Sozialen ist, spielen solche versammelnden Aussagen eine so wichtige Rolle. Sobald man zuläßt, daß sie etwas anderes nur repräsentieren, verdinglichen oder vergegenständlichen, beispielsweise den sozialen Kontext hinter ihnen, ist ihre Effizienz nicht länger sichtbar. Doch sobald sie wieder als ebenso viele Standards verstanden werden, die entlang dünner metrologischer Ketten zirkulieren, werden sie ganz deutlich wieder die Quelle dessen, was wir damit meinen, in einer Gesellschaft zu sein. Wie könnte das Kollektiv versammelt werden ohne versammelnde Aussagen?

Endlich Mittler!

Nun, da wir verstehen, wie wir unseren Weg durch die flach gehaltene Landschaft finden und der formatierenden Macht der Soziologie des Sozialen unseren Respekt zollen können,

dien, die zeigt, wie ergiebig es ist, zusätzlich zur »Entwicklung« der versammelnden Aussagen die formatierende Macht der intellektuellen Technologien zu studieren.

24 Boltanski und Thévenot (1991), *De la justification*. Boltanskis Soziologie ist halb eine Kantianische Philosophie und halb eine neue Aufmerksamkeit für versammelnde und zirkulierende Aussagen. Es macht keine Schwierigkeit, die zweite zu verlagern und die erste loszuwerden.

ist der nächste Schritt ebenso logisch wie schwierig. Gerade die metrologische Macht der Sozialwissenschaften – Soziales Nr. 1 – macht es für sie so schwer, dem Sozialen in Form von Assoziationen – Soziales Nr. 2 – zu begegnen. Gerade weil die Sozialwissenschaften so gut darin sind, *stabilisierte* Definitionen des Sozialen zu standardisieren und zu kalibrieren, finden sie es so undurchführbar, die Neuankömmlinge zu taxieren, die im Verlauf von Kontroversen ständig importiert werden. Je besser man darin ist, das »ältere« Soziale zu definieren, desto schlechter gelingt einem dies mit dem »neuen«. Die Situation ist genau dieselbe wie in den technischen Bereichen der Metrologie: Sie ermöglichen allen anderen Laboratorien, Wissenschaft zu betreiben, aber sie selbst sind nicht die Quelle besonders vieler Entdeckungen – auch wenn sie rasch jede neue Tatsache verwenden, um die Genauigkeit ihrer Instrumente um ein paar Dezimalstellen zu verbessern.[25] Metrologie ist so wenig die Gesamtheit der Wissenschaft, wie die Soziologie des Sozialen die Gesamtheit der Soziologie ist. Das Soziale Nr. 1, aus dem die Gesellschaft besteht, ist nur ein Teil der Assoziationen – Soziales Nr. 2 –, aus denen das Kollektiv besteht. Wenn wir das Soziale neu versammeln wollen, ist es notwendig, neben der Zirkulation und Formatierung von sozialen Bindungen im traditionellen Sinn noch andere zirkulierende Entitäten zu entdecken.

Dies wird einfacher, wenn wir wissen, daß wir das bereits versammelte Soziale nicht mit der Arbeit seines erneuten Versammelns verwechseln dürfen, und wenn wir lernen, wie wir die Entitäten, nach denen wir suchen, nicht durch etwas ersetzen, das aus sozialem Stoff besteht. Indem wir die Zirkulation, Produktion, Formatierung und Metrologie des Sozialen innerhalb winziger, expansiver und kostenträchtiger Kanäle lokalisiert haben, haben wir bereits einen Raum er-

25 Siehe Cochrane (1976), *Measures for Progress*, und das schöne Beispiel von Poincaré in Galison (2003), *Einsteins Uhren, Poincarés Karten.*

öffnet, in dem vielleicht andere Typen von Entitäten beginnen können zu zirkulieren.

Doch um von dieser begrenzten Gelegenheit zu profitieren, müssen wir die Standardeinstellung unserer Untersuchungen modifizieren. Wir sollten nicht sagen: »Siehst du dich einem Objekt gegenüber, dann ignoriere seinen Inhalt und suche nach den sozialen Aspekten, die es umgeben.« Statt dessen sollte man eher sagen: »Siehst du dich einem Objekt gegenüber, dann achte zuerst auf die Assoziationen, aus denen es zusammengesetzt ist, und sieh erst später nach, wie es das Repertoire sozialer Bindungen erneuert hat.« Wir müssen, mit anderen Worten, verstehen, wieso Soziologen so zögerlich sind, wenn es darum geht, den nicht-sozialen Entitäten zu begegnen, aus denen die soziale Welt besteht, selbst wenn diese wundersame Begegnung eine sehr gewöhnliche Erfahrung ist. Es ist, als könnten wir es nicht aushalten, den rätselhaften Phänomenen von Angesicht zu Angesicht gegenüberzustehen, die sich stark auszubreiten beginnen, wann immer wir das Gefühl haben, daß das kollektive Leben im Begriff ist zusammenzubrechen. Wie kommt es, daß wir, mit Religion konfrontiert, dazu tendieren, unsere Untersuchung auf deren »soziale Dimensionen« zu beschränken, und es als wissenschaftliche Tugend betrachten, die Religion selbst *nicht* zu studieren? Wenn wir mit Wissenschaft konfrontiert sind, warum besteht unsere erste Reaktion darin, höflich bei ihren »sozialen Verzerrungen« zu bleiben und *nicht* die Objektivität selbst zu erklären? Und wenn wir Kunst untersuchen, wie kommt es, daß wir uns nur auf das beschränken, »was sozial ist« in der Beurteilung eines Meisterwerks, und wir uns nicht mit den vielen anderen Quellen beschäftigen, aus denen sein Wert ebenfalls stammen könnte? Wenn wir die Ökonomie studieren, warum sind wir so zögerlich, ins Zentrum unserer Bindungen an Güter vorzudringen, und beschränken uns statt dessen auf »etwas Soziologisches«, das die rein rationalen Kalküle »einzubetten« scheint? Und so fort. Es ist, als würden wir in unserer ersten Reaktion Assoziationen nur dann willkommen heißen, wenn sie in einen Mantel aus sozialen Bindungen eingehüllt sind; als könnten wir nie akzeptieren, mit den ursprünglichen Charakteren zu sprechen, sondern nur mit den sozialen Kräften, die als deren Stellvertreter fungieren. In einer Zeit, die nicht gerade für ihre Keuschheit bekannt ist, ist eine solche Prüderie recht ungewöhnlich: »Verbergt sie, bitte verbergt sie, ich kann es nicht ertragen, diese Assoziationen zu sehen!« oder »Bevor Sie den Palast der Sozialwissenschaften betreten, bitte verhüllen Sie sich mit dem Tschador der sozialen Erklärungen.«

Obwohl unsere gewöhnlichsten Zusammentreffen mit Gesellschaft von Neuankömmlingen überladen sind, die ganz offensichtlich Kandidaten für eine gemeinsame Existenz sind, wieso bestehen wir so sehr darauf, daß wir uns an die kurze Liste der bereits gut dokumentierten Mitglieder halten müssen? Eine solche Begrenzung machte Sinn zu Zeiten der Modernisierung: Um einen deutlichen Bruch mit der Vergangenheit zu markieren, war es logisch, die Gesellschaft im vorhinein auf eine kleine Zahl von *personae gratae* zu begrenzen. Aber das bedeutet nicht, daß die Soziologie es für ewig akzeptieren sollte, eine objekt-*lose* Disziplin zu sein, das heißt eine Wissenschaft *ohne Objekt*. Die formatierende Macht der Soziologie des Sozialen zu akzeptieren ist das eine, etwas anderes ist es, sich mit Metrologie zufriedenzugeben und die Entdeckungen neuer Phänomene aufzugeben. Wie könnten wir eine Disziplin empirisch nennen, die aus den Daten nur diejenigen herauspickt, die in »soziale Erklärungen« hineinpassen? Es ist nicht viel Mut oder Phantasie nötig, um zu sehen, daß eine solche Haltung, nachdem wir die Hypothese des Modernismus einmal beiseite geschoben haben, weder moralisch noch wissenschaftlich, noch politisch länger Sinn macht.

Was würde beispielsweise geschehen, wenn wir das Studium der Religion aufnehmen und die ältere Standardeinstellung beibehalten würden? Fromme Seelen besitzen den unheimlichen Eigensinn, so zu sprechen, als wären sie mit Geistern,

Gottheiten, Stimmen, Phantomen etc. verbunden. Alle diese Entitäten haben natürlich keinerlei Existenz in der Agenda des Beobachters, da sie nicht zum Sozialen Nr. 1 gehören, diesem beschränkten Repertoire der Wesen, deren Existenz von vorneherein feststeht. Was tun mit dem, was die Akteure unentwegt als »wirkliche Wesen« bezeichnen? Wir müßten sie in Anführungszeichen setzen, ihre Existenz ausklammern und sie hartnäckig im Geist der Gläubigen lokalisieren. Wir müßten buchstäblich *Gläubige erfinden*.[26] Eine erste phantasmagorische Sphäre würde sich zu entwickeln beginnen. Da diese Entitäten nicht existieren, gleichwohl aber »als« real verstanden werden, müssen sie aus dem Inneren des Geistes oder des Gehirns kommen.

Aber Gottheiten, Geister und Stimmen leben ein eher eingeengtes Leben in der Sphäre der individuellen Person. Dazu sind sie zu präzise, zu technisch, zu innovativ. Sie bewegen sich zu wild und gehen offensichtlich über das individuelle Vermögen der Erfindung, Imagination und Selbsttäuschung hinaus. Und zudem insistieren die Akteure weiterhin, daß es diese realen Entitäten »außerhalb« ihrer selbst sind, die sie dazu bringen, Dinge zu tun. Gewöhnliche Personen wollen in ihnen nicht einen bloßen Gegenstand des Glaubens sehen, also müssen diese Entitäten letzten Endes doch von außen kommen. Heißt das, daß wir ihre reale Existenz akzeptieren müssen? Nein, nein, denn sie existieren ja nicht – das ist angeblich die einzig »sichere Tatsache« in dieser Angelegenheit. Was ist die einzige Realität, die sich außerhalb des Individuums befindet und die Kraft besitzt, die Existenz nicht-existierender Phänomene aufrechtzuerhalten? Die Antwort lautet selbstverständlich: die Gesellschaft, das aus sozialem Stoff bestehende Soziale, das Soziale Nr. 1. Hier würde sich eine weitere, noch größere phantasmagorische Sphäre aus

26 Daß Glauben eine modernistische Institution ist, die von der Kritik herstammt, ist einer der wichtigen Aspekte der Untersuchung des Ikonoklasmus und des gesamten Repertoires kritischer Gesten. Siehe Latour und Weibel (Hg., 2005), *Iconoclash*.

unseren eigenen Studien zu entwickeln beginnen: Ein nicht-existierender sozialer Stoff soll die Existenz nicht-existierender Entitäten aufrechterhalten, die den kleinen Geist sich täuschender Mitglieder bevölkern. Was für eine Komödie! Und all dies im Namen guter Wissenschaft und ernsthafter Forschung! Währenddessen werden die gewöhnlichen Leute weiterhin darauf bestehen, daß sie von realen Entitäten *außerhalb* ihrer zum Handeln gebracht werden …

Jede Wissenschaft muß riskante und künstliche Vorrichtungen erfinden, um den Beobachter für neue Typen von Verbindungen empfänglich zu machen. Ist es nicht offensichtlich, daß es empirisch keinen Sinn macht, sich zu weigern, auf Existenzformen zu stoßen, die die Menschen dazu bringen, Dinge zu tun? Warum nicht ernst nehmen, was die Leute hartnäckig sagen? Warum nicht der Richtung ihres Zeigefingers folgen, wenn sie bezeichnen, was sie »zum Handeln bringt«? Ein (wohl nicht echtes) chinesisches Sprichwort lautet: »Wenn der Weise auf den Mond zeigt, schaut der Narr auf den Finger.« Ich kann es einfach nicht akzeptieren, daß die Sozialwissenschaften so verdorben sein sollten, ganze Disziplinen zu kreieren, um die Forscher zum Narren zu halten. Warum nicht sagen, daß das, was in der Religion zählt, Wesen sind, die die Menschen zum Handeln bringen, wie es jeder Gläubige stets betont hat?[27] Das wäre empirischer, vielleicht sogar wissenschaftlicher, respektvoller und sehr viel ökonomischer als die Erfindung zweier unmöglicher nicht-existierender Orte: den Geist des Gläubigen einerseits und andererseits die soziale Wirklichkeit, die hinter Illusionen versteckt ist, welche von weiteren Illusionen gestützt werden. Und nebenbei: Was ist so wissenschaftlich an dem Begriff »Glauben«?

Wenn man akzeptiert, die Voreinstellungen zu ändern, also erst auf das Objekt zu schauen und dann erst auf das standardisierte Soziale, gibt es natürlich einen Haken. Ich bin nicht

27 Claverie (2003), *Les guerres de la Vierge*.

verrückt genug, um zu glauben, die ANT könne dem Schicksal aller Theorien entgehen: Denken löst keine schwierigen Probleme, es verlagert sie bloß. Damit eine solche Begegnung mit Objekten stattfindet, müssen anderen Existenzformen zumindest einige Bürgerrechte gegeben werden, damit sie an der Seite der älteren Mitglieder ihren Platz einnehmen können. Aber sind die Soziologen des Sozialen nicht stolz darauf, alle diese exotischen Objekte aufgelöst zu haben? Müssen wir wirklich die Götter zurückbringen, wenn wir von Religion reden, die Meisterwerke, wenn wir Kunst analysieren, und die objektiven Tatsachen, wenn wir Wissenschaft erforschen? Ist dies nicht genau das Hindernis, bei dem die Sozialwissenschaft so stolz ist, es überwunden zu haben? Bedeutet es nicht einen unglaublich rückwärtsgewandten, reaktionären und archaischen Schritt, wenn wir andere Existenzformen anführen? Hier ist der Punkt, wo die Ameise entweder gewinnt oder verliert. Können wir eine Sozialwissenschaft antizipieren, *welche die Wesen ernst nimmt, welche die Menschen zum Handeln bringen?* Kann Soziologie in dem Sinne empirisch werden, daß sie die befremdliche Natur dessen akzeptiert, was »in der Erfahrung gegeben ist«, wie es die Zoologen mit ihren Zoos und die Botaniker mit ihren Herbarien tun? Können wir soziale Verbindungen nachzeichnen, die von einem nicht-sozialen Wesen zum nächsten verlaufen, anstatt alle Entitäten, die die Welt bevölkern, durch irgendeinen Ersatz auszutauschen, der »aus« sozialem Stoff besteht? Noch einfacher gefragt: Kann die Sozialwissenschaft einen *realen Gegenstand* haben, den sie erforscht?

Bevor man emphatisch mit »Nein« antwortet, sollte man eine Minute lang überlegen, ob es vielleicht die Empfindlichkeit unserer Instrumente beeinflussen würde, wenn wir die Voreinstellung änderten und zunächst Objekte in Betracht zögen, anstatt wie die Katze um den heißen Brei herumzuschleichen, auf der Suche nach sozialen Erklärungen. Dann vergleiche man es mit der Art, wie Religion im eben erwähnten Beispiel mißhandelt wurde. Nehmen wir Kunstwerke als weiteres Beispiel.[28] Von der kritischen Soziologie ist kein anderer Bereich neben dem der Religion derart plattgewalzt worden wie die Kunstsoziologie. Jede Skulptur, jedes Gemälde, jede Haute-cuisine-Speise, jeder Techno-Rave und jeder Roman sind bis zur Nichtigkeit durch die sozialen Faktoren erklärt worden, die sich »hinter ihnen verbergen«. Durch irgendeine merkwürdige Umkehrung von Platons Höhlengleichnis wurden all die Objekte, welche die Menschen gelernt haben wertzuschätzen, durch Puppen ersetzt, die soziale Schatten werfen, die angeblich die einzig »wahre Realität hinter« der Wertschätzung des Kunstwerks sind. Nirgendwo sonst hat die soziale Erklärung derart die Rolle eines negativen König Midas gespielt, der Gold, Silber und Diamanten in Staub verwandelt. Und doch, wie mit der Religion verhält es sich auch mit der Kunst: Wenn man dem zuhört, was die gewöhnlichen Kunstliebhaber sagen, erklären sie einem bereitwillig und eingehend, wie und warum sie *bewegt, berührt, ergriffen* werden von Kunstwerken, die sie dazu bringen, Dinge zu empfinden. Unmöglich! Verboten! Ergriffen zu werden wird zu bloßer Affektiertheit erklärt.[29] Was sollen wir also tun, entsprechend der alten Voreinstellung? Nun, auch hier wieder, wie schon bei Religion, Wissenschaft und Politik, werden die Menschen durch den »wissenschaftlichen« Zugriff der Sozialwissenschaft dazu gebracht, sich hinsichtlich inhaltsloser Werke zu täuschen: Wieder einmal werden sie zu Gläubigen gemacht! Und auch hier wieder treten einige vor, erzürnt über die barbarische Respektlosigkeit der »sozialen Erklärungen«, und verteidigen den »unantastbaren Charakter« des Kunstwerks gegen die Barbaren. Und leider – denn der Abhang ist steil, das Resultat vorhersehbar – endet es beim sanften Schwanken zwi-

28 Bereits im ersten Teil habe ich gezeigt, was diese Vorgehensweise in der Wissenschaftsforschung bewirkt hat.

29 Ich folge hier Antoine Hennion (1993), *La passion musicale. Une sociologie de la médiation.*

schen »Internalismus« und »Externalismus«, zwischen ästhetischen und sozialen Erklärungen – den ganzen Weg zurück bis in den Kindergarten.*

Natürlich ist dies nicht das, was empirisch gegeben ist, denn die Wesen, mit denen wir durch die Vermittlung der Kunstwerke verbunden sind, gleichen zwar nie dem Sozialen der Soziologen, doch *sehen* auch *nie aus* wie das isolierte »Objekt« der Ästhetik mit seinem »Kern unaussprechlicher Schönheit«. Während im alten Paradigma ein Nullsummenspiel herrschte – alles, was das Kunstwerk verlor, wurde vom Sozialen gewonnen, und alles, was das Soziale verlor, mußte der »inneren Qualität« des Kunstwerks zugute kommen –, ist im neuen Paradigma eine *win-win*-Situation möglich: je mehr Verknüpfungen, desto besser.[30] Ist dies nicht die allergewöhnlichste Erfahrung? Sie betrachten ein Gemälde. Ein Freund zeigt auf ein Merkmal, das Sie nicht bemerkt hatten;

* Ein Leser warf mir vor zu übertreiben, als überraschenderweise meine Augen auf den ersten Satz eines ganz neuen Buchs fielen, Nathalie Heinich (2005), *L'élite artiste,* und ich dort lesen mußte: »Dieses Buch beschäftigt sich mit der Kunst (Malerei und Skulptur, Literatur, Musik), doch man wird darin *nichts* über das künstlerische Schaffen und die Werke finden: Uns interessiert nur der Status der Kunstschaffenden. Es handelt sich um eine gänzlich soziologische Frage, die weder ästhetischen Problematiken untergeordnet noch mit ihnen *in Beziehung gebracht* werden darf, wie dies bei einem Großteil der Kunstsoziologie der Fall war, die auf einen Zweig der Ästhetik reduziert und also auf die Frage der Werke und des ästhetischen Wertes zentriert war. Wer sich daher nur für die Kunstwerke interessiert, sei gewarnt: Dieses Buch wird ihn sicher enttäuschen. Romane werden hier *nur* als soziologische Dokumente behandelt und die Frage der Kunst nur als ein – besonders erhellender – Indikator der *allgemeinen* Werte einer Gesellschaft.« (Hervorhebungen von mir) Man sieht, wieso die kindische Alternative zwangsläufig in »Enttäuschung« mündet. Glücklicherweise fügt die Autorin hinzu: »Andere Interpretationen sind selbstverständlich möglich«, und natürlich muß man sich in Richtung dieser Möglichkeiten orientieren …

30 Antoine Hennion und Geneviève Teil (2003), »Le goût du vin: pour une sociologie de l'attention«. Man findet im Meisterwerk von Joseph Leo Koerner (2004), *The Reformation of the Image*, eine ebenso tiefgründige wie detaillierte Reflexion darüber, was die Kunstgeschichte werden kann, wenn sie die Metaphysiken der Akteure ernstnimmt.

so werden Sie *dazu gebracht, etwas zu sehen*. Wer sieht es? Sie natürlich. Und dennoch: Würden Sie nicht freimütig eingestehen, daß Sie es *ohne* Ihren Freund nicht gesehen hätten? Wer also hat das subtile Merkmal gesehen? Waren Sie es oder Ihr Freund? Die Frage ist absurd. Wer wäre so töricht, aus der Gesamtsumme des Handelns den Einfluß des Zeigens *abzuleiten*? Je mehr Einfluß, desto besser. Und wenn man sukzessive die Qualität des Öllacks hinzufügen darf, die Verfahren des Kunstmarkts, die Puzzlespiele der narrativen Programme, die aufeinanderfolgenden Geschmäcker der Sammler – ein langes Gefolge von Mittlern –, dann wird die »innere« Qualität des Kunstwerks dadurch nicht etwa abnehmen, sondern im Gegenteil verstärkt werden.[31] Je mehr »Zufluß«, desto besser.[32] Es ist kontraintuitiv, unterscheiden zu wollen, »was vom Beobachter kommt« und »was vom Objekt kommt«, wenn die offensichtliche Antwort lautet: »der Strömung nachgehen«. Objekt und Subjekt mögen existieren, doch alles Interessante ereignet sich stromauf und stromab. Man muß nur der Strömung nachgehen. Ja, den Akteuren folgen oder vielmehr dem, was sie handeln macht, nämlich den zirkulierenden Entitäten.

In der prärelativistischen Definition des Sozialen war es der menschliche Teilnehmer, der in den Vordergrund gerückt wurde, und dann, durch einen scharfen Bruch, das Jenseits der sozialen Welt. Nichts durfte den Menschen begegnen, sofern es nicht aus sozialen Bindungen bestand (in der Bedeutung Nr. 1). Diesem Protokoll folgte jene seltsame Diplomatie. In der neuen Definition verhält es sich genau umgekehrt: Menschliche Teilnehmer und sozialer Kontext sind in den Hintergrund gerückt; was nun hervorgehoben wird, sind all die Mittler, deren starke Vermehrung neben vielen

31 Der Umgang mancher Kunsthistoriker mit Meisterwerken – wie etwa Svetlana Alpers (1988), *Rembrandt's Enterprise The Studio and the Market* – bietet ein ausgezeichnetes Modell für die Behandlung des Sozialen, auch wenn sie keiner expliziten Sozialtheorie nachgehen.

32 Neologismus in Yaneva (2001), *L'affluence des objets*.

anderen Entitäten hervorbringt, was man Quasi-Objekte und Quasi-Subjekte nennen könnte. Um das unglückliche astronomische Gleichnis, das durch Kants Verwendung sogar noch zweifelhafter geworden ist, aufzugreifen und umzukehren: Anstelle von Objekten, die sich um soziale Aggregate drehen, wie in der vorkopernikanischen Soziologie, sehen wir nun, wie soziale Aggregate aus den verschiedenen Verknüpfungen hervorgehen, die das Zentrum des sozialen Universums einnehmen. Wie beschränkt die Metapher auch sein mag, auf einen solchen Perspektivenwechsel ist die ANT aus. Dinge, Quasi-Objekte und Verknüpfungen sind das wirkliche Zentrum der sozialen Welt, nicht der Handlungsträger, die Person, das Mitglied oder der Teilnehmer – und auch nicht die Gesellschaft oder einer ihrer Stellvertreter. Ist dies nicht eine bessere Weise, um die Soziologie endlich in die Lage zu versetzen, auf den »sicheren Weg der Wissenschaft« zu gelangen (um einen weiteren von Kants Ausdrükken zu verwenden)?

Der Leser erinnert sich vielleicht noch daran, daß ich auf den allerersten Seiten dieses Buches, als ich die Differenz zwischen der Soziologie des Sozialen und der Soziologie der Assoziationen so scharf wie möglich zu bestimmen hatte, mit Tarde sagte, daß erstere einfach das *explanans* mit dem *explanandum* verwechselt hat: Gesellschaft ist die Folge von Assoziationen und nicht ihre Ursache. Dort klang diese scharfe Unterscheidung vielleicht nicht sehr überzeugend, weil sie die Richtung der Kausalität einfach umkehrte. Vielleicht bin ich jetzt in der Lage, eine präzisere Definition zu bieten; denn es gibt viele andere Wege, die gesamte soziale Welt nachzuzeichnen, als die enge Definition, die standardisierte soziale Bindungen bereitstellen.

Natürlich könnte ich das vereinfachte Argument beibehalten und beispielsweise behaupten, daß es nicht die Wissenschaft ist, die durch soziale Faktoren erklärt wird, sondern daß der wissenschaftliche *Inhalt* die Gestalt seines *Kontexts* erklärt; daß nicht die gesellschaftliche Macht das Recht erklärt, sondern die rechtliche Praxis definiert, was es bedeutet, *gebunden* zu sein; daß nicht die Technik »sozial geprägt« wird, sondern daß Techniken sozialen *Bindungen* Ausdehnung und Dauer verschaffen; daß es nicht soziale Verhältnisse sind, die ökonomische Berechnungen »einbetten«, sondern daß es die Berechnungen der Ökonomen sind, die den Akteuren die Kompetenz verleihen, sich ökonomisch zu verhalten etc. Obwohl jede einzelne dieser Umkehrungen in Begriffen der ANT richtig wäre, blieben sie gleichwohl einseitig, denn die beiden Positionen des zu Erklärenden und der Erklärung werden intakt gelassen, nur wird das eine durch das andere ersetzt. In dieser ersten Formulierung ist es nicht das Soziale – Nr. 1 –, das für Assoziationen verantwortlich ist, vielmehr erklären die Assoziationen das Soziale.

Doch nun, da wir uns langsam daran gewöhnen, in der neuen flachen Landschaft unterwegs zu sein, sind nicht nur die beiden Positionen verschwunden, sondern auch der starke Drang nach einer sozialen Erklärung, die auf einen Bestand bereits stabilisierter sozialer Bindungen zurückgreifen müßte: Sozial ist kein Ort, kein Ding, keine Domäne oder irgendeine Art von Stoff, sondern eine provisorische Bewegung neuer Assoziationen. Mit dieser Veränderung der Topographie können wir dasselbe ANT-Argument vorbringen, nun allerdings in einem interessanteren Licht; wir stellen gewissermaßen Landebahnen bereit, auf denen andere Existenzformen in das Kollektiv hineingelangen können, die ebenso *komplett, allgegenwärtig, respektabel und empirisch* sind wie das Soziale der Soziologen, auch wenn letztere sie bislang nicht so gründlich verfolgt haben.

Das Recht beispielsweise ist nicht durch den Einfluß erklärbar, den soziale Gesetze auf es ausüben; ja, es stimmt noch nicht einmal, daß das Recht umgekehrt erklären müßte, was Gesellschaft ist, denn es gibt keine Gesellschaft, die zu erklären wäre ... Recht hat sehr viel Besseres zu tun: unter anderem, durch die Landschaft zu zirkulieren, um Entitäten *auf juristische Weise* zu assoziieren. Die Wissenschaft kann selbstverständlich weder durch ihren sozialen Kontext erklärt werden, noch muß sie dazu verwendet werden, die Bestandteile sozialer Beziehungen zu erklären. Auch sie hat Besseres zu tun: unter anderem, überall zu zirkulieren und Entitäten *auf wissenschaftliche Weise* miteinander zu verbinden. Und auch wenn es recht nichtssagend wäre, die Religion als eine phantasiereiche Verkörperung der Gesellschaft zu deuten, wäre das Umgekehrte kaum besser, denn Religion zielt nicht einmal darauf ab, die Form der Gesellschaft zu erklären. Auch sie hat wichtigere Dinge zu tun, nämlich dieselben Entitäten wie Recht und Wissenschaft zu versammeln, aber indem sie sie *auf religiöse Weise* miteinander verbindet. Da die Erklärung der Politik durch Macht und Herrschaft eine eher akademische Angelegenheit ist, würde es auch hier keinen Sinn machen, das Argument einfach umzukehren, denn Politik hat eine sehr viel fundamentalere Aufgabe, nämlich wieder und wieder die paradoxe Gestalt des politischen Körpers *auf politische Weise* vorzuzeichnen. Und dasselbe könnte von vielen anderen Typen von *Konnektoren* gesagt werden, die nun ins Zentrum der Aufmerksamkeit rücken, weil es ihre Fortbewegungen sind, die soziale Verbindungen vorzeichnen – wobei »soziale Verbindungen«, wie wir inzwischen wissen, nicht bedeutet: »Verbindungen, die aus dem Sozialen gemacht sind«, sondern neue Assoziationen zwischen nichtsozialen Elementen.

Nun kommt der knifflige Teil oder der Strohhalm, der dem Kamel das Rückgrat bricht: Fortbewegungen ja, doch *von was*? Was bedeutet es, von juristischen, religiösen, wissenschaftlichen, technischen, ökonomischen und politischen »Weisen« des Assoziierens zu sprechen? Und wie könnte dies mit den Spuren vergleichbar sein, die von den bereits kalibrierten Definitionen sozialer Bindungen hinterlassen worden sind? Hier erscheint der Vergleich mit der kopernikanischen Revolution eher als Untertreibung; hier findet der wirkliche Bruch mit jeder Art von »Sozial«-Wissenschaft statt, wenn wir nicht ein für allemal die Bedeutung dieses

Adjektivs modifizieren – und hier werden dann vermutlich die wenigen Leser, die mir bis jetzt noch gefolgt sind, diese monströse Theorie ein für allemal verabschieden.[33] Um zu verstehen, was ich als das höchste Ziel der ANT ansehe, müssen wir Entitäten aus ihren Käfigen herauslassen, denen es bis jetzt strikt untersagt war, den Schauplatz zu betreten, und ihnen erlauben umherzustreichen.[34] Welchen Namen könnte man ihnen geben? Entitäten, Wesen, Objekte, Dinge, vielleicht könnte man sie als unsichtbare Entitäten (*invisibles*) bezeichnen.[35] Ich verleihe ihnen die terminologische Bezeichnung Existenzformen (*modes d'existence*) oder auch Äußerungsregime (*régimes d'énonciation*).[36] Wollte man die verschiedenen Weisen entfalten, in denen sie das Kollektiv versammeln, müßte man ein ganz anderes Buch schreiben; doch da ich dieses Argument hier nicht positiv zu verteidigen brauche, kann ich mich damit begnügen, die Richtung anzudeuten und zu erklären, wieso wir unsere Chancen auf Objektivität weiterhin verringern werden, wenn wir der Soziologie des Sozialen zu lange verhaftet bleiben.

Keine fromme Seele hat es je akzeptiert, sich auf den Status eines bloßen »Gläubigen« reduziert zu sehen, wieso also so

33 An dieser Stelle muß ich mich auch letztlich von Tarde verabschieden, der es niemals für notwendig hielt, die Typen von Fäden zu differenzieren, mit denen er seine Definition der sozialen Welt wob. In diesem Sinne behielt Tarde eine substantielle und nicht relativistische Definition der Soziologie bei.

34 Möglicherweise liegt dieser Schritt außerhalb der Reichweite der Sozialwissenschaften und führt zur Philosophie. Doch von Mol und Dewey habe ich gelernt, daß »empirische Philosophie« eine andere Weise sein könnte, Sozialwissenschaft zu betreiben.

35 Sollte man mich des Positivismus bezichtigt haben, als ich jede verborgene Kraft zurückwies (siehe die zweite Quelle der Unbestimmtheit, S. 76), dann wird nun hoffentlich klar, daß dies nur ein momentaner Eindruck war.

36 [Wie schon weiter oben angedeutet, habe ich *mode d'existence* in der Regel als »Existenzform« übersetzt, da im Deutschen eine nicht weiter qualifizierte »Existenzweise« (im Unterschied also etwa zur Existenzweise technischer Objekte) ungewöhnlich klingt und eher auf menschliche Existenz bezogen wird. A. d. Ü.]

tun, als wäre Glaube die einzige Weise, die Religion zu »erklären«? Kein Kunstliebhaber hat je zwischen Subjektivität und Objektivität geschwankt, warum also die ganze Kunstsoziologie in dieses Dilemma hineinzwängen? Kein Forscher im Labor hat jemals ein »gegebenes« Objekt unabhängig von der Arbeit gesehen, die erforderlich war, um es »sichtbar zu machen«, warum also so tun, als sei die Alternative zwischen »Realismus« und »Konstruktivismus« interessant? Kein Jurist hat es jemals allein mit Herrschaft zu tun gehabt, warum also vorgeben, daß die Unterscheidung zwischen formalen Verfahren und realen sozialen Kräften wichtig wäre? Wenn der Ausdruck »empirisch« bedeutet »getreu der Erfahrung«, warum zum Teufel nicht ein für allemal akzeptieren, was gewöhnlich in der allergewöhnlichsten Erfahrung gegeben ist?

Vielleicht habe ich zu oft auf die Metapher der Relativitätstheorie zurückgegriffen, aber die Parallele ist auffallend: Die soziale Erklärung aufgeben ist wie den Äther aufgeben; nichts geht verloren, außer einem Artefakt, das die Entwicklung einer Wissenschaft verunmöglichte, weil es die Beobachter zwang, Entitäten mit widersprüchlichen Eigenschaften zu erfinden, und sie so für die wirklichen blind machte. Den Hauptvorteil des seltsamen Schritts, den ich vorschlage, sehe ich darin, daß er den Soziologen gestattet, empirisch zu erfassen, was alle Beteiligten tun. Sobald die sozialen Erklärungen in das Herstellen und Verbreiten von Standards verlagert worden sind, können die anderen Wesen, die das Kollektiv auf ihre Weise versammeln, endlich herausgestellt werden. Endlich haben uns die Mittler ihren wirklichen Namen mitgeteilt: »Wir sind Existenzformen, Wesen, die das Kollektiv genauso umfassend zusammenbringen und versammeln, wie das, was ihr bislang das Soziale genannt habt, während ihr euch nur auf eine standardisierte Version der Versammlungen beschränkt habt; wenn ihr den Akteuren folgen wollt, dann müßt ihr uns ebenfalls folgen.« Beginnt man sich derart gewissenhaft den Mittlern zuzuwenden, dann bemerkt man bald, daß nur sehr wenige von ihnen mit dem ontologischen Repertoire zufrieden sind, das ihnen die beiden früheren Kollektoren Gesellschaft und Natur zugestanden haben. Recht, Wissenschaft, Religion, Ökonomien, Psychen, Moralitäten, Politik und Organisationen haben vielleicht alle ihre eigenen Existenzformen, ihre eigenen Zirkulationswege. Auch wenn die Pluralität der bewohnten Welten vielleicht eine gewagte Hypothese darstellt, ist doch die Pluralität der Existenzformen in unserer Welt ganz einfach eine Gegebenheit.[37] Gibt es einen Grund, wieso die Soziologie sie weiterhin ignorieren sollte?[38]

Das Problem besteht darin, daß die Sozialwissenschaften es nie gewagt haben, wirklich empirisch zu sein, weil sie glaubten, sie müßten sich gleichzeitig in der Aufgabe der Modernisierung engagieren. Jedesmal, wenn eine Untersuchung ernsthaft begonnen wurde, wurde sie mittendrin durch den Drang unterbrochen, irgendeine Art von Relevanz zu gewinnen. Daher ist es so wichtig, die drei verschiedenen Aufgaben der Sozialwissenschaften, wie ich sie weiter oben genannt habe, zu trennen: die Entfaltung der Kontroversen, die Stabilisierung dieser Kontroversen und schließlich die Suche nach politischer Relevanz. Doch bevor wir diese letzte Frage der politischen Epistemologie angehen, muß ich ein weiteres verstörendes Merkmal herausstellen, das der Grund dafür ist, diese Einführung zu schreiben. Anders als die anderen »Klammern«, die ich habe befestigen können, wird diese die Kontinuität der Netzwerke brechen, die *terra firma* der Spu-

37 Dies macht Philosophien interessant wie die von Etienne Souriau (1943), *Les différents modes d'existence*. Sie zu definieren und zu erkunden ist mein nächstes Projekt, das ich als Untersuchung von Existenzformen und Äußerungsregimen beschreiben könnte.

38 Luhmanns großartiger Versuch, durch die Vorstellung autonomer Bereiche die Differenzen zu respektieren, wurde leider durch sein Beharren verdorben, alle Bereiche durch eine gemeinsame Metasprache zu beschreiben, die einer bestimmten Biologie entlehnt ist.

ren und Dokumente. Sie wird uns zurück aufs offene Meer werfen, auf das Meer unseres gewöhnlichen Nichtwissens.

Plasma: die fehlenden Massen

Welch große Erleichterung es ist zu entdecken, daß wir uns nicht »in« einer Gesellschaft befinden – genausowenig wie wir »in« der Natur sind. Das Soziale ist nicht wie ein riesiger ungreifbarer Horizont, in den jede unserer Gesten eingebettet wäre; die Gesellschaft ist nicht allgegenwärtig, allwissend, jeden unserer Schritte beobachtend, jeden unserer geheimsten Gedanken auslotend wie der allmächtige Gott älterer Katechismen. Wenn wir akzeptieren, die flache Landschaft aufzuzeichnen, für die ich eine Liste von Stützen, Kniffen, Rastern und Klammern angeboten habe, wird das Soziale dazu gebracht – zumindest der Teil von ihm, der kalibriert, stabilisiert und standardisiert ist, das Soziale Nr. 1 –, innerhalb winziger Kanäle zu zirkulieren, die sich nur durch weitere Instrumente, Kosten und Kanäle erweitern lassen. Die Gesamtheit, das heißt das Systematische oder Strukturelle, wird nicht ignoriert, sondern nur sorgfältig in einem der vielen Omnimax-Kinos situiert, die komplette Panoramen der Gesellschaft anbieten und von denen wir inzwischen wissen: Je spannender der Eindruck sein soll, desto abgeschotteter muß der Kinosaal sein. Die Gesellschaft ist nicht das Ganze, »in dem« alles andere eingebettet ist, sondern das, was »durch« alles zirkuliert, was Verbindungen kalibriert und jeder Entität, die sie erreicht, eine Möglichkeit der Kommensurabilität anbietet. Wir sollten nun lernen, Sozialkanäle zuzuschalten, so wie wir es mit Kabelkanälen bei unseren Fernsehgeräten tun können. Gesellschaft bedeckt nicht länger das Ganze, genausowenig wie das World Wide Web wirklich *welt*weit ist.

Doch dann ist die nächste Frage so einfach, der nächste Schritt so unausweichlich, die Konsequenz so logisch, daß jeder Leser diesen letzten Aspekt sicherlich bereits vorweggenommen hat. Wenn es stimmt, wie die ANT behauptet, daß die soziale Landschaft eine derart flache »netzwerkförmige« Topographie besitzt und daß die Ingredienzien, aus denen Gesellschaft besteht, innerhalb winziger Kanäle zirkulieren, was befindet sich dann *zwischen* den Maschen eines solchen Zirkulationsnetzes? Daher ist die Netzmetapher trotz ihrer vielen Mängel nach wie vor so stark. Anders als Substanzen, Oberflächen, Domänen und Sphären, die jeden Zentimeter dessen ausfüllen, was sie verbinden und umfassen, lassen Netze, Netzwerke und »Werknetze« alles, was sie nicht verbinden, ganz einfach *unverbunden*. Besteht ein Netz nicht zunächst und vor allem aus leeren Räumen? Aber wenn etwas derart Großes und Umfassendes wie der »soziale Kontext« dazu gebracht wird, nicht viel anders durch die Landschaft zu reisen als eine U-Bahn oder eine Gasleitung, dann lautet die unausweichliche Frage: Welche Art von Stoff ist es, der *nicht* von dieser eng umschriebenen Art von Zirkulation berührt oder zugeschaltet wird? Sobald diese Frage formuliert ist, scheinen sich Hintergrund und Vordergrund auf schwindelerregende Weise umzukehren. Sobald die gesamte soziale Welt wieder innerhalb ihrer metrologischen Ketten lokalisiert ist, kommt eine riesige neue Landschaft in den Blick. Wenn das Wissen vom Sozialen auf die Termitengänge beschränkt ist, in denen wir unterwegs waren, was wissen wir dann von dem, was *außerhalb* ist? Nicht viel.

In gewisser Weise ist dies die Konsequenz, wenn man den Formalismus materiell versteht. Wenn der Formalismus keine komplette Beschreibung seiner selbst liefert, so bedeutet dies, daß, um irgendeinen Akt von Formalismus zu vervollständigen, man *etwas hinzufügen* muß, das woanders herkommt und das, per definitionem, selbst nicht formal ist. Dies ist Wittgensteins größte Lektion: Was es braucht, um Regeln zu folgen, ist nicht selbst durch Regeln beschreibbar. Wie gewöhnlich ist es Garfinkel, der die stärkste Definition jenes »Außen« anbietet, auf das wir zurückgreifen sollten, um jeglichen Handlungsverlauf zu vervollständigen: »Der Bereich von Dingen, die der FA [formal-analytischen] Erklärungsmöglichkeit (*accountability*) entgehen, ist nach Größe und Umfang astronomisch riesig.«[39] Auch wenn Garfinkel nicht die wahre Bedeutung der Standardisierung bemerkt hat, ist seine Metapher keine Übertreibung. Im Verhältnis zu dem von uns Formatierten ist das, was wir nicht kennen, in der Tat astronomisch riesig. Das Soziale, wie es normalerweise verstanden wird, besteht nur aus ein paar Pünktchen im Vergleich zur Unzahl von Assoziationen, die notwendig sind, um nur die kleinste Geste auszuführen.*

Dieselbe Bestürzung findet man in vielen Schulen der Sozialtheorie: *Handeln ist nie komplett.* Darin besteht beispielsweise die große Tugend, um nicht zu sagen der Charme von Howie Beckers Berichten über soziale Praktiken. Wenn seine Beschreibungen stets unvollständig, mit offenem Ende, zögernd bleiben, wenn sie mittendrin beginnen und ohne besonderen Grund aufhören, so ist das keine Schwäche seinerseits, sondern Resultat seiner extremen Aufmerksamkeit für die Launen der Erfahrung.[40] Um eine Melodie zu erlernen, um eine Band zu koordinieren, muß man eine große Anzahl von ungelernten, unkoordinierten Fragmenten von Handlung ausloten. Dies ist ebenfalls der Grund, um eine andere Denkschule heranzuziehen, warum Thévenot die verschie-

39 Garfinkel (2002), *Ethnomethodology's Program*, S. 104.

* In einer erstaunlichen Passage seines letzten Buches schreibt Garfinkel, »daß alle die großartigsten Themen der überlieferten Ordnung der Sozialwissenschaften im Verlauf ihrer intellektuellen Geschichte – die Fragen der Logik, des Sinns, der Methode, der Vernunft, des rationalen Handelns, der Ordnung, der Zeit, des Raums, des Ortes, der Position, des Bewußtseins, der Beweisführung, der Beobachtung, des Beweises, der Sammlung und des Vergleichs« niemals aus anderem Stoff bestehen als »jemanden auf der Straße fragen: ›Wo ist die Bäckerei?‹, und die Antwort zu erhalten (mit einer leichten Kinnbewegung): ›Da vorn‹.« Selbst Tarde hätte diese leichte Kinnbewegung nicht gewagt! H. Garfinkel (2002), *Ethnomethodology's program*, S. 217.

40 Siehe Howard S. Becker (1973), *Außenseiter. Zur Soziologie abweichenden Verhaltens* sowie Becker (1982), *Art Worlds*.

densten Handlungsregime vervielfachen muß, bloß um damit beginnen zu können, sich mit dem allereinfachsten Verhalten zu beschäftigen. Sobald eine nicht-formale Beschreibung des Formalismus gegeben werden muß, wird jeder Denker zu einem neuen Zenon, der die Zwischenschritte *ad infinitum* vervielfacht. Aus diesem Grund betont auch Law, wenn er versucht, seine ANT-Perspektive zu definieren, daß »die alternative Metaphysik annimmt, daß die Außenweltlichkeit überwältigend, exzessiv, energetisch ist, eine Reihe unentschiedener Potentialitäten und ein letztlich unbestimmbarer Strom«.[41]

Aber es ist nicht überraschend, daß es Tarde ist, der die radikalsten Einsichten über den notwendigen Hintergrund für das Auftauchen einer Aktivität geliefert hat.[42] Das ist die Konsequenz seiner Interpretation der Verbindungsglieder zwischen dem Großen und dem Kleinen, auf die ich bereits in den vorangegangenen Kapiteln zurückgegriffen habe. Das Große (Staaten, Organisationen, Märkte) ist eine Amplifikation, aber auch eine *Simplifikation* des Kleinen. Nur Tarde konnte den Common sense so weit umkehren, um zu behaupten: »Im allgemeinen ist in einem Satze mehr Logik zu finden als in einer Abhandlung, in einer Abhandlung mehr als in einer Folge oder Gruppe von solchen, in gleicher Weise ist ein spezieller Ritus logischer als ein ganzes Glaubensbekenntnis, ein Gesetzesartikel logischer als eine ganze Gesetzessammlung, eine besondere wissenschaftliche Theorie logischer als ein ganzer Wissenschaftskörper; mehr Logik steckt auch in der einzelnen vom Arbeiter ausgeführten Arbeit, als in seiner Gesamtaufführung.«[43] Entsprechend diesem Prinzip sollten wir nicht davon ausgehen, daß das Makro das Mikro umfaßt, sondern das Mikro aus einer Proliferation inkommensurabler Entitäten besteht – von Tarde »Monaden« ge-

41 Law (2004), *After Method*, S. 144.
42 Tarde (1902), *Psychologie économique*, S. 220.
43 Tarde (1908), *Die sozialen Gesetze*, S. 82.

nannt –, die bloß einen ihrer Aspekte hergeben, »eine Fassade ihrer selbst«, um ein provisorisches Ganzes zu bilden. Das Kleine hält das Große. Oder vielmehr, das Große könnte jeden Moment wieder im Kleinen ertrinken, aus dem es aufgetaucht ist und zu dem es zurückkehren wird. Was immer die Formulierung sein mag, anscheinend kann kein Verständnis des Sozialen (Nr. 2) gewonnen werden, wenn man seine Aufmerksamkeit nicht auf ein anderes Spektrum von unformatierten Phänomenen lenkt. Es ist, als müßte man an irgendeinem Punkt das feste Land verlassen und sich aufs offene Meer hinauswagen.[44]

Ich nenne diesen Hintergrund *Plasma* und verstehe darunter das, was noch nicht formatiert, noch nicht gemessen, noch nicht sozialisiert ist, was noch nicht in metrologischen Netzwerken zirkuliert, noch nicht registriert, überwacht, mobilisiert oder subjektiviert ist.[45] Wie groß ist es? Nehmen Sie eine Karte von London, und stellen Sie sich vor, daß die bislang besichtigte soziale Welt nicht mehr Raum einnimmt als die U-Bahn. Das Plasma wäre das übrige London, alle seine Gebäude, Bewohner, Gegenden, Pflanzen, Katzen, Paläste und Gardekavalleriebrigaden. Ja, Garfinkel hat recht, es »ist astronomisch riesig nach Größe und Umfang«.

Sobald wir das Ausmaß dieses Plasmas erkennen, können wir die beiden entgegengesetzten Einsichten von positivistischer und interpretativer Soziologie wieder an ihrer richtigen Stelle einordnen: Ja, wir müssen unsere Aufmerksamkeit nach außen richten, um irgendeinem Handlungsverlauf Sinn zu verleihen; und ja, es gibt eine unendliche Flexibilität in

44 Mit seiner Philosophie der Explikation der verschiedenen Hüllen, in denen wir alle enthalten sind, bietet P. Sloterdijk eine neue und starke Beschreibung dessen an, was stets in jedem Bericht fehlt – obwohl sie sich sehr von der Zirkulation der Netzwerke unterscheidet, eine Metapher, die er im übrigen »anämisch« findet!

45 Siehe Emmanuel Didier (2001), *De l'échantillon à la population: Sociologie de la généralisation par sondage aux États-Unis* für ein bemerkenswertes Beispiel von Plasma, bevor dieses in Zahlen verwandelt worden ist.

den Interpretationen dieser Verläufe. Doch das Außen ist nicht aus sozialem Stoff gewoben – im Gegenteil –, und Interpretation ist nicht ein Wesenszug individueller menschlicher Handlungsträger – im Gegenteil.

Um irgendein Verhalten zu interpretieren, müssen wir etwas hinzufügen, was allerdings nicht bedeutet, daß wir nach einem sozialen Rahmen Ausschau halten müßten. Natürlich war es richtig, daß Soziologen nach irgendeinem »Außen« suchten, nur gleicht dieses Außen überhaupt nicht dem, was sie erwarteten, denn es fehlt jede Spur eines kalibrierten sozialen Bewohners. Sie hatten recht, nach »etwas Verborgenem dahinter« zu suchen, allerdings ist es weder dahinter noch besonders verborgen. Es ist *dazwischen* und besteht nicht aus sozialem Stoff. Es ist nicht verborgen, sondern bloß *unbekannt*. Vielleicht wäre es nicht so schlecht, ihm das Etikett Soziales Nr. 4 zu geben und es zu den drei anderen hinzuzufügen. Es gleicht einem riesigen Hinterland, das die Ressourcen für jeden einzelnen Handlungsverlauf enthält, sehr ähnlich dem Land für den Stadtbewohner, sehr ähnlich den fehlenden Massen für einen Kosmologen, der versucht, das Gewicht des Universums auszubalancieren.

Um ein Verhalten zu interpretieren, müssen wir also tatsächlich auf viele verschiedene Versionen vorbereitet sein, doch das bedeutet nicht, daß wir uns lokalen Interaktionen zuwenden müßten – dem Sozialen Nr. 3. An vielen Stellen dieses Buches habe ich die Phänomenologen kritisiert, und vielleicht ebenso die Humanisten, weil sie glauben, daß face-to-face-Interaktionen, individuelle Agenten und zweckgerichtete Personen einen realistischeren und lebendigeren Ort darstellen als die leeren Abstraktionen der Gesellschaft. Obwohl sie recht damit haben, auf Unbestimmtheiten zu bestehen, haben sie deren Quellen am falschen Ort lokalisiert. Es ist nicht so, daß zweckgerichtete Menschenwesen, intentionale Personen und individuelle Seelen die einzigen interpretativen Agenten in einer Welt von Fakten wären, die von sich aus jeglicher Bedeutung entbehrte. Was mit Interpretationen,

Flexibilität und Fluidität gemeint ist, ist einfach eine Weise, das riesige Außen zu registrieren, auf das jeder Handlungsverlauf sich stützen muß, um ausgeführt werden zu können – das Soziale Nr. 4. Das gilt nicht nur für menschliches Handeln, sondern für jegliche Aktivität. Hermeneutik ist kein Privileg von Menschen, sondern sozusagen eine Eigenschaft der Welt selbst. Die Welt ist nicht ein solider Kontinent aus Fakten, durchsetzt von einigen Seen von Ungewißheiten, sondern ein riesiger Ozean von Ungewißheiten, durchbrochen von einigen Inseln kalibrierter und stabilisierter Formen.

Wissen wir wirklich so wenig? Wir wissen sogar noch weniger. Paradoxerweise erklärt diese »astronomisch riesige« Unkenntnis viele Dinge. Wieso verschwinden kämpferische Armeen binnen einer Woche? Wieso lösen sich ganze Imperien wie das sowjetische in ein paar Monaten auf? Wieso gehen Firmen, die sich über die ganze Welt erstrecken, nach einem Vierteljahresbericht bankrott? Wieso kommen dieselben Firmen, in weniger als einem Jahr, wieder aus den roten Zahlen heraus und haben plötzlich einen drastischen Gewinn zu verzeichnen? Wieso verwandeln sich ruhige Bürger in revolutionäre Massen, oder wieso lösen sich grimmige Massenkundgebungen in eine fröhliche Menge freier Bürger auf?* Wie kommt es, daß ein teilnahmsloses Individuum plötzlich durch irgendeine unbedeutende Nachricht in Aktion versetzt wird? Wie kommt es, daß irgendein fader akademischer Musiker plötzlich von den gewagtesten Rhythmen erfaßt wird? Generäle, Kolumnisten, Manager, Beobachter, Moralisten sagen oft, daß solche plötzlichen Veränderungen etwas Weiches, Ungreifbares, Fluides an sich haben. Genau das ist die Etymologie von Plasma.[46] Was nicht bedeutet, daß die solide Architektur der Gesellschaft dabei ist zu zerbröckeln,

* Siehe den verblüffenden Dokumentarfilm von Harun Farocki (1991), *Videograms of a Revolution* sowie den Artikel von Ana Miljacki in B. Latour und P. Weibel (Hg., 2005), Making *Things Public.*

46 Siehe den Index in Cassin (1995), *L'effet sophistique.*

daß der Leviathan tönerne Füße hat, sondern daß Gesellschaft wie Leviathan innerhalb derart schmaler Kanäle zirkulieren, daß sie sich auf eine unbestimmte Zahl von Zutaten verlassen müssen, die aus dem Plasma um sie herum kommen. Bislang habe ich zu sehr auf Kontinuität bestanden – dem Sozialen Nr. 2 –, die durch nachzeichenbare Verbindungen erreicht wird, aber diese Verbindungen müssen stets auf einem sehr viel riesigeren Hintergrund von Diskontinuitäten – dem Sozialen Nr. 4 – betrachtet werden. Oder, um es anders zu formulieren, eine Soziologie muß entstehen, die ihre widersprüchlichen Intuitionen bewahrt: Wir müssen imstande sein, sowohl die ungeheure Trägheit von sozialen Strukturen als auch die unglaubliche Veränderlichkeit, die sie in Existenz hält, zu berücksichtigen – letztere ist das wirkliche Milieu, das ersterer erlaubt zu zirkulieren.

Jede Aktion, die ich bislang beschrieben habe, müssen Sie um ein riesiges Repertoire fehlender *Massen* ergänzen. Diese sind erforderlich, um die Berichte auszubalancieren, aber sie *fehlen*. Die gute Nachricht ist, daß soziales Rüstzeug nicht viel Raum einnimmt; die schlechte Nachricht ist, daß wir nicht viel über dieses Außen wissen. Und doch gibt es eine Reserve, eine Reservearmee, ein riesiges Territorium – nur daß es weder ein Territorium noch eine Armee ist –, in der oder dem jede formatierte, lokalisierte, kontinuierliche, berichtbare Aktion durchgeführt wird. Vielleicht ist jetzt verständlich, wieso ich das Soziale der Soziologen so starrsinnig dafür kritisiert habe, daß es eine Verpackung sei, die sich nicht leicht für die Inspektion öffnen läßt. Wenn ich sooft darauf bestanden habe, das Soziale als Gesellschaft nicht zu verwechseln mit dem Sozialen als Assoziation, so geschah dies, um am Ende in der Lage zu sein, diese Reserve zu mobilisieren. Wie wäre irgendeine politische Aktion oder politisches Handeln möglich, wenn es nicht auf die Potentiale zurückgreifen könnte, die in Reserve liegen?

Die Gesetze der sozialen Welt mögen existieren, doch sie nehmen eine ganz andere Position ein, als die Tradition zunächst gedacht hatte. Sie befinden sich nicht *hinter* der Bühne, nicht *über* unseren Köpfen oder *vor* der Handlung, sondern *nach* der Handlung, *unter* den Teilnehmern und ganz im *Vordergrund*. Sie erfassen nicht, umfassen nicht, versammeln nicht und erklären nicht, sondern sie zirkulieren, formatieren, standardisieren, koordinieren und müssen selbst erklärt werden. Es gibt keine Gesellschaft, oder vielmehr: Gesellschaft bezeichnet nicht das gesamte Terrain. Also können wir noch einmal von vorne anfangen, um die riesige Landschaft zu erklären, in der die Sozialwissenschaften bislang erst ein paar winzige Brückenköpfe errichtet haben. Für die Soziologie könnte das Zeitalter der Erforschung noch einmal beginnen, sofern wir das folgende Motto in Kopf behalten: *die Leerstellen nicht ausfüllen*. Wieso sollten wir ungeduldig sein mit dieser Disziplin? Die Soziologie ist eine neue Wissenschaft, die in einer großen Familie mit vielen älteren Geschwistern als letzte zur Welt kam. Es ist verständlich, daß sie zunächst versuchte, die Erfolge ihrer Geschwister zu simulieren, indem sie deren Definition von Wissenschaft und vom Sozialen nachahmte. Es braucht Zeit, seinen eigenen Weg zu finden.

Schluß: Von der Gesellschaft zum Kollektiv – Kann das Soziale neu versammelt werden?

Die in diesem Buch vorgeschlagene Alternative ist so einfach, daß sie sich in einer kurzen Liste zusammenfassen läßt: Die Frage des Sozialen taucht auf, wenn die Bindungen, in die man verwickelt ist, sich aufzulösen beginnen; das Soziale wird durch die überraschenden Bewegungen von einer Assoziation zur nächsten ermittelt; diese Bewegungen können entweder angehalten oder weitergeführt werden; werden sie vorzeitig angehalten, so taucht das Soziale, wie man es üblicherweise versteht, auf, das Soziale Nr. 1: als Bestand bereits akzeptierter Teilnehmer, genannt »soziale Akteure« oder »Mitglieder« einer »Gesellschaft«; wird die Sammelbewegung dagegen wiederaufgenommen, so zeichnet sie das Soziale – Nr. 2 – der Assoziationen vor, und zwar mittels vieler nicht-sozialer Entitäten, die später zu Teilnehmern werden können; wird dieses Aufzeichnen systematisch verfolgt, dann kann es zu einer gemeinsamen Definition einer gemeinsamen Welt führen, von mir als Kollektiv bezeichnet; wenn es jedoch keine Verfahrensweisen gibt, diese Gemeinsamkeit herzustellen, könnte dieses Versammeln scheitern; und schließlich wird die Soziologie am besten als jene Disziplin definiert, in der die Teilnehmer explizit damit befaßt sind, das Kollektiv wieder zu versammeln.

Trotz des durchgängig allgemeinen Tons war das Ziel, das ich mir zu Beginn dieser Arbeit gesteckt hatte, einigermaßen eingeschränkt: Ist eine *Wissenschaft* vom *Sozialen* möglich, sofern wir modifizieren, was unter »Sozialem« und was unter »Wissenschaft« zu verstehen ist (aufgrund dessen, was wir durch die Wissenschaftssoziologie gelernt haben)? Wie ich den Leser von Anfang an warnte, habe ich nicht versucht, fair und ausgewogen zu sein, sondern nur kohärent, um so viele Konsequenzen wie möglich aus diesem merkwürdigen Anfangspunkt zu ziehen.

Wir sind nun am Ende unserer Reise angelangt. Wir können bereits die Schlußfolgerung ziehen, daß das Soziale Nr. 1, wie es üblicherweise definiert wird, nur ein Moment in der langen Geschichte von Versammlungen ist, schwebend zwischen der Suche nach dem politischen Körper und der Erkundung des Kollektivs. Das umfassendere Projekt, das der Soziologie des Sozialen ihren Impetus verliehen hatte, von ihrem Anfang in der Mitte des 19. bis zum Ende des letzten Jahrhunderts, zeigt nun Schwächen. Doch das ist kein Grund zur Verzweiflung. Im Gegenteil, es bedeutet einfach nur, daß ein anderes Projekt, ein ebenso umfassendes wie das frühere, es fortsetzen sollte. Da die Soziologie des Sozialen nur ein bestimmter Weg ist, an das Kollektiv heranzukommen, nimmt die Soziologie der Assoziationen die von der Idee des Sozialen unerfüllte Aufgabe des Sammelns wieder auf. Um den Bemühungen unserer Vorgänger gerecht zu werden und ihrer Tradition treu zu bleiben, müssen wir ihr Ziel aufgreifen, verstehen, warum sie es vorzeitig für erfüllt hielten, und sehen, wie es mit etwas besseren Erfolgschancen verfolgt werden kann.

Wenn ich gegenüber den älteren Definitionen des Sozialen vielleicht unfair oder gar gehässig erschienen bin, so liegt es daran, daß diese in letzter Zeit größere Schwierigkeiten hatten, der Aufgabe der Erkundung der gemeinsamen Welt nachzukommen. Sobald neue Assoziationen im Paket der sozialen Kräfte gespeichert und verpackt sind, gibt es keine Möglichkeit mehr, den Inhalt dieser Assoziationen zu inspizieren, ihre Verfallsdaten zu kontrollieren und zu überprüfen, ob sie wirklich die Transportmittel und Energie besitzen, um sie den ganzen Weg hin zu dem zu befördern, was sie zu erklären beanspruchen. Wie wir im vorigen Kapitel gesehen haben, bedeutet dies nicht, den Sozialwissenschaften das Vermögen zur Formatierung abzusprechen. Im Gegenteil, gerade weil sie so gut in der Kalibrierung der sozialen Welt sind, sind sie so schlecht darauf vorbereitet, Assoziationen zu folgen, die aus vielen nicht-sozialen Entitäten bestehen.

Dasselbe Repertoire, mit dem man so gut seinen Weg durch die Gesellschaft findet, paralysiert einen in Zeiten der Krise. Daher könnte man versucht sein, sich am Repertoire bereits akzeptierter Gesellschaftsmitglieder festzuklammern und aus den Daten die unpassenden zu entfernen. Wenn man jedoch das Projekt der Sozialwissenschaften neu aufnimmt und es zum ursprünglichen Erstaunen zurückbringt, kann man wieder empfänglich werden für sehr ungewöhnliche Typen von Versammlungen. Als wir glaubten, modern zu sein, konnten wir uns mit den beiden Versammlungen von Gesellschaft und Natur zufriedengeben. Doch heute müssen wir von neuem studieren, woraus wir gemacht sind, und das Repertoire der Bindungen und die Anzahl der Assoziationen weit über das von sozialen Erklärungen vorgeschlagene Repertoire erweitern. Wissenschaft, Religion, Politik, Recht, Ökonomie, Organisationen etc. weisen ständig Phänomene auf, die wir *wieder rätselhaft* finden müssen, wenn wir die Typen von Entitäten verstehen wollen, aus denen Kollektive in Zukunft zusammengesetzt sein können. Da jetzt offenbar wird, daß die Kollektoren nicht verständlich genug sind, gehen wir am besten noch einmal zurück an das Zeichenbrett.

Daß die Aufgabe, Verbindungen nachzuzeichnen, fortgesetzt und auf all jene Objekte umgelenkt werden soll, die beiseite zu lassen die Soziologen des Sozialen für vernünftig hielten, dürfte letztere erwartungsgemäß etwas verstören, dennoch sollte die Kontinuität zwischen ihrem Projekt und der ANT einigermaßen deutlich sein. Zwar mag es viele methodologische Meinungsverschiedenheiten und einiges Zähneknirschen geben, und doch dürften sie eine solche Wiederaufnahme ihres eigenen Projekts nicht beunruhigend finden.

Anders verhält es sich mit der kritischen Soziologie. Dieses Etikett habe ich dem vorbehalten, was geschieht, wenn man sich nicht nur auf das kalibrierte soziale Repertoire beschränkt und die Objekte beiseite läßt, wie die anderen Schulen oft versucht sind, es zu tun, sondern zusätzlich noch behauptet, daß diese Objekte aus sozialen Bindungen *bestehen*. Dieser Trend ist um so besorgniserregender, als die empörten Reaktionen der Akteure nicht als Zeichen für die Gefahr einer solchen Reduktion angesehen werden, sondern geradezu als Beweis dafür, daß dies die einzige wissenschaftliche Vorgehensweise sei. Wenn die Untersuchungsobjekte nur aus sozialen Bindungen bestehen, nur aus dem, was für frühere Sozialwissenschaftler zum offiziellen Repertoire gehörte, und wenn man die einzige Quelle einer möglichen Falsifizierung abschneidet, das heißt die Einwände derer, die man derart »erklärt« hat, dann ist kaum eine Vereinbarkeit mit der ANT zu sehen. Welche Ansprüche die kritische Soziologie auch auf Wissenschaftlichkeit und Objektivität erheben mag, sie kann keine Soziologie sein – in der neuen, von mir vorgeschlagenen Bedeutung –, da sie keine Möglichkeit hat, sich mit neuen Werkzeugen auszurüsten, um nicht-soziale Elemente zu verfolgen. Mit neuen Situationen und neuen Objekten konfrontiert, geht sie kein weiteres Risiko ein, als zu wiederholen, daß diese aus demselben schmalen Repertoire bereits anerkannter Kräfte gewoben sind: Macht, Herrschaft, Ausbeutung, Legitimation, Fetischisierung, Verdinglichung, Objektivierung. Vielleicht ist das Recht sozial konstruiert, aber ebenso ist es die Religion, wie auch Ökonomie, Politik, Sport, Moral, Kunst und alles, was aus demselben Material gebildet ist; nur der Name des »Feldes« ändert sich. Das Problem der kritischen Soziologie liegt darin, daß sie unfehlbar recht hat.

Und doch muß ich nun in diesem Schlußkapitel mit dieser Form der Gesellschaftskritik zurechtkommen, denn hinter der offensichtlichen Frage, was gute Wissenschaft sei, steckt die viel kniffligere Frage nach politischer Relevanz. Während die erste Frage Leidenschaft entfacht, löst die zweite Zorn aus – und auch Zorn muß respektiert werden.

Wie bereits durch den Aufbau dieses Buches klar sein sollte, habe ich behauptet, daß, um der Erfahrung des Sozialen treu zu bleiben, wir drei verschiedenen Pflichten *nacheinander* nachkommen müssen: Entfaltung, Stabilisierung und Zusammensetzung. Als erstes müssen wir lernen, wie Kontroversen entfaltet werden können, um so die Anzahl neuer Teilnehmer in jeder künftigen Versammlung einzuschätzen (Teil I); dann müssen wir imstande sein nachzuzeichnen, wie die Akteure selbst diese Unbestimmtheiten stabilisieren, indem sie Formate, Standards und Metrologien aufbauen (Teil II); und schließlich wollen wir sehen, wie die solcherart versammelten Assemblagen unseren Sinn dafür erneuern können, im selben Kollektiv zu sein. Bis zuletzt habe ich versucht, den Moment hinauszuzögern, in dem ich mich der Klärung dieser dritten Aufgabe widmen muß: Nun ist der Zeitpunkt gekommen, die Frage der politischen Epistemologie anzugehen.

Welche Art der politischen Epistemologie?

Nachdem ich Abbitte für meine allzu oberflächliche Behandlung der Soziologie des Sozialen geleistet habe, indem ich ihre unglaubliche Formatierungsmacht anerkannt, wenn auch verlagert habe, muß ich nun meine Einschätzung der kritischen Soziologie überprüfen. Ihr Fehler war nicht, kritisch sein zu wollen, sondern dies im falschen Moment, nämlich bevor die anderen Aufgaben der Soziologie erfüllt waren. Ich werfe der kritischen Soziologie vor, daß sie Gesellschaft und Kollektiv verwechselt hat. Ihr Fehler war nicht, daß sie politisch sein wollte oder Wissenschaft mit Politik verwechselt hat, sondern daß sie eine Definition sowohl der Wissenschaft als auch der Politik gegeben hat, die nur scheitern konnte; denn sie kümmerte sich nicht darum, zunächst einmal die Anzahl der Entitäten abzuklären, die zu versammeln waren. Die kritischen Soziologen haben die Schwierigkeit unterschätzt, Politik zu betreiben, denn sie beharrten darauf, das Soziale bestehe nur aus ein paar Typen von Teilnehmern. Ihnen war gleichgültig, daß es nur wenig Erfolgschancen für Politik gibt, wenn die Liste der befugten Mitglieder, aus denen die soziale Welt besteht, von vorneherein drastisch reduziert ist.

Mehrmals in diesem Buch habe ich gezeigt, warum man nicht die Anzahl der Entitäten vervielfachen, ihrer verwickelten Metaphysik folgen und das Ausmaß ihrer Kontroversen ausloten kann, während man gleichzeitig versucht, die meisten von ihnen auszuschließen, weil sie als eingebildet, arbiträr, veraltet, archaisch, ideologisch oder irreführend gelten. Zu einem ungünstigen Zeitpunkt geboren, versuchte die Soziologie auf dem Höhepunkt des Szientismus die Naturwissenschaften zu imitieren und das ordentliche politische Verfahren abzukürzen, um die dringenden Rufe nach einer Lösung der sozialen Frage zu beantworten. Aber weil man Wissenschaft und Politik zu eilfertig verschmolzen hatte, gelang es nie zu erklären, aus welchem nicht-sozialen Stoff das Soziale gemacht war, noch hatten die Soziologen die Freiheit, ihre eigene Konzeption von Wissenschaft auszuarbeiten. Es zu versuchen war gewiß kein Fehler, allerdings glaubten sie, bereits eine Lösung an der Hand zu haben, wenn sie »das Soziale« und insbesondere »die Gesellschaft« verwendeten, um die gemeinsame Welt zu definieren. Sie wollten bei den politischen Fragen ihrer Zeit mitreden, in den raschen Lauf der Modernisierung eingreifen oder zumindest die Gesetze ihrer Wissenschaften als *Social engineering* anwenden.

Doch ganz gleich, wie respektabel diese Gründe erscheinen mögen, sie dürfen nicht die mühselige Arbeit ersetzen, Assoziationen zu entfalten und zu sammeln. Wenn das zu Versammelnde nicht erst geöffnet, auseinandergenommen und inspiziert werden kann, kann es nicht wieder versammelt werden. Es erfordert keine enorme Geschicklichkeit oder großen politischen Scharfsinn, um zu bemerken, daß man beim Kampf gegen eine Macht, die unsichtbar, unaufspürbar, allgegenwärtig und total ist, nur ohnmächtig sein und ganz einfach besiegt werden wird. Erst wenn Mächte aus kleineren Bindungen bestehen, deren Widerstand nacheinander getestet werden kann, hat man möglicherweise eine Chance, einen gegebenen Zustand zu verändern. Um es frei heraus zu sagen: Wenn es eine Gesellschaft gibt, *dann ist keine Politik möglich.*[1] Entgegen dem ersten Eindruck gibt es einen heftigen Konflikt zwischen politischer Relevanz und sozialen Erklärungen. Oder zumindest gibt es keine Garantie dafür, daß die kritische Soziologie automatisch kritische Schärfe verleiht.

Wie bereits mehrfach gesagt: Die große Gefahr der kritischen Soziologie besteht darin, daß sie mit ihren Erklärungen nie unrecht hat. Daher läuft sie stets Gefahr, empirisch leer und politisch irrelevant zu werden. Die Möglichkeit des Scheiterns offenzulassen ist wichtig, denn nur so lassen sich die Qualität des wissenschaftlichen Begreifens und die Chance politischer Relevanz aufrechterhalten. Die von mir hier vorgeschlagene Definition einer Sozialwissenschaft, die sich auf die Wissenschaftsoziologie stützt, sollte einen empirischen Zugriff beanspruchen können, denn sie begibt sich überall dorthin, wo neue Assoziationen sich hinbewegen, statt an der Grenze des früheren Sozialen haltzumachen. Und sie sollte sich als politisch wichtig erweisen, da sie die Frage des Versammelns wieder angeht, allerdings mit all den neuen Teilnehmern, die sie aufgespürt hat. Doch das erfordert eine gleichzeitige Abstimmung von Wissenschaft und Politik. Nicht »doppelt zu sehen« ist das, was wir aus dem Studium von Wissenschaft *und* Gesellschaft gelernt haben.[2] Es handelt sich nicht um die Vorstellung, nach einer rein objektiven

1 Ich verallgemeinere hier Baumans Argument, daß die Gesellschaft erfunden wurde, um die revolutionäre Politik zu ersetzen. Siehe Bauman (1999), *Unbehagen in der Postmoderne*.

2 Dieser Ausdruck stammt aus Shapin und Schaffer (1985), *Leviathan and the Air-Pump*. Die politische Epistemologie beschreibt die Gewaltenteilung zwischen Wissenschaft und Politik, während die Epistemologie eine von der Politik abgeschnittene Wissenschaftstheorie ist. Zur Definition dieser Begriffe siehe Latour (2000), *Die Hoffnung der Pandora.*

Wissenschaft des Sozialen zu streben, und auch nicht darum, wenn der Traum einer unvoreingenommenen Wissenschaft ausgeträumt ist, die Sozialwissenschaften für alle Zeiten in den schmutzigen Tricks der Politik gefangen zu sehen. Gemeint ist einfach, daß eine andere Rollenverteilung zwischen Wissenschaft und Politik versucht werden sollte. Die Schwierigkeit ist folgende: Was heißt es, etwas zu erforschen, wenn dies nicht mehr bedeutet, zwischen dem Traum von Unvoreingenommenheit und dem entgegengesetzten Traum von Engagement zu oszillieren?

Hier sollte man kurz anmerken, daß die ANT zweier symmetrischer und entgegengesetzter Sünden angeklagt worden ist: Zum einen erweitere sie die Politik überallhin, einschließlich in das Allerheiligste von Wissenschaft und Technik; zum anderen sei sie so gleichgültig gegenüber Ungerechtigkeiten und Machtkämpfen, daß sie keinen kritischen Ansatzpunkt biete – und damit zufrieden sei, sich mit den bestehenden Mächten zu arrangieren.[3] Auch wenn die beiden Anklagen sich gegenseitig aufheben sollten – wie kann man Politik so weit ausdehnen und gleichzeitig so wenig dafür tun? –, stehen sie nicht notwendig im Widerspruch zueinander. Da sich die Linke stets auf die Wissenschaft gestützt hat, um ihr Emanzipationsprojekt zu stärken, läuft eine Politisierung der Wissenschaft darauf hinaus, die Ausgebeuteten ihrer einzigen Chance zu berauben, das Gleichgewicht dadurch wiederherzustellen, daß sie sich auf Objektivität und Rationalität berufen.[4] Zwar müßten die falschen Wissenschaften bloßgestellt werden – sie sind nur notdürftig verkleidete Ideologien –, doch in den rein wissenschaftlichen Diszipli-

3 Siehe Sokal und Bricmont (1999), *Eleganter Unsinn*; Langdon Winner (1993), »Upon Opening the Black Box and Finding It Empty«; sowie Mirowski und Nik-Khah (2007), »Markets Made Flesh«.

4 Während der manchmal etwas lächerlichen Episoden des »Kriegs der Wissenschaften« wurde vor allem im Namen der Linken der Kampf gegen die *science studies* und insbesondere gegen die ANT geführt. Vgl. auch M. Nanda (2003), *Prophets Facing Backward*.

nen, so heißt es, läge die einzige Berufungsinstanz, die alle Streitereien schlichten könne. Nur die verstocktesten Reaktionäre würden sich über die Schwächung der Vernunft freuen. Denn ohne die Vernunft wären die Benachteiligten den »bloßen« Machtverhältnissen überlassen – und bei diesem Spiel werden die Lämmer schneller aufgefressen als die Wölfe. Mehr noch: Würde die ANT die Schlüssel einer politischen Wissenschaft in die Hände der Mächtigen legen, verwandelte sie sich in eine »Ingenieurssoziologie«, schlimmer noch, in eine Consulting-Gruppe, die den von der disziplinierenden Macht der Vernunft Befreiten beibringt, noch machiavellistischer, noch intriganter zu sein, noch gleichgültiger gegenüber dem Unterschied zwischen Wissenschaft und Ideologie. Im Namen einer Ausbreitung der Netze versehe man den nackten Kaiser mit der allerneuesten »Kleiderkollektion«.[5] ANT sei nichts weiter als eine ausgearbeitete Form des Machiavellismus.

Solche Kritiken haben mich stets verblüfft. Mir scheint im Gegenteil, daß diejenigen, die sich für Frauen und Männer des Fortschritts halten, sich nicht an eine Sozialtheorie binden sollten, die kaum in der Lage ist, sich ihren verschiedenen Emanzipationsprogrammen anzupassen. Wenn es keine Möglichkeit gibt, die Inhalte sozialer Kräfte zu zerlegen und zu inspizieren, wenn sie unerklärt oder überwältigend bleiben, dann gibt es nicht sehr viel, was man tun kann. Immer wieder zu betonen, daß hinter all den verschiedenen Fragen die alles umfassende Präsenz desselben Systems liegt, desselben Imperiums, derselben Totalität, kam mir stets wie ein extremer Fall von Masochismus vor, eine pervertierte Weise, nach einer sicheren Niederlage Ausschau zu halten, während man gleichzeitig das bittersüße Gefühl politischer Korrektheit genießt. Nietzsche hat das unsterbliche Porträt der

5 Die Nähe des Netzwerkbegriffs zum »fluiden« und »künstlerischen« Kapitalismus, wie er in Boltanski und Chiapello (2003), *Der neue Geist des Kapitalismus* beschrieben wird, macht die Verbindung noch verlockender.

»Menschen des Ressentiment« gezeichnet; zwar hatte er dabei eher Christen im Sinn, doch auf kritische Soziologen dürfte es auch ganz gut passen.

Ist es nicht selbstverständlich, daß nur ein Gewirr von schwachen Bindungen, von konstruierten, artifiziellen, zuschreibbaren, beschreibbaren und überraschenden Verknüpfungen die einzige Möglichkeit bietet, um mit irgendeiner Art von Kampf zu beginnen? Angesichts der Totalität kann man nur noch auf die Knie fallen oder, schlimmer noch, davon träumen, die Stelle der vollständigen Macht selbst einzunehmen. Meiner Ansicht nach wäre es sehr viel klüger zu sagen, daß Handeln nur in einem Territorium möglich ist, das geöffnet, flach gehalten, redimensioniert worden ist, so daß Formate, Strukturen, Globalisierung und Totalitäten innerhalb winziger Leitungen zirkulieren und sie für jede Anwendung auf Massen verborgener Potentialität zurückgreifen müssen. Ansonsten gibt es keine Politik, denn kein Kampf wurde je gewonnen, wenn er nicht auf neue Kombinationen und überraschende Ereignisse zurückgreifen konnte. *Nur in einer Welt, die aus Unterschieden besteht*, machen die eigenen Handlungen »einen Unterschied«. Aber ist dies nicht genau die Topographie des Sozialen, die auftaucht, sobald wir die drei in Teil II vorgeschlagenen Schritte umsetzen? Wenn wir die Aufmerksamkeit auf das Plasma lenken, entdecken wir dann nicht eine Reservearmee, deren Größe, wie Garfinkel sagt, »astronomisch riesiger« ist als das zu Bekämpfende? Zumindest stehen die Chancen zu gewinnen, besser – und die Gelegenheiten, Masochismus zu befördern, sind seltener. Kritische Nähe, nicht kritische Distanz sollten wir anstreben.*

Es war schwierig, genau festzulegen, worin das politische Projekt der ANT besteht – und somit auch, wo es irrt und korrigiert werden sollte –, und zwar deshalb, weil die Definition dessen, was es für eine Sozialwissenschaft bedeutet, po-

* Siehe M. Walzer (1991), *Zweifel und Einmischung*.

litisch relevant zu sein, ebenfalls modifiziert werden muß.[6] Politik ist eine zu ernste Sache, um sie in den Händen der wenigen zu lassen, die scheinbar qua Geburtsrecht entscheiden, woraus sie bestehen soll.

Eine Disziplin unter anderen

Wenn ich sage, daß die kritische Soziologie Wissenschaft mit Politik verwechselt hat, dann will ich damit keineswegs zur klassischen Trennung zwischen Politik und Epistemologie zurückkehren. Dieser Anspruch würde ohnehin aus dem Munde eines Wissenschaftssoziologen sehr merkwürdig klingen! Ich kann nicht behaupten, daß es nicht Sache einer respektablen Wissenschaft sein sollte, ein politisches Projekt zu hegen – selbst wenn die beiden Helden, die ich mir auserkoren habe, Tarde und Garfinkel, nicht gerade für ihren politischen Eifer bekannt sind.* Der Gegensatz zwischen einer losgelösten, unvoreingenommenen Wissenschaft und einem engagierten, militanten, leidenschaftlichen Handeln wird bedeutungslos, sobald man die gewaltige *versammelnde* Macht einer jeden wissenschaftlichen Disziplin betrachtet – es macht keinen Unterschied, ob Sozial- oder Naturwissenschaft. Wenn die Sozialwissenschaften irgendeinen Rückstand aufzuholen haben, dann nur gegenüber der versammelnden Macht der Naturwissenschaften. Der politischen

6 Siehe Michel Callon (1999), »Ni intellectuel engagé, ni intellectuel dégagé: la double stratégie de l'attachement et du détachement«. Für einen extremenen Fall von Nicht-Beteiligung siehe Michel Callon und Vololona Rabeharisoa (2004), »Gino's Lesson on Humanity: Genetics, Mutual Entanglements and the Sociologist's Role«. Die wesentlichen Argumente gegen die traditionelle französische Figur des »engagierten Intellektuellen« finden sich in einem bewegenden Interview mit Michel Foucault (2002), *Schriften in vier Bänden. Dits et Ecrits*, Band II, S. 382 ff. (»Die Intellektuellen und die Macht«, Gespräch mit G. Deleuze).

* Zur Politik von Tarde siehe gleichwohl L. Salmon (2004), *La pensée politique de Gabriel Tarde* und (2005), »Gabriel Tarde et l'Affaire Dreyfus«.

Epistemologie geht es nicht darum, die »Befleckung« einer guten Wissenschaft durch »schmutzige politische Überlegungen« zu vermeiden, und auch nicht darum, Positivisten daran zu hindern, sich »hinter dem Vorwand der Objektivität zu verstecken«. Da niemand weiß, was die Akteure miteinander verbindet – siehe die fünf im ersten Teil betrachteten Unbestimmtheiten –, brauchen wir sicherlich eine konzertierte, artifizielle, ernsthafte und erfinderische Anstrengung, an der eine Reihe von Disziplinen beteiligt ist. Doch diese Disziplinen müssen auf dieselbe Weise verstanden werden wie Chemie, Physik, Mechanik etc., das heißt als ebenso viele Versuche, auf irgendeine systematische Weise neue Kandidaten zu versammeln, um die Welt zu bilden.

An diesem Punkt ist die Parallele mit den Naturwissenschaften unvermeidlich, denn beide Wissenschaftstypen müssen sich von dem Gedanken lösen, daß die Sammlung bereits vollendet sei. In einer anderen Arbeit habe ich gezeigt, daß die Natur dieses Merkmal mit der Gesellschaft teilt.[7] Unter derselben »äußeren Wirklichkeit« verschmilzt der Naturbegriff zwei verschiedene Funktionen: einerseits die *Mannigfaltigkeit* der Wesen, aus denen die Welt besteht; andererseits die *Einheit* der in einer einzigen unbestreitbaren Welt versammelten. Sich auf den Realismus zu berufen ist immer unzulänglich, denn das bedeutet, in ein und demselben Paket mannigfaltige umstrittene Tatsachen und vereinheitlichte unbestreitbare Fakten zusammenzupacken. Wenn daher die Existenz der »Natur« und der »äußeren Wirklichkeit« angezweifelt wird, weiß man nie, ob dagegen protestiert wird, unter der Hegemonie unbestreitbarer Tatsachen umstrittene Tatsachen vorzeitig zu vereinheitlichen, oder ob die vielfältigen, von den Wissenschaften aufgedeckten Entitäten geleugnet werden. Ersteres ist unerläßlich, letzteres ganz einfach dumm.

7 Ich fasse hier die Lösung zusammen aus Latour (2001a), *Das Parlament der Dinge.*

Um das Paket zu öffnen und eine öffentliche Überprüfung zu ermöglichen, habe ich vorgeschlagen, die Frage nach der Vervielfältigung der Entitäten, mit denen wir leben müssen – *wie viele sind wir?* –, von einer vollkommen anderen Frage zu trennen, nämlich der zu entscheiden, ob die versammelten Aggregate eine lebensfähige Welt bilden oder nicht – *können wir zusammenleben?* Beide Unternehmen müssen mit Hilfe der verschiedenen Fertigkeiten von Wissenschaftlern, Politikern, Künstlern, Moralisten, Ökonomen, Gesetzgebern etc. angegangen werden. Diese verschiedenen Berufsstände unterscheiden sich nicht durch die *Bereiche*, mit denen sie es zu tun haben, sondern allein durch die verschiedenen *Kompetenzen*, die sie auf *denselben* Bereich anwenden, ähnlich wie verschiedene Berufsgruppen – Elektriker, Zimmerleute, Maurer, Architekten und Installateure – nacheinander oder parallel an demselben Gebäude arbeiten. Während die Tradition das gemeinsame Gut (ein moralistisches Anliegen) und die gemeinsame Welt (natürlich gegeben) unterschied, habe ich vorgeschlagen, die »Naturpolitik« durch die *schrittweise Zusammensetzung einer gemeinsamen Welt* zu ersetzen. Dies war in meinen Augen der Weg, um Wissenschaft und Politik neu zu definieren und der Aufgabe einer politischen Epistemologie nachzukommen, die uns durch die verschiedenen ökologischen Krisen aufgegeben worden ist.

Vielleicht können wir jetzt sehen, was die beiden Kollektoren, Natur und Gesellschaft, gemeinsam haben: Sie sind beide voreilige Versuche, in zwei entgegengesetzten Versammlungen die eine gemeinsame Welt zu (ver)sammeln.[8] Dies habe ich als *moderne Verfassung* bezeichnet; mit der juristischen Metapher wollte ich die miteinander zusammenhängenden Errungenschaften der politischen Epistemologie beschreiben. Somit muß die Neudefinition der Politik – als

8 Die Politik der Naturparks liefert ein wunderbares Beispiel für die Notwendigkeit eines symmetrischen Ansatzes. Siehe Charis Thompson (2002), »When Elephants Stand for Competing Philosophies of Nature: Amboseli National Park, Kenya«.

schrittweise Zusammensetzung der gemeinsamen Welt – auf die früheren Versammlungen der Gesellschaft genauso angewandt werden wie auf die früheren Versammlungen der Natur. Die Schwierigkeit liegt darin, daß es hier einen leichten Bruch in der Symmetrie gibt, und daher wäre es auch verheerend, wenn man diese neue Definition der Politik mit der kritischen Soziologie verwechselte.

Während die widerspenstigen Objekte aus dem früheren Naturbereich vollständig sichtbar auf dem Schauplatz verbleiben, ganz gleich, was die Naturwissenschaftler über sie sagen mögen, scheinen die widerspenstigen *Subjekte* der früheren Gesellschaft sich leicht bezwingen zu lassen, denn sie beklagen sich selten, wenn sie »wegerklärt werden«, oder zumindest werden ihre Einwände selten so sorgfältig registriert wie die der Objekte.[9] Denn die Sozialwissenschaften tendieren viel eher als die Naturwissenschaften dazu, der von den Szientisten imaginierten Landschaft zu gleichen: öde und kahl, bevölkert von unbestreitbaren Tatsachen und durchzogen von strikten kausalen Verkettungen! Und doch ähnelt in beiden Fällen das zu Versammelnde – nämlich die früheren Mitglieder der alten Versammlungen von Natur und Gesellschaft, die ich Mittler, zirkulierende Objekte und Wesen genannt habe – weder unbestreitbaren Tatsachen noch sozialen Akteuren.

Um diesen Punkt zu begreifen, müssen wir uns daran erinnern, daß eine unbestreitbare Tatsache zu sein keine »natürliche« Existenzweise ist, sondern, seltsamerweise, ein *Anthropomorphismus*.[10] Dinge, Stühle, Katzen, Matten und

9 Zum Vergleich der Widerspenstigkeit menschlicher und nicht-menschlicher Entitäten siehe Despret (1996), *Naissance d'une théorie éthologique* und Stengers (1997a), *Die Erfindung der modernen Wissenschaften.* Als gutes Resümee ihrer Thesen siehe Isabelle Stengers (2005), *La Vierge et le neutrino.*

10 »Inanimismus« ist ebenso eine Figuration wie »Animismus«. Zur Figuration siehe S. 93. Für eine meisterhafte Verteilung dieser unterschiedlichen Funktionen in der Welt siehe Descola (2005), *Par delà nature et culture*; insbesondere das Kapitel, das den anthropozentrischen Charakter des Naturalismus beweist!

schwarze Löcher verhalten sich nie wie unbestreitbare Tatsachen; Menschen tun es manchmal, aus politischen Gründen, um sich gegen Nachfragen zu wehren. Also wäre es absurd, sich dagegen zu wenden, »Menschen wie Objekte zu behandeln«. Schlimmstenfalls würden einfach Menschen mit anderen umstrittenen Tatsachen in Physik, Biologie, Computerwissenschaft *gleichgestellt*, Komplexität würde einfach zu Komplexität hinzugefügt. Weit davon entfernt, »erniedrigt« zu werden, werden »objektivierte Menschen« statt dessen auf die Ebene der Ameisen, Schimpansen, Computerchips und Elementarteilchen *emporgehoben*! »Wie Dinge behandelt zu werden«, so wie wir es jetzt verstehen, heißt nicht, auf bloße unbestreitbare Tatsachen »reduziert« zu werden, sondern es heißt, daß ihnen gestattet wird, ein so facettenreiches Leben zu führen wie umstrittene Tatsachen. Reduktionismus ist keine Sünde, vor der man sich hüten, oder eine Tugend, an die man sich strikt halten sollte, sondern eine praktische Unmöglichkeit, denn die Elemente, auf die eine »höhere Ebene« reduziert wird, werden so komplex sein wie die »niedrigere Ebene«. Wenn die Menschen in den Händen der kritischen Soziologen bloß *so gut* behandelt würden wie Wale in der Zoologie, Gene in der Biochemie, Paviane in der Primatologie, Böden in der Bodenkunde, Tumore in der Karzinologie oder Gase in der Thermodynamik! Ihre komplexe Metaphysik würde wenigstens respektiert, ihre Widerspenstigkeit anerkannt, ihre Einwände entfaltet, ihre Mannigfaltigkeit akzeptiert. Bitte, behandelt Menschen als Dinge, bietet ihnen wenigstens den Grad an Realismus an, den ihr bereit seid, einfachen umstrittenen Tatsachen zuzugestehen, materialisiert sie und, ja, *verdinglicht* sie so weit wie möglich!

Der Positivismus – in seiner natürlichen oder sozialen Form, in seiner reaktionären oder progressiven Form – hat nicht deshalb unrecht, weil er das »menschliche Bewußtsein« vergäße und sich statt dessen auf »kalte Daten« verließe. Er hat politisch unrecht. Er hat umstrittene Tatsachen *zu schnell, ohne ordentliches Verfahren* in unbestreitbare Tatsachen verwandelt. Er hat die beiden Aufgaben des Realismus verwechselt: Vielfalt und Vereinigung. Er hat den Unterschied verwischt zwischen dem Entfalten der Assoziationen und ihrer Sammlung in einem Kollektiv. Dies haben die Befürworter einer hermeneutischen Soziologie richtig bemerkt, doch sie wußten nicht, wie man aus der Falle hinausgelangen konnte, derart bizarr waren ihre Vorstellungen von den Naturwissenschaften und der materiellen Welt. Zusammen mit den Reduktionisten, die zu hassen ihre Leidenschaft war, haben sie mißverstanden, was es für eine (Sozial- wie Natur-) Wissenschaft bedeutet, ein politisches Projekt zu unterhalten; daher die falsche Alternative: einerseits ein »unvoreingenommener« Wissenschaftler und andererseits »sozial relevant« zu sein. Aus diesem Grund ist es so verwirrend zu sehen, daß die Soziologie der Assoziationen so oft dafür angeklagt wurde, »nur deskriptiv« und »ohne ein politisches Projekt« zu sein, während doch gerade die Soziologie des Sozialen stets fieberhaft zwischen einer unvoreingenommenen Wissenschaft, die sie nie liefern konnte, und einer politischen Relevanz, die sie nie erreichen konnte, oszilliert hat.

Um aus diesem falschen Dilemma hinauszugelangen, müssen zwei andere Reihen von Verfahren in den Vordergrund gerückt werden: eine erste, die das Entfalten von Akteuren sichtbar macht; und eine zweite, die die Vereinigung des Kollektivs zu einer gemeinsamen Welt für diejenigen akzeptierbar macht, die vereint werden. Die erste Reihe läßt die ANT mehr wie eine unvoreingenommene Wissenschaft aussehen, sie bekämpft den Drang der Soziologie, anstelle der Akteure den Gesetzgeber zu spielen. Die zweite Reihe wiederum setzt die ANT eher mit politischem Engagement gleich, da sie sowohl die Produktion einer Gesellschaftswissenschaft kritisiert, die für die »Informanten« unsichtbar wäre, als auch den Anspruch einer Avantgarde auf das wahre Wissen. Wir wollen unvoreingenommener sein, als es mit dem *Social engineering*-Projekt der traditionellen Soziologie möglich war, da wir Kontroversen sehr viel weiter verfolgen. Aber wir wollen auch engagierter sein, als es mit dem wissenschaftlichen Traum vom unvoreingenommenen Blick möglich war. Und doch ist es etwas Ähnliches wie Unvoreingenommenheit, das vom Entfalten der ersten vier von uns betrachteten Quellen der Unbestimmtheit angeboten wird, während das Engagement von der Möglichkeit der fünften herrührt, zum Teil bei der Versammlung des Kollektivs zu helfen, das heißt, diesem eine Arena, ein Forum, einen Raum, eine Repräsentation zu geben – durch das sehr bescheidene Medium eines gewagten Berichts, der meist nur eine fragile Intervention darstellt, welche oft nur aus Text besteht.

Forschung bedeutet daher stets, in dem Sinne Politik zu machen, daß sie versammelt oder zusammensetzt, woraus die gemeinsame Welt besteht. Die heikle Frage besteht darin zu entscheiden, welche Art von Versammlung und welche Art von Zusammensetzung gebraucht werden. Hier muß die ANT ihren Kontrast zur Soziologie des Sozialen deutlicher herausstreichen. Wir fordern, daß die Kontroversen darüber, aus welcher Art von Stoff die soziale Welt gemacht ist, nicht von Sozialwissenschaftlern geschlichtet werden sollten, sondern von künftigen Teilnehmern, und daß in jedem Moment das »Paket« der bestehenden sozialen Verbindungen zur öffentlichen Überprüfung geöffnet werden können sollte. Das bedeutet, daß die beiden Aufgaben des *Einbeziehens* und des *Ordnens* getrennt bleiben müssen. Der Test besteht nun darin zu ermitteln, welche Sozialwissenschaften gut darin sind, diesen Unterschied aufrechtzuerhalten.

Alle Disziplinen, von der Geographie bis zur Anthropologie, von der Betriebswirtschaft bis zur politischen Wissenschaft, von der Linguistik bis zur Ökonomie, betreten den Schauplatz als ebenso viele Weisen, die Ingredienzien des Kollektivs zunächst nebeneinanderzustellen und dann in ein kohärentes Ganzes zu bringen. »Erforschen« heißt nie, zunächst einen unvoreingenommenen Blick auf etwas zu werfen und dann durch Prinzipien zum Handeln gebracht zu werden, die durch die Forschungsresultate entdeckt worden sind. Sondern jede Disziplin erweitert das Spektrum der in der Welt wirkenden Entitäten und beteiligt sich zugleich aktiv daran, einige von ihnen in verläßliche und stabile Zwischenglieder zu verwandeln.* So beschreiben Ökonomen nicht bloß irgendeine ökonomische Infrastruktur, die seit Anbeginn der Zeiten immer schon dagewesen ist. Sie offenbaren Fähigkeiten des Kalkulierens in Akteuren, die vorher nicht wußten, daß sie über sie verfügten, und stellen sicher, daß einige dieser neuen Kompetenzen durch die vielen praktischen Werkzeuge der Kassenzettel, Bankkonten, Eigentumsrechte und anderer Plug-ins in den Common sense einsickern. Und auch die Soziologen des Sozialen haben, wie wir gesehen haben, sehr viel mehr getan, als zu »entdecken«, was eine Gesellschaft ist. Sie waren stets aktiv daran beteiligt, die Verknüpfungen zwischen Akteuren zu vervielfachen, die vorher nicht wußten, daß sie durch »soziale Kräfte« miteinander verbunden waren, und sie haben den Akteuren außerdem viele Möglichkeiten angeboten, sich zu gruppieren. Die Psychologen bevölkern die Psyche mit Hunderten neuer Entitäten – Neurotransmitter, Unbewußtes, kognitive Module, Perversionen, Gewohnheiten – und stabilisieren gleichzeitig einige von ihnen als routinemäßige Bestandteile unseres Common sense. Geographen sind in der Lage, die Eigentümlichkeiten von Flüssen, Bergen und Städten darzustellen sowie mit Hilfe von Karten, Konzepten, Gesetzen, Territorien und Netzen einen gemeinsamen bewohnbaren Raum zu schaffen. Die gleiche instrumentelle Aktivität läßt sich erkennen in der Sprache der Linguisten, in der Geschichte der Historiker, in der kulturellen Vielfalt der Anthropologen etc. Ohne Wirtschaftswissenschaft gibt es keine Ökonomie, ohne Soziologie keine Gesellschaft, ohne Psychologie keine Psyche und ohne Geographie keinen Raum. Was würden wir von der Vergangenheit wissen ohne Historiker? Wie wäre

* Das ist offenbar der zentrale Punkt von M. Foucault (1974), *Die Ordnung des Diskurses.*

die Struktur der Sprache für uns zugänglich ohne Grammatiker? So wie eine Spinne ihr Netz webt, wird *Ökonomisierung* von Ökonomen hervorgebracht, *Sozialisierung* von der Soziologie, *Psychologisierung* von der Psychologie etc.
Das bedeutet nicht, daß diese Disziplinen Fiktionen wären oder daß sie ihren Gegenstand aus der Luft holten. Sondern es bedeutet, daß sie, wie der Name schon sagt, *Disziplinen* sind: Jede hat sich dafür entschieden, eine bestimmte Art von Mittler zu entfalten und einen bestimmten Typ von Stabilisierung zu begünstigen; so bevölkern sie die Welt mit verschiedenen Typen von gut abgerichteten und vollständig formatierten Bewohnern. Was immer eine Forscherin tut, wenn sie ihren Forschungsbericht schreibt, sie ist bereits Teil dieser Aktivität. Darin liegt aber gerade kein *Defekt* der Sozialwissenschaften, so als wären diese besser dran, wenn sie sich aus diesem Zirkel befreien könnten. Es bedeutet einfach nur, daß sie, wie alle anderen Wissenschaften, beteiligt sind am normalen Geschäft der Vermehrung von Existenzformen und der Stabilisierung oder Disziplinierung einiger von ihnen. In diesem Sinne ist eine Wissenschaft, je unvoreingenommener sie ist, desto engagierter und politisch relevanter. Die ständigen Aktivitäten der Sozialwissenschaften, um das Soziale existieren zu lassen, das Kollektiv zu einem kohärenten Ganzen zu formen, machen hauptsächlich das aus, was es heißt, das Soziale zu »erforschen«. Jeder Bericht, der zu dieser Masse hinzugefügt wird, besteht auch aus einer Entscheidung darüber, was das Soziale sein sollte, das heißt darüber, worin die vielfältigen Metaphysiken und die einzigartige Ontologie der gemeinsamen Welt bestehen sollten. Selten sind heutzutage die Gruppierungen, die nicht von Ökonomen, Geographen, Anthropologen, Historikern und Soziologen ausgerüstet und instrumentiert werden, welche ihrerseits wiederum zu erfahren hoffen, wie die Gruppen gebildet werden, worin ihre Grenzen und Funktionen bestehen und wie sie am besten aufrechterhalten werden. Für eine Sozialwissenschaft würde es keinen Sinn machen, dieser ständigen

Arbeit entkommen zu wollen. Aber es ist sinnvoll, zu versuchen, diese Arbeit *gut* zu machen.

Eine andere Definition von Politik

Worin besteht letztlich also das politische Projekt der ANT? Da diese winzige Schule nichts anderes ist als der komplizierte Versuch, zurückzugehen zu der Überraschung, die man erlebt, wenn man das Soziale sich auflösen sieht, besteht die einzige Möglichkeit, sich wieder zu Bewußtsein zu bringen, was wir unter Politik verstehen, darin, noch näher an diese ursprüngliche Erfahrung heranzukommen – eine Erfahrung, die durch die jüngere Geschichte der Sozialwissenschaften etwas getrübt worden ist.
Während des 19. Jahrhunderts war es einfach, zu bemerken, wie durch das überraschende Auftauchen von Massen, Mengen, Industrien, Städten, Imperien, Hygiene, Medien und Erfindungen aller Art dieses Gefühl der Krise ständig wieder aufgefrischt wurde. Es ist befremdlich, daß diese Einsicht im darauffolgenden Jahrhundert mit seinen Katastrophen und Innovationen, mit seinen Massenmorden, ökologischen Krisen und der hartnäckigen Präsenz der großen Zahl nicht noch stärker war. Daß dies nicht so war, lag gerade an den vorhandenen Definitionen von Gesellschaft und sozialen Bindungen, die ein paar Elemente zu integrieren versuchten, während sie andere Kandidaten in riesiger Zahl ausschlossen. Solange der Naturalismus herrschte, war es sehr schwierig, die Zusammensetzung des Sozialen längere Zeit auch nur etwas ernsthafter zu untersuchen.[11] Die ANT hat nur versucht, sich wieder für die schiere Schwierigkeit empfindungsfähig zu machen, Kollektive zusammenzusetzen, die aus so vielen

11 Diese Schwierigkeit habe ich zu erfassen versucht in Latour, *Wir sind nie modern gewesen*. Befremdlicherweise hat der Modernismus stets Mühe gehabt, auf der Höhe »seiner Zeit« zu sein.

neuen Mitgliedern bestehen, wenn man sowohl Natur als auch Gesellschaft beiseite läßt.

Das Gefühl der Krise, das ich im Zentrum der Sozialwissenschaften wahrnehme, könnte man nun folgendermaßen formulieren: Sobald man das Spektrum der Entitäten erweitert, bilden die neuen Assoziationen keine lebensfähige Versammlung. Hier betritt die Politik wieder die Bühne, wenn wir sie denn als die Intuition definieren wollen, daß Assoziationen nicht genug sind, daß sie außerdem so *zusammengesetzt* werden sollten, daß sie *eine* gemeinsame Welt *hervortreten lassen*.* Ob dies nun gut ist oder schlecht, die Soziologie kann im Gegensatz zu ihrer Schwester, der Anthropologie, niemals mit einer Pluralität von Metaphysiken zufrieden sein; sie muß auch die ontologische Frage der Einheit der gemeinsamen Welt angehen. Diesmal kann es jedoch nicht mehr innerhalb der weiter oben beschriebenen Panoramen geschehen, sondern außerhalb ihrer, und zwar ernsthaft. Insofern stimmt es dann doch, daß die Soziologie sich nicht damit zufriedengeben kann, Assoziationen »bloß zu beschreiben«, und sie kann sich auch nicht lediglich am Schauspiel der schieren Vielfalt neuer Verknüpfungen ergötzen. Eine andere Aufgabe muß ebenso erfüllt werden, will sie das Etikett einer »Wissenschaft vom Zusammenleben« verdienen, um noch einmal Laurent Thévenots paradoxen Ausdruck aufzugreifen.[12] Wenn die Soziologie eine Wissenschaft ist, was hat sie mit dem »Zusammenleben« zu tun? Wieso sollte das Zusammenleben einer Wissenschaft bedürfen? Antwort: wegen der großen Zahl der neu in Existenz tretenden Kandidaten und wegen der engen Grenzen der Kollektoren, die bislang ersonnen wurden, um das Zusammenleben zu ermöglichen.

Der Student der *London School of Economics*, der im weiter

* Siehe in Nr. 8 der Zeitschrift *Cosmopolitiques* den Text: »Pratiques cosmopolitiques du droit« (2004).

12 Thévenot (2004), »Une science de la vie ensemble dans le monde«.

oben wiedergegebenen Zwischenspiel von der ANT so verwirrt war, hatte recht damit, nach politischer Relevanz zu suchen; und das haben auch all die jungen Leute, die in die Fachbereiche der Politikwissenschaften, der Wissenschaftsforschung, der feministischen Forschung und der Kulturwissenschaften streben, um einen kritischen Ansatz zu finden, um »einen Unterschied« und die Welt lebbarer zu machen. Vielleicht sind ihre Formulierungen naiv, aber es ist schwer einzusehen, wie man sich Soziologe nennen und auf sie herabsehen könnte, als würden sie nur jugendlichen Träumereien nachhängen. Sobald dieser Drang nach politischem Engagement nicht mehr länger mit den beiden anderen Pflichten verwechselt wird, sobald der Rekrutierungsprozeß neuer Kandidaten für das kollektive Leben nicht unterbrochen wird, ist der brennende Wunsch, die neuen Entitäten wahrgenommen, willkommen geheißen und untergebracht zu sehen, nicht nur legitim, sondern vermutlich das einzige wissenschaftliche und politische Anliegen, das es wert ist, dafür zu streiten. Muß man demnach die Gesellschaft verändern? Ja, aber in allen Bedeutungen dieses Infinitivs.

Hinter den Wörtern »sozial« und »Natur« lagen zwei völlig verschiedene Projekte verborgen, die quer zu diesen schlecht versammelten Versammlungen standen: eines, das Verbindungen zwischen unerwarteten Entitäten aufzeichnet, und ein anderes, das diese Verbindungen in einem irgendwie lebensfähigen Ganzen dauerhaft macht. Der Fehler besteht nicht darin, zwei Dinge gleichzeitig tun zu wollen – jede Wissenschaft ist auch ein politisches Projekt –, sondern darin, das erste Projekt aufgrund der Dringlichkeit des zweiten zu unterbrechen. Die ANT ist einfach eine Möglichkeit zu sagen, daß die Aufgabe, eine gemeinsame Welt zu versammeln, nicht ins Auge gefaßt werden kann, wenn nicht die andere Aufgabe ein gutes Stück über die engen Grenzen hinaus verfolgt wird, die ihr von der vorzeitigen *Schließung* des sozialen Bereichs gesteckt worden sind.

Es ist schwer zu glauben, daß wir immer noch dieselben Typen von Akteuren absorbieren müssen, die gleiche Anzahl von Entitäten, dieselben Profile von Wesen und dieselben Existenzformen in denselben Typen von Kollektiven wie Comte, Durkheim, Weber oder Parsons, erst recht, nachdem Wissenschaft und Technik die Beteiligten im Schmelztiegel massiv vervielfältigt haben. Ja, die Soziologie ist die Wissenschaft der immigrierenden Massen, aber wir haben es nun mit Elektronen *und* Wählern, mit gentechnisch manipulierten Lebewesen und NGOs gleichzeitig zu tun. Für den neuen Wein der neuen Assoziationen genügt der staubige alte Schlauch nicht mehr. Daher habe ich das Kollektiv als eine Erweiterung von Natur und Gesellschaft definiert und die Soziologie der Assoziationen als die Wiederaufnahme und Erneuerung der Soziologie des Sozialen.

So lautet in meinen Augen das politische Projekt der ANT, und dies meine ich mit der Suche nach politischer Relevanz. Sobald die Aufgabe erledigt ist, die Mannigfaltigkeit der Existenzformen zu erkunden, kann eine andere Frage gestellt werden: Welches sind die *Versammlungen* dieser *Ansammlungen*?

Wir sollten hier darauf achten, diese Formulierung nicht mit einer anderen zu verwechseln, die ihr sehr ähnelt, uns jedoch zu einem völlig anderen Projekt zurückführen würde. Eine politische Frage aufzuwerfen heißt oft, hinter einem bestimmten Sachverhalt bislang verborgene Kräfte zu enthüllen. Doch damit läuft man wieder in die Falle der sozialen Erklärungen, die ich weiter oben kritisiert habe, und betreibt schließlich genau das Gegenteil dessen, was ich hier unter Politik verstehe. Man verwendet dann wieder dasselbe alte Repertoire bereits versammelter sozialer Bindungen, um die neuen Assoziationen zu »erklären«. Obwohl man *über* Politik zu sprechen scheint, spricht man nicht *politisch*. Man dehnt einfach dasselbe kleine Repertoire bereits standardisierter Kräfte einen Schritt weiter aus. Vielleicht empfindet man dabei sogar noch das Vergnügen, eine »machtvolle Erklärung« zu liefern, doch gerade darin liegt das Problem:

Man beteiligt sich an der Ausdehnung von Macht, aber nicht an der Neuzusammensetzung ihres Inhalts. Auch wenn es politischen Überlegungen ähnelt, hat man noch nicht einmal ansatzweise eine politische Anstrengung unternommen, denn man hat nicht versucht, die Kandidaten in einer neuen, ihren spezifischen Erfordernissen angepaßten Versammlung zu versammeln. »Machttrunken« ist ein Ausdruck, den man nicht nur für Generäle, Präsidenten, Geschäftsführer, Chefs und wahnsinnige Wissenschaftler verwenden sollte. Er paßt ebenso auf jene Soziologen, die die Ausdehnung von machtvollen Erklärungen mit der Zusammensetzung des Kollektivs verwechseln. Aus diesem Grund lautete der Slogan der ANT stets: »Nicht machttrunken, sondern machtnüchtern sein«, das heißt, sich so weit wie möglich der Verwendung des Machtbegriffs enthalten, denn es könnte sein, daß er zurückschlägt und die eigenen Erklärungen trifft anstelle des eigentlich in Auge gefaßten Ziels. Es sollte keine machtvolle Erklärung geben ohne *checks and balances*.[13]

So bleibt am Ende ein Konflikt – warum es verbergen? – zwischen kritischer Soziologie und politischer Relevanz, zwischen Gesellschaft und Kollektiv bestehen. Die ehernen Bande der Notwendigkeit nachzuzeichnen genügt nicht, um zu erkunden, was möglich ist. Doch sofern wir akzeptieren, die machtvollen Erklärungen der kritischen Soziologie zu entgiften, kann die politische Motivation eine andere und spezifischere Bedeutung annehmen: Wir suchen nach Wegen, um die Neuheit von Assoziationen zu registrieren, und wir erkunden, wie man sie auf legitime Weise versammeln kann.

Was die politische Relevanz der Resultate der Sozialwissen-

13 Für eine vollständigere Ausarbeitung dieser Punkte und insbesondere des entscheidenden Begriffs »Versammlung« siehe Latour und Weibel (2005), *Making Things Public*. Falls ich in diesem Schlußkapitel zu schnell vorgehe, erlaube ich mir, die Leser außerdem zu verweisen auf Latour (2001a), *Das Parlament der Dinge* sowie auf die drei letzten Kapitel von (2000), *Die Hoffnung der Pandora*.

schaft garantieren kann, ist letztlich nur ihre Frische, so seltsam es klingen mag. Niemand hat dieses Argument so stark verteidigt wie John Dewey mit seiner eigenen Definition der Öffentlichkeit.[14] Damit eine Sozialwissenschaft relevant wird, muß sie imstande sein, sich selbst zu erneuern – eine Qualität, die sie unmöglich gewinnen kann, wenn man von einer Gesellschaft »hinter« dem politischen Handeln ausgeht. Ebenso sollte sie in der Lage sein, von den wenigen zu den vielen überzugehen und von den vielen zu den wenigen – ein Prozeß, der oft vereinfacht wird zu der Frage nach der Repräsentation des politischen Körpers.* So ist der Test für politisches Interesse nun etwas leichter zu bestehen: Man muß die Soziologie in einer Weise praktizieren, daß die Ingredienzien, aus denen das Kollektiv besteht, regelmäßig erneuert werden. Man sollte den Weg für die Versammlung freimachen, so daß diese die komplette Kreisbewegung durchlaufen und wieder durchlaufen kann, wobei sichergestellt ist, daß man der Anzahl, den Existenzweisen und der Widerspenstigkeit der so Versammelten nicht zu früh in die Quere kommt. Jeder Leser kann selbst urteilen, welche Art von Sozialtheorie diese Ziele am besten erfüllt.

Die von uns beigesteuerte charakteristische Note besteht einfach darin, die stabilisierenden Mechanismen hervorzuheben, so daß der vorzeitigen Umwandlung von umstrittenen Tatsachen in unbestreitbare Tatsachen entgegengewirkt wird. Die ANT argumentiert, daß es möglich sein sollte, diese Verwechslung zu klären und die beiden Aufgaben der Entfaltung und der Vereinigung zu unterscheiden, die Regeln für

14 ecJ. Dewey (2001), *Die Öffentlichkeit und ihre Probleme* sowie der wichtige Kommentar dazu von J. Zask (2000), *L'opinion publique et son double*.

* J. Dewey (1995), *Erfahrung und Natur.* Man sieht, wie sehr sich der Begriff der Reflexivität entwickeln muß, damit er die Art und Weise einschließt, wie die Sozialwissenschaften die verschiedenen Formen *aufgreifen*, in denen Reflexivität die Bewegung der Wiederversammlung des Sozialen begleitet.

ein ordentliches Verfahren deutlich darzulegen und auf diese Weise zu modifizieren, was es für eine Sozialwissenschaft bedeutet, sowohl politisch relevanter *als auch* wissenschaftlicher zu sein.[15] In diesem Sinne teilen wir das starke Interesse an Wissenschaft und Politik mit unseren Vorgängern, allerdings unterscheiden wir uns in den Methoden, welche die Entfaltung und die Versammlung ermöglichen. Bisher war die Soziologie des Sozialen nicht besonders daran interessiert, explizite Verfahren vorzuschlagen, um die beiden Aufgaben der Entfaltung und der Versammlung *zu unterscheiden*. Wir erheben nur den Anspruch, bei diesen beiden entgegengesetzten und komplementären Schritten ein wenig besser zu sein, und zwar genau deshalb, weil durch das Entstehen einer eigensinnigen Wissenschaftssoziologie die Konzeptionen von Wissenschaft und Gesellschaft modifiziert worden sind. Durch das ständige Fragen »Wie kann man den Akteuren selbst folgen?« – eine Regel der soziologischen Methode – landen wir schließlich bei einer politischen Regel oder, besser noch, einer ökologischen: »Kann man *mit* den Akteuren eine gemeinsame Welt bewohnen?«

Es gibt, in meinen Augen zumindest, ein Verbindungsglied zwischen dem Ende der Modernisierung und der Definition der ANT. Wären wir immer noch modern, so könnten wir diese Gewissensprüfung und Haarspalterei einfach ignorieren. Wir könnten die früheren Aufgaben der Modernisierung fortsetzen und nach einer unvoreingenommenen Wissenschaft oder einer wissenschaftlich begründeten Politik streben. Denn die Soziologie des Sozialen war immer sehr stark mit der Überlegenheit des Westens verknüpft – einschließlich natürlich der Scham ob der eigenen Macht und Hegemonie. Wenn man also wirklich glaubt, daß die künftige gemeinsame Welt besser zusammengesetzt werden kann, indem man Natur und Gesellschaft als oberste Metasprache verwendet, dann ist die ANT nutzlos. Sie wird nur dann interes-

15 Callon, Lascoumes und Barthe (2001), *Agir dans un monde incertain.*

sant, wenn das, was in der jüngeren Vergangenheit »der Westen« genannt wurde, sich dazu entschließt zu überdenken, wie es sich dem Rest der Welt präsentieren sollte, der bald mächtiger werden wird. Nachdem wir die plötzliche neue Schwäche des ehemaligen Westens bemerkt und versucht haben, uns auszumalen, wie er ein wenig länger in der Zukunft überleben kann, um seinen Platz an der Sonne zu behalten, müssen wir nun Verbindungen mit den anderen herstellen, die möglicherweise nicht mehr durch die beiden Kollektoren »Natur« und »Gesellschaft« garantiert werden. Oder, um einen anderen mehrdeutigen Begriff zu verwenden, wir müssen uns vielleicht wirklich mit Kosmopolitik befassen.[16]

Ich bin mir wohl bewußt, daß ich nicht genug gesagt habe, um alle diese zahlreichen Punkte wirklich zu begründen. Dieses Buch ist nur eine Einführung, die dem interessierten Leser helfen soll, die sozialtheoretischen Konsequenzen aus der Wissenschaftssoziologie zu ziehen. Es steht mir nicht zu, zu sagen, ob irgend jemand diese Seiten verwenden wird, um sie in diesem oder jenem Bereich produktiv einzusetzen. Zumindest kann sich nun niemand mehr darüber beklagen, daß das Projekt der Akteur-Netzwerk-Theorie nicht systematisch dargestellt worden sei. Ich habe es absichtlich zu einem so leichten Ziel gemacht, damit kein Scharfschütze nötig ist, um es zu treffen.

Damit habe ich fertiggestellt, was ich am Anfang versprach, nämlich einseitig genug zu sein, um alle Konsequenzen aus einem ziemlich unplausiblen Ausgangspunkt ziehen zu können. Und dennoch kann ich mich des Eindrucks nicht ganz erwehren, daß die extremen Positionen, die ich eingenommen habe, einige Verbindungen zum Common sense aufweisen könnten. In einer Zeit, in der die Frage der Zugehörigkeit in eine Krise gerät, sollte die Aufgabe des Zusammenlebens

16 In dem Sinne, wie er entwickelt wird in Isabelle Stengers (1996), *Cosmopolitiques – Tome 1: La guerre des sciences*, im Unterschied zum stoischen und Kantischen Sinn, der einen bereits vereinheitlichten Kosmos voraussetzt.

nicht länger allzusehr vereinfacht werden. Die Kandidaten, die an die Tür unserer Kollektive klopfen, sind inzwischen sehr zahlreich. Ist es absurd, unsere Disziplinen umzuarbeiten, damit sie wieder empfänglich werden für den Lärm, den die Neuankömmlinge machen? Ist es sinnlos, für diese einen legitimen Platz finden zu wollen?

Danksagung

Dieses Buch hat ein wechselvolles Schicksal hinter sich. Es begann vor beinahe dreißig Jahren, als ich das Glück hatte, von Shirley Strum und ihren Pavianen in Kenia Primatensoziologie zu lernen. Auch wenn dieses Vorhaben mit Shirley nie sein Projektstadium verlassen hat, diente es als Rohstoff für meine Einführungen in die Soziologie für junge Ingenieure an der École des Mines in Paris. Als mir 1996 angeboten wurde, die Leclerc-Vorlesungen in Louvain-la-Neuve zu halten, dachte ich, es sei an der Zeit zusammenzufassen, was ich von Michel Callon, John Law, Madeleine Akrich, Andy Barry, Annemarie Mol, Antoine Hennion und vielen anderen über die »Akteur-Netzwerk-Theorie« (*Actor-Network-Theory*) gelernt hatte, wie sie inzwischen allgemein genannt wird. Mir fiel immer wieder auf, daß nicht so sehr unsere Ansichten über wissenschaftliche Praxis und verschiedene andere Gegenstände manche Leser irritierten, sondern eher die ungewöhnliche Bedeutung, die wir den Wörtern »sozial« und »soziale Erklärungen« gaben. Und doch wurde diese alternative Sozialtheorie nie zum Gegenstand einer systematischen Einführung. Anstatt zu klagen, diese kleine Schule habe sich in ein Monster verwandelt, das seinen Frankenstein-Herstellern entschlüpft ist, dachte ich, es sei vielleicht fairer, ihre intellektuelle Architektur für interessierte Leser darzustellen.

Doch erst als mich Barbara Czarniawska 1999 bat, einen Crashkurs in Sozialtheorie abzuhalten, der »mit den Ansprüchen der Organisationsforschung kompatibel« sei, begann ich, einen vollständigen Entwurf niederzuschreiben. Auch wenn für den vorliegenden Text nicht die Transkripte verwendet wurden, die Barbara freundlicherweise für mich anfertigen ließ, verdanke ich ihr und ihren Studenten in Göteborg viel bezüglich der Organisation des Stoffes, der in den Wintern 1999, 2000 und 2001 noch einmal an der London School of Economics im dortigen *Department of Information Systems* durchgegangen wurde. Als mein alter Freund Steve Woolgar mich im Herbst 2002 unter den Auspizien der Saïd Business School bat, die Clarendon Lectures zu halten, schrieb ich eine weitere Fassung, die seither unterschiedlich detailliert von Andrew Barry, Howie Becker, Geof Bowker, François Cooren, Didier Debaise, Gerard de Vries, Emilie Gomart, Fabian Muniesa, Noortje Marres, Shirley Strum, Albena Yaneva, Benedikte Zitouni und Edgar Whitley diskutiert wurde und die nun zu dieser neuen Version geführt hat. Von Michael Flower, Jean-Toussaint Leca, Michael Lynch, Paolo Quattrone und Isabelle Stengers wurde sie schließlich einer zweiten Runde der Kritik unterzogen. Ich wünschte, ich könnte sagen, alle verbliebenen Fehler seien ihre und nicht meine.

Meine größte Dankesschuld gilt jedoch den Doktoranden, die über die Jahre an meinen »Schreibseminaren für Dissertationen« teilgenommen haben. Sie sind meine besten und geduldigsten Lehrer in einer Disziplin gewesen, in der ich nie ausgebildet worden bin, zu der ich aber stets gerne meinen Beitrag geleistet habe.

Ich hoffe, daß diese eigenartige und langwierige Entstehungsgeschichte ein wenig die eigenwillige Natur dieser Arbeit erklärt. Nun, wo diese alternative Sozialtheorie geordnet dargestellt ist, können die Leser entscheiden, ob sie sie verwenden, sie bis zur Unkenntlichkeit entstellen oder, was am wahrscheinlichsten ist, insgesamt verwerfen wollen – doch nun immerhin wissentlich! Was mich betrifft, so habe ich schließlich beim Schreiben dieses Buches die Bedingungen entdeckt, unter denen ich stolz sein könnte, ein Soziologe genannt zu werden.

Bibliographie

Abbott, E. (1999), *Flächenland. Ein mehrdimensionaler Roman*, Laxenburg: Götz.

Akrich, M. (1987), »Comment décrire les objets techniques«, in: *Technique et culture* 5, S. 49-63.

– (1993), »A Gazogene in Costa Rica: An Experiment in Techno-Sociology«, in: *Technological Choices. Transformation in Material Cultures since the Neolithic*, Hg. Lemonnier, P., London: Routledge.

– (2006 [1992]), »Die De-Skription technischer Objekte«, in: *ANThology. Ein einführendes Handbuch zur Akteur-Netzwerk-Theorie*, Hg. Belliger, A. und Krieger, D. J., Bielefeld: Transcript, S. 407-428.

– und Boullier, D. (1991), »Le mode d'emploi: genèse et usage«, in: *Savoir faire et pouvoir transmettre*, Hg. Chevallier, D., Paris: Editions de l'EHESS, S. 112-131.

– und Latour, B. (2006 [1992]), »Zusammenfassung einer zweckmäßigen Terminologie für die Semiotik menschlicher und nichtmenschlicher Konstellationen« in: *ANThology. Ein einführendes Handbuch zur Akteur-Netzwerk-Theorie*, Hg. Belliger, A. und Krieger, D. J., Bielefeld: Transcript, S. 399-405.

– und Pasveer, B. (1996), *Comment la naissance vient aux femmes. Les techniques de l'accouchement en France et aux Pays-Bas*, Paris: Les Empêcheurs de penser en rond.

Alder, K. (1995), »A Revolution to Measure: The Political Economy of the Metric System in France«, in: *The Values of Precision*, Hg. Wise, N., Princeton: Princeton University Press, S. 39-71.

Alpers, S. (1988), *Rembrandt's Enterprise. The Studio and the Market*, Chicago: University of Chicago Press.

Anderson, W. (1990), *Diderot's Dream*, Baltimore: Johns Hopkins University Press.

Aquino, P. de (1998), »La mort défaite: Rites funéraires du candomblé«, in: *L'homme* 147, S. 81-104.

Aslan, R. (2006), *Kein Gott außer Gott. Der Glaube der Muslime von Muhammad bis zur Gegenwart*, München: Beck.

Audren, F. (2006), *Les juristes et les mondes de la science sociale en France – Deux moments de la rencontre entre droit et science sociale au tournant du XIXe siècle et au tournant du XXe siècle*, Dijon: Université de Bourgogne, Faculté de droit et de science politique.

Auroux, S. (1999), *La raison, le langage et les normes*, Paris: PUF.

Barnes, B. (1983), »Social Life as Bootstrapped Induction«, in: *Sociology* 17/4, S. 524-545.

Barry, A. (2001), *Political Machines. Governing a Technological Society*, London: Athlone Press.

Barthe, Y. (2006), *Le pouvoir d'indécision*, Paris: Economica.

Bastide, F. (1985), »Iconographie des textes scientifiques: principes d'analyse«, in: *Culture technique* 14, S. 132-151.

– (1990), »The Iconography of Scientific Texts: Principle of Analysis«, in: *Representation in Scientific Practice*, Hg. Lynch, M. und Woolgar, S., Cambridge, Mass.: MIT Press, S. 187-230.

– (2001), *Una notte con Saturno. Scritti semiotici sol discorso scientifico*, Übers. Roberto Pellerey, Rom: Meltemi.

–, Callon, M. und Courtial, J. P. (1989), »The Use of Review Articles in the Analysis of a Research Area«, in: *Scientometrics* 15/5-6, S. 535-562.

– und Myers, G. (1992), »A Night With Saturne«, in: *Science, Technology and Human Values* 17/3, S. 259-281.

Bauman, Z. (1995), *Ansichten der Postmoderne*, Hamburg: Argument Verlag.

– (1999), *Unbehagen in der Postmoderne*, Hamburg: Hamburger Edition.

– 2003), *Flüchtige Moderne*, Frankfurt am Main: Suhrkamp.

Baxandall, M. (1990), *Ursachen der Bilder. Über das historische Erklären von Kunst*, Berlin: Reimer.

Beck, U. (1986), *Risikogesellschaft. Auf dem Weg in eine andere Moderne*, Frankfurt am Main: Suhrkamp.

– und Beck-Gernsheim, E. (1990), *Das ganz normale Chaos der Liebe*, 3. Aufl., Frankfurt am Main: Suhrkamp.

–, Giddens, A. und Lash, S. (1996), *Reflexive Modernisierung*, Frankfurt am Main: Suhrkamp.

Becker, H. S. (1973), *Außenseiter. Zur Soziologie abweichenden Verhaltens*, Frankfurt am Main: Fischer.

– (1982), *Art Worlds*, Berkeley: University of California Press.

– (1988), *Tricks of the Trade. How to Think About Your Research While You're Doing It*, Chicago: University of Chicago Press.

Benjamin, W. (1998), *Das Passagen-Werk*, Hg. Tiedemann, R., Frankfurt am Main: Suhrkamp.

Bensaude-Vincent, B. (1994), »Mendeleev: Die Geschichte einer Entdeckung«, in: *Elemente einer Geschichte der Wissenschaften*, Hg. Serres, M., Frankfurt am Main: Suhrkamp, S. 791-827.

Bentham, J. und Foucault, M. (1977), *Le Panopticon précédé de l'œil du pouvoir. Entretien avec Michel Foucault*, Paris: Pierre Belfond.

Berg, M. und Mol, A.-M. (1998), *Differences in Medicine. Unraveling Practices, Techniques and Bodies*, Durham: Duke University Press.

Berthelot, J.-M., Martin, O. und Colinet, C. (2005), *Savoirs et savants. Les études sur la science en France*, Paris: PUF.

Biagioli, M. (Hg., 1999), *The Science Studies Reader*, London: Routledge.

Bijker, W. (1995), *Of Bicycles, Bakelites, and Bulbs. Towards a Theory of Sociotechnical Change*, Cambridge, Mass.: MIT Press.

–, Hughes, T. P. und Pinch, T. (Hg., 1987), *The Social Construction of Technological Systems. New Directions in the Sociology and History of Technology*, Cambridge, Mass.: MIT Press.

– und Law, J. (Hg., 1992), *Shaping Technology – Building Society. Studies in Sociotechnical Change*, Cambridge, Mass.: MIT Press.

Blix, H. (2004), *Mission Irak. Wahrheit und Lügen*, München: Droemer.

Blondiaux, L. und Reynié, D. (Hg., 2002), *Hermès* Nr. 31: *L'Opinion publique. Perspectives anglo-saxonnes. Numéro cordonné par Loïc Blondiaux et Dominique Reynié.*

Bloor, D. (1991 [1976]), *Knowledge and Social Imagery*. Second edition with a new foreword, Chicago: University of Chicago Press.

– (1999), »Anti-Latour«, in: *Studies in History and Philosophy of Science* 30/1, S. 81-112.

Boltanski, L. (1990), *Die Führungskräfte: die Entstehung einer sozialen Gruppe*, Frankfurt am Main u. New York: Campus.

– (1990), *L'amour et la justice comme compétences*, Paris: A.-M. Métailié.

– und Chiapello, E. (2003 [1999]), *Der neue Geist des Kapitalismus*, Konstanz: UVK.

– und Thévenot, L. (1991), *De la justification. Les économies de la grandeur*, Paris: Gallimard.

– und Thévenot, L. (1999), »The Sociology of Critical Capacity«, in: *European Journal of Social Theory* 2/3, S. 359-377.

Boudon, R. (1981) *The Logic of Social Action. An Introduction to Sociological Analysis*, Übers. David Silverman, London: Routledge.

Bourdieu, P. (1975), »Le couturier et sa griffe: contribution à une théorie de la mode«, in: *Actes de la Recherche en Sciences Sociales* 1, S. 7-36.

– (1979), *Entwurf einer Theorie der Praxis auf der ethnologischen Grundlage der kabylischen Gesellschaft*, Frankfurt am Main: Suhrkamp.

– (1991), »Delegation and Political Fetishism«, in: *Language and Symbolic Power*, Hg. Thompson, J. B., Übers. Gino Raymond und Matthew Adamson, Cambridge: Polity Press.

– (2001), *Science de la science et réflexivité*, Paris: Raisons d'agir.

–, Chamboredon, J.-C. und Passeron, J.-C. (1991), *Craft of Sociology. Epistemological Preliminaries*, Berlin: Walter de Gruyter.

–, Chamboredon, J.-C. und Passeron, J.-C. (1991), *Soziologie als Beruf. Wissenschaftstheoretische Voraussetzungen soziologischer Erkenntnis*, Berlin: Walter de Gruyter.

Boureau, A. (1990), »Quod Omnes Tangit. De la tangence des univers de croyance à la fondation sémantique de la norme juridique médiévale«, in: *Le Gré des langues* 1, S. 137-153.

– (1992), »L'adage *Vox Populi, Vox Dei* et l'invention de la nation anglaise (VIIIe-XIIe siècle)«, in: *Annales ESC* 4/5, S. 1071-1089.

Bowker, G. C. (1994), *Science on the Run. Information Management and Industrial Geographics at Schlumberger, 1920-1940*, Cambridge, Mass.: The MIT Press.

– und Star, S. L. (1999), *Sorting Things Out: Classification and Its Consequences*, Cambridge, Mass.: MIT Press.

Boyer, R. (2004) »The Rediscovery of Networks – Past and Present – An Economist's Perspective«, in: *Annual Meeting of the Business History Conference* 50.

Bremmer, J. und Roodenburg, H. (1992), *A Cultural History of Gesture. From Antiquity to the Present Day*, Cambridge: Polity Press.

Brun-Cottan, F. u. a. (1991), *The Workplace Project. Designing for Diversity and Change* (Video), Palo Alto, CA.: Xerox Palo Alto Research Center.

Bucchi, M. (2004), *Science in Society. An Introduction to the Social Studies of Science*, London: Routledge.
Byrne, R. und Whiten, A. (Hg., 1988), *Machiavellian Intelligence. Social Expertise and the Evolution of Intellects in Monkeys, Apes and Humans*, Oxford: Clarendon Press.
Butler, S. (1872), *Erewhon*, Harmondsworth, Middlesex: Penguin Book.
Calbris, G. (1990), *The Semiotics of French Gesture*, Bloomington: Indiana University Press.
Callon, M. (1981), »Pour une sociologie des controverses techniques«, in: *Fundamenta Scientiae* 2, S. 381-399.
– (Hg., 1989), *La science et ses réseaux. Genèse et circulation des faits scientifiques*, Paris: La Découverte.
– (1998a), »An Essay on Framing and Overflowing: Economic Externalities Revisited by Sociology«, in: *The Laws of the Markets*, Hg. Callon, M., Oxford: Blackwell, S. 245-269.
– (Hg., 1998b), *The Laws of the Markets,* Oxford: Blackwell.
– (1999), »Ni intellectuel engagé, ni intellectuel dégagé: la double stratégie de l'attachement et du détachement«, in: *Sociologie du travail* 1, S. 1-13.
– (2001), »Les méthodes d'analyse des grands nombres«, in: *Sociologie du travail: quarante ans après*, Hg. Pouchet, A., Paris: Elsevier, S. 335-354.
– (2006 [1981]), »Die Sozio-Logik der Übersetzung: Auseinandersetzungen und Verhandlungen zur Bestimmung von Problematischem und Unproblematischem«, in: *ANThology. Ein einführendes Handbuch zur Akteur-Netzwerk-Theorie*, Hg. Belliger, A. und Krieger, D. J., Bielefeld: Transcript, S. 51-74.
– (2006 [1986]), »Einige Elemente einer Soziologie der Übersetzung: Die Domestikation der Kammuscheln und der Fischer der St. Brieuc-Bucht«, in: *ANThology. Ein einführendes Handbuch zur Akteur-Netzwerk-Theorie*, Hg. Belliger, A. und Krieger, D. J., Bielefeld: Transcript, S. 135-174.
–, Lascoumes, P. und Barthe, Y. (2001), *Agir dans un monde incertain. Essai sur la démocratie technique*, Paris: Le Seuil.
– und Latour, B. (1983) »Pour une sociologie relativement exacte«, unveröffentlichter Artikel (verfügbar online: ⟨http://www.bruno-latour.fr/articles/article/016.html⟩).
– und Latour, B. (1992), »Don't Throw the Baby Out with the Bath School! A Reply to Collins and Yearley«, in: *Science as Practice*

and Culture, Hg. Pickering, A., Chicago: University of Chicago Press, S. 343-368.

– und Latour, B. (2006 [1981]), »Die Demontage des großen Leviathans: Wie Akteure die Makrostruktur der Realität bestimmen und Soziologen ihnen dabei helfen«, in: *ANThology. Ein einführendes Handbuch zur Akteur-Netzwerk-Theorie*, Hg. Belliger, A. und Krieger, D. J., Bielefeld: Transcript, S. 175-101.

–, Law, J. und Rip, A. (Hg., 1986), *Mapping the Dynamics of Science and Technology*, London: Macmillan.

– und Rabeharisoa, V. (1999), *Le pouvoir des malades*, *Paris*: Presses de l'Ecole nationale des mines de Paris.

– und Rabeharisoa, V. (2004), »Gino's Lesson on Humanity: Genetics, Mutual Entanglements and the Sociologist's Role«, in: *Economy and Society* 33/1, S. 1-27.

Cambrosio, A., Keating, P. und Mogoutov, A. (2004), »Mapping Collaborative Work and Innovation in Biomedicine: A Computer Assisted Analysis of Antibody Reagent Workshops«, in: *Social Studies of Science* 34/3, S. 325-364.

Cambrosio, A., Limoges, C. und Pronovost, D. (1990), »Representing Biotechnology: An Ethnography of Quebec Science Policy«, in: *Social Studies of Science* 20, S. 195-227.

Candolle, A. de (1987 [1873]), *Histoire des sciences et des savants depuis deux siècles d'après l'opinion des principales académies ou sociétés scientifiques*, Paris: Fayard, Corpus des Œuvres de Philosophie.

Canguilhem, G. (1977), *Idéologie et rationalité dans l'histoire des sciences de la vie*, Paris: Vrin.

Cassin, B. (1995), *L'effet sophistique*, Paris: Gallimard.

Castells, M. (2004), *Der Aufstieg der Netzwerkgesellschaft*, Opladen: Leske u. Budrich.

Castoriadis, C. (1984), *Gesellschaft als imaginäre Institution. Entwurf einer politischen Philosophie*, Frankfurt am Main: Suhrkamp.

Chalvon-Demersay, S. (1986), *Mille scénarios. Une enquête sur l'imagination en temps de crise*, Paris: A.-M. Métailié.

Chandler, A. D. (1977), *The Visible Hand. The Managerial Revolution in American Business*, Cambridge, Mass.: Harvard University Press.

Charvolin, F. (2003), *L'invention de l'environnement en France. Chroniques anthropologiques d'une institutionnalisation*, Paris: La Découverte.

Chateauraynaud, F. (1991), »Forces et faiblesses de la nouvelle anthropologie des sciences«, in: *Critique* 529-530, S. 458-478.

Claverie, E. (2003), *Les guerres de la Vierge. Une anthropologie des apparitions*, Paris: Gallimard.

Cochoy, F. (2002), *Une sociologie du packaging ou l'âne de Buridan face au marché*, Paris: PUF.

Cochrane, R. C. (1976), *Measures for Progress. A History of the National Bureau of Standards*, New York: Arno Press.

Collins, H. (1985), *Changing Order. Replication and Induction In Scientific Practice*, London, Los Angeles: Sage.

– (1990), *Artificial Experts. Social Knowledge and Intelligent Machines*, Cambridge, Mass.: MIT Press.

– (2004), *Gravity's Shadow. The Search for Gravitational Waves*, Chicago: University of Chicago Press.

– und Kusch, M. (1998), *The Shape of Actions. What Humans and Machines Can Do*, Cambridge, Mass.: MIT Press.

– und Pinch, T. (1982), *Frames of Meaning. The Social Construction of Extraordinary Science*, London: Routledge and Kegan Paul.

– und Yearley, S. (1992), »Epistemological Chicken«, in: *Science as Practice and Culture*, Hg. Pickering, A., Chicago: University of Chicago Press, S. 301-326.

Collins, R. (1998), *The Sociology of Philosophies. A Global Theory of Intellectual Change*, Cambridge, Mass.: Harvard University Press.

Comment, B. (2003), *The Panorama*, London: Reaktion Books.

Conein, B., Dodier, N. und Thévenot, L. (Hg., 1993), *Les objets dans l'action. De la maison au laboratoire*, Paris: Editions de l'EHESS.

Cooren, F. (2001), *The Organizing Property of Communication*, New York: John Benjamin's Publishing Co.

Cronon, W. (1991), *Nature's Metropolis. Chicago and the Great West*, New York: Norton.

Cusset, F. (2002), *Queer critics. La littérature française déshabillée par ses homo-lecteurs*, Paris: PUF.

Cussins, C. (1996), »Ontological Choreography: Agency through Objectification in Infertility Clinics«, in: *Social Studies of Science* 26, S. 575-610.

Czarniawska, B. (1997), *A Narrative Approach To Organization Studies*, London: Sage.

– (2004), »On Time, Space, and Action Nets«, in: *Organization* 16/6, S. 777-795.

Dagognet, F. (1974), *Ecriture et iconographie*, Paris: Vrin.

Daston, L. (1988), »The Factual Sensibility: An Essay Review on Artifact and Experiment«, in: *Isis* 79, S. 452-470.

Debaise, D. (2006), *Un empirisme spéculatif. Lecture de* Procès et Réalité, Paris: Vrin.

Deleuze, G. (1996), *Die Falte. Leibniz und der Barock*, Frankfurt am Main: Suhrkamp.

Denzin, N. K. (1990), »Harold and Agnes: A Feminist Narrative Undoing«, in: *Sociological Theory* 8/2, S. 198-285.

Derrida, J. (1994), *Grammatologie*, Frankfurt am Main: Suhrkamp.

– (1997), *Dem Archiv verschrieben. Eine Freudsche Impression*, Berlin: Brinkmann und Bose.

Descola, P. (2005), *Par delà nature et culture*, Paris: Gallimard.

– und Palsson, G. (Hg., 1996), *Nature and Society. Anthropological Perspectives*, London: Routledge.

Despret, V. (1996), *Naissance d'une théorie éthologique*, Paris: Les Empêcheurs de penser en rond.

– (2002), *Quand le loup habitera avec l'agneau*, Paris: Les Empêcheurs de penser en rond.

Desrosières, A. (1993), *La politique des grands nombres. Histoire de la raison statistique*, Paris: La Découverte.

Dewey, J. (1989), *Die Erneuerung der Philosophie*, Hamburg: Junius.

– (1995), *Erfahrung und Natur*, Frankfurt am Main: Suhrkamp.

– (2001), *Die Öffentlichkeit und ihre Probleme*, Berlin: Philo.

Diderot, D. (1953), *Erzählungen und Gespräche*, Übers. Katharina Scheinfuss, Einf. von Victor Klemperer, Leipzig: Dieterich.

Didier, E. (2001), *De l'échantillon à la population. Sociologie de la généralisation par sondage aux États-Unis* [Dissertation], Paris: Ecole des Mines.

Dodier, N. (2003), *Leçons politiques de l'épidémie de sida*, Paris: Presses de la Maison des Sciences de l'Homme.

Dratwa, J. (2003), *Taking Risks with the Precautionary Principle* [Dissertation], Paris: Ecole des Mines.

Ducrot, O. (1984), *Le Dire et le dit*, Paris: Editions de Minuit.

– (1989), *Logique, structure, énonciation. Lectures sur le langage*, Paris: Editions de Minuit.

Duhem, P. (1978 [1904]), *Ziel und Struktur der physikalischen Theorien*, Übers. Friedrich Adler, Hamburg: Meiner.

Dupuy, J. P. (1992), *Introduction aux sciences sociales. Logique des phénomènes collectifs*, Paris: Editions Marketing.

Duranti, A. und Goodwin, C. (Hg., 1992), *Rethinking Context. Language as an Interactive Phenomenon* (Studies in the Social & Cultural Foundations of Language), Cambridge: Cambridge University Press.

Durkheim, E. (1961), *Die Regeln der soziologischen Methode*, Hg. König, R., Neuwied: Luchterhand.

– (1987), »Pragmatismus und Soziologie«, in: ders., *Schriften zur Soziologie der Erkenntnis*, Hg. Joas, H., Frankfurt am Main: Suhrkamp, S. 9-168.

– (1994), *Die elementaren Formen des religiösen Lebens*, Frankfurt am Main: Suhrkamp.

– und Mauss, M. (1987 [1903]), »Über einige primitive Formen von Klassifikation. Ein Beitrag zur Erforschung der kollektiven Vorstellungen«, in: Durkheim, E., *Schriften zur Soziologie der Erkenntnis*, Hg. Joas, H., Frankfurt am Main: Suhrkamp, S. 169-256.

Einstein, A. (1917), *Über die spezielle und die allgemeine Relativitätstheorie*, Braunschweig: Vieweg.

Eisenstein, E. (1979), *The Printing Press as an Agent of Change*, Cambridge: Cambridge University Press.

Epstein, S. (1996), *Impure Science. Aids, Activism and the Politics of Knowledge*, Berkeley: University of California Press.

Ewick, P. und Silbey, S. S. (1998), *The Common Place of Law*, Chicago: University of Chicago Press.

Farley, J. und Geison, G. L. (1974), »Science, Politics and Spontaneous Generation in 19th-Century France: The Pasteur-Pouchet Debate«, in: *Bulletin of the History of Medicine* 48/2, S. 161-198.

Favret-Saada, J. (1977), *Les mots, la mort, le sort*, Paris: Gallimard.

Faye, J.-P. (1972), *Langages totalitaires*, Paris: Hermann.

Feuer, L. S. (1974), *Einstein and the Generations of Science*, New York: Basic Books.

Fleck, L. (1980 [1935]), *Entstehung und Entwicklung einer wissenschaftlichen Tatsache. Einführung in die Lehre vom Denkstil und vom Denkkollektiv*, Frankfurt am Main: Suhrkamp.

–, Cohen, R.S. und Schnelle, T. (Hg., 1986), *Cognition and Fact. Materials on Ludwik Fleck*, Dordrecht: Reidel.

Fontanille, J. (1998), *Sémiotique du discours*, Limoges: Presses de l'Université de Limoges.

Forum International de Politique (Hg., 2004), *Cosmopolitiques. Cahiers théoriques pour l'écologie politique* 8: »Pratiques cosmopolitiques du droit«.

Foucault, M. (1973), *Die Geburt der Klinik. Eine Archäologie des ärztlichen Blicks*, München: Hanser.

– (1974), *Die Ordnung des Diskurses*, München: Hanser.

– (1976), *Überwachen und Strafen. Die Geburt des Gefängnisses*, Frankfurt am Main: Suhrkamp.

– (1989), *Sexualität und Wahrheit*, Bd. 3: *Die Sorge um sich*, Frankfurt am Main: Suhrkamp.

– (1996), *Diskurs und Wahrheit. Die Problematisierung der Parrhesia. 6 Vorlesungen, gehalten im Herbst 1983 an der Universität von Berkeley/Kalifornien*, Hg. Pearson, J., Berlin: Merve.

– (1999), *In Verteidigung der Gesellschaft. Vorlesungen am Collège de France (1975-76)*, Frankfurt am Main: Suhrkamp.

– (2002), *Schriften in vier Bänden. Dits et écrits*, Bd. II: *1970-1969*, Hg. Defert, D. und Ewald, F., Frankfurt am Main: Suhrkamp.

– (2004), *Die Geburt der Biopolitik. Geschichte der Gouvernementalität II. Vorlesung am Collège de France 1978/1979*, Frankfurt am Main: Suhrkamp.

Fox Keller, E. (1998), *Das Leben neu denken: Metaphern der Biologie im 20. Jahrhundert*, München: Kunstmann.

– (2001), *Das Jahrhundert des Gens*, Frankfurt am Main: Campus.

Friedberg, E. (1995), *Ordnung und Macht. Dynamiken organisierten Handelns*, Frankfurt am Main u.a.: Campus.

Galison, P. (1987), *How Experiments End*, Chicago: University of Chicago Press.

– (1997), *Image and Logic. A Material Culture of Microphysics*, Chicago: University of Chicago Press.

– (2003), *Einsteins Uhren, Poincarés Karten. Die Arbeit an der Ordnung der Zeit*, Frankfurt am Main: Fischer.

Gane, N. (Hg., 2004), *The Future of Social Theory*, London: Continuum.

Garfinkel, H. (1967), *Studies in Ethnomethodology*, New Jersey: Prentice Hall.

– (2001), »L'ethnométhodologie et le legs oublié de Durkheim«, in: *L'ethnométhodologie*, Hg. Fornel, M. de, Ogien, A. und Quéré, L., Paris: La Découverte, S. 440-444.
– (2002), *Ethnomethodology's Program. Working Out Durkheim's Aphorism*, Hg. Rawls, A. W., Oxford: Rowman & Littlefield.
–, Lynch, M. und Livingston, E. (1981), »The Work of a Discovering Science Construed with Materials from the Optically Discovered Pulsar«, in: *Philosophy of Social Sciences* 11, S. 131-158.
Geison, G. L. (1995), *The Private Science of Louis Pasteur*, Princeton: Princeton University Press.
Gibson, J. J. (1982), *Wahrnehmung und Umwelt: der ökologische Ansatz in der visuellen Wahrnehmung*, München u. a.: Urban und Schwarzenberg.
Giddens, A. (1988), *Die Konstitution der Gesellschaft. Grundzüge einer Theorie der Strukturierung*, Frankfurt am Main u. New York: Campus.
Ginzburg, C. (1983), *Der Käse und die Würmer. Die Welt eines Müllers um 1600*, Frankfurt am Main: Syndikat.
– (1999), *History, Rhetoric, and Proof: The Menachem Stern Lectures in History*, Hanover, NH: University Press of New England.
Goffman, E. (1969), *Wir alle spielen Theater. Die Selbstdarstellung im Alltag*, München: Piper.
Gomart, E. (1999), *Surprised by Methadone* [Dissertation], Paris: Ecole des Mines.
– (2002), »Methadone: Six Effects in Search of a Substance«, in: *Social Studies of Science* 32/1, S. 93-135.
– und Hennion, A. (1998), »A Sociology of Attachment: Music Amateurs, Drug Users«, in: *Actor Network Theory and after*, Hg. Hassard, J. und Law, J., Oxford: Blackwell, S. 220-247.
Goodman, N. (1990), *Weisen der Welterzeugung*, Frankfurt am Main: Suhrkamp.
Goodwin, C. und Goodwin, M. (1996), »Formulating Planes: Seeing as a Situated Activity«, in: *Cognition and Communication at Work*, Hg. Engestrom, Y. und Middleton, D., Cambridge: Cambridge University Press.
Goody, J. (1977), *The Domestication of the Savage Mind*, Cambridge: Cambridge University Press.
Gordon, D. (1999), *Ants At Work. How An Insect Society Is Organized*, New York: Free Press.

Gramaglia, C. (2005), *La mise en cause environnementale comme principe d'association. Casuistique des affaires de pollution des eaux: l'exemple des actions en justice intentées par l'Association Nationale de Protection des Eaux et Rivières* [Dissertation], Paris: Ecole des Mines.

Granovetter, M. (1985), »Economic Action and Social Structure: The Problem of Embeddedness«, in: *AJS* 91/3, S. 481-510.

Greimas, A.J. (1971), *Strukturale Semantik. Methodologische Untersuchungen*, Braunschweig: Vieweg.

– (1976), *Maupassant. La sémiotique du texte: exercises pratiques*, Paris: Le Seuil.

– und Courtès, J. (Hg., 1979), *Sémiotique. Dictionnaire raisonné de la théorie du langage*, Paris: Hachette.

Gross, P.R., Levitt, N. und Lewis, M.W. (Hg., 1997), *The Flight from Science and Reason*, New York: New York Academy of Science.

Hacking, I. (1992), »The Self-Vindication of the Laboratory Sciences«, in: *Science as Practice and Culture*, Hg. Pickering, A., Chicago: University of Chicago Press, S. 29-64.

– (1996 [1983]), *Einführung in die Philosophie der Naturwissenschaften*, Stuttgart: Reclam.

– (1999), *The Social Construction of What?*, Cambridge, Mass.: Harvard University Press.

– (1999), *Was heißt »soziale Konstruktion«? Zur Konjunktur einer Kampfvokabel in den Wissenschaften*, Frankfurt am Main: Fischer.

Hallyn, F. (2004), *Les structures rhétoriques de la science*, Paris: Le Seuil.

Handley, S. (2000), *Nylon: The Story of a Fashion Revolution. A Celebration of Design from Art Silk to Nylon and Thinking Fibres*, Baltimore: Johns Hopkins University Press.

Haraway, D.J. (2000), *How like a Leaf. An Interview with Thyrza Goodeve*, London: Routledge.

– (1995), *Die Neuerfindung der Natur. Primaten, Cyborgs und Frauen*, Frankfurt am Main: Campus.

Harman, G. (2002), *Tool-Being. Heidegger and the Metaphysics of Objects*, Chicago u. La Salle: Open Court.

Harrison, S., Pile, S. und Thrift, N. (Hg., 2004), *Patterned Ground. Entanglements of Nature and Culture*, London: Reaktion Books.

Headrick, D.R. (1988), *The Tentacles of Progress – Technology Transfer in the Age of Imperialism, 1850-1940*, Oxford: Oxford University Press.

Heesen, A. te (2004), »Things That Talk: News, Paper, Scissors. Clippings in the Sciences and Arts Around 1920«, in: *Things That Talk*, Hg. Daston, L., New York: Zone Books, S. 297-327.

Heidegger, M. (1977), *The Question Concerning Technology and Other Essays*, New York: Harper Torch Books [dt.: (1962), *Die Technik und die Kehre*, Pfullingen: Neske].

Heinich, N. (2005), *L'élite artiste. Excellence et singularité en régime démocratique*, Paris: Gallimard.

Hennion, A. (1993), *La passion musicale. Une sociologie de la médiation*, Paris: A.-M. Métailié.

– (2004), »Pragmatics of Taste«, in: *The Blackwell Companion to the Sociology of Culture*, Hg. Jacobs, M. und Hanrahan, N.W., Oxford: Blackwell.

– und Teil, G. (2004), »Le goût du vin: pour une sociologie de l'attention«, in: *Le goût des »belles« choses*, Hg. Nahoum, V., Vincent, O., Paris: Ed. de la Maison des sciences de l'Homme, S. 111-126.

Heurtin, J.-P. (1999), *L'espace public parlementaire. Essais sur les raisons du législateur*, Paris: PUF.

Hirschauer, S. (1991), »The Manufacture of Bodies in Surgery«, in: *Social Studies of Science* 21/2, S. 279-320.

– (1998), »Performing Sexes and Genders in Medical Practice«, in: *Differences in Medicine. Unraveling Practices, Techniques and Bodies*, Hg. Berg, M. und Mol, A.-M., Durham: Duke University Press, S. 13-27.

Hirschman, A.O. (1987), *Leidenschaften und Interessen. Politische Begründungen des Kapitalismus vor seinem Sieg*, Frankfurt am Main: Suhrkamp.

Houdart, S. (2000), *»Et le scientifique tint le monde«. Ethnologie d'un laboratoire japonais de génétique du comportement* [Dissertation], Nanterre: Université de Paris X.

Houdé, O. (1997), *Rationalité, développement et inhibition. Un nouveau cadre d'analyse*, Paris: PUF.

Hughes, T.P. (1983), *Networks of Power. Electrification in Western Society, 1880-1930*, Baltimore: Johns Hopkins University Press.

– (1983), »L'électrification de l'Amérique«, in: *Culture Technique* 13, S. 21-42.
– (1986), »The Seamless Web: Technology, Science, Etcetera, Etcetera«, in: *Social Studies of Science* 16/2, S. 281-292.
– (2004), *Human-Built World. How to Think about Technology and Culture*, Chicago: University of Chicago Press.
Hunter, P. (1980), »The National System of Scientific Measurement«, in: *Science* 210, S. 869-874.
Hutchins, E. (1995), *Cognition in the Wild*, Cambridge, Mass.: MIT Press.
Ihde, D. und Selinger, E. (Hg., 2003), *Chasing Technoscience. Matrix for Materiality*, Bloomington: Indiana University Press.
Ingold, T. (2000), *Perception of the Environment. Essays in Livelihood, Dwelling and Skill*, London: Routledge.
Jacob, C. (1992), *L'empire des cartes. Approche théorique de la cartographie à travers l'histoire*, Paris: Albin Michel.
James, W. (1890), *The Principles of Psychology*, New York: Dover.
Jeanneret, Y. (1998), *L'affaire Sokal ou la querelle des impostures*, Paris: PUF.
Jensen, P. (2001), *Entrer en matière: Les atomes expliquent-ils le monde ?*, Paris: Le Seuil.
Jones, G., McLean, C. und Quattrone, P. (2004), »Spacing and Timing: Introduction to the Special Issue of Organization on ›Spacing and Timing‹«, in: *Organization* 11/6, S. 723-741.
Jullien, F. (1999), *Über die Wirksamkeit*, Berlin: Merve.
Jurdant, B. (Hg., 1998), *Impostures intellectuelles. Les malentendus de l'affaire Sokal*, Paris: La Découverte.
Kaiser, D. (2005), *Drawing Theories Apart. The Dispersion of Feynman Diagrams in Postwar Physics*, Chicago: University of Chicago Press.
Kantorowicz, E. (1992), *Die zwei Körper des Königs. Eine Studie zur politischen Theologie des Mittelalters*, Stuttgart: Klett-Cotta.
Karsenti, B. (1997), *L'Homme total. Sociologie, anthropologie et philosophie chez Marcel Mauss*, Paris: PUF.
– (2002), »L'imitation: Retour sur le débat entre Durkheim et Tarde«, in: *La régularité*, Hg. Chauviré, C. und Ogien, A., Paris: Editions de l'EHESS, S. 183-215.
– (2003), »Autorité, pouvoir et société. La science sociale selon Bonald«, in: *L'invention de la science sociale, XVIIIème et XIXème*

siècle, Hg. Guilhaumou, J. und Kaufmann, L., Paris: Editions de l'EHESS.

– (2006), *Politique de l'esprit. Auguste Comte et la naissance de la science sociale*, Paris: Hermann.

Keating, P. und Cambrosio, A. (2003), *Biomedical Platforms. Realigning the Normal and the Pathological in Late-Twentieth-Century Medicine*, Cambridge, Mass.: MIT Press.

Keegan, J. (1987), *The Mask of Command*, New York: Viking.

Kidder, T. (1985), *House*, Boston: Houghton Mifflin Company.

Kirk, S. A. und Kutchins, H. (1992), *The Selling of DSM. The Rhetoric of Science in Psychiatry*, New York: Aldine de Gruyter.

Kitcher, P. (2003), *Science, Truth, and Democracy* (Oxford Studies in the Philosophy of Science), Oxford: Oxford University Press.

Knorr Cetina, K. D. (2002), *Wissenskulturen. Ein Vergleich naturwissenschaftlicher Wissensformen*, Frankfurt am Main: Suhrkamp.

– und Bruegger, U. (2002), »Global Microstructures: The Virtual Societies of Financial Markets«, in: *American Journal of Sociology* 107/4, S. 905-950.

Koergte, N. (Hg., 1998), *A House Built on Sand. Exposing Postmodernist Myths about Science*, Oxford: Oxford University Press.

Koerner, J. L. (1993), *The Moment of Self-Portraiture in German Renaissance Art*, Chicago: University of Chicago Press.

– (2004), *The Reformation of the Image*, London: Reaktion Books.

Koolhaas, R. und Mau, B. (1995), *Small, Medium, Large, Extra-Large*, Rotterdam: Office for Metropolitan Architecture.

Kummer, H. (1992), *Weiße Affen am Roten Meer. Das soziale Leben der Wüstenpaviane*, München u. Zürich: Piper.

Kupiec, J.-J. und Sonigo, P. (2000), *Ni Dieu ni gène*, Paris: Le Seuil.

Lafaye, C. und Thévenot, L. (1993), »Une justification écologique? Conflits dans l'aménagement de la nature«, in: *Revue Française de Sociologie* 34/4, S. 495-524.

Latour, B. (1984), *Les microbes, guerre et paix, suivi de irréductions*, Paris: A.-M. Métailié; neue Ausgabe (2001): *Pasteur, guerre et paix des microbes*, Paris: La Découverte.

– (1987), *Science In Action. How to Follow Scientists and Engineers through Society*, Cambridge, Mass.: Harvard University Press.

– (1988), »A Relativist Account of Einstein's Relativity«, in: *Social Studies of Science* 18, S. 3-44.
– (1992), *Aramis, ou l'amour des techniques*, Paris: La Découverte.
– (1994), »Pasteur und Pouchet: Die Heterogenese der Wissenschaftsgeschichte«, in: *Elemente einer Geschichte der Wissenschaften*, Hg. Serres, M., Frankfurt am Main: Suhrkamp, S. 749-789.
– (1995), *Wir sind nie modern gewesen. Versuch einer symmetrischen Anthropologie*, Berlin: Akademie.
– (1996a), *Der Berliner Schlüssel. Erkundungen eines Liebhabers der Wissenschaften*, Berlin: Akademie.
– (1996b), *Petite réflexion sur le culte moderne des dieux Faitiches*, Paris: Les Empêcheurs de penser en rond.
– (1999a), »Factures/fractures. From the Concept of Network to the Concept of Attachment«, in: *Res* 36, S. 20-31.
– (1999b), »For Bloor and Beyond – A Response to David Bloor's ›Anti-Latour‹«, in: *Studies in History and Philosophy of Science* 30/1, S. 113-129.
– (2000), *Die Hoffnung der Pandora. Untersuchungen zur Wirklichkeit der Wissenschaft*, Frankfurt am Main: Suhrkamp.
– (2001a), *Das Parlament der Dinge. Für eine politische Ökologie*, Frankfurt am Main: Suhrkamp.
– (2001b), »Gabriel Tarde und das Ende des Sozialen«, in: *Soziale Welt* 3/2001, S. 361-375.
– (2001c [1994]), »Eine Soziologie ohne Objekt. Anmerkungen zur Interobjektivität«, in: *Berliner Journal für Soziologie* 2, S. 237-252.
– (2002a), *Iconoclash. Gibt es eine Welt jenseits des Bilderkrieges?*, Berlin: Merve.
– (2002b), *La fabrique du droit. Une ethnographie du Conseil d'Etat*, Paris: La Découverte.
– (2003a), »Die Versprechen des Konstruktivismus«, in: *Person/Schauplatz* (Interventionen 12), Hg. Huber, J., Zürich, Wien, New York: Voldemeer/Springer, S. 183-208.
– (2003b), »What if We Were Talking Politics a Little?«, in: *Contemporary Political Theory* 2/2, S. 143-164.
– (2004a), »How to Talk About the Body? The Normative Dimension of Science Studies«, in: *Body and Society* 10/2-3 (Sonderheft »Bodies on Trial«), S. 205-229.

– (2004b), »Why Has Critique Run Out of Steam? From Matters of Fact to Matters of Concern, in: *Critical Inquiry* 30/2 (Sonderheft »Future of Critique«), S. 25-248.
– (2005), *Von der Realpolitik zur Dingpolitik oder Wie man Dinge öffentlich macht*, Berlin: Merve.
– (2006 [1999]), »Über den Rückruf der ANT«, in: *ANThology. Ein einführendes Handbuch zur Akteur-Netzwerk-Theorie*, Hg. Belliger, A. und Krieger, D. J., Bielefeld: Transcript, S. 561-572.
– und Woolgar, S. (1986 [1979]), *Laboratory Life. The Construction of Scientific Facts*, Princeton: Princeton University Press.
– und Strum, S. (1986), »Human Social Origins. Please Tell Us Another Origin story!«, in: *Journal of Biological and Social Structures* 9, S. 169-187.
– und Lemonnier, P. (Hg., 1994), *De la préhistoire aux missiles balistiques – l'intelligence sociale des techniques*, Paris: La Découverte.
– und Hermant, E. (1998), *Paris ville invisible*, Paris: La Découverte/Les Empêcheurs de penser en rond (engl. *Paris the Invisible City* [2004], Übers. Liz Libbrecht; verfügbar online: ⟨http://www.bruno-latour.fr/virtual/⟩).
– und Weibel, P. (Hg., 2002), *Iconoclash. Beyond the Image Wars in Science, Religion and Art*, Cambridge, Mass.: MIT Press.
– und Weibel, P. (Hg., 2005), *Making Things Public. Atmospheres of Democracy*, Cambridge, Mass.: MIT Press.
Lave, J. (1988), *Cognition in Practice. Mind, Mathematics and Culture in Everyday Life*, Cambridge: Cambridge University Press.
Law, J. (1986a), »On Power and Its Tactics: A View From The Sociology Of Science«, in: *The Sociological Review* 34/1, S. 1-38.
– (1986b), »On the Methods of Long-Distance Control: Vessels, Navigation and the Portuguese Route to India«, in: *Power, Action and Belief. A New Sociology of Knowledge?*, Hg. Law, J., London: Routledge & Paul, S. 234-263.
– (Hg., 1992), *A Sociology of Monsters. Essays on Power, Technology and Domination*, London: Routledge.
– (1993), *Organizing Modernities*, Cambridge: Blackwell.
– (2002), *Aircraft Stories. Decentering the Object in Technoscience*, Durham: Duke University Press.
– (2004), *After Method. Mess in Social Science Research*, London: Routledge.

Le Bourhis, J. P. (2004), *La publicisation des eaux. Rationalité et politique dans la gestion de l'eau en France (1964-2003)* [Dissertation], Paris: Université Paris I Sorbonne.
Lemonnier, P. (Hg., 1993), *Technological Choices. Transformation in Material Cultures since the Neolithic*, London: Routledge.
Lépinay, V. (2003), *Les formules du marché. Ethno-Economie d'une innovation financière: les produits à capital garanti* [Dissertation], Paris: Ecole des Mines.
Leroi-Gourhan, A. (1988), *Hand und Wort. Die Evolution von Technik, Sprache und Kunst*, Frankfurt am Main: Suhrkamp.
Lewontin, R. C. (2002), *Die Dreifachhelix. Gen, Organismus und Umwelt*, Berlin u. a.: Springer.
Leyshon, A. und Thrift, N. (1996), *Money/Space. Geographies of Monetary Transformation* (International Library of Sociology), London: Routledge.
Licoppe, C. (1996), *La formation de la pratique scientifique. Le discours de l'expérience en France et en Angleterre (1630-1820)*, Paris: La Découverte.
Linhardt, D. (2004), *La force de l'Etat en démocratie. La République fédérale d'Allemagne à l'épreuve de la guérilla urbaine 1967-1982* [Dissertation], Paris: Ecole des Mines.
Lippmann, W. (1922), *Public Opinion*, New York: Simon & Schuster.
– (1993 [1927]), *The Phantom Public*, New Brunswick: Transactions Publishers.
Livingston, E. (1985), *The Ethnomethodological Foundations of Mathematical Practice*, London: Routledge.
Livingstone, D. N. (2003), *Putting Science in Its Place. Geographies of Scientific Knowledge*, Chicago: University of Chicago Press.
Lowe, A. und Schaffer, S. (1999), *NoIse, 1999. An exhibition held simultaneously at Kettle's Yard, The Whipple Museum of the History of Science, Cambridge, the Museum of Archeology and Anthropology, Cambridge, and the Wellcome Institute*, London, Cambridge: Kettle's Yard.
Luhmann, N. (1987), *Rechtssoziologie*, 3. Aufl., Opladen: Westdeutscher Verlag.
Lynch, M. (1985), *Art and Artifact in Laboratory Science. A Study of Shop Work and Shop Talk in a Research Laboratory*, London: Routledge.
– und Bogen, D. (1996), *The Spectacle of History. Speech, Text and*

Memory at the Iran Contra Hearings, Durham: Duke University Press.

McGrew, W. C. (1992), *Chimpanzee Material Culture. Implications for Human Evolution*, Cambridge: Cambridge University Press.

MacKenzie, D. (1990), *Inventing Accuracy. A Historical Sociology of Nuclear Missile Guidance*, Cambridge, Mass.: MIT Press.

– (2001), *Mechanizing Proof. Computing, Risk, and Trust (Inside Technology)*, Cambridge, Mass.: MIT Press.

– (2006) *An Engine, Not a Camera. How Financial Models Shape Markets*, Cambridge, Mass.: MIT Press.

– und Wajcman, J. (1999), *The Social Shaping of Technology*, Milton Keynes: Open University Press.

Madsen, A. (1991), *Chanel: A Woman of Her Own*, New York: Owl Books.

Mallard, A. (1996), *Les instruments dans la coordination de l'action. Pratique technique, métrologie, instrument scientifique* [Dissertation], Paris: Ecole des Mines.

Manin, B. (1995), *Principes du gouvernement représentatif*, Paris: Calmann-Lévy.

Marin, L. (1992), *Des pouvoirs de l'image: Gloses*, Paris: Le Seuil.

– (2001), *On Representation*, Übers. Catherine Porter, Stanford, CA.: Stanford University Press.

– (2004 [1989]), *Das Opake der Malerei. Zur Repräsentation im Quattrocento*, Berlin: Diaphanes.

Martin, O. (2000), *Sociologie des sciences*, Paris: Nathan.

Marres, N. (2005), *No Issue, No Politics* [Dissertation], Univ. of Amsterdam: Philosophy Department.

Maturana, H. R. und Varela, F. J. (1980), *Autopoiesis and Cognition. The Realization of the Living* (Boston Studies in the Philosophy of Science), Dordrecht: Reidel.

Mauss, M. (1989 [1935]), »Die Techniken des Körpers«, in ders., *Soziologie und Anthropologie II. Theorie der Magie. Soziale Morphologie*, Frankfurt am Main: Fischer, S. 197-220.

McNeill, W. (1976), *Plagues and peoples*, New York: Anchor Press.

Mélard, F. (2001), *L'autorité des instruments dans la production du lien social. Le cas de l'analyse polarimétrique dans l'industrie sucrière belge* [Dissertation], Paris: Ecole des Mines.

Merton, R. K. (1985), *Entwicklung und Wandel von Forschungsin-*

teressen. *Aufsätze zur Wissenschaftssoziologie*, Frankfurt am Main: Suhrkamp.

Mialet, H. (2003), »Reading Hawking's Presence: An Interview with a Self-Effacing Man«, in: *Critical Inquiry* 29/4, S. 571-598.

Miall, R. C. und Tchalenko, J. (2001), »A Painter's Eye Movements: A Study of Eye and Hand Movement during Portrait Drawing«, in: *Leonardo* 34/1, S. 35-40.

Milet, J. (1970), *Gabriel Tarde et la philosophie de l'histoire*, Paris: Vrin.

Miller, P. (1994), »The Factory as Laboratory«, in: *Science in Context* 7/3, S. 469-496.

Minvielle, A. (Erscheinen in Vorbereitung), *De quoi une entreprise est-elle capable? Comptabilité sociale des entreprises* [Dissertation], Paris: Ecole des Mines.

Mirowski, P. (2001), *Machine Dreams. Economics Becomes a Cyborg Science*, Cambridge: Cambridge University Press.

– und Nik-Khah, E. (2004), »Markets Made Flesh: Callon, Performativity, and a Crisis In Science Studies, Augmented With Consideration of the FCC Auctions«, in: *Do Economists Make Markets? On the Performativity of Economics*, Hg. MacKenzie, D., Muniesa, F. und Sin, L., Princeton: Princeton University Press.

Mitchell, T. (2002), *Rule of Experts. Egypt, Techno-Politics, Modernity*, Berkeley: University of California Press.

Mol, A. (2003), *The Body Multiple. Ontology in Medical Practice (Science and Cultural Theory)*, Durham: Duke University Press.

– und Law, J. (1994), »Regions, Networks, and Fluids: Anaemia and Social Topology«, in: *Social Studies of Science* 24/4, S. 641-672.

Mondada, L. (2000), *Décrire la ville. La construction des savoirs urbains dans l'interaction et dans le texte* (Collection Villes), Paris: Anthropos.

Monsaingeon, B. (1998), *Le chant possédé* (Dokumentarfilm), Distribution Idéale Audience.

Morrison, P. und Morrison, P. (1985), *Zehn hoch. Dimensionen zwischen Quarks und Galaxien*, Heidelberg: Spektrum d. Wissenschaften.

Mumford, L. (1977), *Der Mythos der Maschine. Kultur, Technik und Macht*, Wien: Europaverlag.

Mundy, M. und Pottage, A. (2004), *Law, Anthropology and the Constitution of the Social. Making Persons and Things* (Cambridge Studies in Law & Society), Cambridge: Cambridge University Press.

Muniesa, F. (2004), *Des marchés comme algorithmes. Sociologie de la cotation électronique à la Bourse de Paris* [Dissertation], Paris: Ecole des Mines.

Nanda, M. (2003), *Prophets Facing Backward: Postmodern Critiques of Science and Hindu Nationalism in India*, New Brunswick, N.J.: Rutgers University Press.

Napoli, P. (2003), *Naissance de la police moderne: Pouvoirs, normes, société*, Paris: La Découverte.

Nelson, V. (2002), *The Secret Life of Puppets*, Cambridge, Mass.: Harvard University Press.

Norman, D. A. (1989), *Dinge des Alltags. Gutes Design und Psychologie für Gebrauchsgegenstände*, Frankfurt am Main, New York: Campus.

– (1993), *Things that Make Us Smart*, New York: Addison Wesley Publishing Company.

O'Connell, J. (1993), »Metrology: the Creation of Universality by the Circulation of Particulars«, in: *Social Studies of Science* 23/1, S. 129-173.

Oettermann, S. (1980), *Das Panorama: die Geschichte eines Massenmediums*, Frankfurt am Main: Syndikat.

Pasteels, J. und Deneubourg, J.-L. (Hg., 1987), *From Individual to Collective Behavior in Social Insects*, Basel, Boston: Birkhäuser.

Pavel, T. (1986), *Univers de la fiction*, Paris: Le Seuil.

– (2003), *La pensée du roman*, Paris: Gallimard.

Perret-Clermont, A.-N. (1979), *La Construction de l'intelligence dans l'intéraction sociale*, Bern: Peter Lang.

Pickering, A. (1995), *The Mangle of Practice. Time, Agency and Science*, Chicago: University of Chicago Press.

Piette, A. (1999), *La religion de près. L'activité religieuse en train de se faire*, Paris: A.-M. Métailié.

Pietz, W. (1985), »The Problem of the Fetish I«, in: *Res* 9, S. 5-17.

– (1993), »Fetishism and Materialism. The Limits of Theory in Marx«, in: *Fetishism as Cultural Discourse*, Hg. Apter, E. und Petz, W., Ithaca: Cornell University Press, S. 119-151.

Polanyi, K. (1995), *The Great Transformation. Politische und öko-*

nomische Ursprünge von Gesellschaften und Wirtschaftssystemen, Frankfurt am Main: Suhrkamp.

Ponge, F. (1973), *Im Namen der Dinge*, Frankfurt am Main: Suhrkamp.

Porter, T.M. (1995), *Trust in Numbers. The Pursuit of Objectivity in Science and Public Life*, Princeton: Princeton University Press.

Power, M. (Hg., 1995), *Accounting and Science. Natural Inquiry and Commercial Reason*, Cambridge: Cambridge University Press.

Powers, R. (1998), *Gain*, New York: Farrar, Straus & Giroux.

– (2000), *Galatea 2.2*, Frankfurt am Main: Fischer.

Quattrone, P. (2004), »Accounting for God. Accounting and Accountability Practices in the Society of Jesus (Italy, 16th-17th Centuries)«, in: *Accounting, Organizations and Society* 29/7, S. 647-683.

Rancière, J. (1983), *Le philosophe et ses pauvres*, Paris: Fayard.

Raynaud, D. (2003), *Sociologie des controverses scientifiques*, Paris: PUF.

Riskin, J. (2002), *Science in the Age of Sensibility. The Sentimental Empiricists of The French Enlightenment*, Chicago: University of Chicago Press.

Robbins, E. (Hg., 1994), *Why Architects Draw*, Cambridge, Mass.: MIT Press.

Rogers, R. (2005), *Information Politics on the Web*, Cambridge, Mass.: MIT Press.

Rosental, C. (2003), *La trame de l'évidence*, Paris: PUF.

Rotman, B. (1993), *Ad Infinitum. The Ghost in Turing Machine. Taking God out of Mathematics and Putting the Body Back in*, Stanford, CA.: Stanford University Press.

Rougemont, D. de (1966), *Die Liebe und das Abendland*, Köln, Berlin: Kiepenheuer & Witsch.

Ruellan, A. und Dosso, M. (1993), *Regards sur le sol*, Paris: Foucher.

Sahlins, M. (2000), *Culture in Practice*, New York: Zone Books.

Salmon, L. (2004), *La pensée politique de Gabriel Tarde*, Paris X: Economie, organisations, sociétés. Mémoire de DEA.

– (2005), »Gabriel Tarde et l'Affaire Dreyfus«, in: *Champ pénal*, Dec. 2005 (online verfügbar: ⟨http://champpenal.revues.org/document447.html⟩).

Sartre, J.-P. (1990), *Das Sein und das Nichts. Versuch einer phänomenologischen Ontologie*, Reinbek bei Hamburg: Rowohlt.
Schaffer, S. (1988), »Astronomers Mark Time: Discipline And The Personal Equation«, in: *Science In Context* 2/1, S. 115-145.
– (1991a), »The Eighteenth Brumaire of Bruno Latour«, in: *Studies in History and Philosophy of Science* 22, S. 174-192.
– (1991b), »A Manufactory of OHMS, Victorian Metrology and its Instrumentation«, in: *Invisible Connections*, Hg. Cozzens, S. und Bud, R., Bellingham Washington State: Spie Optical Engineering Press, S. 25-54.
Schmitt, J. C. (1990), *La Raison des gestes dans l'Occident médiéval*, Paris: Gallimard.
Searle, J. R. (1997), *Die Konstruktion der gesellschaftlichen Wirklichkeit. Zur Ontologie sozialer Tatsachen*, Reinbek bei Hamburg: Rowohlt.
Serres, M. (1987), *Statues*, Paris: Bourin.
– (1992 [1974]), *Hermes III. Übersetzung*, Berlin: Merve.
– (1992), *Eclaircissements. Entretiens avec Bruno Latour*, Paris: Bourin.
– (Hg., 1994), *Elemente einer Geschichte der Wissenschaften*, Frankfurt am Main: Suhrkamp.
Shapin, S. und Schaffer, S. (1985), *Leviathan and the Air-Pump. Hobbes, Boyle and the Experimental Life*, Princeton: Princeton University Press.
Simondon, G. (1989 [1958]), *Du Mode d'existence des objets techniques*, Paris: Aubier.
Sloterdijk P. (1999), *Sphären. Bd. 2: Globen*, Frankfurt am Main: Suhrkamp.
– (2004), *Sphären. Bd. 3: Schäume*, Frankfurt am Main: Suhrkamp.
Smith, B. C. (1997), *On the Origins of Objects*, Cambridge, Mass.: MIT Press.
– (2003), »The Devil in the Digital Details: Digital Abstraction and Concrete Reality«, in: *Digitality in Art. Special Symposium Calcografía Nacional*, Hg. Lowe, A., San Fernando: Academia de Bellas Artes.
Smith, C. und Wise, N. (1989), *Energy and Empire. A Biographical Study of Lord Kelvin*, Cambridge: Cambridge University Press.
Sokal, A. und Bricmont, J. (1999), *Eleganter Unsinn. Wie die Den-*

ker der Postmoderne die Wissenschaften mißbrauchen, München: Beck.

Souriau, E. (1943), *Les différents modes d'existence*, Paris: PUF.

Sperber, D. (1996), *La contagion des idées*, Paris: Editions Odile Jacob.

–, Premack, D. und Premack, A. J. (1996), *Causal Cognition. A Multidisciplinary Debate* (Symposium of the Fyssen Foundation), Oxford: Oxford University Press.

Star, S. L. und Griesemer, J. (1989), »Institutional Ecology, ›Translations‹ and Boundary Objects: Amateurs and Professionals in Berkeley's Museum of Vertebrate Zoology, 1907-1939«, in: *Social Studies of Science* 19, S. 387-420.

Stengers, I. (1991), *Drogues, le défi hollandais*, Paris: Les Empêcheurs de penser en rond.

– (1996), *Cosmopolitiques – Tome 1: la guerre des sciences*, Paris: La découverte/Les Empêcheurs de penser en rond.

– (1997a), *Die Erfindung der modernen Wissenschaften*, Frankfurt am Main, New York: Campus.

– (1997b), *Power and Invention*, Minneapolis: University of Minnesota Press.

– (2002), *Penser avec Whitehead. Une libre et sauvage création de concepts*, Paris: Gallimard.

– (2005), *La Vierge et le neutrino*, Paris: Les Empêcheurs de penser en rond.

Stocking, G. W. (Hg., 1983), *Observers Observed. Essays on Ethnographic Fieldwork*, Madison: The University of Wisconsin Press.

Strathern, M. (1999), *Property, Substance and Effect. Anthropological Essays in Persons and Things*, London: Athlone Press.

Strum, S. (1982), »Agonistic Dominance among Baboons. An Alternative View«, in: *International Journal of Primatology* 3/2, S. 175-202.

– (1990), *Leben unter Pavianen. Fünfzehn Jahre in Kenia*, Wien, Darmstadt: Zsolnay.

– und Latour, B. (1987), »The Meanings of Social: from Baboons to Humans«, in: *Information sur les Sciences Sociales/Social Science Information* 26, S. 783-802.

– und Fedigan, L. (Hg., 2000), *Primate Encounters*, Chicago: University of Chicago Press.

Suchman, L. A. (1987), *Plans and Situated Actions. The Problem of*

Human Machine Communication, Cambridge: Cambridge University Press.

Susuki, T. (2003), »The Epistemology of Macroeconomic Reality: The Keynesian Revolution From an Accounting Point of View«, in: *Accounting, Organizations and Society* 28/5, S. 471-517.

Tang-Martinez, Z. (2000), »Paradigms and Primates: Bateman's Principles, Passive Females, and Perspectives from Other Taxa«, in: *Primate Encounters*, Hg. Strum, S. und Fedigan, L., Chicago: University of Chicago Press, S. 261-274.

Tarde, G. (1898), »Les deux éléments de la sociologie« in: ders., *Études de Psychologie Sociale*, Paris: Giard et Brière.

– (1901), »La réalité sociale«, in: *Revue Philosophique* LII, S. 457-477.

– (1902), *Psychologie économique*, Paris: Félix Alcan.

– (1908), *Die sozialen Gesetze. Skizze einer Soziologie*, Leipzig: Klinckhardt.

– (1969), *On Communication and Social Influence. Selected Papers*, Hg. Clark, T. N., Chicago: University of Chicago Press.

– (1989 [1901]), *L'opinion et la foule*, Paris: PUF.

– (1999 [1893]), *La logique sociale*, Paris: Les Empêcheurs de penser en rond.

– (1999 [1895]), *Monadologie et sociologie*, Paris: Les Empêcheurs de penser en rond.

– (2003), *Die Gesetze der Nachahmung*, Frankfurt am Main: Suhrkamp.

Taylor, J. R. (1993), *Rethinking the Theory of Organizational Communication. How to Read an Organization*, Norwood, New Jersey: Ablex Publishing.

Teil, G. (1991), *Candide™, un outil de sociologie assistée par ordinateur pour l'analyse quantitative de gros corpus de textes* [Dissertation], Paris: Ecole des Mines.

Thévenot, L. (1984), »Rules and Implements: Investment in Forms«, in: *Social Science Information* 23/1, S. 1-45.

– (2002), »Which Road to Follow? The Moral Complexity of an ›Equipped‹ Humanity«, in: *Complexities. Social Studies of Knowledge Practices*, Hg. Law, J. und Mol, A., Durham: Duke University Press, S. 53-87.

– (2004), »Une science de la vie ensemble dans le monde«, in: *La Revue semestrielle du MAUSS* 24, S. 115-126.

– (2006), *L'action au pluriel. Sociologie des régimes d'engagement*, Paris: La Découverte.

Thompson, C. (2002), »When Elephants Stand for Competing Philosophies of Nature: Amboseli National Park, Kenya«, in: *Complexities in Science, Technology, and Medicine*, Hg. Mol, A.-M. und Law, J., Durham: Duke University Press, S. 166-190.

Tiles, M. und Pippin, R. B. (Hg., 1984), *Bachelard. Science and Objectivity*, Cambridge: Cambridge University Press.

Tresch, J. (2001), *Mechanical Romanticism. Engineers of the Artificial Paradise* [Dissertation], Cambridge: University of Cambridge.

– (2005), »Cosmogram«, in: *Cosmograms*, Hg. Ohanian, M. und Royoux, J. C., New York: Lukas and Sternberg, S. 67-76.

Vargas, E. (2006), *La polémique Tarde vs. Durkheim: Considérations actuelles sur une ancienne controverse*, Paris: Documents du CSI, Ecole des Mines (Erscheinen in Vorbereitung).

Vaughan, D. (1996), *The Challenger Launch Decision. Risky Technology, Culture and Deviance at NASA*, Chicago: University of Chicago Press.

Vinck, D. (1995), *La sociologie des sciences*, Paris: Armand Colin.

Vygotskij, L. S. (1878), *Mind in Society. The Development of Higher Cognitive Processes*, Hg. Cole, M., Cambridge Mass: Harvard UP.

Waal, F. de (1983), *Unsere haarigen Vettern. Neueste Erfahrungen mit Schimpansen*, München: Harnack.

Wagner, P. (1996), *Liberté et discipline. Les deux crises de la modernité*, Paris: A.-M. Métaillié.

Walzer, M. (1991), *Zweifel und Einmischung. Gesellschaftskritik im 20. Jahrhundert*, Frankfurt am Main: Fischer.

Warwick, A. (2003), *Masters of Theory. Cambridge and the Rise of Mathematical Physics*, Chicago: University of Chicago Press.

Waters, L. (2004), *Enemies of Promise. Publishing, Perishing, and the Eclipse of Scholarship*, University of Chicago Press: Prickly Paradigm Press.

Weber, M. (1985), *Wirtschaft und Gesellschaft. Grundriß der verstehenden Soziologie*, Hg. Winckelmann, J., Studienausgabe, Tübingen: J. C. B. Mohr.

Whitehead, A. N. (1984 [1929]), *Prozeß und Realität. Entwurf einer Kosmologie*, Frankfurt am Main: Suhrkamp.

Wilson, E. O. (1975), *Sociobiology. The New Synthesis*, Cambridge, Mass.: Harvard University Press, The Belknap Press.

Winance, M. (2001), *Thèse et prothèse. Le processus d'habilitation comme fabrication de la personne: l'association française contre les myopathies, face au handicap* [Dissertation], Paris: Ecole des Mines.

Winchester, S. (2003), *The Meaning of Everything. The Story of the Oxford English Dictionary*, Oxford: Oxford University Press.

Winner, L. (1993), »Upon Opening the Black Box and Finding It Empty: Social Constructivism and the Philosophy of Technology«, in: *Science, Technology and Human Values* 18/3, S. 362-378.

Wise, N. (Hg., 1995), *The Values of Precision and Exactitude*, Princeton: Princeton University Press.

Woolgar, S. (1988), *Science The Very Idea*, London: Tavistock.

– (1991), »The Turn to Technology in Social Studies of Science«, in: *Science, Technology and Human Values* 16/1, S. 20-50.

Yaneva, A. (2001), *L'affluence des objets. Pragmatique comparée de l'art contemporain et de l'artisanat* [Dissertation], Paris: Ecole des Mines.

– (2003), »When a Bus Meets a Museum. To Follow Artists, Curators and Workers in Art Installation«, in: *Museum and Society* 1/3, S. 116-131.

– (2005), »Scaling Up and Down. Extraction Trials in Architectural Design«, in: *Social Studies of Science* 35/6, S. 867-894.

Zask, J. (2000), *L'opinion publique et son double*, Paris: L'Harmattan.

Zourabichvili, F. (2003), *Le vocabulaire de Deleuze*, Paris: Ellipses.

Namenregister

Bruno Latour
im Suhrkamp Verlag

Die Hoffnung der Pandora. Untersuchungen zur Wirklichkeit der Wissenschaft. Aus dem Englischen von Gustav Roßler. stw 1595. 386 Seiten

Eine neue Soziologie für eine neue Gesellschaft. Einführung in die Akteur-Netzwerk-Theorie. Aus dem Englischen von Gustav Roßler. Gebunden. 488 Seiten

Das Parlament der Dinge. Für eine politische Ökologie. Aus dem Französischen von Gustav Roßler. Broschur. 365 Seiten

Wir sind nie modern gewesen. Versuch einer symmetrischen Anthropologie. Aus dem Französischen von Gustav Roßler. stw 1861. 205 Seiten

Zu Bruno Latour

Bruno Latours Kollektive. Kontroversen zur Entgrenzung des Sozialen. Herausgegeben von Georg Kneer, Markus Schroer und Erhard Schüttpelz. stw 1862. 478 Seiten

NF 160/1/2.08

Soziologie und Systemtheorie im Suhrkamp Verlag Eine Auswahl

Dirk Baecker
- Die Form des Unternehmens. stw 1453. 288 Seiten
- Organisation und Management. stw 1614. 348 Seiten
- Organisation als System. stw 1434. 384 Seiten

Claudio Baraldi/Giancarlo Corsi/Elena Esposito. GLU. Glossar zu Niklas Luhmanns Theorie sozialer Systeme. stw 1226. 248 Seiten

Karl-Heinrich Bette. Systemtheorie und Sport. stw 1399. 307 Seiten

Günter Burkart/Gunter Runkel (Hg.). Luhmann und die Kulturtheorie. stw 1725. 289 Seiten

Elena Esposito
- Die Fiktion der wahrscheinlichen Realität. Aus dem Italienischen von Nicole Reinhardt. es 2485. 127 Seiten
- Soziales Vergessen. Formen und Medien des Gedächtnisses der Gesellschaft. stw 1557. 419 Seiten
- Die Verbindlichkeit des Vorübergehenden: Paradoxien der Mode. 192 Seiten. Kartoniert

Peter Fuchs
- Die Erreichbarkeit der Gesellschaft. Zur Konstruktion und Imagination gesellschaftlicher Einheit. 291 Seiten. Gebunden
- Intervention und Erfahrung. stw 1427. 160 Seiten
- Moderne Kommunikation. Zur Theorie des operativen Displacements. 248 Seiten. Gebunden

NF 125/1/3.08

- Die Umschrift. Zwei kommunikationstheoretische Studien: »japanische Kommunikation« und »Autismus«. stw 1216. 198 Seiten
- Das Unbewußte in Psychoanalyse und Systemtheorie. Die Herrschaft der Verlautbarung und die Erreichbarkeit des Bewußtseins. stw 1373. 240 Seiten

Peter Fuchs/Andreas Göbel (Hg.). Der Mensch – das Medium der Gesellschaft? stw 1177. 368 Seiten

Hans-Joachim Giegel/Uwe Schimank. Beobachter der Moderne. Niklas Luhmanns ›Die Gesellschaft der Gesellschaft‹. stw 1612. 352 Seiten

Matthias Grundmann (Hg.). Konstruktivistische Sozialisationsforschung. Lebensweltliche Erfahrungskontexte, individuelle Handlungskompetenzen und die Konstruktion sozialer Strukturen. Beiträge zur Soziogenese der Handlungsfähigkeit. stw 1429. 352 Seiten

Kai-Uwe Hellmann. Soziologie der Marke. stw 1679. 532 Seiten

Kai-Uwe Hellmann/Rainer Schmalz-Bruns. Theorie der Politik. Niklas Luhmanns politische Soziologie. stw 1583. 319 Seiten

André Kieserling
- Kommunikation unter Anwesenden. Studien über Interaktionssysteme. 520 Seiten. Gebunden
- Selbstbeschreibung und Fremdbeschreibung. Beiträge zu einer Soziologie des soziologischen Wissens. stw 1613. 306 Seiten

NF 125/2/3.08

Bruno Latour

- Die Hoffnung der Pandora. Untersuchungen zur Wirklichkeit der Wissenschaft. Aus dem Englischen von Gustav Roßler. stw 1595. 386 Seiten
- Eine neue Soziologie für eine neue Gesellschaft. Aus dem Englischen von Gustav Roßler. Mit Abbildungen. 488 Seiten. Gebunden
- Das Parlament der Dinge. Für eine politische Ökologie. Aus dem Französischen von Gustav Roßler. 365 Seiten
- Wir sind nie modern gewesen. Versuch einer symmetrischen Anthropologie. Aus dem Französischen von Gustav Roßler. stw 1861. 205 Seiten

Dieter Lenzen (Hg.). Irritationen des Erziehungssystems. Pädagogische Resonanzen auf Niklas Luhmann. stw 1657. 236 Seiten

Niklas Luhmann

- Ausdifferenzierung des Rechts. Beiträge zur Rechtssoziologie und Rechtstheorie. stw 1418. 459 Seiten
- Das Erziehungssystem der Gesellschaft. Herausgegeben von Dieter Lenzen. stw 1593. 236 Seiten
- Funktion der Religion. stw 407. 324 Seiten
- Die Gesellschaft der Gesellschaft. Zwei Bände. stw 1360. 1164 Seiten
- Gesellschaftsstruktur und Semantik. Studien zur Wissenssoziologie der modernen Gesellschaft.
  Band 1. stw 1091. 319 Seiten
  Band 2. stw 1092. 294 Seiten
  Band 3. stw 1093. 458 Seiten
  Band 4. stw 1438. 185 Seiten
- Ideenevolution. Beiträge zur Wissenssoziologie. Herausgegeben von Andre Kieserling. stw 1870. 400 Seiten
- Die Kunst der Gesellschaft. stw 1303. 517 Seiten
- Legitimation durch Verfahren. stw 443. 261 Seiten

NF 125/3/3.08

- Liebe als Passion. Zur Codierung von Intimität. stw 1124. 231 Seiten
- Die Moral der Gesellschaft. Herausgegeben von Detlef Horster. stw 1871. 401 SeitenDie Politik der Gesellschaft. Herausgegeben von André Kieserling. stw 1582. 444 Seiten
- Protest. Systemtheorie und soziale Bewegungen. Herausgegeben und eingeleitet von Kai-Uwe Hellmann. stw 1256. 216 Seiten
- Das Recht der Gesellschaft. stw 1183. 598 Seiten
- Die Religion der Gesellschaft. stw 1581. 368 Seiten
- Schriften zur Kunst und Literatur. Herausgegeben und mit einem Nachwort von Niels Werber. stw 1872. 300 Seiten
- Schriften zur Pädagogik. Herausgegeben und mit einem Vorwort von Dieter Lenzen. stw 1697. 350 Seiten
- Soziale Systeme. Grundriß einer allgemeinen Theorie. stw 666. 675 Seiten
- Theorie der Gesellschaft. Neun Bände in Kassette. Die Kassette enthält: Soziale Systeme / Die Gesellschaft der Gesellschaft / Die Wissenschaft der Gesellschaft / Die Wirtschaft der Gesellschaft / Das Recht der Gesellschaft / Die Kunst der Gesellschaft / Die Politik der Gesellschaft / Die Religion der Gesellschaft / Das Erziehungssystem der Gesellschaft. Zusammen 5100 Seiten
- Die Wirtschaft der Gesellschaft. stw 1152. 356 Seiten
- Die Wissenschaft der Gesellschaft. stw 1001. 732 Seiten
- Zweckbegriff und Systemrationalität. Über die Funktion von Zwecken in sozialen Systemen. stw 12. 390 Seiten

Niklas Luhmann/Peter Fuchs. Reden und Schweigen. stw 848. 227 Seiten

Niklas Luhmann/Karl Eberhard Schorr. Reflexionsprobleme im Erziehungssystem. stw 740. 390 Seiten

NF 125/4/3.08

Niklas Luhmann/Karl Eberhard Schorr (Hg.). Zwischen Intransparenz und Verstehen. Fragen an die Pädagogik. stw 572. 325 Seiten

Niklas Luhmann/Stephan H. Pfürtner (Hg.). Theorietechnik und Moral. stw 206. 267 Seiten

Rudolf Maresch/Niels Werber (Hg.)
- Kommunikation – Medien – Macht. stw 1408. 450 Seiten
- Raum – Wissen – Macht. stw 1603. 309 Seiten

Richard Münch. Offene Räume. Soziale Integration diesseits und jenseits des Nationalstaats. stw 1515. 318 Seiten

Armin Nassehi. Der soziologische Diskurs der Moderne. 502 Seiten. Gebunden

Armin Nassehi/Gerd Nollmann (Hg.). Bourdieu und Luhmann. Ein Theorievergleich. stw 1696. 272 Seiten

Frithard Scholz. Freiheit als Indifferenz. Alteuropäische Probleme mit der Systemtheorie Niklas Luhmanns. 287 Seiten. Kartoniert

Rudolf Stichweh
- Der frühmoderne Staat und die europäische Universität. Zur Interaktion von Politik und Erziehungssystem im Prozeß ihrer Ausdifferenzierung im 16.-18. Jahrhundert. 427 Seiten. Gebunden
- Wissenschaft, Universität, Profession. Soziologische Analysen. stw 1146. 402 Seiten
- Theorie der Weltgesellschaft. Soziologische Analysen. stw 1500. 275 Seiten

NF 125/5/3.08